U0720246

中國佛教典籍選刊

南海寄歸内法傳校注

〔唐〕義浄 著
王邦維 校注

中華書局

圖書在版編目(CIP)數據

南海寄歸内法傳校注/(唐)義浄著;王邦維校注. —北京:中華書局,2020. 3(2025.2 重印)
(中國佛教典籍選刊)
ISBN 978-7-101-14361-4

Ⅰ.南… Ⅱ.①義…②王… Ⅲ.①佛教②《南海寄歸内法傳》-注釋 Ⅳ.B94

中國版本圖書館 CIP 數據核字(2019)第 301716 號

封面題簽:徐 俊
責任編輯:孫文穎
封面設計:周 玉
責任印製:管 斌

中國佛教典籍選刊
南海寄歸内法傳校注
〔唐〕義 浄 著
王邦維 校注
*
中 華 書 局 出 版 發 行
(北京市豐臺區太平橋西里 38 號 100073)
http://www.zhbc.com.cn
E-mail:zhbc@zhbc.com.cn
三河市鑫金馬印裝有限公司印刷
*
850×1168 毫米 1/32 · 18¾印張 · 2 插頁 · 396 千字
2020 年 3 月第 1 版 2025 年 2 月第 3 次印刷
印數:3001-4000 册 定價:75.00 元

ISBN 978-7-101-14361-4

中國佛教典籍選刊編輯緣起

佛教是世界三大宗教之一，約自東漢明帝時開始傳入中國，但在當時並没有産生多大影響。到魏晋南北朝時期，佛教和玄學結合起來，有了廣泛而深入的傳播。隋唐時期，中國佛教走上了獨立發展的道路，形成了衆多的宗派，在社會、政治、文化等許多方面特别是哲學思想領域産生了深刻的影響。這時佛教已經中國化，完全具備了中國自己的特點。而且，隨着印度佛教的衰落，中國成了當時世界佛教的中心。宋以後，隨着理學的興起，佛教被宣布爲異端而逐漸走向衰微。但是，佛教的部分理論同時也被理學所吸收，構成了理學思想體系中的有機組成部分。直到近代，佛教的思想影響還在某些著名思想家的身上時有表現。總之，研究中國歷史和哲學史，特别是魏晋南北朝隋唐時期的哲學史，佛教是一項重要内容。佛學作爲一種宗教哲學，在人類的理論思維的歷史上留下了豐富的知識經驗。因此，應當重視佛學的研究。

佛教典籍有其獨特的術語概念以及細密繁瑣的思辨邏輯，研讀時要克服一些特殊的困難，不少人視爲畏途。解放以後，由於國家出版社基本上没有開展佛教典籍的整理出版工作，因此，對於系統地開展佛學研究來説，急需解决基本資料缺乏的問題。目前對佛學有較深研究的專家、學者，不少人年事已高，如果不抓緊組織他們整理和注釋佛教典籍，將來再開展這項工作就會遇到更多困難，也不利於中青年研究工作者的成長。爲此，我們在廣泛徵求各方面意見的基礎上，初步擬訂了中國佛教典籍選刊的整理出版計劃。其中，有重要的佛教史籍，有中國佛教幾個主要宗派（天台宗、三論宗、唯識宗、華嚴宗、禪宗）的代表性著作，也有少數與中國佛學淵源關係較深的佛教譯籍。所有項目都要選擇較好的版本作爲底本，經過校勘和標點，整理出一個便於研讀的定本。對於其中的佛教哲學著作，還要在此基礎上，充分吸取現有研究成果，寫出深入淺出、簡明扼要的注釋來。

由於整理注釋中國佛教典籍困難較多，我們又缺乏經驗，因此，懇切希望能够得到各方面的大力支持和協助，使這項工作得以順利完成。

中華書局編輯部

一九八二年六月

再版説明

本書一九九五年第一次印刷出版，二〇〇〇年和二〇〇九年兩次重印。第二次重印，增加了三種附録，同時在不影響版面的前提下還訂正了一些誤排的地方。每次重印，數量都不多，不過幾千册。幾年前要想在書店裏找到，已經很難。去年，中華書局方面跟我講，書局願意在數字化的基礎上再次重印，同時建議改作直排，作爲《中國佛教典籍選刊》之一種。

拙著再次重印，我當然很高興。一本冷僻的書，二三十年間，能够幾次重印，作爲一種學術性著作，或者可以説明得到了一定的認可，從時下的形勢看，怎麽説也是件好事。中華書局一個多世紀以來，一直以服務學術爲目標，出書不全以暢銷爲目的，這讓我十分敬重。

與以前一樣，這次重印，對新發現的誤排做了一些小的修訂。以前重印，使用的是最初鉛字排版的紙型，現在改爲電子排版，頁碼也就重新編排。只是拙著中引用到的外文比較多，直排方式讀起來顯得有些不方便。另外，書末的索引，此前是依首字的筆劃數排列，這次重印，改爲依照音序排列，希望由此能够更加方便讀者。

還有一點，也需要説明一下：本書書稿的完成和出版，已經是在三十多年前，書中涉及的一些國名、地名，如今很多有所变化，但如果都重新做改動，並不方便，因此仍然保留原狀。

關於本書其他的一些情況，我在《二〇〇九年重印後記》中做過交待。拙著最初是我一九八七年在北京大學完成的博士論文，這次重印，讓我再次想到了恩師季羡林先生，同時還想到任繼愈、周一良、周紹良、蔣忠新、張廣達、章巽、徐梵澄、陳洪進、耿引曾諸位先生。他們或者在我撰寫論文時提供過幫助，或者爲論文撰寫過評語，或者出席論文答辯。時日易得，瞬間就過去了三十多年，他们中除了張廣達和耿引曾先生，都已经故去。如今我自己也進入老境，人生的經歷多了，回過頭去想，不由得對这些前輩們生出更多的感激和懷念。

書最初的出版，責任編輯謝方先生曾經付出了很多勞動，因此我仍然要對他再次表示感謝。謝方先生退休後在上海，希望他健康長壽。幾次重印，都由中華書局的孫文穎女士負責，她工作認真而且細心，付出也很多，我也要表示深深的感謝。

王邦維

二〇一九年十一月十一日於北京大學燕北園

目録

南海寄歸内法傳卷第二……九三

南海寄歸内法傳卷第三……一五三

南海寄歸内法傳卷第四……二一三

附　録

義浄與《南海寄歸内法傳》

——代校注前言

在中國佛教歷史上，晉代的法顯、唐代的玄奘、義浄是西行求法運動中最爲著名、最有成就、影響最大的三位僧人。其中義浄的時代較晚。他生於唐代初年，在唐高宗咸亨二年（六七一）從海路赴印度，武后證聖元年（六九五）纔回到洛陽。義浄一生，譯經甚多，因此又與比他時代更早的鳩摩羅什，比他稍早的真諦，與他同時代的玄奘等並稱爲佛教史上的四大翻譯家。除了翻譯的佛經外，義浄還留下了幾部著作，其中最重要的是《南海寄歸内法傳》（以下簡稱《寄歸傳》）與《大唐西域求法高僧傳》（以下簡稱《求法高僧傳》）。本文的目的，是在對《寄歸傳》一書進行全面的校勘、整理、注釋的基礎上，通過對義浄及義浄此書的研究，進一步瞭解義浄時代印度、南海（今東南亞地區）以及中國佛教歷史發展的實際狀況，以期對這一時期佛教歷史上的一些問題以及義浄本人提出一些看法、解釋和評價。

第一章　義浄生平考述

本章擬根據現存有關史料，全面地考察義浄一生的事跡，並説明他在歷史上的影響。

一　籍貫、家世與出家事跡

義浄，唐代齊州（今山東濟南一帶，唐時治歷城，轄數縣，地域更寬）山莊人，姓張，本字文明。義浄是他出家後的僧名。

義浄生於唐貞觀九年（六三五）。現存有關義浄的史料，除了義浄自己的兩部著作《寄歸傳》和《求法高僧傳》中的一些片段外，保存在唐代著作中的，主要有智昇的《續古今譯經圖記》和《開元釋教録》（以下簡稱《開元録》）卷九、圓照的《貞元新定釋教目録》（以下簡稱《貞元録》）卷十三中的義浄的小傳。我們考察義浄的生平，主要就依靠這些史料以及其它一些零星的材料。義浄生於貞觀九年，是依照《開元録》等講他去世於先天二年（七一三），去世時七十九歲推算出來的。

關於義浄的籍貫，過去歷來有兩種説法。一種説是齊州，一種説是范陽（今河北涿縣）。主張范陽説的人較多。近代人梁啓超、蔣維喬、馮承鈞、湯用彤等都持范陽説。外國學者沙畹、高楠順次郎等也持此説。主張齊州説的人較少。陳垣先生編《釋氏疑年録》，即持齊州説。但是細考這兩種説法，應該説衹有齊州一説是正確的。詳細的考證請見拙文《義浄籍貫考辨及其它》。（1）

義浄生在齊州山莊。山莊一地，名不見經傳，很使人懷疑是「山茌」一名之誤。古書「莊」字常寫作「荘」或「庄」，與「茌」字形狀非常相近。而唐初齊州所轄數縣，山茌正是其中之一，位置在州治歷城之西，即今濟南市西的長清縣。（2）義浄後來七歲時入齊州城西四十里許的佛寺裏出家，也恰好在這一帶。這樣推斷起來，義浄極可能就是齊州山茌人。

唐代是佛教最盛的時代，齊州地區佛教也很流行。長清縣境内有著名的靈巖寺，梵宇輝煌，僧人衆多，當時被稱爲「天下四大名刹」之一。大概這給義浄從小就信仰佛教創造了環境和條件。義浄出家時的兩位師傅就是從這座寺廟出來的。

據唐中宗《大唐龍興三藏聖教序》講，義浄的高祖曾經作過東齊郡守，而且還「仁風遠扇，甘雨隨車，化闡六條，政行十部。」⑶前者大概是事實，後面的話恐怕衹是一般的贊譽之辭。但所有這些都已不可詳考。從時間上推斷，那可能是隋代初年或更早的事。不過，義浄的高祖既然作過郡守一級的官僚，説明他的家庭至少在高祖一輩是有地位的。他的祖父和父親雖然没作官，但「放曠一邱，消遥三逕」，恐怕也不是很貧寒。魏晉南北朝以及隋唐時代，有地位的人家子弟很小就出家爲僧，是很常見的事。玄奘和他的哥哥長捷就是例子。⑷《高僧傳》、《續高僧傳》、《宋高僧傳》中的例子更多。

貞觀十五年（六四一），義浄衹有七歲，便出家到了齊州城西四十里許的土窟寺。後來義浄在《寄歸傳》卷四「古德不爲」章裏自己講到這件事：

> 且如浄親教師則善遇法師也，軌範師則慧習禪師也。年過七歲，幸得親侍。斯二師者，並太山金輿谷聖人朗禪師所造神通寺之大德也，俗緣在平德貝二州矣。二德以爲山居獨善，寡利生之路，乃共詣平林，俯枕清澗，於土窟寺式修浄居，即齊州城西四十里許。

朗禪師即二秦時有名的僧人竺僧朗。他最早在泰山西北麓造神通寺，也就是後來一般所稱的靈巖寺的前身。土窟寺現在在哪裏，已不可考。不過，寺雖以土窟名，未必就在土窟中。

七歲的孩子出家，恐怕不完全是自己的主意。由此看來義浄的家庭是信仰佛教的。義浄的年紀很小，兩位師傅對他很是愛護。他在《寄歸傳》裏又寫道：

又（慧習）禪師每於閑夜，見悲齠丱，曲伸進誘。或調言於黄葉，令蠲憶母之憂。或喻説於烏禽，希懷報養之德：「汝可務紹隆三寶，令使不絶，莫縱心百氏，而虚棄一生。」既而童子十歲，但領其言，而未詳深旨。每至五更，就室參請。禪師必將慈手賜撫搦摩，實如慈母之育赤子。或餐甘膳，多輟味見貽。但有取求，無違所請。法師乃恩厲父嚴，禪師則慈伸母愛。天性之重，誠無以加。（同上卷章）

義浄寫這段話的時候，已經是五十六、七歲的老人，可見師徒之間當年確實相處得非常融洽，相互間有很深的感情。

貞觀十九年（六四五），義浄十一歲。這一年，玄奘在印度游學十幾年後，終於回到長安。這是當時轟動朝野的一件事情。義浄雖然年紀不大，但已經開始懂事了，至少從師傅那裏，也知道了這件事。第二年，親教師善遇法師去世，葬在土窟寺的西園。這時義浄的佛教信仰已經比較堅定了。義浄自己説：

法師亡日，浄年十二矣。大象既去，無所依托。遂棄外書，欽情内典。十四得霑緇侣，十八擬向西天。至三十七，方遂所願。（同上卷章）

衹是他晚年臨終時的講法稍有不同：

年始一十有七，思游五印之都。(5)

而智昇在《續古今譯經圖記》和《開元録》卷九中爲他撰寫的小傳則説他「年十有五，志游西域」。(6)但不管怎麽説，義浄很年輕時就萌發了到印度去求法的念頭，這是事實。義浄有這樣的想法，很明顯地是因爲受了前輩僧人法顯和玄奘，其中尤其是玄奘的成功形象的鼓舞。所以義浄後來在寫《求法高僧傳》時，第一句話就是：「觀夫自古神州之地，輕生徇法之賓，顯法師則創辟荒途，奘法師乃中開王路。」(7)始終是把法顯和玄奘當作自己的榜樣。

永徽六年（六五五），義浄滿了二十一歲。按照慣例，慧習禪師爲他舉行了授具足戒的儀式，他正式成爲一位僧人。《宋高僧傳》卷一講他「法臘五十九」，就是從這一年開始算起。(8)他自己則在《寄歸傳》中講道：

及至年滿進具，還以禪師爲和尚。既受戒已，忽於清夜行道之際，燒香垂涕而伸誨曰：「大聖久已涅槃，法教訛替，人多樂受，少有持者。汝但堅心重禁，莫犯初篇。餘有罪愆，設令犯者，吾當代汝入地獄受之。燒指燒身，不應爲也。」進奉旨日，幸蒙慈悲，賜以聖戒，隨力竭志，敢有虧違，雖於小罪，有懷大懼。（同上卷章）

從這一段回憶看來，大約就是從這個時候開始，義浄特别重視佛教戒律的學習，這可能也是他後來特别選擇律作爲他翻譯的主要對象的原因之一。從此以後的五年之間，義浄主要學習律典。《寄歸傳》接着講：

於是五稔之間，精求律典。礪律師之文疏，頗議幽深；宣律師之鈔述，竊談中旨。即識持犯，師乃令講一遍，方聽大經。乞食一餐，長坐不卧。雖山寺村遥，亦未曾有廢。（同上卷章）

這段時間是從永徽六年到顯慶四年（六五九）。

當時僧人都有出外游學的風氣。義浄可能也想到了這件事，可是没有下定決心。然而慧習禪師鼓勵他出外游學，告訴他説：「我目下且有餘人給侍，勿廢聽讀，而空住於此。」於是義浄纔辭别慧習，「仗錫東魏，頗沈心於《對法》《攝論》；負笈西京，方閲想於《俱舍》《唯識》。」當時這幾部經剛由玄奘譯出不久，十分流行，講習的人很多。義浄通過游學，大大提高了自己在佛教方面的修養。

麟德元年（六六四）二月五日，大翻譯家、一代高僧玄奘在長安去世。玄奘的葬禮極爲隆重，據説「京邑及諸州五百里内送者百萬餘人。」⑼這時義浄很可能也正在長安。如果是這樣，玄奘的葬禮一定會給他留下很深的印象。

玄奘去世後，義浄去印度的決心更堅定了。

二　西行求法

唐高宗咸亨元年（六七〇），義浄已經三十六歲，可是他去印度的願望還没有實現。這一年他在長安，仍然是在各個寺廟裏聽習佛經。聽習中他認識了并州的僧人處一、萊州的僧人弘禕，還有其他兩三位僧人。大家都有去印度求法的意思，便相約一起出發。義浄先由長安返回齊州，向慧習禪師請命。⑽慧習禪師非常支持他遠行的打算，對他説：「尒爲大緣，時不可再。激於義理，豈懷私戀？吾脱存也，見尒傳燈。宜即可行，勿事留顧。觀禮聖蹤，我實隨喜。昭隆事重，尒無間然。」真是對義浄很大的鼓勵。

義浄又來到善遇法師的墓前，向去世已經二十多年的法師辭行。這時正是秋天，墓前霜林半拱，宿草填塋。義浄仍然對他這位小時候的師傅非常地感激，他自己寫他在墓前的情形：

神道雖疏，展如在之敬；周環企望，述遠涉之心。冀福利於幽靈，報慈顔之厚德矣。（同上卷章）

作爲學生，他始終没有忘掉老師早年教誨之恩。這一點並不是人人都能做到的。

告别了兩位恩師，大約在咸亨二年（六七一）年初，義浄從齊州南下，經過濮州、曹州，先到揚州。到揚州時正是夏天。按照僧人的規矩，要坐夏三個月。於是義浄在揚州停留了三個月。坐夏結束，已是秋天，義浄偶然遇見一位要到嶺南道龔州作郡守的人，名叫馮孝銓。兩人相隨一起到了廣州。最初一起相約赴印的夥伴中，處一因爲母親年老，一開始就未能成行；弘褘走到江寧，便改變了主意；在丹陽遇見的一位僧人玄逵，走到廣州，也因病而返；唯一剩下的夥伴衹有一名晉州的年青僧人善行。義浄明白，此行艱難，誠非易事。「神州故友，索爾分飛。印度新知，冥焉未會。」義浄非常感慨，一時躑躅，難以爲懷，便模倣張衡《四愁詩》，寫了兩首詩：

我行之數萬，愁緒百重思；
那教六尺影，獨步五天陲。

上將可陵師，匹士志難移，
如何惜短命，何得滿長祇！（《求法高僧傳》卷下）

短短兩首小詩，他赴印求法奮不顧身的堅定決心躍然紙上。

在廣州的時候，因爲馮孝銓的邀請，義浄又到了崗州，從馮氏家族得到很多資助。他最後能够成行，很大程度就是靠着馮家在財力上的支持。咸亨二年的十一月，義浄和善行一起，搭乘上波斯商人的貨船，終於開始了去印度的旅程。這時義浄已經三十七歲了。古代在南海中航行，並不是件容易的事。義浄自己在《求法高僧傳》卷下裏描寫這段行程：

至十一月，遂乃面翼軫，背番禺。指鹿園而遐想，望雞峯而太息。于時廣莫初飈，向朱方而百丈雙掛；離箕創節，棄玄朔而五兩單飛。長截洪溟，似山之濤橫海；斜通巨壑，如雲之浪滔天。

真是驚心動魄，艱危之狀，可以想象。

但是這次航行還算順利，風疾船快，不到二十天，義浄他們便到達了南海中的室利佛逝國（今印度尼西亞蘇門答臘島上的巨港）。室利佛逝那時是南海中最重要的交通、貿易中心之一，地方很繁榮，佛教也頗流行。義浄在這裏停留了六個月，學習聲明，也就是學習梵語，爲到印度求法作進一步的準備。同行的善行却在這裏生了病，衹好回國。

室利佛逝國當時一定給義浄留下了很深很好的印象，他後來專門爲其他打算去印度求法的中國僧人介紹這個地方：

又南海諸洲，咸多敬信。人王國主，崇福爲懷。此佛逝廓下，僧衆千餘。學問爲懷，並多行鉢。所有尋讀，乃與中國不殊。沙門軌儀，悉皆無別。若其高僧欲向西方爲聽讀者，停斯一二載，習其法式，方進中天，亦是佳也。(11)

這大概算是義淨自己出國留學的經驗。

佛逝國王對義淨確實十分友好。《求法高僧傳》又講：

王贈支持，送往末羅瑜國。復停兩月，轉向羯茶。至十二月，舉帆還乘王舶，漸向東天矣。(卷下)

和玄奘當年在高昌得到高昌王麴文泰的幫助一樣，義淨能得到室利佛逝王的幫助，對他很有好處。室利佛逝國當時在南海是大國，勢力很大。十多年後，當義淨再次回到這裏時，末羅瑜已經被室利佛逝併吞了。

從羯茶往北行，經過裸人國，義淨終於到達了印度。根據《寄歸傳》，這時是咸亨四年(六七三)二月八日，離開他出發的時間，已經有一年多了。

在耽摩立底國，義淨遇見另一位中國僧人大乘燈。大乘燈是玄奘法師的徒弟，比義淨先到印度。義淨在耽摩立底國住了一年，進一步學習梵語，然後和大乘燈一起，跟隨一支有幾百人的商隊，繼續往中印度去。

當時印度小國割據，路上並不太平。和玄奘一樣，義浄在印度也遇到了危險。就在離開耽摩立底後不久，他在途中遭遇山賊，被洗刼一空，差一點丢掉性命。不過這還衹是義浄第一次遇險。後來他回國時從那爛陀到耽摩立底，同樣的事情又發生過一次。

這時是在咸亨五年（六七四），義浄在印度周游各處佛教聖址。但是義浄在印度詳細的游踪我們很難一一追尋。《求法高僧傳》卷下有關的一段記載是：

從此北行數日，先到那爛陀，敬根本塔。次上耆闍崛，見疊衣處。後往大覺寺，禮真容像。山東道俗所贈紽絹，持作如來等量袈裟，親奉披服。濮州玄律師附羅蓋數萬，爲持奉上。曹州安道禪師寄拜禮菩提像，亦爲禮訖。于時五體布地，一想虔誠。先爲東夏四恩，普及法界含識。願龍花總會，遇慈氏尊，並契真宗，獲無生智。次乃遍禮聖跡，過方丈而届拘尸；所在欽誠，入鹿園而跨雞嶺。

那爛陀、耆闍崛、大覺寺都在摩揭陀國。方丈是指維摩詰的故宅，在薜舍離國。拘尸城附近的雙樹林是釋迦牟尼涅槃的地方。鹿園就是鹿野苑，是釋迦牟尼初轉法輪的地方，在婆羅痆斯國。雞嶺也在摩揭陀國。從《求法高僧傳》卷上的《道希傳》中還可以知道，義浄還到過中印度的菴摩羅跋國。和義浄一起同行的，仍然是大乘燈法師。

除此以外，衹有義浄在他翻譯的《根本説一切有部毗奈耶雜事》裏寫的一條注可以稍微多提供一點信息：

比於西方，親見如來一代五十餘年居止之處，有其八所：一、本生處；二、成道處；三、轉法輪處；四、鷲峯山處；五、廣嚴城處；六、從天下處；七、祇樹園處；八、雙樹涅槃處。(12)

本生處在劫比羅伐窣堵國。成道處在摩揭陀國菩提伽耶。轉法輪處在婆羅痆斯國鹿野苑，也就是前面講的鹿園。鷲峯山就是耆闍崛山。廣嚴城就是薜舍離城。從天下處又稱爲三道寶階，在劫比他國。祇樹園在室羅伐悉底國。雙樹涅槃處就在拘尸城城邊。這些都是古代印度最有名的佛教聖址，玄奘的《大唐西域記》中有很詳細的記載。不過，除了這些地方，我們就不大清楚義浄在印度究竟還到過些什麽地方。唐中宗《大唐龍興三藏聖教序》講義浄「所經三十餘國，凡歷二十餘年」，(13)義浄自己也説「歷三十之外國」。(14)這三十多個國家，大概還包括義浄從海道赴印所經過的地方。但其中在印度境内究竟有哪些國家，没有更多的材料可以説明。不過，不管怎麽説，三十餘國的數目，比起玄奘是少多了。

周游了各處的佛教聖址後，義浄又回到那爛陀寺。那爛陀寺那時是印度佛教尤其是大乘佛教的學術中心，義浄因此在那爛陀住了很長時間，足足有十年，這却超過了玄奘。

義浄自己記載，他在垂拱元年（六八五）離開那爛陀東歸。照這樣推算，他住在那爛陀的時間是從上元二年（六七五）到垂拱元年。這和前面的經歷在時間上也剛好銜接得起來。

在那爛陀的十年裏，義浄努力學習佛教的各種經典，又收集準備以後帶回國的各種梵本佛經。玄奘當年的老師戒賢這時已經去世了，但在那爛陀寺有學問的僧人還有不少。義浄在那爛陀的老師有寶師子大德。寶師子擅長講授《瑜伽十七地》，這顯然是繼承了戒賢的傳統。離那爛陀不遠有一座有名的羝羅荼寺，義浄在那裏也有一位名叫智月的老師。這位智月，很可能就是玄奘當年見過的那位智月，年紀已經很大了。⒂義浄在《寄歸傳》裏寫道：

> 其西方現在，則羝羅荼寺有智月法師，那爛陀中則寶師子大德，東方即有地婆羯羅蜜呾羅，南裔有呾他揭多揭婆，南海佛誓國則有釋迦雞栗底。斯並比秀前賢，追蹤往哲。曉因明論，則思擬陳那；味瑜伽宗，實罄懷無著。談空則巧符龍猛，論有則妙體僧賢。此諸法師，浄並親狎筵机，餐受微言。（卷四「西方學法」章）

看來義浄也是到處尋師訪友。他的這些老師都是些大乘僧人。

義浄在那爛陀住的時間很長，他因此有機會很仔細地觀察那爛陀寺寺院裏的規則、僧人們的日常生活、甚至包括寺院建築中某些很細小的特點。這爲他後來寫《寄歸傳》

提供了活的材料。所以他在《寄歸傳》裏多次提到那爛陀，把它作爲佛教寺院的典範。他還爲那爛陀寺畫了一張圖，附在他寫的《求法高僧傳》裏。可惜這張圖早就佚失了。

那時在那爛陀寺裏學習的中國求法僧不衹是義浄一個人。義浄先後在這裏遇見好些中國僧人，其中《求法高僧傳》中直接提到姓名的有玄照、佛陀達摩、慧輪、道琳、智弘、無行等。有的中國僧人雖然没有見到，但求法僧們互相都知道消息。義浄後來專門把他們求法的事跡寫成一部書，也就是《求法高僧傳》。

中國求法僧們遠離家鄉，去國萬里，都是多年在外，很想念自己的祖國。春中之時，覺樹初緑，竹苑新黄，僧人們常常遠足登高。一次，義浄與另一位中國僧人無行在一起，結伴同游離那爛陀不遠的鷲嶺。兩人瞻奉既訖，遠眺鄉關，無任殷憂。義浄賦詩二首，其中短的一首表達了他感覺歲月易逝，事業未成的憂慮和對家鄉的懷念：

游，愁；

赤縣遠，丹思抽。

鷲嶺寒風駛，龍河激水流。

既喜朝聞日復日，不覺頽年秋更秋。

已畢耆山本願誠難遇，終望持經振錫往神州！

這兩首詩都收在《求法高僧傳》裏。

在那爛陀的這十年裏，義净不僅學習，也着手開始翻譯佛經。他翻譯出了《根本説一切有部毗奈耶頌》和《一百五十讚佛頌》。但祇是初稿，後來回國以後又加以刪正。看來這時他已經在考慮以後的翻譯計劃了。

垂拱元年（六八五），義净在那爛陀學習了十年之後，打算回國了。他的好朋友無行禪師送他離開那爛陀，東行六驛，纔執手言别。此時兩人「各懷生别之恨，俱希重會之心，業也茫茫，涕淚交袂矣」，都十分地難過。没到耽摩立底，義净又第二次在路上遇到劫賊，不過終於還是到達了耽摩立底，隨身還帶着梵本三藏五十萬餘頌。

義净回國的路綫，和去印度時完全一樣，仍是由海路乘船東歸。但是不管在《求法高僧傳》還是在《寄歸傳》中，都没有關於他回國時行程的比較詳細的記載。祇有義净翻譯的《根本説一切有部百一羯磨》裏他自己寫的一條注裏講到這事：

（耽摩立底）即是昇舶入海歸唐之處，從斯兩月泛舶東南，到羯茶國，此屬佛逝。舶到之時，當正二月。若向師子洲，西南進舶，傳有七百驛。停此至冬，泛舶南上，一月許到末羅遊洲，今爲佛逝多國矣。亦以正二月而達，停止夏半，泛舶北行，可一月餘，便達廣府，經停向當年半矣。若有福力扶持，所在則樂如行市。如其宿因業薄，

到處實危若傾巢。(16)

這條注本來是爲中國到印度求法的僧人介紹歸國的路程，但看來也是義浄自己返國時行程的實録。依照這條注，義浄回國時又再次在羯荼國停留過差不多近一年的時間。他在《求法高僧傳》卷下的《道琳傳》中講自己「迴至南海羯荼國，有北方胡至。」也可以證實這一點。從前後的時間推算，這時應該是垂拱二年（六八六）。到了冬天，義浄再次乘船，回到末羅瑜。這時大約是垂拱三年（六八七）的正二月間。然後又回到室利佛逝。

義浄第二次在室利佛逝停留的時間更長。他在《寄歸傳》裏説：

旋踵東歸，鼓帆南海，從耽摩立底國，已達室利佛誓，停住已經四年，留連未及歸國矣。（卷四「西方學法」章）

義浄寫這段話時，是在天授二年（六九一）上半年。(17)在此之後，他還繼續留在室利佛逝，一直到長壽二年（六九三）夏天乘船返回廣州。這前後一共有六年多。

但是在這段時間裏義浄實際上也回到廣州過一次。《求法高僧傳》卷下所附的《重歸南海傳》中就講到這事：

浄於佛逝江口昇舶，附書凭信廣州，見求墨紙，抄寫梵經，並雇手直。于時商人風便，舉帆高張。遂被載來，求住無路。是知業能裝飾，非人所圖。遂以永昌元年七月二十日達于廣府，與諸法俗重得相見。

這是一件很有趣的事。照着義浄自己的説法，他似乎是因爲很偶然的機會被載運回國。但是季風將起，豈能不先有所知？商船啓碇欲行，雖然須藉風便，恐怕也不至於慌到連立即下船，片刻的時間都没有，以至於「求住無路」的地步。至於説「業能裝飾，非人所圖」，顯然祇能説是一種托辭。而如果祇是「見求墨紙」與「並雇手直」，這兩件事，一般説來，寫一封信足已能够辦到，何必一定要義浄本人重蹈風波之險，再受顛沛之苦？須知他自己是深知海上航行的艱難危險的。退一步講，即使需要義浄親自到廣州一趟，他也不用尋這種托辭。這究竟是爲什麽呢？

這裏我們祇好作一種設想：義浄本人要回國，但並不打算馬上回國，他祇是要先尋個理由（這理由可能也的確是事實），回廣州一次，讓大家知道他求法歸來，打算翻譯佛經的事。但這一點用心，他又不願或不便説得太明顯。這從他回廣州後的舉動可以看出來：

于時在制旨寺，處衆嗟曰：「本行西國，有望流通。迴住海南，經本尚闕。所將三藏五十餘萬頌，並在佛逝國，事須覆往。既而年餘五十，重越流波，隙駟不留。身城難保，朝露溘至，何所囑焉？經典既是要門，誰能共往收取？隨譯隨受，須得其

人。」(《求法高僧傳》卷下)

其實,這五十餘萬頌三藏早已從印度帶到了室利佛逝,既然在自己手中,何不徑直載運回國?廣州或中國其它的地方難道不可以譯經嗎?何必一定要從中國約請助手到外國去翻中文書,寫中文書,然後又送回中國來?要知道,當時在廣州,在長安,在洛陽,譯經的中國僧人有,外國僧人也有。此舉豈不是捨近求遠,徒事周折?至於説「經本尚闕」的話,恐怕也是托辭。因爲義浄後來最終回到洛陽時,帶回的也還是那五十萬頌梵本,並未增加什麽。

不過,義浄的這點用心説來也無可厚非。當年玄奘從印度回國,一路上都匆匆忙忙,可是走到于闐,却停了下來,一面給皇帝上表,説要回來,一面却「爲于闐王留連,未獲即還」。玄奘當時在表章裏也找了一條理由:「今已從鉢羅耶伽國經迦畢試境,越葱嶺,渡波謎羅川,歸還達於于闐。爲所得大象溺死,經本衆多,未得鞍乘,以是少停,不獲奔馳,早謁軒陛,無任延仰之至。謹遣高昌俗人馬玄智隨商侣奉表先聞。」(18)其實這是玄奘的借口。玄奘的意思,一是先探探皇帝的態度,因爲他當年偷渡出關,希望不致因此而有什麽麻煩;二也是預先讓大家知道。玄奘在于闐就這樣停留了七八個月,直到唐太宗的詔書到達,才又重新進發。果然人未到而聲名早已先到。等玄奘真正到達長安之日,萬人空巷，列薄相迎，「始自朱雀街内，終届弘福寺門，數十里間，都人仕子，内外官僚，列道兩旁，瞻仰而立，人物闐闉。」⑲這是本朝的史事，過去不過纔四十來年，義淨與玄奘其心相通，景仰前輝，未必就不想比隆往事。但此意似乎又不宜明説，由此恐怕纔想出這麽個主意與托辭。而後來的事實果然也證明義淨的辦法是成功的。

制旨寺是當時廣州最大的佛寺之一，寺裏的僧人給義淨介紹了幾位助手。義淨在廣州衹停留了三個來月。永昌元年（六八九）十一月一日，義淨與他約請的四位僧人：貞固、懷業、道宏、法朗一起，再次搭乘商船出發。⑳「廣府法俗，悉贈資糧。」大家都知道他求法成功，快要回來了。十二月，船到達室利佛逝。

第二年是載初元年，這時武則天早已作了中國的皇帝。九月，武則天正式改國號爲周，又改元天授。這一年和天授二年（六九一）上半年，義淨在這四位僧人的協助下，翻譯了一些經典，又寫成了《求法高僧傳》與《寄歸傳》。天授二年五月十五日，義淨派遣另一位中國僧人大津，帶着他寫給朝廷的表文，並附上新寫成的四卷《寄歸傳》、兩卷《求法高僧傳》以及新譯的十卷其它的經論，送往長安。義淨這次要向皇帝直接報告的是「望請天恩於西方造寺」。㉑這時正是武則天改唐爲周的第二年。義淨一定知道，這位女皇帝當時正大力扶持佛教，借重佛教的影響，宣稱自己是彌勒佛轉世，而且又最喜歡玩些新鮮的花樣來抬高自己，這正是他上表的最好機會。至於附上的新譯成的經論，雖然數量不多，但已經可以表明自己的成績。因爲義浄本來就不是要在室利佛逝長久地翻譯下去。

派出大津以後，義浄現在在室利佛逝真衹是等待回國了。

三　歸國與兩京譯經

武周長壽二年（六九三），義浄已經五十九歲。這年夏天，他終於從室利佛逝最後回到了廣州。三年前從廣州約請去室利佛逝的四位僧人中，法朗去了訶陵國，後來死在那裏，懷業不打算回國，衹有貞固和道宏相隨回國。

關於義浄從室利佛逝回到廣州的時間，各書都没有明文記載。各書衹記載義浄在證聖元年（六九五）仲夏抵達洛陽，因此過去一般都把這件事繫在證聖元年。但是這並没有直接的證據。相反，既然義浄在仲夏抵達洛陽，據《舊唐書》卷四十一《地理志》四，廣州至洛陽四千九百里，(22)即使假定以日行百里計，義浄從廣州到洛陽，一路上至少也得走四十九天。這樣，義浄從廣州出發的日子至遲也在三月。古代航海，全藉自然風力。南海和印度洋上，每年季風交替，冬季爲東北風，夏季爲西南風。從室利佛逝北上，必定在夏季。從廣州南航，必定在冬季。所以朱彧《萍洲可談》卷二説：「舶船去以十一月、十二月，就北風；來以五月、六月，就南風。」[23]而義浄在他翻譯的《根本説一切有部百一羯磨》一書中寫的一條注裏也恰好提到了這段行程：「停止夏半，泛舶北行，可一月餘，便達廣府。」[24]因此，義浄從室利佛逝返回廣州，必定不可能在證聖元年年初，而衹能在此以前，但又在天授二年以後的某一個夏天。這是其一。

此外，細按《求法高僧傳》卷下所附《重歸南海傳》，其中最後講：「其僧貞固等四人，既而附舶俱至佛逝，學經三載，梵漢漸通。法朗頃往訶陵國，在彼經夏，遇疾而卒。懷業戀居佛逝，不返番禺。唯有貞固、道宏相隨俱還廣府，各並淹留且住，更待後追。」這就是説，義浄第二次從廣州到達室利佛逝，在室利佛逝和其它四位僧人一起住了三年，即天授元年、天授二年、天授三年。義浄這次從室利佛逝回到廣州，衹能是在長壽二年，也就是長壽二年的「夏半」。這是其二。[25]

如果這樣的推斷是正確的，義浄第二次回到廣州，又在廣州停留了一年多，即從長壽二年的下半年到證聖元年的年初。

證聖元年五月仲夏，義浄從廣州到達洛陽。洛陽當時稱爲東都，皇帝武則天多數時間都住在這裏。義浄到洛陽之前，是否和玄奘當年一樣，先接到皇帝的詔書，史無明文。但從他到達洛陽時受到的盛大歡迎看，皇帝先有準備，他也應該是先接到詔書，而後再出發的。(26)

義浄到達洛陽那天，歡迎儀式規格之高，甚至超過當年的玄奘。玄奘抵達長安時，衹是京城留守房玄齡派了一位司馬、一位大將軍，再加上長安縣縣令迎接，其餘迎接的人雖然多，可是都是僧人與一般老百姓。義浄這次回來，却是女皇帝武則天親自出城迎接。《開元録》卷九記載這段經歷是：

> 以天后證聖之元乙未仲夏還至河洛，將梵本經律論近四百部，合五十萬頌，金剛座真容一鋪，舍利三百粒。天后敬法重人，親迎於上東門外。洛陽緇侶，備設幢幡，兼陳鼓樂，在前導引。勑於佛授記寺安置。所將梵本，並令翻譯。(27)

這段記載雖然簡單，但是天后親迎，在當時可是件極其了不得的事。同樣的殊榮，玄奘當年也未能得到。義浄大概也如願以償，後來臨終時還提到這件事：「天子親迎，羣公重法。」(28)這一年，義浄已經六十一歲了。

這時還發生了一件事，與義浄有關。事情發生在證聖元年五月，正是義浄第一次見到武則天的時候。趙明誠《金石録》卷二十五有一篇碑跋，跋文講：

右《唐中興聖教序》，中宗爲三藏法師義浄所作。唐奉一書。刻石在濟南長清縣界四禪寺。寺在深山中，義浄真身塔尚存。今屢往游焉，得此文入録。案《御史臺記》，奉一齊州人，善書翰，武后時爲御史，後坐誅剪皇族，廢。(29)

《唐中興聖教序》即《大唐龍興三藏聖教序》。在歷代的「聖教序」中，除了唐太宗和武后的「聖教序」外，這篇「聖教序」也算比較出名。原文尚存。(30)趙明誠是北宋密州諸城人，他妻子李清照是濟南人，夫妻倆在北宋滅亡前在濟南住了很長一段時間。趙明誠親自在長清見到這塊唐碑，是極可信的事。但最有意思的是下文中記這塊碑碑側的内容：

右《聖教序》碑側云：則天嘗得玉册，上有名十二字，朝野不能識，義浄能讀。其文曰：天册神皇萬歲忠輔聖母長安。證聖元年五月上之，詔書褒答。

以下趙明誠又評論道：

案宋莒公《紀年通譜》，武后以證聖元年九月授「天册金輪聖神」之號，故大赦改元。先是司飆局人於水際得石函，有玉册云：神皇萬歲忠輔聖母長安。故改元協瑞，其文與義浄所載小異云。余嘗謂義浄方外之人，然區區爲武后稱述符命，可笑也。然陶弘景號稱一代高士，在梁武時，亦屢上圖讖，豈獨義浄哉！

原來武則天這年的授號與改元還有這麽一段故事。作爲正史的新舊《唐書》及《資治通鑑》都記載了這次授號與改元之事，可是却漏掉了這段有趣的情節。(31)過去不管講義浄，還是講武則天，也還没有誰提到過這件事。趙明誠記下的碑側的這段文字，至晚鐫於北宋，可能還更早一些，正好可以補正史書中的闕遺。武則天作皇帝時，最好符瑞圖讖。造玉册的人在騙人，義浄騙武則天，武則天騙天下的老百姓，各有各的打算。義浄一到洛陽，便立了一「功」，武則天先把他安排在佛授記寺住下，大概也是「寓深意焉」。(32)這件事不大不小，却正好從一個側面反映出當時的政治風氣。從義浄方面講，當然有他自己的一番用意。玄奘當年爲了和皇帝搞好關係，不也做過好些相似的事嗎？「不依國主，法事難立」。歷代的高僧大德差不多都明白這個道理。

因爲義浄讀出的玉册上的這段文字，證聖元年九月，武則天改元爲「天册萬歲」。十月二十六日，佛授記寺僧明佺領銜編寫的《大周刊定衆經目録》編成，義浄列名編書大德之列，被稱作「漢三藏翻經大德大福先寺義浄。」(33)大概義浄在佛授記寺没住多久，便移住到大福先寺。不過，從義浄剛到洛陽僅五個月，書就編成的事實來看，義浄衹是僅僅列名編者之列而已，恐怕並未參加多少實際工作。而這部經録確實也編得很不好，被後來的智昇批評爲「雖云刊定，繁穢尤多。雖見流行，實難憑准。」(34)

和玄奘一樣，義浄馬上就開始了翻譯佛經的工作。不過，他最初並没有獨自翻譯，而是與于闐國來的僧人實叉難陀，還有復禮、法藏等共同翻譯《華嚴經》。譯場設在東都大內大遍空寺内，武后「親臨法座，煥發序文，自運仙毫，首題名品」。(35)在譯場中，義浄的職務是與南印度來的僧人菩提流志共同宣讀梵本。

聖暦二年(六九九)十月八日，《華嚴經》全部譯完。聖暦三年即久視元年(七〇〇)。從這年起，義浄開始獨自翻譯佛經。他住在大福先寺。五月五日，義浄譯出《入定不定印經》。武則天爲此寫了一篇《大周新翻聖教序》，其中把義浄稱作「緇俗之綱維，紺坊之龍象」。(36)這可以説明義浄當時的地位。

根據《開元録》卷九的記載，從久視元年到長安三年(七〇三)，一共三年多近四年的時間裏，義浄先是在洛陽大福先寺，後來在長安西明寺，共譯出佛經二十部一百一十五卷。譯經的速度平均一年約三十卷。考慮到義浄這時已經是六十多近七十的高齡，應該説他是很勤奮的。他這時的年紀比玄奘回國譯經時的年紀要大得多。

義浄什麽時候離開洛陽，到了長安，什麽時候又離開長安，回到洛陽，文獻中都没有明確的記載。從經録中知道，大足元年(七〇一)九月二十三日他還在洛陽，長安三年(七〇三)十月四日他住在長安，而在長安四年(七〇四)年初，他又回到了洛陽。這幾個時間恰好和武后的行踪合得起來。武則天大足元年十月從洛陽回到長安，長安三年十月又回到洛陽。從義浄當時的地位和武則天對義浄的態度推測，義浄完全可能一直隨駕而行。長安四年的四月，義浄應嵩山少林寺僧人的邀請，去過一次少林寺，重結戒壇，他爲此寫了一篇《少林寺戒壇銘並序》。銘文刻在碑上，但碑今天可能已經不存了。(37)

神龍元年（七〇五），唐中宗即位。二月，國號又重新恢復爲唐。唐中宗和他母親一樣，也是一位信佛的皇帝。在此以後的幾年裏，從《開元録》等的記載看，義浄跟隨唐中宗，先住在洛陽，後住在長安，始終很受皇帝的優待。《開元録》記載的幾件事就可以説明：

神龍元年，唐中宗爲義浄新譯的佛經寫了《大唐龍興三藏聖教序》，又親御洛城西門，「宣示羣辟浄所新翻，並令標引」。這算是又一次難得的殊榮。

神龍二年，義浄隨唐中宗回到長安。唐中宗命令在大薦福寺内專門辟出一所翻經院，作爲義浄翻譯工作的地方。大薦福寺就是現在西安有名的小雁塔所在的寺院。

神龍三年，唐中宗召義浄進宫，同翻經沙門一起坐夏。義浄在宫中大佛光殿譯出《藥師琉璃光七佛本願功德經》二卷。翻譯時，「帝御法筵，手自筆受」，真是畢恭畢敬。(38)

但是就義浄自己而言，最重要的工作仍然是翻譯。他已經是七十多歲的高齡，所餘時日不多。他抓緊時間，翻譯不輟。他的成績有：

神龍元年，譯出佛經四部六卷。

景龍四年（七一〇），譯出佛經二十部八十八卷。

唐睿宗景雲二年（七一一），譯出佛經十二部二十一卷。

這幾個數字，加上他在長安三年以前翻譯的部數與卷數，一共是五十六部二百三十卷。但這衹是《開元録》舉出的數字。他實際翻譯的佛經，數量不止於此。現存的他翻譯的根本説一切有部的多種律中，至少就有七部五十卷没有包括在内。爲什麽會這樣，原因不清楚。可能是當時譯出後未來得及最後删定，也就没有得到廣泛流通，《開元録》中就没有列入。或者也可能是《開元録》的疏略。(39)所有這些，其中絶大部分都是義净自久視元年到景雲二年，也就是從六十六歲到七十七歲十二年内翻譯的。在這樣的年紀，取得這樣的成績，説明他的確是十分努力。

義净翻譯佛經的方法和玄奘一樣，仍然是組織譯場。他親自領導過的譯場前後至少有四個，規模都很大。譯場中有中國僧人，也有外國僧人，還有不少當時的高官顯宦。例如景龍四年他在長安大薦福寺領導的譯場直接參加者就有四十餘人：

吐火羅沙門達磨末磨、中印度沙門拔弩證梵義；罽賓沙門達磨難陀證梵文；居士東印度首領伊舍羅證梵本；沙門慧積、居士中印度李釋迦、度頗多等讀梵本；

沙門文綱、慧沼、利貞、勝莊、愛同、思恒等證義；沙門玄傘、智積等筆受；居士東印度瞿曇金剛、迦濕彌羅國王子阿順等證譯；修文館大學士特進趙國公李嶠、兵部尚書消遥公韋嗣立、中書侍郎趙彦昭、吏部侍郎盧藏用、兵部侍郎張説、中書舍人李乂、蘇頲等二十餘人次文潤色；左僕射舒國公韋巨源、右僕射許國公蘇瓌等監譯；秘書大監嗣號王邕監護。(40)

真是各色人等，濟濟一堂。當然，要組織起這樣的譯場，離不開最高統治者皇帝的支持。而義净和玄奘一樣，在這方面都很會與皇帝打交道。

除了譯經，義净其它的時間就是教授學生。《開元録》卷九講他「譯綴之暇，曲授學徒。凡所行事，皆尚其急。濾漉滌穢，特異常倫。學侣傳行，遍於京洛」。(41)説明他當時的學生很不少。其中有一位慧日，在義净的鼓勵下，後來也去了印度。(42)

太極元年(七一二)，義净已經是七十八歲的高齡，終於不能再繼續工作。他出現生病的跡象。二月十二日，門人崇勗爲他畫了像。新皇帝唐睿宗爲這幅畫像寫了一篇「贊」。看來他這時「道茂年衰」，已經在爲後事作準備了。七月二十五日，唐睿宗傳位給唐玄宗，玄宗改元先天。這一年裏，義净的病勢越來越沉重。他想在臨終前回到家鄉齊州去，可是卧牀不起，已經不可能了。

先天二年（七一三）正月六日，正是年初，太上皇唐睿宗派人來問候他。正月十七日初夜，義浄知道自己不行了，便吩咐人準備好紙筆，留下遺書。二更時分，遺書寫好。到後半夜，義浄便溘然去世於長安大薦福寺翻經院内，終年七十九歲，照着僧人的規矩，法臘五十九。

義浄的葬禮在二月七日舉行。舉行葬禮這天，「京城四衆，陳布威儀鹵薄，供養香花」，送葬的門人有一萬餘人。葬禮十分隆重。太上皇派遣中使吊慰，賜物一百五十段，追贈鴻臚卿。他埋葬在長安延興門東陳張村閣院内，院内建立靈塔。五月十五日，靈塔建成，塔上銘文題爲「大唐龍興翻經三藏義浄法師之塔銘並序」，由銀青光禄大夫行秘書少監固安侯盧璨撰文，開業寺沙門智業書字。四十年後，唐肅宗乾元元年（七五八），爲了紀念義浄譯經的功績，又在塔院所在的地方建起一座寺院，稱作「金光明寺」，因爲義浄翻譯過有名的《金光明最勝王經》。(43)

四　著譯編年目録

義浄在證聖元年（六九五）五月回到洛陽。從證聖元年到聖曆二年（六九九）的最初四年裏，義浄祇是在實叉難陀的譯場裏協助實叉難陀翻譯《華嚴經》。自久視元年（七〇〇）起，義浄便獨立組織譯場，翻譯佛經，一直到唐睿宗景雲二年（七一一）。據《開元録》卷九，在這段時期裏他一共譯經五十六部，合二百三十卷。下面依編年次序將義浄所譯佛經列舉出來。

久視元年（七〇〇）：

《入定不定印經》一卷，五月五日在洛陽大福先寺譯畢。第二出，與北魏瞿曇流支所譯《不必定入定入印經》同本。武后爲制《大周新翻聖教序》。

《長爪梵志請問經》一卷，十二月二十三日在洛陽大福先寺譯畢。

《根本薩婆多部律攝》二十卷，譯出時處同上。或作十四卷，今《大正藏》本即十四卷。

大足元年（七〇一）：

《八無暇有暇經》一卷，九月二十三日在洛陽大福先寺譯畢。

《妙色王因緣經》一卷，譯出時處同上。

《大乘流轉諸有經》一卷，譯出時處同上。

《莊嚴王陀羅尼咒經》一卷，譯出時處同上。

《善夜經》一卷，譯出時處同上。

《彌勒下生成佛經》一卷，譯出時處同上。第六出，與鳩摩羅什譯《彌勒下生經》等同本。

《無常經》一卷，《開元録》稱是此年九月二十三日在洛陽大福先寺譯畢。但根據《寄歸傳》卷二中的原注："「此經別録附上」，此年應是重綴。《開元録》未能詳審。

長安三年（七〇三）：

《六門教授習定論》一卷，無著本，世親釋。十月四日在長安西明寺譯畢。

《取因假設論》一卷，陳那造。譯出時處同上。沙門智積等筆受。

《掌中論》一卷，陳那造。譯出時處同上。第二出，與《解卷論》同本。

《根本説一切有部百一羯磨》十卷，譯出時處同上。

《根本説一切有部尼陀那目得迦》十卷，譯出時處同上。或作八卷。今《大正藏》本作十卷，其中尼陀那五卷，目得迦五卷。

《根本説一切有部毗奈耶》五十卷，譯出時處同上。沙門波崙、惠表等筆受。

《曼殊室利菩薩咒藏中一字咒王經》一卷，譯出時處同上。第二出，與寶思惟出者同本。

《能斷金剛般若波羅蜜多經》一卷，譯出時處同上。第五出，與鳩摩羅什、北魏菩提流支、陳真諦等出者同本。

《金光明最勝王經》十卷，譯出時處同上。第五出，與北凉曇無讖所譯四卷本同本。

《龍樹菩薩勸誡王頌》一卷，原在東印度耽摩立底國譯，至都重綴，時在久視元年至長安三年間。第三出，與《勸發諸王要偈》等同本。

神龍元年（七〇五）：

《大孔雀咒王經》三卷，是年在東都内道場譯出。第八出，與梁僧伽婆羅等出者同本。

《香王菩薩陀羅尼咒經》一卷，是年在洛陽大福先寺譯出。

《佛爲勝光天子説王法經》一卷，七月十五日在洛陽大福先寺譯出。玄傘筆受。第三出，與舊《諫王經》及唐譯《勝軍王經》並同本。

《一切功德莊嚴王經》一卷，譯出時處同上。玄傘筆受。

以上四部，唐中宗爲制《大唐龍興三藏聖教序》。

神龍三年（七〇七）：

《藥師琉璃光七佛本願功德經》二卷，此年夏於長安大内佛光殿譯出。譯時皇帝親御法筵，手自筆受。第四出，與隋達磨笈多等出者同本，但廣略有異。

景龍四年（七一〇）：

《浴像功德經》一卷，四月十五日在長安大薦福寺翻經院譯出。第二出，與寶思惟出者同本。今《大正藏》本題作《浴佛功德經》。

《數珠功德經》一卷，譯出時處同上。第二出，與寶思惟出者同本。今《大正藏》本題作《曼殊室利咒藏中校量數珠功德經》。

《成唯識寶生論》五卷，譯出時處同上。一名《二十唯識頌釋論》，護法造。玄傘、智積等筆受。

《觀所緣論釋》一卷，譯出時處同上。護法造。玄傘、智積等筆受。

《佛爲難陀説出家入胎經》二卷，是年在長安大薦福寺譯出。出《根本説一切有部毗奈耶雜事》第十一、十二卷，編入《寶積》，當第十四會，改名《入胎藏會》，今《大正藏》本即此名。

《觀自在菩薩如意心陀羅尼咒經》一卷，譯出時處同上。第三出，與實叉難陀、寶思惟等出者同本。

《佛頂尊勝陀羅尼經》一卷，譯出時處同上。第五出，與杜行顗、日照、波利等出者同本。

《拔除罪障咒王經》一卷，譯出時處同上。

《五藴皆空經》一卷，譯出時處同上。智積等筆受。出《雜阿含經》第二卷異譯。

《三轉法輪經》一卷，譯出時處同上。玄傘等筆受。出《雜阿含經》第十五卷異譯。

《譬喻經》一卷，譯出時處同上。玄傘等筆受。

《療痔病經》一卷，譯出時處同上。玄傘等筆受。

《根本説一切有部苾芻尼毗奈耶》二十卷，譯出時處同上。

《根本説一切有部毗奈耶雜事》四十卷，譯出時處同上。

《根本説一切有部戒經》一卷，譯出時處同上。

《根本説一切有部苾芻尼戒經》一卷，譯出時處同上。

《根本説一切有部毗奈耶雜事攝頌》一卷，譯出時處同上。

《根本説一切有部尼陀那目得迦攝頌》一卷，譯出時處同上。

《根本説一切有部毗奈耶頌》五卷，毗舍佉造。先在印度那爛陀譯出，回國後删正，是年奏行。今《大正藏》本作三卷。

景雲二年（七一一）：

《稱讚如來功德禪咒經》一卷，閏六月二十三日在長安大薦福寺翻經院譯出。第二出，與隋譯《十二佛名神咒經》同本。玄傘、智積等筆受。

《佛爲海龍王説法印經》一卷，譯出時處同上。玄傘、智積等筆受。

《略教誡經》一卷，譯出時處同上。玄傘等筆受。

《能斷金剛般若波羅蜜多經論頌》一卷，無著造。是年在長安大薦福寺譯出。玄傘、智積等筆受。

《能斷金剛般若波羅蜜多經論釋》三卷，無著造頌，世親釋。譯出時處同上。玄傘、智積等筆受。

《因明正理門論》一卷，大域龍即陳那造。譯出時處同上。玄傘、智積等筆受。第二出，但除首段三百餘字以外，其餘部份與玄奘所譯《因明正理門論本》文字上幾乎完全相同，顯然是借用了玄奘的譯文。

《觀總相論頌》一卷，陳那造。譯出時處同上。智積等筆受。

《止觀門論頌》一卷，世親造。譯出時處同上。玄傘等筆受。

《手杖論》一卷，釋迦稱造。譯出時處同上。玄傘等筆受。

《法華論》五卷，造者莫知。是年譯出。譯本開元年間即佚。

《集量論》四卷，陳那造。是年譯出。譯本開元年間即佚。

《一百五十讚佛頌》一卷，摩咥里制吒造。先在印度那爛陀寺譯，是年於長安大薦福寺重綴。

這裏有一點需要説明，以上標注的譯出的時間，實際上是譯本奏行的日期，所以很多都相同。這五十六部佛經，除掉最後的《法華論》與《集量論》兩部九卷外，現在全部存在。但現存的義浄所翻譯的佛經，還有根本説一切有部的律七部五十卷，是《開元録》没有收録的，却收録進了後來成書的《貞元録》。這七部律是：

《根本説一切有部毗奈耶藥事》二十卷。今《大正藏》本作十八卷。

《根本説一切有部毗奈耶破僧事》二十卷。《貞元録》注：「内欠二卷。」但今《大正藏》本實作二十卷。

《根本説一切有部毗奈耶出家事》五卷。《貞元録》注：「内欠一卷。」今《大正藏》本作四卷。

《根本説一切有部毗奈耶安居事》一卷。

《根本説一切有部毗奈耶隨意事》一卷。

《根本説一切有部毗奈耶皮革事》二卷。

《根本説一切有部毗奈耶羯恥那事》一卷。今《大正藏》本題作《根本説一切有部毗奈耶羯恥那衣事》。

這七部律具體是在什麽時候譯出的，没有記載可以説明。《貞元録》卷十三在録下經名和卷數後祇是説：「右此上從《藥事》下七部共五十卷，並從大周證聖元年至大唐景雲二年以來兩京翻譯，未入《開元釋教録》。今搜檢乞入《貞元目録》。於内由欠三卷，爲訪本未獲，旦（且？）附闕本録中收。切依前遺失，兼誤爲别生，故重標於此耳。」(44)聯繫《開元録》所講的義浄「又出一切有部跋窣堵約七八十卷，但出其本，未遑删綴，遽入泥洹，其文遂寢」一句話，這七部律可能就是這其中的一部分。(45)

除了翻譯的佛經外，義浄自己撰寫的著作共有五部，合九卷。它們是：

《南海寄歸内法傳》四卷。

《大唐西域求法高僧傳》二卷。

《别説罪要行法》一卷，或無「别」字。

《受用三水要法》一卷，或作《受用三水要行法》。

《護命放生軌儀》一卷，或作《護命放生軌儀法》。

其中前兩部當然是義浄最重要的著作，寫成時間是在天授二年。(46)後面三部什麽時候寫成，没有明文記載，過去有人認爲是和《寄歸傳》及《求法高僧傳》同時寫成，但實際上没有什麽根據。(47)相反，義浄在《寄歸傳》與《求法高僧傳》中一點没有提到後三種書，説明這三種書寫成很可能不在同時，而在其後。

在早期經録未載的義浄著譯的作品中，還有《略明般若末後一頌讚述》一卷和《梵語千字文》一卷。前者爲瞭解印度佛教哲學思想史和「般若」類經典的形成和發展提供了一些重要的資料。(48)後者是否真是義浄所著，曾有過争論，但却是一部有用而又顯得有點特別的書。印度學者師覺月有專門的研究著作。(49)此外，在《全唐文》卷九一四和《金石萃編》卷七十中，尚收有義浄《少林寺戒壇銘并序》一文，寫於長安四年（七〇四）四月。《貞元録》卷十三中録有義浄臨終時所寫的遺書。宋法雲編《翻譯名義集》卷七有《題取經詩》一首。再有就是義浄自己在《寄歸傳》和《求法高僧傳》中提到的《南海録》、《西方記》、《西方十德傳》、《中方録》四種書，很像是義浄自己的著作。其中《南海録》一書，《宋史》卷二〇四《藝文志》三曾著録爲一卷，把它歸入地理書類。雖然未題撰者，或者就是同一部書。(50)説明這部書至少在宋元之際還是存在的。但其它三種書除義浄自己提到過以外，不見於任何其它書中，看來是很早就亡佚了。

以上是義浄著譯作品的整個情況。總起來説，《開元録》卷九説他翻譯和撰述的著作共六十一部二百三十九卷的説法不完全正確，其中有所遺漏。先天二年義浄去世時，盧璨爲他撰寫《塔銘》，説他「前後所翻經一百七部，都四百二十八卷，並勑編入一切經目。」[51]但是不管是《開元録》還是《貞元録》所記的數目，還是以現存的能見到的實際數目相比較，都與此相差甚遠。看來義浄的著作在他去世後有不少很快就散佚了，現存的衹是其中一部分。

五　簡短的評價

義浄是一位僧人，我們今天要對他作出一個評價，我以爲主要要考慮到在當時的條件下，他一生的活動爲發展中國的文化以及中外文化的交流作出了什麼貢獻。其它的都是次要的。而就這方面而言，義浄無疑是一位相當傑出的人物。

首先談義浄求法這件事。在佛教史上，中國僧人西行求法，如果從三國魏時的朱士行算起，到北宋爲止，其間時近千年，人逾數百，但是其中真正能够到達印度本土，又學有成就，最後回到中國傳譯經典，著書立説的並不多。以此作標準，能够舉出名字的也就衹有法顯、玄奘、義浄三人。三人之中，譯經最多，影響最大的當然首推玄奘，其次就是義淨。古代中外文化的交流，有多種形式，其中宗教文化的交流以及由此而引起的其它方面的交流在一段時間裏佔有主要的地位。在當時的歷史條件下，僧人們的求法運動便是這種交流活動中重要的一部份。作爲一位求法僧，義淨對此作出了顯著的貢獻。

義淨爲什麼要到印度求法？除了他自己的宗教熱忱，恐怕也與當時中國佛教發展的狀況有些關係。我們知道，佛教自西漢末，東漢初時傳入中國，中間經過魏晉南北朝，到了隋唐時代，不僅站住了脚跟，與儒、道鼎足而立，而且在中國的社會環境中形成了具有中國自身特點的中國佛教。唐代便是這個發展的頂點。但是，佛教在唐初雖稱極盛，它作爲一種被統治階級所利用的宗教，自身存在的問題仍然很多，其中一個問題就是戒律弛壞。僧人中藏垢納污，穢聞層出，不僅一般世俗輩衆不滿，佛教徒中的有識之士也深有所感。此外，僧人們對佛教戒律的研究和解釋，在唐初形成了中國佛教的一個專門的宗派「律宗」，但就是在律宗内部，或在其他的僧人之間，對戒律的理解和解釋都出現種種不同的分歧，在實踐上更是各行其是，並且互相指斥。玄奘西行，是因爲他感覺當時的中國佛教徒在某些重要的宗教教理上理解不明，歧異紛紜，發生混亂，所以決定冒死到佛教的老家印度去求取「真經」，以求解決中國的問題。(52)義淨的西行在某些意義上也有些相似。不過，義淨最注意的不是教理上的問題，而是戒律方面的規定和僧伽内部的制度。

義淨的目的是想用印度「正統」的典範，來糾正當時中國佛教的偏誤，矯治時弊，力挽頹風。義淨在未回國以前，在室利佛逝便寫了《寄歸傳》四卷，特别詳細地記載印度佛教的僧伽制度和戒律規定，先行寄歸回國；回國以後翻譯的經典又以律藏爲主，傳授學徒，以持律爲先，看來就是這個目的。祇是他的行爲似乎並未發生多大影響，中國佛教教門的腐朽敗壞，並未因此而止。對比之下，他在翻譯和著述方面所取得的成績，倒更足以爲後世稱道。

義淨翻譯和著述方面的情況，在上一節裏已經詳細地作了介紹，從中可以看到他所翻譯的佛經的内容和數量。但是他的翻譯的價值還不僅僅體現在譯經的數量上。他花氣力最多翻譯出的根本説一切有部的律，近代在克什米爾發現了一部分梵文原本。這使漢譯本與梵文本的對比研究成爲可能。(53)他翻譯的《金光明最勝王經》，後來被轉譯成藏文。漢本、藏本，加上現在尚存的梵本，都是進行對比研究的好材料。(54)

在義淨自己著述的作品中，有必要再次特别提到《求法高僧傳》和《寄歸傳》。前面已經講過，這是他最重要的兩部著作。從今天研究歷史的角度來看，這兩部書具有很重要的價值。其中《求法高僧傳》一書記述的是唐初自太宗貞觀十五年（六四一）以後至武后天授二年（六九一），其間四五十年間五十七位中國僧人（包括義淨本人，也包括今屬朝鮮的新羅，今屬越南的交州、愛州，今屬阿富汗的覩貨羅，今屬原蘇聯的康國等地的幾位僧人）到印度及南海一帶游歷、求法的事跡。書後所附的《重歸南海傳》，又記載武后永昌元年隨義淨重往室利佛逝譯經的四位中國僧人的事跡。它是一部僧傳，但是却爲研究唐代初年的中印關係、中印之間的交通、中國與印度的佛教歷史，以及南海方面的情況提供了重要的資料。别的不論，從上個世紀末到這個世紀六十年代，國外就先後出版了它的一個法文全譯本、一個英文節譯本、兩個日文全譯本。直到最近（一九八六年八月），又出版了一種新的英文全譯本，雖然這個最新譯本譯文中的問題仍然很多。(55)可見學術界對這部書的重視。

至於《寄歸傳》，從内容到體例則是很有特點的另一類型的著作。它是義淨在游歷印度與南海二十餘年後，根據他自己的所見所聞，「謹依聖教及現行要法」（原書卷一「序」），對當時印度、南海、中國佛教的狀況的實際記録。它涉及的面比《求法高僧傳》更廣，需要提出來研究的問題也更多。全書以類分章，一章一題（僅卷二「尼衣喪制」兩題合一），雜而不亂，章法分明，合在一起，講的中心題目衹是一個：「内法」——律，也就是佛教僧人宗教生活中的行爲准則。《寄歸傳》一書，既不同於游記型的《法顯傳》，也不同於玄奘向皇帝正式呈交的地理志型的《大唐西域記》，而好像是義淨根據他自己求法寫下的筆記整理出來的一分專題考察報告。因此，它爲我們今天瞭解公元七世紀時印度佛教僧伽内部宗教生活的狀況提供了幾乎是最多最詳細的信息。和《大唐西域記》、《法顯傳》、《求法高僧傳》一樣，它很早就引起了西方和日本學者的注意。在上個世紀末，先後有一些學者把其中的一些重要章節翻譯成英文、法文、俄文，最後日本學者高楠順次郎把全書譯成英文，在英國出版。後來又有一個日文譯本。(56)這些都可以説明《寄歸傳》一書的價值。近現代研究印度佛教史的著作，衹要是水平比較高一些的，可以説没有不提到，不利用這一部書。其中的一些章節，幾乎可説就是在《寄歸傳》的英譯文的基礎上改寫成的。(57)關於這部書，下面還將專門地提出一些研究意見。

在翻譯的方法上，義净也有自己的一些特點。從目前已經作過的研究的結果來看，他在譯法上比較靈活。(58)他組織的譯場，在有的地方分工比玄奘的譯場還細。(59)在他翻譯的佛經包括他自己撰寫的著作中，有一個顯著的特點是在譯文或正文下常常可以看到他加寫的注。注文訂正譯音、譯義，考核名物制度，有時還説明是典語（梵語）還是俗語，由此可以看出他在翻譯及著述時的認真態度。注文中常常還留下一些有關佛教歷史的非常重要，有時是絶無僅有的史料。

總起來説，義净是一位虔誠的佛教徒，他的所有行爲、動機都出於自己的宗教信仰。

他回國後也做過一兩件迎合討好皇帝的事，但客觀地看，在封建時代裏，皇帝就是國家，是天下最大的「施主」，不依靠皇帝，佛法怎麽可能得到弘揚？因此這幾乎是當時所有佛教僧人都可能會做的事。義浄的成績和貢獻，主要在於他翻譯和撰述的著作。《宋高僧傳》的作者贊寧在寫完《義浄傳》後評論説：

然其傳度經律，與奘師抗衡。比其著述，浄多文性。傳密咒最盡其妙，二三合聲，爾時方曉矣。(60)

贊寧的「系」又説：

傳譯者宋齊已還，不無去彼回者。若入境觀風，必聞其政者，奘師、法師（指義浄）爲得其實。此二師者，兩全通達，其猶見璽文知是天子之書可信也。《周禮》象胥氏通夷狄之言，浄之才智，可謂釋門之象胥也歟！(61)

這段評論，應該説是公允的。義浄在歷史上確實是一位爲中國文化的發展，爲中外文化的交流作出了突出貢獻的人物。

第二章 《南海寄歸内法傳》研究之一

——論義浄時代印度佛教的部派及大小乘問題

在佛教的發展史上，部派和大乘的出現是很重要的兩件事，但也是佛教史研究中所遇到的最困難的問題之一。部派是怎樣出現的？究竟是怎麽回事？大乘是怎樣出現的？它和在它以前就有，在它出現後和它並存，被它稱爲「小乘」的佛教之間的關係是怎麽回事？部派在這之中又處於一種什麽樣的地位？這些問題，直到現在還没有誰能給出一個滿意的回答。本章的目的也並不準備去全面討論或解決這些問題，僅僅衹打算以義浄的《寄歸傳》的記載爲基礎，結合一些有關的材料，對義浄時代印度佛教的部派及大乘、小乘之間的關係這一問題作一些初步的探討。在目前的研究階段上，這種探討仍然衹能算是一種嘗試和探索。

一　問題的提出

首先，我想引一段義浄《寄歸傳》中的原文。《寄歸傳》卷一「序」：

諸部流派，生起不同。西國相承，大綱唯四。

以下是義浄的原注，進一步解釋佛教的這四大部派：(1)

一阿離耶莫訶僧祇尼迦耶，周云聖大衆部，分出七部，三藏各有十萬頌，合三十萬頌，周譯可成千卷。二阿離耶悉他陛攞尼迦耶，周云聖上座部，分出三部，三藏多少同前。三阿離耶慕攞薩婆悉底婆拖尼迦耶，周云聖根本説一切有部，分出四部，三藏同前。四阿離耶三蜜栗底尼迦耶，周云聖正量部，分出四部，三藏三十萬頌，律有三十千頌。然而部執所傳，多有同異，且依現事，言其十八。分爲五部，不聞於西國之耳。

然後又是正文：

「其間離分出没，部别名字，事非一致，如餘所論，此不繁述。故五天之地及南海諸洲，皆云四種尼迦耶。」

這裏講的是佛教部派的狀況。至少，講的是公元七世紀時，即義浄時代佛教部派的狀況。

依照傳統的説法，在釋迦牟尼涅槃後大約一百年的時候，佛教的僧團内部，第一次出現公開的大的分裂。這事發生在佛教的第二次結集——毗舍離結集後，分裂的結果是産生了佛教的兩大部派：上座部與大衆部。在此後的幾百年間裏，從上座部與大衆部裏又繼續不斷地分裂出新的派别，最後形成了所謂的「小乘十八部」或「小乘二十部」。(2)這些部派的名稱及其互相之間分合關係，在各種佛教文獻及近現代發現的碑銘中記載各異，非常複雜。但是其中最主要的幾個，晉代法顯，唐初玄奘，到印度求法時都親眼見到過。玄奘的《大唐西域記》通篇都有記載。義淨的情況也一樣，上面所引《寄歸傳》中的記載説明的是同樣的一件事情，除了在一些細節上，我們没有理由懷疑義淨的記載不真實或不可靠。

正因爲如此，近現代所有論及印度佛教尤其是公元七世紀時的印度佛教的著作，祇要可能，幾乎没有不引用或利用義淨這一段記載的。我們可以隨便舉幾個例子：

呂澂：《印度佛學源流略講》，上海人民出版社，一九七九年，第38、61、158、279、281、296頁。

宫本正尊：《大乘と小乘》，佛教學の根本問題第三，東京，八雲書店，昭和十九年（一九四四），第282、543—546頁。

水野弘元：《佛教の分派とその系統》，《講座佛教》第Ⅲ卷，《インドの佛教》，東京，大藏出版株式會社，昭和五十二年（一九七七），第94、104、111—112頁。

平川彰等編：《大乘佛教とその周辺》，講座大乘仏教10，東京，春秋社，昭和六十年（一九八五），第135—137頁。

P.V.Bapat(ed.): *2500 Years of Buddhism*, New Delhi, 1956, pp.112, 120.

N.Dutt: *Buddhist Sects In India*, Delhi, 1977, pp.310—312.

S.K.Singh: *History and Philosophy of Buddhism*, Patna, 1982, pp.122, 136, 251.

J.Przyluski: *Le Concile de Rājagṛha*, Paris, 1926, pp.313—316.

É.Lamotte: *Histoire du Bouddhisme Indien*, Louvain, 1976, pp.601—602.

一般都認爲，義浄在這裏講的是小乘佛教，他所講的四個部派，仍然是傳統意義上的「十八部」，他不過把這「十八部」歸納爲四個大部而已。上面所列舉的那些著作，幾乎都是這樣來理解義浄《寄歸傳》的這段記載的。

但是，我們知道，當時在印度（當然也包括中國及義浄談到的南海地區）早已不是小乘佛教的一統天下，而是大小乘並存。公元七世紀，當玄奘、義浄等到印度時，大乘佛教早已得到充分發展，就是在大乘的内部，也已經出現了不同的派别。玄奘和義浄到印度求法，本來就是以大乘僧人的身份去的。(3)玄奘暫且不論，那末義浄是怎樣看待大乘，怎樣記載大乘佛教的狀況的呢？

《寄歸傳》卷一，就在我們上面的引文後不遠，義浄又寫道：

其四部之中，大乘小乘區分不定。北天南海之郡，純是小乘；神州赤縣之鄉，意在大教。自餘諸處，大小雜行。

大教即大乘。這裏講的是大乘小乘當時在地理區域上大概的分佈情況。照義浄本來的意思，在他前面所列舉的四大部派中間，似乎或者可以是大乘，或者可以是小乘，其間大乘小乘分别不定。換句話説，義浄此處所講的四大部派，並不完全就指的是小乘佛教，其中也包括大乘佛教。這就與過去的研究者們對此段文字的理解不一樣了。進一步講，也就與一般對這一段時期的佛教部派以及大小乘的理解、看法、研究的結論不完全一致了。

因此，我覺得我們可以由此提出這樣幾個問題：

一、怎樣理解義浄在《寄歸傳》裏講的佛教部派？義浄講部派，是從什麼角度講的？是什麼意思？

二、七世紀時印度的佛教部派與大小乘的關係是怎麼回事？部派是不是仍然應該被看成是小乘佛教？大乘在部派之内還是之外？

三、當時的佛教部派與大小乘的實際狀況究竟怎樣？

這些應該説是涉及到佛教史尤其是這一段時期的佛教史的重要問題。通過對這些問題的研究，如果能得到比較合乎歷史事實的看法，我以爲對我們今後在更大的時間和空間的範圍内去探討佛教史，是會有意義的。

二　義淨講的部派是什麽？

爲了説明第一個問題，我想首先還是把《寄歸傳》中除了上節中所引的那一小段以外直接提到部派的文字都抄引出來：

次有弘法應人，結集有五七之異；持律大將，部分爲十八之殊。隨所見聞，三藏各别。著下裙則裙有偏正，披上服則葉存狹廣。同宿乃異室繩圍，兩俱無過。受食以手執畫地，二並亡愆。各有師承，事無和雜。

有部則正，余三並偏。有部則要須别室，正量以繩圍牀。有部手請，僧祇畫地也。（此段爲原注）

然其所欽，處有多少。摩揭陁則四部通習，有部最盛。羅荼、信度則少兼三部，乃至正量尤多。北方皆全有部，時逢大衆。南面則咸遵上座，餘部少存。東裔諸國，雜行四部。師子洲並皆上座，而大衆斥焉。然南海諸洲有十餘國，純唯根本有部，正量時欽，近日已來，少兼餘二。

南至占波，即是林邑，此國多是正量，少兼有部。然東夏大綱，多行法護。關中諸處，僧祇舊兼。江南嶺表，有部先盛。而云《十誦》、《四分》者，多是取其經夾以爲題目。

詳觀四部之差，律儀殊異，重輕懸隔，開制迢然。出家之侶，各依部執，無宜取他輕事，替己重條，用自開文，見嫌餘制。若爾則部别之義不著，許遮之理莫分。豈得以其一身，遍行於四？裂裳金杖之喻，乃表證滅不殊。行法之徒，須依自部。

頻毗娑羅王夢見一氎裂爲十八片，一金杖斬爲十八段，怖而問佛。佛言：「我滅度後，一百餘年，有阿輸迦王，威加贍部。時諸苾芻，教分十八。趣解脱門，其致一也。此即先兆，王勿見憂耳。」（此段爲原注）

凡此所論，皆依根本説一切有部，不可將餘部事見糅於斯。此與《十誦》大歸相似。有部所分，三部之别，一法護，二化地，三迦攝卑，此並不行五天，唯烏長那國及龜兹、于闐雜有行者。然《十誦》亦不是根本有部也。（以上卷一）

諸部律文皆云刺合。

四部律文未見。

五天四部並皆著用。

然四部之殊，以著裙表異。一切有部則兩邊向外雙襵，大衆部則右裙蹙在左邊，向内插之，不令其墮。西方婦女著裙，與大衆部無别。上座正量，制亦同斯，但以向外直翻傍插爲異。腰絛之制，亦復不同。尼則准部如僧，全無别體。

即如有部裙製。

斯謂圓整著裙，成薩婆多之部别。

檢驗四部衆僧，目見當今行事，並復詳觀律旨，大同如此立浄。

其筋則五天所不聞，四部亦未見。（以上卷二）

禮拜敷其坐具，五天所不見行。致敬起爲三禮，四部罔窺其事。

正量部中説其陳棄，既其部别，不可依斯。《了論》雖復見文，元非有部所學。

斯依薩婆多，非餘部也。（以上卷四）

（以上卷三）

我們看到，第一，義浄在這裏始終是以四部的框架來介紹當時的佛教的。他講的部，譯音字是「尼迦耶」，梵文和巴利文原字是nikāya。這都確定無疑。其次，義淨是把部派和律聯繫在一起講的。

佛教爲什麼會發生分裂，部派是怎樣産生的，部派的狀況究竟怎樣，這在佛教史的研究中一直是一些很複雜，學者中間一直有很大的争論的問題。這裏不打算，也不可能全面地討論這些問題。但是我想提出一點來討論：最早的部派分裂無疑和律有最直接最重要的關係。「擒賊擒王」，我想，以導致第一次分裂的毗舍離結集作爲討論的起點和對象，應該説具有典型的意義。在這次結集上，兩派僧人所争論的主題，就是如何執行律的問題。

義淨譯《根本説一切有部毗奈耶雜事》卷四十有這樣一段：

> 大師圓寂，佛日既沈，世無依靠。如是漸次至一百一十年後，爾時廣嚴城（即毗舍離）諸苾芻等，作十種不清淨事，違逆世尊所制教法。不順蘇怛羅，不依毗奈耶，乖違正理。諸苾芻等將爲清淨，皆共遵行，於經律中不見其事。（4）

十件什麽事呢？

> 一者時諸苾芻作非法不和羯磨，非法和羯磨，法不和羯磨。是諸大衆聞此説時，高聲共許。此即名爲高聲共許淨法。斯乃違背佛教，乖越正理，不順蘇怛羅，不依毗

奈耶。時廣嚴城諸苾芻等，作不清浄，將爲清浄，睹斯非法，云何捨而不問？稱揚宣説，皆共遵行。二者時諸苾芻作非法不和羯磨，非法和羯磨，法不合羯磨。諸人見時，悉皆隨喜。此即名爲隨喜浄法。斯乃違背佛教，乖越正理，不順蘇怛羅，不依毗奈耶。時諸苾芻將爲清浄，稱揚宣説，皆共遵行。三者諸苾芻自手掘地，或教人掘。此即名爲舊事浄法。廣説如上，乃至皆共遵行。四者諸苾芻以筒盛鹽，自手捉觸，守持而用，和合時藥，噉食隨情。此即名爲鹽事浄法，乃至皆共遵行。五者諸苾芻未行一驛半驛，便别衆食。此即名爲道行浄法。乃至皆共遵行。六者諸浄芻不作餘食法，二指噉食。此即名爲二指浄法。乃至皆共遵行。七者諸苾芻和水飲酒。此即名爲治病浄法。乃至皆共遵行。八者諸苾芻當以乳酪一升和水攪之，非時飲用。此即名爲酪漿浄法。乃至皆共遵行。九者諸苾芻作新坐具，不以故者佛一張手，重帖而自受用。此乃名爲坐具浄法。乃至皆共遵行。十者諸苾芻持好鉢，塗拭香華。即令求寂持以巡門，普告諸人，作如是語：「遍廣嚴城，現在人物，及四遠來商客之類，若有布施，若金，若銀，貝齒之類置鉢中者，得大利益，富樂無窮。」既多獲利，所有金寶皆共分張。此即名爲金寶浄法。斯乃違背佛教，乖越正理，不順蘇怛羅，不依毗奈耶。時諸苾芻作不浄事，將爲清浄，稱揚宣説，皆共遵行。（5）

這十件事就是僧團内部引起争論的原因，因此而在毗舍離城舉行了所謂的「七百結集」。

巴利文律藏的Cullavagga第十二章講的同樣的事：

Tena kho pana samayena vassasataparinibhute bhagavati Vesālikā Vajjiputtakā bhikkhū Vesāliyaṃ dasa vatthūni dīpenti: kappati siṅgiloṇakappo, kappati dvaṅgulakappo, kappati gāmantarakappo, kappati āvā-sakappo, kappati anumatikappo, kappati āciṇṇakappo, kappati amathitakappo, kappati jalogi pātuṃ, kappati-adasakaṃ nisīdanaṃ, kappati jātarūparajatan ti.(6)

以下就叙述長老Yasa到毗舍離城，認爲這十事「非法」，由此而邀集了東西方的長老，在毗舍離城舉行結集的事。

Dīpavaṃsa也講了這件事，其中第四章47、48的記載與Cullavagga在字句上都幾乎完全一樣，這裏就不再抄引。第五章是專門講部派，又講到這事，説它是引起第一次部派分裂的原因：

Nikkhante paṭhame vassasate sampatte dutiye sate mahābhedo ajāyittha theravādanam uttamo./

Vesālivajjiputtakā dvādasa sahassā samāgatā dasa vatthūni dīpesuṃVesāliyaṃ puruttame./

siṅgiloṇadvāṅgulakappaṃ gāmantarārāmavāsanaṃ

numatiāciṇṇamathitajalogiñ cāpi rūpiyaṃ nisīdanaṃ adasakaṃ dīpiṃsu buddhasāsane./

uddhammaṃ ubbinayañ ca apagataṃ satthusāsane atthaṃ dhammañ ca bhinditvā vilomāni dīpayiṃsu te./

tesaṃ niggahanatthāya bahū buddhassa sāvakā dvādasa satasahassāni jinaputtā samāgatā./

etasmiṃ sannipātasmiṃ pāmokkhā aṭṭha bhikkhavo

satthukappā mahānāgā durāsadā mahāgaṇī:/

Sabbakāmī ca Sāḷho ca Revato Khujjasobhito Vāsabhagāmi Sumano ca Sāṇavāsi ca Sambhuto/

Yaso Kākaṇḍakaputto jinena thomito isi,Pāpānaṃ niggahatthāya Vesāliyaṃ samāgatā./

Vāsabhagāmi ca Sumano Anuruddhassānuvattakā,avasesā therānandassa diṭṭhapubbā tathāgataṃ./

Susunāgassa putto Asoka tadā āsi mahīpati, Pāṭaliputte nagaramhi rajjaṃkāresi khattiyo./

tañ ca pakkhaṃ labhitvāna aṭṭha therā mahiddhikā dasa vatthūni bhinditvā pāpe niddhamayimsu te./

niddhametvā pāpabhikkhū madditvā vādapāpakaṃ

sakavādasodhanatthāya aṭṭha therā mahiddhikā/

arahantānaṃ sattasataṃ uccinitvāna bhikkhavo varaṃ varaṃ gahetvāna akaṃsu dhammasaṃgahaṃ./

Kūṭāgārasālāy'eva Vesāliyaṃ puruttame aṭṭhamāsehi niṭṭhāsi dutiyo saṃgaho ayan ti./

Nikkaḍḍhitvā pāpabhikkhū therehi Vajjiputtakā aññaṃ pakkhaṃ labhitvānaadhammavādībahū janā/

dasa sahassi samāgantvā akaṃsu dhammasaṃgahaṃ,

tasmāyaṃ dhammasaṃgīti Mahāsaṃgīti vuccati/(7)

事情還是發生在釋迦牟尼涅槃後一百年，參加結集的有七百比丘，其中最重要的人物是八位長老：Yasa，Sabhakāmī，Sāḷha，Revata，Khujjasobhita，Vāsabhagāmi，Sumana和Sambhuta。那時的國王名叫Asoka，音譯也就是阿育王。但這不是著名的孔雀王朝的阿育王。他是Susunāga的兒子，在Mahāvaṃsa裏又被稱作Kālāsoka。(8)結集的結果宣佈「十事」非法。持不同意見的跋耆比丘們（Vajjiputtakā）因此在另外的地方也舉行了結集。因爲他們人數衆多，他們的結集被稱作Mahāsaṃgīti（「大結集」或「大衆結集」）。這就是大衆部（巴利文Mahāsaṃgītika，梵文Mahāsaṅghika）這名字的來源。相反，正統派都是由有地位的長老們組成，所以被稱作上座部（巴利文Theravāda，梵文Sthaviravāda）。

Mahāvaṃsa第四章的記載是：

Atīte dasame vasse Kālāsokassa rājino sambuddhaparinibbāṇā evaṃ vassasataṃ ahu./

Tadā Vesāliyā bhikkhū aneke Vajjiputtakā siṅgiloṇaṃ dvaṅgulaṃ ca tathā gāmantaraṃ pica/

āvāsānumatāciṇṇaṃ amathitaṃ jalogi ca nisīdanaṃ adasakaṃ jātarūpādikaṃ iti/

dasavatthūni dīpesuṃ kappantī ti alajjino(9)

時間仍然是在佛涅槃後一百年，還説明是在Kālāsoka王統治的第十年的末尾。在叙述了這次結集的事後，接着第五章一開始就講部派分裂由此而起：

Yā Mahākassapādīhi mahātherehi ādito katā saddhammasaṃgīti theriyā ti pavuccati./

Eko va theravādo so ādivassasate ahu, aññā cariyavādā tu tato oraṃajāy-isuṃ./

Tehi saṃgītikārehi therehi dutiyehi te niggahītā pāpabhikkhū sabbe dasasahas-sakā/

akaṃs'ācariyavādaṃ te Mahāsaṃghikanāmakam.(10)

這裏，作爲Theravāda的對立面，持不同意見的比丘們被稱作ācariyavāda，也就是指Mahāsaṃghika.(11)

Samantapāsādikā是專門解釋律的著作，其中《序品》講的也是這件事：

Athānukkamena gacchantesu rattiṃdivesu vassasataparinibbute bhagavati Vesālikā Vajjiputtakā bhikkhū Vesāliyaṃ kappati siṅgiloṇakappo kappati dvaṅgulakappo kappati gāmantarakappo kappati āvāsakappo kappati anumatikappo kappati āciṇṇakappo kappati amathitakappo kappati jalogi pātuṃ kappati adasakaṃ nisīdanaṃ kappati jātarūparajatan ti imāni dasa vatthūni dīpesuṃ. Tesaṃ Susunāgaputto Kālāsoka nāma rājā pakkho ahosi.(12)

《善見律毗婆沙》卷一裏相應的一段漢譯是：

於是衆聖日夜中次第而去。世尊涅槃已，一百歲時，毗舍離跋闍子比丘，毗舍離中十非法起。何謂爲十？一者鹽净；二者二指净；三者聚落間净；四者住處净；五者隨意净；六者久住净；七者生和合净；八者水净；九者不益縷尼師壇净；十者金銀净。此是十非法。於毗舍離現此十非法，諸跋闍子。修那伽子名阿須，阿須爾時作王，黨跋闍子等。(13)

古代的漢譯與巴利文原文基本上都合得起來。Susunāga譯作「修那伽」，Kālāsoka譯作「阿須」。後者没有用古代通常的音譯譯作「阿育」，也没有用通常的意譯譯作「無憂」。這一點值得注意。這是當時的譯者僧伽跋陀羅與僧猗爲了和孔雀王朝的阿育王相區别而另撰的一個譯名。至於「十事」，巴利文文獻方面的材料是一致的，和《根本説一切有部毗奈耶雜事》的記載比較起來，在次序上有些差别，在内容上則大同小異。

另外幾種漢譯律的記載也大致相同。我簡單列舉幾種，不抄原文，只把「十事」的内容舉出來：

《十誦律》卷六十：

一、鹽净；二、指净；三、近聚落净；四、生和合净；五、如是净；六、證知净；七、貧住處净；八、行法净；九、縷邊不益尼師檀净；十、金銀寶物净。⒁

《薩婆多部毗尼摩得勒伽》卷五：

一、鹽净；二、二指净；三、聚落净；四、醴酪净；五、如是净；六、隨喜净；七、生酒净；八、習净；九、縷尼師檀净；十、受金銀净。⒂

《五分律》卷三十：

一、鹽姜合共宿净；二、兩指抄食食净；三、復坐食净；四、越聚落食净；五、酥油蜜石蜜合酪净；六、飲闍樓伽酒净；七、作坐具隨意大小净；八、習先所習净；九、求聽净；十、受畜金銀净。⒃

《四分律》卷五十四：

一、得二指抄食；二、得村間；三、得寺内；四、得後聽可；五、得常法；六、得和；七、得與鹽共宿；八、得飲闍樓羅酒；九、得畜不割截坐具；十、得受取金銀。[17]

《毗尼母經》卷四：

一、二指抄飯食；二、入聚落得食；三、界裏羣品作法；四、讚嘆羣品作法；五、前人作法後人復作；六、酥油蜂蜜石蜜以酪和食；七、昨日受鹽今日得和飲食；八、得飲耆留伽酒；九、坐具不剪須得數；十、金銀七寶得自手捉亦得畜之。[18]

我再把西藏佛教學者Bu ston所著的chos vbyung中有關的一段抄引在下面：

bsdu ba gnyis pa ni/ston pa vdas nas lo brgya dang bcu lon pa na/yangs pa can gyi dge slong rnams kyis rung ba ma yin pavi gzhi bcu/a la la dang rjes su yi rung spyod pa dang/brtags pa dang ni lan tshwa dag dang lam dang ni/sor mo gnyis kyis rung dang dkrugs dang gdin ba dang/gser dngul byas pa vdi ni bar sdom yang dag bsdus /zhes pa de dag kun du spyod do/[19]

事情是在佛滅後一百一十年。「十事」的内容在藏文裏概括在一個偈頌裏，可是偈頌裏祇列出了九條，即：高聲呼，隨喜，觀舊，鹽，道行，二指，攪酪漿，座具，金寶。但這顯然是因爲疏忽，因爲下文中解釋這十件事時講到了「治病」（nad pa）一條。

法顯和玄奘也都講到了這次結集，祇是没有具體地列舉出「十事」的内容。《法顯傳》「毗舍離」條寫道：

> 佛般泥洹後百年，有毗舍離比丘錯行戒律，十事證言，佛說如是。爾時諸羅漢及持律比丘凡有七百僧，更檢校律藏。後人於此處起塔，今亦現在。(20)

《大唐西域記》卷七「吠舍釐國」條的敘述則更詳細生動一些：

> 城東南行十四五里，至大窣堵波，是七百賢聖結集處。佛涅槃後一百年，吠舍釐城有諸苾芻，遠離佛法，謬行戒律。時長老耶舍陀住憍薩羅國，長老三菩伽住秣菟羅國，長老釐波多住韓若國，長老沙羅住吠舍釐國，長老富闍蘇彌羅住波羅梨弗國。諸大羅漢心得自在，持三藏，得三明，有大名稱，衆所知識，皆是尊者阿難弟子。時耶舍陀遣使告諸賢聖，皆可集吠舍釐城。猶少一人，未滿七百。是時富闍蘇彌羅以天眼見諸大賢聖集議法事，運神足至法會。時三菩伽於大衆中右袒長跪，揚言曰：「衆無嘩，欽哉念哉！昔大聖法王，善權寂滅，歲月雖淹，言教尚在。吠舍釐城懈怠苾芻，謬於戒律，有十事出，違十力教。今諸賢者深明持犯，俱承大德阿難指誨，念報佛恩，重宣聖旨。」時諸大衆莫不悲感，即召集諸苾芻，依毗奈耶，訶責制止，削除謬法，宣明聖教。(21)

在各種律裏面，記載唯一不同的是《摩訶僧祇律》。《摩訶僧祇律》卷三十三也講到了毗舍離結集這件事，可是它記載引起分歧的原因不是「十事」，而是因爲毗舍離的「諸比丘從檀越乞索」，「哀聲而乞，時人或與一罽利沙槃，二罽利沙槃，乃至十罽利沙槃，至布薩時盛著盆中，持拘鉢量分，次第而與。」(22)這行爲太過分，長老耶舍以爲「不浄」，因此召集七百比丘，「更集比尼藏」，結果是重新誦出「五浄法」，不是説哪些事「非法」，不該做，而是説哪些事該做，可以做。最後宣佈「乃至諸長老，是中須鉢者求鉢，須衣者求衣，須藥者求藥，無有方便，得求金銀及錢」。對「求金銀及錢」一事公開認可了。(23)《摩訶僧祇律》記載不同的原因很簡單，它屬於大衆部的律。就是在這次結集之後，兩部僧衆分道揚鑣，出現了上座部與大衆部。在此之後，各派編訂各派自己的律，説法與記載不同，是很自然的事。上面所引的講到「十事」的幾種律，雖然部派也不一樣，但如果要歸屬到最早分裂的兩大部派，都屬於上座部系統，所以它們的記載互相之間也就大同小異了。但説到底，分歧的根源還是在律。就這一點而言，這幾種文獻都是一致的。而且，如果我們細心地考慮一下，上座部系統的律與大衆部系統的律在有關第二次結集這件事的記載上的不同，反過來恰恰也可以説明這就是這兩大部派當年分道揚鑣的一個最主要的起點。

但是這裏有一個細小的地方還應該注意，《摩訶僧祇律》的原本是法顯從印度帶回中國，後來又親自翻譯的。雖然《摩訶僧祇律》不講「十事」而講「五淨法」，但是我們從上面《法顯傳》裏的引文看到法顯自己仍然還講「十事」，可見法顯顯然記載了當時他自己聽見的一個傳説，而没有管《摩訶僧祇律》裏有另一種説法。

上面抄引了不少有關毗舍離結集的材料，目的祇是想説明，引起佛教僧團分裂的最初的，最直接，最主要的原因是由於在律上面的歧異。我們已經看到，不管是各部派的文獻，還是法顯、玄奘所記載的當時的傳説，不管是「十事」，還是「五淨法」，也不管各種文獻中「十事」的具體内容有怎樣的不同，它們在這一點上都是一致的。(24)義淨在《寄歸傳》一開始就講「次有弘法應人，結集有五七之異；持律大將，部分爲十八之殊。隨所見聞，三藏各別」。我以爲他説的也就是這個意思。

對於佛教最初的部派分裂，過去也還有另外一種完全不同的説法，認爲分歧之起，不是在於律，而是在於對阿羅漢果有不同的看法，即對所謂「大天五事」的争論。這一説法出於世友所著《異部宗輪論》。《大毗婆沙》卷九十九也提到了這件事。這也是一種比較有影響的説法，我們因此也把它提出來簡單地討論一下。《異部宗輪論》講：

如是傳聞，佛薄伽梵般涅槃後，百有餘年，去聖時淹，如日久没。摩揭陀國俱蘇摩城，王號無憂，統攝贍部，感一白蓋，化洽人神。是時佛法大衆初破，謂因四衆共議大天五事不同，分爲兩部：一大衆部，二上座部。四衆者何？一龍象衆，二邊鄙衆，三多聞衆，四大德衆。其五事者，如彼頌言：餘所誘無知，猶豫他令入，道因聲故起，是名真佛教。(25)

這裏没提到毗舍離結集，而是「四衆共議」，衹是時間上還是在釋迦牟尼涅槃後「百有餘年」，又把阿育王牽扯了進來，事情具體發生在哪裏也不清楚。(26)從大天的目的是貶低阿羅漢，而明顯地爲後來大乘佛教的菩薩信仰張其先聲來看，這個説法的真實性就有些問題，使人懷疑它是晚出的。(27)就是關於「大天」這個名字，《異部宗輪論》就講到有前後同名的兩個人，除了「大天五事」的大天以外，還有另外一個大天：「第二百年滿時，有一出家外道，捨邪歸正，亦名大天。大衆部中出家受具，多聞精進，居制多山，與彼部僧重議五事，因兹乖諍，分爲三部：一制多山部，二西山住部，三北山住部。」(28)

可是《異部宗輪論》的兩種異譯本，一種是《十八部論》，另一種是《部執異論》，却都没有提到第一個大天，而祇提到第二個大天。關於最初的分裂，《十八部論》的講法是：

佛滅度後百一十六年，城名巴連弗，時阿育王王閻浮提，匡於天下。爾時大僧别部異法。時有比丘，一名能，二名因緣，三名多聞，説有五處，以教衆生，所謂從他饒益、

無知、疑由觀察、言説、得道此是佛。從始生二部：一謂摩訶僧祇，二謂他鞞羅。(29)

這裏，大天没有了，變成了能、因緣、多聞三比丘。「説有五處」的内容也有些不一樣。但後面講到第二個大天的記載與《異部宗輪論》是一致的。《部執異論》也没提到第一個大天，但其它的差别還不算大：

如是所聞，佛世尊滅後滿一百年，譬如朗日隱頞悉多山。過百年後更十六年，有一大國名波吒梨弗多羅，王名阿輪柯，王閻浮提，有大白蓋，覆一天下。如是時中大衆破散，破散大衆凡有四種：一大國衆，二外邊衆，三多聞衆，四大德衆。此四大衆共説外道所立五種因緣。五因緣者，如彼偈説：餘人染污衣，無明疑他度，聖道言所顯，是諸佛正教。思擇此五處，分成兩部：一大衆部，二上座弟子部。(30)

一種文獻的三種譯本，在關鍵的問題上有這樣的差别，是值得注意的。和《異部宗輪論》與《大毗婆沙》一樣，把大天和「大天五事」與根本分裂聯繫在一起的還有一種文獻，就是吉藏的《三論玄義》。吉藏是隋唐時代最有名的和尚之一，中國佛教三論宗的創始人。他活動的時代比玄奘稍早一些。《三論玄義》本來是闡發三論宗的教義，但也談到佛教的部派：「言諸部異執者，或二部，或五部，或十八部，或五百部。」然後又談到部派的起源，而提出另外一種説法，説二部起於第一次結集，即王舍城結集：

言二部者，如來二月十五日入涅槃，諸聖弟子四月十五日於王舍城祇闍崛山中結集三藏，爾時即有二部名字。一上座部，謂迦葉爲上座，迦葉上陳如一夏，爲佛以法付屬迦葉，名上座部也。迦葉所領，但有五百人，依《智度論》，則有千人。二大衆部，即界外大衆，乃有萬數，婆師波羅漢爲主，此云淚出，常悲苦衆生而淚墮也。即五比丘中之一人。而年大迦葉教授界外大衆，所以有二衆。迦葉有五百羅漢，前入界内，結集三藏。後多人來，結集三藏，迦葉並不許之。有二因緣：一者五百皆聰明人故，二者已羯磨竟故。依《智度論》，阿闍世王但設千人食，故餘人來不得。從是以來，至佛滅度後百一十六年，但有二部名字，未有異執。(31)

這又是一種奇特的説法。「未有異執」，僅有名字，在情理上很難講得通。而且連哪月哪天釋迦牟尼涅槃，哪月哪天舉行結集的日子都有了，反而使人懷疑。但接着所講的就和《異部宗輪論》比較一致了：

百一十六年外，有舶主兒名摩訶提婆，端正聰明，作三逆罪，後入佛法。凡有二事，一者取諸大乘經，内三藏中釋之，諸阿羅漢結集法藏時，已簡除此義，而大衆部用此義，上座部不用之。因而起諍，遂成二部。二者摩訶提婆自作偈言：餘人染污衣，無明疑他度，聖道言所顯，是諸佛正教。以此一偈安置戒後，布薩誦戒竟，亦誦此一偈。(32)下面也講到了第二個大天，事跡和《異部宗輪論》講的一樣，只是還作了區別，第一個大天叫「舶主兒」大天，第二個大天叫「賊住主」大天。吉藏的講法也不是没有根據，根據可能是當時到中國來譯經的印度僧人真諦所傳的説法。(33)可是這種説法一看就知道是在爲大乘張目，清清楚楚地露出了馬脚，顯然有大乘僧人後來編造的成分。對這兩個大天，吕澂先生在他的《印度佛教史略》裏的結論是否定前一個的存在，「前後畢竟同爲一人，即賊住大天真爲歷史人物，舶主兒大天則其影寫者也。」(34)他後來在他的《印度佛學源流略講》一書裏更進一步發揮他的意見，認爲根本分裂起於「大天五事」之説「説得相當支離且有明顯的年代錯誤」。吕先生看到了其中的問題，他的意見應該説是正確的。(35)

但是有一點也需要注意，《三論玄義》講上座大衆兩部分裂發生在第一結集上，這種説法其實玄奘也講到了。《大唐西域記》卷九講到第一結集時説：

> 於是迦葉揚言曰：「念哉諦聽！阿難聞持，如來稱贊，集素呾纜藏。優波釐持律明究，衆所知識，集毗奈耶藏。我迦葉波集阿毗達磨藏。」雨六月盡，集三藏訖。以大迦葉僧中上座，因而謂之上座部焉。(36)

而且，這裏講參加結集的有一千人。這和一般講的「五百結集」不一樣。其實「千人結集」這個説法就出於《大智度論》，吉藏在《三論玄義》中已經説明了這點。和吉藏一樣，玄奘接着就講，在大迦葉主持的結集之外，另有大衆部的結集：

諸學無學數百千人，不預大迦葉結集之衆，而來至此，更相謂曰：「如來在世，同一師學，法王寂滅，簡異我曹。欲報佛恩，當集法藏。」於是凡聖咸會，賢智畢萃，復集素呾纜藏、毗奈耶藏、阿毗達磨藏、雜集藏、禁咒藏，别爲五藏。而此結集，凡聖同會，因而謂之大衆部。(37)

前面説了，這種説法與《異部宗輪論》不一樣。可是《異部宗輪論》和《大毗婆沙》却都是玄奘自己親自翻譯的。表面看來，玄奘自己是矛盾的，但其實也不，前者他是在照録，後者是在照翻，兩者並不求一致。他自己大概並没有一個肯定的意見。這與前面講到的法顯在《法顯傳》裏講「十事」，而在自己翻譯的《摩訶僧祇律》裏却講「五浄法」的情形一樣。而第一次結集就有「五藏」的説法也很可疑。一般認爲，佛教在它早期的發展階段中，最早出現的衹是律藏和經藏。律藏和經藏是否在第一次結集時就已完全形成，已經就是一個很大的疑問。而阿毗達磨藏出現的時間則更要晚一些。至於禁咒，這是在早期佛教中很少，甚至可能没有的東西，更談不上「禁咒藏」。

在佛教的歷史上，各種派别以及後來的大乘，爲了擡高自己的地位，在編纂自己一家一派的文獻時，往往都盡量把自己的歷史往前寫，盡量與釋迦牟尼或者至少與釋迦牟尼的某幾位直傳弟子掛上鈎。這幾乎可説無一例外。因此，許多傳説實際上都是晚出的。這樣的例子舉不勝舉。這給研究佛教史造成了很大的困難與混亂。我們在考察研究部派最初分裂的歷史時遇到的也是同樣的問題。上面所列舉的各種文獻異説紛紜，原因大多就在這裏。這需要我們作仔細的比較和鑒别。例如上面講到的第一結集即有二部之説，明顯地是晚出的説法，很可能是大衆部爲了與上座部平起平坐，表明自己的傳統久遠而編造出來的。(38)再例如在提到部派的文獻中，研究者們常常引用的有《文殊師利經》，其中卷下講：

根本二部從大乘出，從般若波羅蜜出，聲聞緣覺諸佛悉從般若波羅蜜出。文殊師利！如地水火風虚空，是一切衆生所住處，如是般若波羅蜜及大乘是一切聲聞緣覺諸佛出處。文殊師利白佛言：「世尊！云何名部？」佛告文殊師利：「初二部者，一摩訶僧祇，二體毗履。我入涅槃後一百歲，此二部起。」(39)

下面再詳細地講二部怎樣繼續分裂。但很明顯，前面的那一大段都是大乘僧人神話式的編造。原因很簡單，因爲它是大乘的經典。

再例如《舍利弗問經》也講二部的起源：

時有一長老比丘，好於名聞，亟立諍論，抄治我律，開張增廣。迦葉所集，名爲大衆律。外採綜所遺，誑諸始學，别爲羣黨，互言是非。時有比丘，求王判決。王集二部，行黑白籌，宣令羣曰：「若樂舊律，可取黑籌，若樂新律，可取白籌。」時取黑者乃有萬數，時取白者祇有百數。王以皆爲佛説，好樂不同，不得共處。學舊者多，從以爲名，爲摩訶僧祇也。學新者少，而是上座，從上座爲名，爲他俾羅也。(40)

這也是明顯地站在大衆部的立場上講話，祇是仍然以律爲發生歧異的起點。所以，我們在使用各類文獻時，應該充分考慮到這一點，而採取比較謹慎的態度。

這裏我想説明一點，在研究佛教的歷史尤其是早期佛教的歷史時，律應該是一種很重要的材料。可惜過去的研究工作中往往忽視了這一點。(41)在現存所有的佛教文獻中，律是最早編纂而成的幾種文獻之一。它的核心部分形成於釋迦牟尼去世以後，阿育王時代以前，其中有些内容甚至可能更早一些。(42)這可以説早於現存各種經藏中的多數著作，更早於論藏中各種著作，當然更早於大乘佛教及其它各種與大乘佛教有關的文獻了。從這一點講，利用律來研究早期佛教的歷史相對來説比較可靠，它有特殊的價值。

在上面有關毗舍離結集和部派分裂的討論中，所以我以爲我們應該重視律提供給我們的信息。部派問題涉及到佛教的早期歷史比較多，就更是如此。

我們在上面的討論中已經看到，部派最初的分裂和律有這樣直接與重要的關係，而義浄在《寄歸傳》裏也總是把部派和律聯繫在一起講。義浄的看法是這樣，有意義的是，我們在藏文佛教文獻中也能找到與義浄一樣的説法。由藏族佛教學者vGos lo gzhon nu dpal撰寫成的deb ther sngon po在bstan pavi gtad rabs kyi skabs一章裏叙述到了佛教所謂的「付法藏師」的法統，最後總結説：

de ltar bshad pa de dag thams cad so so thar pavi bslab pa la bstan par by as nas gtad pavi rabs yin no/(43)

這是根據佛教的戒律來講佛教的「法統」。這本書接着的下一章是sde pa bco brgyar du gyes pavi skabs（「部分十八章」），專門講佛教的部派分裂，其中第一句話就是：

so so thar pavi bstan pa yang sde pa rnam pa bco brgyad du gyes pa las/ rnam pa bco brgyad po thams cad kyang sangs rgyas kyi bstan pa nyid yin pa ni/(44)

這便是直截了當地把佛教的十八部派和律的分歧聯繫在一起考慮。

另一位著名的西藏佛教學者Tāranātha的看法和觀點與義浄幾乎完全一樣，他所撰寫的rgya gar chos vbyung是一部關於印度佛教史的名著，其中第四十二章sde pa bzhi-vi don lcung zad dpyad pavi skabs（「略述四部章」）專門討論部派問題。Tāranātha列舉了各種有關部派的説法，然後説：

de ltar yang vphags yul dang gling phran rnams kyi dge vdun kun la sde pa bzhi so sovi kha vdzin byed pa ma vdres par yod cing/sde pa bco brgyad so sovi ni gzhung lugs dang/glegs bma da ltavi bar du yod kyang de dang devi grud mthar vdzin pa ni so sor ma vdres pa cher med la/(45)

這裏講的是整個印度（vphags yul，梵文字Āryadeśa，義浄在《寄歸傳》裏譯作「聖方」）以及斯里蘭卡（gling phran rnams包括斯里蘭卡甚至南海諸島）等地的佛教部派的情況。我們可以把這段話與義浄在《寄歸傳》一開始就講的「五天之地及南海諸洲，皆云四種尼迦耶」相比較，二者真是何其相同！祇是最末一句所講的情況看來比義浄的時代要稍晚一些。Tāranātha最後還總結説：

sde pa bzhivi dbye vbyed kyang vdul bavi spyod pa las dbye bar ko dkos so/(46)

這句話幾乎等於就是《寄歸傳》中「詳觀四部之差，律儀殊異」一句的翻譯！

這兩部書也都是從律的角度來考慮和叙述部派分裂的歷史。和義浄比起來，兩部書成書的時代都比較晚，但在西藏同類的著作中又算比較早的。deb ther sngon po寫成於元順帝至元十八年（一三五八），也有一種説法是明憲宗成化十二年至十四年（一四七六—一四七八）之間。(48)兩位作者寫書時根據的是他們當時所見到的大量的佛教文獻與八世紀以來先後來到西藏的許多印度僧人的傳承。兩部書都算是藏文佛教史籍中最有名的著作，書中的觀點被認爲是具有代表性的。這些觀點應該説值得我們重視：他們與義浄前後相差七八百年，爲什麽看法却與義浄這樣相似呢？

概括起來説，毗舍離結集以後，佛教分裂爲上座、大衆兩大部派，在這以後的幾百年間裏，上座、大衆二部又繼續發生所謂的「枝末分裂」，最後形成所謂的「十八部」、「二十部」或更多的部。但這些後來的分裂和最初的分裂比較起來，對於我們所要討論的問題而言，相對來説不是那樣重要，我們這裏關心的是導致部派分裂的最初的最根本的原因。應該説，這個原因就在於律的分歧。

但是有一點還應該説明一下，部派的分裂，最初發端於律方面的歧異，不等於部派之間在宗教教義與宗教哲學上就没有分歧，恰恰相反，從原始佛教發展到所謂的部派佛教，正是在部派佛教這個時期，佛教的宗教教義與哲學得到了大發展，異説紛紜，出現了大量的abhidharma類的著作。在佛教的宗教思想發展史上，這是很重要的一個階段。但這和律的歧異是兩回事，它發生得可能要稍晚一些。反應在《異部宗輪論》、《大毗婆沙》、Kathāvatthu等裏那些部派之間在教義和哲學上的分歧，就是這種情況下出現的，這在另一個層次上促進了部派進一步的分化。大乘思想的出現及其後來的發展，看來就和部派佛教的這個階段有密切的聯繫。近年來，國外有的學者在研究早期佛教史時，把部派分爲三種類型，第一種是律的部派（vinaya sects或vinaya schools），第二種是教義的部派（doctrinal schools），第三種是哲學的部派（philosophical schools），認爲這三種類型的部派的分化發生在三個不同的層次和階段上，它們之間既有區别又有聯繫。(49)提出這種意見的基礎，就在於看到了部派問題的複雜性，引起部派分化的原因前後並不完全一樣，部派在不同的情況下有不同的内涵意義。這種看法是有一定道理的。

現在我們也許可以回到在最前面提出的第一個問題上來：義浄在《寄歸傳》裏講的部派（nikāya）是什麽意思？他是從什麽角度講的？通過上面的分析和討論，我以爲我們是否可以得出這樣一個結論：義浄講的部派，主要是從律的角度講的。從這種意義上講，所謂部派，主要是指共同使用與遵守同一種戒律，按照這種戒律的規定而舉行出家

（pravrajana）、受戒（upasampadā）等宗教活動，過共同的宗教生活，因而互相承認其僧人身份的某一特定的僧團組織。因此，使用不同的律就成爲區別不同部派的主要標誌。最重要的部派都有自己的「三藏」，尤其是自己的律。(50)部派最初的分裂在於在戒律方面的分歧。由戒律不同而立異説，由學説不同而進一步變更戒律，由此形成衆多的不同的派別。但是直到七世紀爲止，律仍然是區別部派的最基本的標準。

三　部派與大乘、小乘的關係問題

在確定了部派（至少是義淨所講的部派）的意思與内涵以後，我們現在進一步討論前面提出的第二個問題：在義淨看來，大乘佛教在部派之内還是在部派之外？七世紀時印度佛教的部派是不是仍然應該完全被看成小乘佛教？我仍然還是先把義淨《寄歸傳》中與大小乘直接有關的材料抄引在下面：

> 然南海諸洲有十餘國，純唯根本有部，正量時欽，近日已來，少兼餘二。斯乃咸遵佛法，多是小乘，唯末羅遊少有大乘耳。
>
> 其四部之中，大乘小乘區分不定。北天南海之郡，純是小乘，神州赤縣之鄉，意

存大教。自餘諸處，大小雜行。考其致也，則律檢不殊。齊制五篇，通修四諦。若禮菩薩，讀大乘經，名之爲大。不行斯事，號之爲小。所云大乘無過二種，一則中觀，二乃瑜伽。

理合大小雙修，方順慈尊之訓。（以上卷一）

即道大乘虛通，何浄何穢？（以上卷二）

無問大乘小乘，咸同遵此。（以上卷四）

看得出來，義浄在《寄歸傳》裏直接提到大小乘的文字與直接提到部派的文字比較起來，要少得多。但是他畢竟提到了，這説明他是注意到了大乘佛教的，也注意到了大乘佛教與部派的關係。此外，《寄歸傳》裏提到了不少的佛教僧人，還包括他們的一些著作。值得注意的是，他們多數都是佛教史上著名的大乘僧人。義浄提到的著作也都多數是大乘佛教的經典。例如卷四「讃咏之禮」章講到的僧人有馬鳴、摩咥里制吒、龍樹、無著、世親和月官。除了馬鳴和摩咥里制吒，他們都是著名的大乘僧人。按照有些人的説法，甚至連馬鳴和摩咥里制吒也是大乘僧人。同卷「西方學法」章裏講到的大乘僧人更多，幾乎把印度佛教史上最有名的大乘僧人都包括了進來：

斯乃遠則龍猛、提婆、馬鳴之類，中則世親、無著、清辯之流，近則陳那、護法、法

稱、戒賢及師子月、安惠、德惠、惠護、德光、勝光之輩，斯等大師，無不具前内外衆德，

各並少欲知足，誠無與比。俗流外道之内，實此類而難得。

義净在此還加了一條注：「廣如《西方十德傳》中具述。」《西方十德傳》講的什麽，因爲原書已佚，我們已經無從詳知。但從義净這裏的上下文可以知道，「十德」就是這裏提到的僧人其中的某十位，他們是大乘僧人。義净本人的大乘傾向在這裏很明顯。

義净又提到大乘的著作，主張要好好學習。例如卷四「長髮有無」章：

瑜伽畢學，體窮無著之八支。

這八支是：

一、《二十唯識論》；二、《三十唯識論》；三、《攝大乘論》；四、《對法論》；五、《辨中邊論》；六、《緣起論》；七、《大莊嚴論》；八、《成業論》。此中雖有世親所造，

然功歸無著也。

這些都是大乘瑜伽行派最重要的著作。除此以外，僧人還應該：

因明著功，鏡徹陳那之八論。

「八論」是：

一、《觀三世論》；二、《觀總相論》；三、《觀境論》；四、《因門論》；五、《似因

門論》；六、《理門論》；七、《取事施設論》；八、《集量論》。

義淨本人對大乘中觀派與瑜伽行派的學説也很清楚。卷一「序」：

中觀則俗有真空，體虚如幻。瑜伽則外無内有，事皆唯識。

他還在卷四「西方學法」章裏的一條注文裏詳細解釋中觀派「二諦」的學説：

覆俗諦者，舊云世俗諦，義不盡也。意道俗事覆他真理。色本非瓶，妄爲瓶解。聲無歌曲，漫作歌心。又復識相生時，體無分別，無明所蔽，妄起衆形，不了自心，謂境居外。蛇繩並謬，正智斯淪。由此蓋真，名爲覆俗也。此據覆即是俗，名爲覆俗。或可但云真諦覆諦。

此外，義淨在《寄歸傳》裏多次提到那爛陀寺，這是當時最著名的大乘佛教的學術中心。義淨在此學習長達十年之久，對它稱揚備至。

以上衹是《寄歸傳》中與大乘有關的部份段落，其它類似的段落還很多，但它們已經足以説明，義淨既明白部派的區别，也清楚大乘與小乘的不同。他在以「四部」的框架來介紹印度佛教時，絲毫没忘掉還有大乘佛教。作爲一位大乘僧人，他提倡「大小雙修」，但更重視學習大乘經典。這正是當時一般大乘僧人對大小乘學説普遍的態度。

義淨的《求法高僧傳》裏也有好些地方提到大小乘，其中一個例子最能説明義淨對大乘小乘的界限很清楚。《求法高僧傳》卷上講求法僧會寧：

以麟德年中杖錫南海，泛舶至訶陵洲。停住三載，遂共訶陵國多聞僧若那跋陀羅於《阿笈摩》内譯出如來焚身之事，斯與大乘《涅槃》頗不相涉。然大乘《涅槃》西國净親見目云其大數有二十五千頌，翻譯可成六十餘卷。

大乘《涅槃》指的就是宣傳大乘學説的《大般涅槃經》，講的所謂「一闡提皆有佛性」，有兩種漢譯本。(51)小乘的《涅槃經》與此不同，義净對此很清楚。

究竟什麽是大乘呢？這個問題，過去的研究者們已經作過很多的討論。我在這裏舉兩位學者的意見。這兩位學者的著作出版時間比較早一些，但在學術界有一定的影響。他們的看法到今天仍然還有代表性。這兩位一位是英國學者Charles Eliot，他的Hinduism and Buddhism一書第二卷的第十六章的題目就是Main Features of the Mahayana。Eliot給大乘下了七條定義：

1. A belief in Bodhisattvas and in the power of human beings to become Bodhisattvas.

2. A code of altruistic ethics which teaches that everyone must do good in the interest of the whole world and made over to others any merits he

may acquire by his virtues.

3. A doctrine that Buddhas are supernatural beings, distributed through infinite space and time and innumerable.

4. Various systems of idealist metaphysics.

5. A canon composed in Sanskrit and apparently later than the Pali canon.

6. Habitual worship of images and elaboration of ritual. There is a dangerous tendency to rely on for mulae and charms.

7. A special doctrine of salvation by faith in a Buddha, usually Amitābha and invocation of his name.(52)

另一位是印度學者Nalinaksha Dutt，他的Aspects of Mahāyāna Buddhism and its Relation to Hīnayāna一書是一部比較有名的專門研究大小乘佛教的著作，其中第一章裏給大乘下的定義恰好也是七條：

1. the conception of the Bodhisattva,

2. the practice of the Pāramitās,

3. the development of Bodhicitta,

4. the ten stages (bhūmi) of spiritual development,

5. the goal of Buddhahood,

6. the conception of Trikāya,

7. the conception of Dharmaśūnyatā or Dharmasamatā or Tathatā.(53)

祇有義浄的定義最爲簡單：

若禮菩薩，讀大乘經，名之爲大。不行斯事，名之爲小。

我們看到，前兩位學者的意見大同小異。雖然他們力圖把大乘佛教主要的特點都總結出來，但什麽是大乘最主要，最帶普遍性，最能够以一概全的特點，他們並没説得很清楚，而且他們定義中的有些特點祇能説是大乘中某些派别的特點，而不能説是所有大乘的特點。義浄《寄歸傳》的定義相對來説最簡單，但恰恰指出了大小乘之間最基本的區别。

前面兩個有關大乘的定義都没提到大乘與部派的關係，也没有考慮到律方面的問題。但是義浄講到了，那就是我們在討論一開始就提到的「其四部之中，大乘小乘區分不定」。接着義浄才補充道：「考其致也，則律檢不殊。齊制五篇，通修四諦。若禮菩薩，讀大乘經，名之爲大。不行斯事，名之爲小。」義浄認爲，部派的分别和大小乘的分别是兩回事，大乘在四部之中，因爲大乘僧人執行的律仍然是舊有的部派的律。實際的情況是不是如此呢？

有一個最好的例子。比義淨早去印度四十年，基本上與義淨同一時代的玄奘在《大唐西域記》裏留下了一個重要的記載，那就是當時在印度和斯里蘭卡存在「大乘上座部」。什麽是「大乘上座部」，季羡林先生在他的《關於大乘上座部的問題》一文中有很詳盡精到的論述，原文可以參看。季先生的結論是：所謂「大乘上座部」，是「受大乘影響的小乘上座部」。季先生還引用Louis de La Vallée Poussin的話説，「這指的是遵守小乘上座部的律而又採用大乘某一些教義的寺廟」。季先生認爲，「這比較接近事實」。(54)這也就是説，就大乘上座部的僧團而言，他們執行的律，仍然是上座部的律，他們的「法統」，仍然是上座部的「法統」，而且「戒行貞潔，定慧凝明，儀範可師，濟濟如也」。(55)但同時他們又接受了大乘的學説，這就是爲什麽玄奘把他們稱作「大乘上座部」，而在義淨的記載中仍然是講「師子洲並皆上座，而大衆斥焉」的原因。换句話説，「大乘上座部」就可以看作是部派中的大乘，或者也可以被稱爲「上座部大乘」，兩個名稱形略異而實相同。「四部之中，大乘小乘區分不定」這句話，在此可以找到一個注脚。

這裏可能會有人因此而提出一個問題：既然有大乘上座部，會不會有大乘的其它什麽部，比如説按照義浄的四大部派劃分法，會不會有大乘説一切有部、大乘大衆部，或者大乘正量部？

回答是，從理論上講，這完全是可能的，不過理論上的可能不一定就是現實。我們現在除了「大乘上座部」以外，還没有找到其它完全與此相同的例子。我想，其原因可能在於原來的部派或在原來的部派裏，要被稱作「大乘××部」，必須要具備一定的條件，比如要有一個完整的，基本上一致接受大乘學説的僧團組織，才能得到這樣一個新的稱呼。而且，從當時的情況來看，這一派的僧人自己未必就這樣稱呼自己，衹是其它人，可能也衹有其它的人，比如中國求法僧玄奘根據他自己的所見所聞所考察的結果，給這派僧人加以這樣一個稱呼。這也是爲什麽我們除了在《大唐西域記》裏知道有「大乘上座部」這麽一個名字以外，在其它任何地方也没見到這個名稱的原因。就是對當時斯里蘭卡的這一派僧人來説，我懷疑他們未必就肯公開承認或接受這個稱號。因爲我們看到，儘管在歷史上斯里蘭卡的佛教各派或多或少地都接受過大乘的影響，但他們在公開的場合却都始終一致地强調自己的上座部傳統。而且，大乘的影響和地位在斯里蘭卡實際上是時盛時衰，幾起幾落，很多時候甚至受到很嚴厲的排斥與打擊，因此實在有點「偷偷摸摸」的味道。(56)我們衹要注意到這些特點，就比較容易明白玄奘是在什麽歷史背景和條件下提出「大乘上座部」這個名稱的。這對上座部來説是一個特例，但就整個部派與大小乘的關係來説，却是一個通例，它説明了部派與大小乘之間的關係究竟是怎麽回事。雖然我們在其它的部派裏没有找到完全類似於「大乘上座部」的例子，但是我們在其它部派裏可以找到不少大乘僧人的例子。

我們先舉説一切有部爲例。

訶梨跋摩：《出三藏記集》卷十一《訶梨跋摩傳序》講，訶梨跋摩是中天竺婆羅門子，「抽簪革服，爲薩婆多部達磨沙門究摩羅陀弟子」。老師教他迦旃延所造《大阿毗曇》，他精其文義，却慨嘆其「浮繁妨情，支離害志」，因此爲同輩所詆。他在數年内精讀三藏。「時有僧祇部僧，住巴連弗邑，並遵奉大乘」，「要以同止，遂得研心方等，鋭意九部」，造出《成實論》一書。(57) 訶梨跋摩的時代約在公元四世紀。一般認爲，《成實論》是小乘空宗走向大乘空宗的一部很重要的過渡性的著作，其實就是一部大乘的著作。中國南北朝時佛教僧人中有專門講習這部書的成實學派，也被稱爲「成實宗」，當時很有影響。訶梨跋摩是説一切有部的僧人，可是却接受和宣傳大乘的學説。

無著：無著是大乘瑜伽行派開宗立派的人物，印度最著名的大乘僧人之一。據陳真諦編譯的《婆藪槃豆法師傳》，他是健陀羅國人，「於薩婆多部出家」。(58) 無著的時代約在公元四、五世紀。

世親：世親是無著的弟弟，也可説是瑜伽行派最著名的論師，與他哥哥齊名。《婆藪槃豆法師傳》説他「亦於薩婆多部出家」。[59]書中還記載了一個故事，説世親在阿緰闍國，因爲「造《七十真實論》，破外道所造《僧佉論》」，「王以三洛沙金賞法師，法師分此金爲三份，於阿緰闍起三寺，一比丘尼寺，二薩婆多部寺，三大乘寺。」[60]這説明世親即使在信仰大乘後，於大乘與薩婆多部並無軒輊之分。因爲他本來就屬於這一部派。阿緰闍國即《大唐西域記》裏的「阿踰陀國」。《大唐西域記》專門還記載了阿踰陀國中的好些和無著、世親有關的故事及寺廟。這裏是他們兄弟活動的主要地方。[61]值得注意的是，當玄奘到印度去時，阿踰陀國是「伽藍百有餘所，僧徒三千餘人，大乘小乘，兼功習學」。[62]這可能就與無著世親曾在這裏的説一切有部中宣傳大乘學説有關，所以僧徒們「兼功習學」。[63]玄奘的時代比無著世親約晚兩三百年。

dge vdun vbangs：這個藏文譯名可以還原成梵文saṃghadāsa。他是世親的弟子。rgya gar chos vbyung第二十三章有關的記載是：

btsun pa dge vdun vbangs ni/slob abon dbyig gnyen gyi slob ma zhig ste/yul lho phyogs pa rigs bram ze/sde pa thams cad yod par smra ba yin/des rdo rjevi gdan du yun ring du bzhugs shing/rdo rjevi gdan du vdul ba dang/ mngon pavi chos gzhi nyi shu rtsa bzhi brtsugs/[64]

這位dge vdun vbangs是婆羅門出身，南方人。他也是説一切有部的僧人，曾在釋迦牟尼成道的金剛座那地方住過很長一段時間，又在那裏建了二十四座律和論的寺廟（原文如此：vdul ba dang mngon pavi chos gzhi）。下文中還講他後來到了克什米爾，在那裏大力宣傳大乘。克什米爾就是自他以後，信大乘的人才漸漸多起來。

鳩摩羅什：鳩摩羅什是中國佛教史上最著名的譯師之一，後秦時人，出生在西域的龜茲。《高僧傳》卷二《鳩摩羅什傳》講他「至年二十，受戒於王宮，從卑摩羅叉學《十誦律》。」[65]《出三藏記集》卷十四又講他「從佛陀耶舍學《十誦律》」。[66]看來鳩摩羅什是在説一切有部出家的，而當時西域一帶最流行的正是説一切有部。鳩摩羅什當然是大乘僧人。

佛陀耶舍：罽賓人，「年十九，誦大小乘經數百萬言」。他曾經是鳩摩羅什的老師，鳩摩羅什曾經跟他學習過《十誦律》。罽賓是説一切有部的大本營，他二十七歲受具戒，看來很可能是在説一切有部出家。他善解《毗婆沙》，這是説一切有部論藏中最重要的著作。他來中國後還幫助鳩摩羅什翻譯過《十住經》，這是大乘經，又與竺佛念一起譯過

《四分律》六十卷。佛陀耶舍最後回到罽賓，還尋得一部《虛空藏經》，委托商賈寄與涼州諸僧，這也是一部大乘經。看來他也是一位大乘僧人。他的事跡見《出三藏記集》卷十四與《高僧傳》卷二。(67)

佛陀跋陀羅：又譯作「佛大跋陀羅」，意思是「覺賢」。《高僧傳》卷二有他的傳。據説他祖籍是迦維羅衛，與釋迦牟尼同鄉。他長在北天竺，「博學羣經，多所通達，少以禪律馳名。」(68)後來他在罽賓遇到中國的求法僧智嚴，被智嚴邀請到中國。初到長安，因爲與鳩摩羅什有些齟齬，離開長安到南方江陵、建業等地，譯出《大方廣佛華嚴經》等一大批大乘經典。他是大乘僧人，可是《出三藏記集》卷十二載僧祐撰《薩婆多部記目録序》又把他稱爲「長安城内齊公寺薩婆多部佛大跋陀羅」，説明他也是説一切有部僧人。(69)僧祐的這篇序還把馬鳴、龍樹、提婆等都列入薩婆多部傳承的目録中。

般若跋陀羅：印度摩揭陀國低羅擇迦寺出家大德。他與玄奘同時。《慈恩傳》卷四講他「本縛羅鉢底國人，於薩婆多部出家，善自宗三藏及聲明、因明等」。(70)低羅擇迦寺，義淨《寄歸傳》和《求法高僧傳》譯作「羝羅荼寺」，《大唐西域記》譯作「鞮羅擇迦伽藍」。《大唐西域記》卷八講，此寺「僧徒千數，並學大乘」。(71)因此般若跋陀羅應該也是大乘僧人。《慈恩傳》還講玄奘在此「就停二月，咨決所疑」。(72)

舍利越魔：他是唐代天寶年間出使北印度，後來在印度出家的中國僧人悟空的老師。悟空受戒時在迦濕彌羅，「於蒙鞮寺諷聲聞戒，諷畢，聽習根本律儀。然於北天竺國皆薩婆多學也。」可見越魔是説一切有部僧人。悟空歸國時，越魔三藏「乃手授梵本《十地經》及《迴向輪經》並《十力經》。」(73)這些都是大乘經典。可見舍利越魔又是大乘僧人。

還有一個比較特殊的事例，不是印度僧人，而是中國僧人。幫助玄奘撰寫《大唐西域記》和譯經的辯機在《大唐西域記》書後寫過一篇「讚」，其中先講了好些有關玄奘的事蹟，最后講到他自己：「少懷高蹈之節，年方志學，抽簪革服，爲大總持寺薩婆多部道岳法師弟子。」(74)這位道岳，在隋末唐初也比較有些名氣，《續高僧傳》卷十三有他的傳，當然是大乘僧人。(75)可是他的弟子却這樣稱呼他，這不能有别的解釋，衹能説明他雖是在中國，也是依説一切有部的律出的家，同時更説明當時的中國僧人究竟是怎樣在理解和使用部派這個稱謂的。我們要知道，辯機在當時算是在佛教方面很有學問，既瞭解中國，又相當瞭解印度的情況的一位僧人。

再舉大衆部。

《出三藏記集》卷十一《訶梨跋摩傳序》講：「時有僧祇部僧，住巴連弗邑，並遵奉大乘。」(76)上面討論説一切有部時在「訶梨跋摩」條中已經引用了這條材料。

《慈恩傳》卷四講玄奘在馱那羯磔迦國，「逢二僧，一名蘇部底，一名蘇利耶，善解大衆部三藏。法師就停數月，學大衆部《根本阿毗達磨》等論。彼亦依法師學大乘諸論。遂結志同行，巡禮聖跡。」(77)蘇部底和蘇利耶看來都是大衆部的僧人，估計本來信仰小乘，但也學習大乘。

kun dgav snying po。前面引用過的rgya gar chos vbyung第三十一章講：

slob dpon kun dgav snying po ni/vkhrungs sa ma ga dha pa/rigs rje rigs/sde pa phal chen pa/grub mthar rnam rig dbum pa/vi kra ma la śī lar rig pavi gnas lnga la sbyangs pa zhig yin la/(78)

kun dgav snying po可以還原成梵文Anandagarbha。這是講Anandagarbha生在摩揭陀，貴族家出身(rigs rje rigs)。他是大衆部僧人，又是唯識—中觀派(grub mthar rnam rig dbum pa)。他在著名的Vikramaśīla寺學習過五明。rgya gar chos byung第三十一章講的是Masurakṣita王、Vanapāla王與Mahīpāla王時代的事，因此Anandagarbha的時代比義浄晚。

同書第三十三章又有同樣的事例：

nub sgo srung ba slob dpon ngag gi dbang phyug grags pa ni/yul vā rā ṇa sīr sku lkhrungs rigs ni rgyar rigs yin/dge vdun phal chen pavi sde pa las rab tu byung ba/mkhan pos btags pavi mtshan ni śī la kī rti zhes byavo/(79)

這位ngag gi dbang phyug grags pa生在婆羅痆斯，出身王族。他在大衆部出家，親教師給他取名爲Śīlakīrti。他又信仰密宗，以下就叙述他到處宣傳密宗及大乘學説的事蹟。他的名字梵文可還原爲Vāgīśvarakīrti。他是Vikramaśīla寺的六門大學者（mkhas pa sgo drug）之一。時代是在Canaka王統治時期。

還有同書第三十七章：

bal po buddha śrīs kyang vi kra ma śī lar phal chen sde pavi gnas brtan cung zad mdzad/slar bal povi yul du phar phyin dang gsang sngags sogs mang du gsungs/(80)

這位Buddhaśri是尼泊爾人。同Vāgīśvarakīrti一樣，他信仰密宗和大乘。他還在Vikramaśīla寺裏作過一段時間大衆部的上座（gnas drtan）。這樣看來，Vikramaśīla寺裏的大衆部僧人還很不少。(81)這座寺院是印度後期佛教史上最有名的密宗和大乘的中心，地位和影響可與早一些的那爛陀寺相比。Buddhaśri後來回到了尼泊爾，仍然宣傳大乘與密宗的學說。

同書同章還有一例：

slob dpon chen po ratna rakṣi ta ni/pha rol du phyin pavi theg pa dang/rig gnas spyi la śākya śri dang mkhyen pa mnyam pa/tshad ma la śākya śri mkhas/gsang sngags la vdi nyid mkhas par grags shing/byin rlabs dang nus mthu yang mnyam mo zhes grags pa zhig yin la/sde pa phal chen pa yin/vi kra ma śī lar sngags kyi slob dpon mdzad/(82)

這裏把大乘稱爲pha rol du phyin pavi theg pa（波羅蜜多乘）。這位Ratnarakṣita就很精通這個pha rol du phyin pavi theg pa的學說，也精通密咒（gsang sngags）。他同時是一位大衆部僧人，還作了Vikramaśīla寺的sngags kyi slob dpon（密咒阿闍梨）。

還有一個中國僧人的例子。《續高僧傳》卷二十九《慧冑傳》講：

釋慧冑，蒲州蒲坂人。少在道門，樂崇福事。受具以後，師表僧祇。及至立年，又專禪誦。曉夕相繼，偏重《法華》。(83)

慧冑隋唐時人，卒於貞觀初年，年六十九，住長安清禪寺。他可以說是一位依大衆部律出家的中國大乘僧人。

再舉化地部和正量部。

《婆藪槃豆法師傳》講無著在説一切有部出家，但《大唐西域記》卷五講無著是「從彌沙塞部出家修學」。(84)兩種記載不一致，但不影響我們想要説明的問題。

《慈恩傳》卷四講，印度鉢伐多國「有二三大德，並學業可遵。（玄奘）法師停二年，就學正量部《根本阿毗達磨》及《正法論》、《教實論》等。」(85)看來他們是正量部僧人。《大唐西域記》卷十一講此國「伽藍十餘所，僧徒千餘人，大小二乘，兼功習學。」(86)這幾位大德看來就是這種「大小二乘，兼功習學」的僧人。

還有犢子部的例子。

rgya gar chos vbyung第二十三章講：

slob dpon phyogs kyi glang po ni/lho phyogs grong khyer siṅga vakta zhes bya ba kañcivi yul dang nye ba zhig du bram zevi rkis su vkhrungs shing/mu stegs kyi grub mthar thams cad la shin du mkhas par byas pa zhig gnas ma buvi sde pavi mkhan po sde pa de nyid kyi grub mthar vdzin pa nā ga datta ste glang po byin zhes bya ba las rab tu byung zhing nyan thos kyi sde snod gsum la mkhas par byas nas/(87)

這位phyogs kyi glang po就是著名的陳那，梵文名字是Dignāga。這裏講他出身婆羅門，生在南印度Kañci附近的一個叫做Siṅgavakta的城裏。他出家時的親教師名叫Nāgadatta，是一位犢子部的僧人。陳那還通曉小乘的三藏。因此看來陳那是在犢子部出的家。犢子部和正量部的關係很密切，它本來是正量部的本宗，祇是到了玄奘和義浄的時代，正量部的影響變得很大，它反而被正量部取而代之。(88)因此我們可以把犢子和正量看作一個大的部派。義浄《寄歸傳》裏就是這樣看的。

犢子部還有一例。

提婆羅：提婆羅造，北凉道泰翻譯的《大丈夫論》是一部典型的大乘著作，其中專門講大乘菩薩的布施、大悲、大願等等，可是書的末尾，作者的題名是：「阿闍梨犢子部提婆羅大菩薩生在南方，是所作竟。」(89)很明顯，這位提婆羅大菩薩就是一位犢子部的大乘僧人。部派的稱謂與大乘大菩薩的稱謂在這裏合作一處，一點也不矛盾。(90)

另外，除了前面已經講到的「大乘上座部」，我們還可以爲上座部補充兩個例子。

護法是大乘瑜伽行派的重要論師，曾主持過那爛陀寺，是戒賢的老師，因此也可説是玄奘的太老師。據《大唐西域記》卷十，護法是南印度達羅毗荼國建志補羅城人，此國大臣之長子，少年時在此國出家。此國「伽藍百餘所，僧徒萬餘人，皆遵學上座部法。」(91)

看來護法很可能就是在上座部出的家。

《慈恩傳》卷四講，玄奘聽説僧伽羅國有「大德等解上座部三藏及《瑜伽論》」。玄奘本來打算「往彼參學」，可是「未去之間，而彼王死，國内饑亂，有大德名菩提迷祇濕伐羅（原注：此云覺自在雲）、阿跋耶鄧瑟哳羅（原注：此云無畏牙），如是等三百餘僧，來投印度，到建志城。」玄奘和他們相見，「引《瑜伽論》要文大節徵之，亦不能出戒賢之解。」(92)這指的應該就是大乘上座部的僧人。他們不是少數，而是一來就是「三百餘僧」。

還有一個例子。rgya gar chos vbyung第十三章講到一位大乘僧人，有可能屬於上座部：

lho nub yul sauraṣṭa zhes bya bar bram ze rigs ldan zhes bya ba yod de/devi tshe khul aṅgar vkhrungs pavi gnas brtan chen po dgra bcom pa nandā zhes bya ba theg pa chen povi ches vdzin pa yod do zhes thos nas/theg pa chen po nyan pavi don du de spyan drangs so/(93)

Sauraṣṭa正確的梵文寫法是Saurāṣṭra，這就是《大唐西域記》卷十一中所記載的西印度的「蘇剌侘國」。這裏講蘇剌侘有一位名叫rigs ldon的婆羅門，迎請一位名叫Nanda的精通大乘學説的僧人去宣講大乘。這位Nanda被稱作gnas brtan chen po dgra bcom pa

（大上座阿羅漢），會不會就是上座部的僧人，原書記載不很清楚。但是這位來自Aṅga的Nanda住在Saurāṣṭra，這正是《大唐西域記》中記載有「大乘上座部」的五個地方中的一個，因此這種可能性也存在。[94]原書把Nanda放在比迦膩色迦王稍晚一些的時代，叫做theg pa chen po shin tu rgyas par mgo brtsams pavi skabs（大乘大發展時期）。這説明蘇剌侘國很早就有大乘僧人在活動。

上面所列舉的這些大乘僧人，四個主要部派的都有，有的時代比義浄早，有的基本上與義浄同時，有的又比義浄晚，但可以説明同一個問題。[95]我們要注意的是，從一方面看，這些大乘僧人在宗教信仰上或者原來是小乘，後來轉變爲大乘，或者一開始就信仰大乘，而在另一方面，就某種「組織關係」而言，他們仍然具有作爲他們原來的（或者説是本來的）部派成員的身份，仍然是那個部派的僧人。他們在信仰上的轉變，並不如過去一般所認爲的那樣，意味着就一定要完全脱離他們原來的部派。[96]他們衹是没有在原來的部派裏形成一個顯著的集團，或者没有某種合適的機會，以致得到「大乘××部」的稱號。實際上，我們可以設想，在每一個部派裏，既有一部份僧人信仰新的大乘的學説，也有一部份僧人仍然信仰原來的所謂的「小乘」的學説。[97]如果説在大乘出現前，我們還可以把部派佛教就看作小乘佛教的話，那末在大乘出現後，情況就完全不同，不能再在部派與小乘之間劃等號了。應該説，這就是公元七世紀時印度佛教的實際歷史狀況。而且，我們有理由相信，在七世紀以前，這種現象已經爲時已久，存在有相當長一段時期了。大小乘的問題與部派問題是兩回事，兩者之間雖然有關聯，但從根本上講更是有區别的。部派濫觴於律，而後逐漸在教義與哲學上有新發展，各張其説，而大乘的起源則完全衹與教義與信仰有關。如果把二者混同起來，那是不正確的。(98)

上面的討論多數都與律有關，因此我們有必要也考慮到所謂大乘律的問題。我們説大小乘的問題不能與部派問題相提並論，原因之一就是大乘没有像最主要的幾個部派一樣，單獨發展出自己完整的一套律的系統，即所謂的「廣律」。大乘實際上没有一部稱得上是律的著作。在現存的梵文佛教典籍中，没有發現過一部如同部派律一樣的大乘的律的著作，衹有Śantideva的Śikṣāsamuccaya多少比較集中地講了大乘僧人在宗教生活中應該遵守的規則。但這部書不能算是一部真正的律。(99)漢譯的所謂幾種大乘律，其中最重要的如《梵網經》，經過考證，證明是僞經。(100)另一種《菩薩戒本》，實際上是《瑜伽師地論》中的一部份，是論不是律。(101)其它的大乘律和部派的律也有很大的不同。而且我們看到，所謂大乘的戒律，不管是《梵網經》的「十重戒」、「四十八輕戒」，(102)還是《十住毗婆沙》的「六十五種尸羅波羅分」，(103)還是《大智度論》的「十善爲總相戒，别相爲無量戒,」[104]還是發展到最後通行的「三聚浄戒」的種種説法,都不過是把大乘「利益衆生」的理論推而廣之,應用到原來部派的戒律的某些條文上,作一些修改、補充或擴大而已。這些所謂的大乘戒律,都是隨着大乘學説的發展而逐步形成的,因此多數反映在大乘經和論方面的著作裏。例如Śikṣāsamuccaya的第一章便講:

uktāni ca sūtrānteṣu bodhisatvaśikṣāpadāni/yathoktamāryaratnameghe kathaṃ ca kulaputra bodhisatvā bodhisatvaśikṣāsavarasaṃvṛtā bhavanti/iha bodhisatvaḥ evaṃ vicārayati/na prātimokṣasaṃvaramātrakeṇa mayā śakyamanuttarāṃ samyaksaṃbodhimabhisaṃboddhuṃ/kiṃ tarhi yānīmāni tathāgatena teṣu teṣu sūtrānteṣu bodhisatvasamudācārā bodhisatvaśikṣāpadāni prajñaptāni teṣu teṣu mayā śikṣitavyamiti/[105]

bodhisatvaśikṣāpada就是指大乘僧人應該遵守的戒律規定(菩薩學處)。Śantideva認爲,這些規定是在大乘經裏面。這裏他就引的是Ratnamegha(《寶雲經》)。他的書的第二章也這樣講:

sūtrāṇaṃ ca sadekṣaṇādbodhisatvaśikṣāpadāni hi prāyaḥ sūtreṣveva dṛśyante/teṣu teṣu sūtrānteṣu bodhisatvasamudācārā bodhisatvaśikṣāpadāni prajñaptānīti vacanāt/[106]

這裏引的是Caturdharmakasūtra。Śāntideva在Śikṣāsamuccaya裏幾乎通篇都是這樣不停地引用各種經和論（主要是大乘的）來説明大乘僧人應該作什麼和不應該作什麼，但就是没提到一部完整的如同部派律一樣的大乘律著作。他有時也提到所謂小乘律的prātimokṣa，祇是認爲祇有這個對於大乘僧人是不够的。

我們再以大乘的「三聚淨戒」爲例來説明這一點。「大乘律」《菩薩瓔珞本業經》卷下講「三聚淨戒」是：

戒有三緣：一自性戒，二受善法戒，三利益衆生戒。[107]

進一步的解釋是：

佛子！今爲諸菩薩結一切戒根本，所謂三受門：攝善法戒，所謂八萬四千法門。攝衆生戒，所謂慈悲喜捨，化及一切衆生，皆得安樂。攝律儀戒，所謂十波羅夷。[108]

大乘論《瑜伽師地論》卷四十也講這「三聚淨戒」：

云何菩薩一切戒？謂菩薩戒略有二種：一在家分戒，二出家分戒，是名一切戒。又即依此在家出家二分淨戒，略説三種：一律儀戒，二攝善法戒，三饒益有情戒。[109]

下面解釋這三種戒的具體内容，然後總結説：

是名菩薩三種戒藏，亦名無量大功德藏，謂律儀戒所攝戒藏，攝善法戒所攝戒藏，饒益有情戒所攝戒藏。(110)

這種大乘律與部派律完全是兩回事。所以過去有的中國僧人説大乘有戒無律，這倒是看出了其中的部分問題。大乘律與部派律不能相提並論，大小乘的問題和部派問題也是兩回事。唐代以明律著稱的道宣就很明白這一點，所以他最後總結説：

若據大乘，戒分三品。律儀一戒，不異聲聞。非無二三有異，護心之戒，更過恒式。(111)

這也就是中國大乘僧人所謂的「别受」與「通受」。雖然是大乘僧人，出家時也必須先依「聲聞」戒律的規矩辦理手續，因爲大乘佛教本身並没有，似乎也没打算在這方面完全獨立地搞一套自己的規矩。對印度僧人來講，從我們前面所舉出的那些例子來看，衹要有明確的記載，他們或者總是在某一部派出家，成爲這一部派之一員，或者徑直被稱爲某一部派的僧人。信仰大乘與在某一部派中依照這一部派的律「出家」、「受戒」，參加宗教生活並不矛盾。

藏文文獻方面的材料在這一點上的説法也一樣。rgya gar chos vbyung第十三章講到大乘初期的大發展時説：

theg pa chen po pa de dag kyang rnal vbyor spyod pa sems tsam pa sha stag yin cing/de dag sngon sde pa bco brgyad so so la rab tu byung ba yin bas/phal cher de dag dang gnas lhan cig tu bzhugs pas nyan thos stong phrag mang povi dbus na theg pa chen po re re gnas pa tsam yin navang/nyan thos rnams kyis zil gyis gnon mi nus pavo//(112)

這就是說，所有的大乘僧人一開始都是在部派中出家受戒，他們雖然信仰大乘，仍然還留在部派之中，信小乘的僧人比信大乘的數量上要多很多，不過小乘終究不能壓倒大乘。我們要注意，説這話的人，正是一位大乘僧人。

同書第四十二章專門討論部派問題，作者在列舉了各種有關部派的説法後，最後總結説：

de yang sngon nyan thos kho navi bstan pa dar bavi tshe de dag la grub mthar tha dad pa dag nges par yod la/theg chen dar ba nas theg chen gyi dge vdun thams cad kyang sde pa de rnams nyid kyi khongs su gdogs kyang grub mthar theg chen nyid vdzin pavi phyir sngon gyi so sovi grub mthas ma gos la/nyan thos rnams de nas kyang yun ring rab tu grub mthar ma vdres par skyong ba byung yang phyis ni grub mthar vdres te gnas so//theg pa che chung gi grub mthar gang vdzin kyang rung vdul bavi spyos pa dang/lag len ni ma vdres par gnas pa yin pas/sde pa bzhivi dbye vbyed kyang vdul bavi spyod pa las dby-e bar go dgos so//(113)

這是很好的一段總結，表達的就是我們想要説明的觀點。

四　義浄時代佛教部派與大小乘的實際狀况

現在討論前面提出的第三個問題：義浄時代佛教部派與大小乘的實際狀况。我們的討論仍然從《寄歸傳》開始。先談部派。

《寄歸傳》講到部派的地方很多，在前面大多已經抄引出來了。但是總的説來，義浄對部派當時的狀况談得比較籠統，他祇是概括性地介紹了部派的源流、文獻狀况與地理分佈以及部派之間在律方面的一些差異。這對我們瞭解這段時期有關的佛教歷史還很不够。不過我們正好有其它僧人的記載可以與此對照，其中《大唐西域記》的記載當然最爲詳細。而更重要的是，《大唐西域記》，也包括與《大唐西域記》密切相關的《慈恩傳》，寫成的時間與《寄歸傳》前後相差不過四十餘年，再加上義浄自己寫的《求法高僧傳》，記載的都是同一時代的事情。這不僅使這幾種書的對比有了可能，而且也使這種對比研究更具有價值。(114)

先談部派的一般情況。

義浄在《寄歸傳》中講了四個部派，他説：「諸部流派，生起不同。西國相承，大綱唯四。」也就是大衆、上座、根本説一切有、正量四部。他又説：「其間離分出没，部别名字，事非一致，如餘所論，此不繁述。故五天之地及南海諸洲，皆云四種尼迦耶。」玄奘《大唐西域記》廣泛地記載了中亞、印度以及斯里蘭卡的佛教狀況，其中明確提到部派歸屬的共有四十五處，其中大衆部三處，上座部（包括大乘上座部）七處，説一切有部（此處與根本説一切有部同）十四處，正量部十九處，再有説出世部一處，專門講到「律儀傳訓有五部焉」一處。(115)通觀《大唐西域記》全書，如果除掉最後兩處，直接講到的部派名稱也就是這四個。而説出世部是大衆部的一個支部，「五部」中的法密、化地、飲光則都是説一切有部的支部，另外二部就是説一切有部與大衆部。玄奘和義浄兩人的記載可以互相證實。看來玄奘和義浄一樣，記載的「並是西方師資現行」，而不是依着《異部宗輪論》一類的著作而紙上談兵，應該説這是可靠的第一手資料。

再看部派的地理分佈。《寄歸傳》首先講：「然其所欽，處有多少。」然後對各個部派在各地區的分佈情況作了概括性的介紹。我們就以義浄的介紹爲綱，來與玄奘的記載作一對比性的研究。

先看摩揭陀。《寄歸傳》的記載是：「摩揭陀則四部通習，有部最盛。」《大唐西域記》卷八、卷九兩卷是專門講摩揭陀的，記載了好些寺廟，可惜直接提到部派的地方衹有兩處。一處是卷八的「菩提樹北門外摩訶菩提僧伽藍」，這就是著名的大覺寺。它是僧伽羅國王修造的，造製宏壯，「僧徒減千人，習學大乘上座部法」。(116)另一處是卷九的「迦布德迦伽藍」，「僧徒二百餘人，學説一切有部」。(117)此外，摩揭陀境内有一處「鞮羅擇迦伽藍」，《大唐西域記》卷八講是「僧徒千數，並學大乘」。(118)《慈恩傳》卷四講寺裏有一位在説一切有部出家的大德，「善自宗三藏」，這座寺廟也有可能執行的是説一切有部的律。(119)

在這裏，玄奘的記載太簡，義浄的記載太泛，我們没法對摩揭陀的情況作進一步的瞭解。不過，義浄在這裏雖然衹提到摩揭陀國，但是因爲摩揭陀處在當時印度的中心，我以爲我們不妨把範圍再放寬一些，把玄奘有關中印度其它國家的佛教部派的記載也提出來作一比較。按照玄奘《大唐西域記》五印度的劃分，有關中印度的記載有：(120)

秣底補羅國：小乘説一切有部；

垩醯掣呾邏國：小乘正量部；

劫比他國：小乘正量部；

　大都城東大伽藍：正量部；

羯若鞠闍國

　納婆提婆矩羅城東三伽藍：小乘説一切有部；

阿耶穆佉國：小乘正量部；

鞞索迦國：小乘正量部；

室羅伐悉底國：正量部；

劫比羅伐窣堵國：小乘正量部；

婆羅痆斯國：小乘正量部；[121]

　鹿野伽藍：小乘正量部；

吠舍釐國

　宫城西北伽藍：小乘正量部；

伊爛拏鉢伐多國：小乘正量部；

都城中二伽藍：小乘正量部。

從這些記載看，都是正量部和説一切有部，而正量部最多，加上摩揭陀國有大乘上座部和説一切有部，可是没有大衆部。(122)不過，玄奘好些時候根本不提部派，祇籠統地講大乘或小乘，有時甚至連大小乘也不提，祇簡單地記載有没有佛教寺廟，有幾所，僧徒有多少人。因此我們不能肯定整個中印度是不是也是「四部通習」，更不能肯定是不是也是「有部最盛」。

《寄歸傳》接着講：「羅荼信度（原注：西印度國名。），則少兼三部，乃正量尤多。」《大唐西域記》卷十一正好有「信度國」一條專條。信度國是：「學不好博，深信佛法。伽藍數百所，僧徒萬餘人，並學小乘正量部法」。(123)這與義浄的説法合得起來。可是《大唐西域記》裏却没有提到「羅荼」。羅荼一名，梵文是Lāṭa，古代的銘文和文獻中出現過多次，巴利文文獻中作Lāḷa，地理位置在今天印度古吉拉特（Gujarat）馬希河（Mahi R.）與基姆（Kim R.）兩河之間。(124)這與信度國所在的印度河中下游地區正相連接，所以義浄不管在《寄歸傳》，還是在《求法高僧傳》中，總是把它與信度連在一起講。兩個國家都屬於西印度，因此我們不妨也把《大唐西域記》中有關西印度國家並明確講到部派的記載提出來作一比較：

阿難陀補羅國：小乘正量部；

蘇剌侘國：大乘上座部；

瞿折羅國：小乘説一切有部；

阿點婆翅羅國：小乘正量部；

臂多勢羅國：小乘正量部；

阿奔荼國：小乘正量部。

加上上面講到的信度國也是小乘正量部，除一處説一切有部，一處上座部外，其餘都是正量部，正是「正量尤多」。因此，義浄這段話雖然上文説明衹講羅荼信度，這裏也可以看作是反映了整個西印度的情況。

《寄歸傳》接着又講：「北方皆全有部，時逢大衆。」北方具體指什麽地區，意思有些模糊。從《寄歸傳》和《求法高僧傳》中講到「北方」一詞的上下文看，義浄所謂的北方，範圍很寬，大致包括印度西北部以及更廣大的中亞地區，即所謂的「胡疆」。(125)關於這一地區，《大唐西域記》有關的記載是：

阿耆尼國：小乘説一切有部；

屈支國：小乘説一切有部；

䟙祿迦國：小乘説一切有部；

揭職國：小乘説一切有部；

梵衍那國：小乘説出世部；

安呾羅縛國：大衆部；

朅盤陀國：小乘説一切有部；

烏鎩國：小乘説一切有部；

佉沙國：小乘説一切有部。

我們也可以把北印度考慮進來：

迦濕彌羅國

城西伽藍：大衆部；

至那僕底國

荅秣蘇伐那僧伽藍：説一切有部。

我們看到，絶大多數是説一切有部，祇有安呾羅縛國和迦濕彌羅國的一座伽藍是大衆部。梵衍那國雖是説出世部，但説出世部是大衆部的一支，也可以看成是大衆部。正是「時逢大衆」。近代在中亞地區發現的梵文佛教文獻，很多都屬於説一切有部，其中尤

其以説一切有部的律爲最多，也可以證明這一點。(126)

《寄歸傳》又講：「南面則咸遵上座，餘部少存。」這裏講的「南面」，我們可以把它看成是指南印度。《大唐西域記》關於南印度的部派的記載是：

羯餕伽國：大乘上座部；

馱那羯磔迦國：大衆部；

達羅毗荼國：上座部；

跋禄羯呫婆國：大乘上座部；

摩臘婆國：小乘正量部；

伐臘毗國：小乘正量部。

從這裏可以對比的記載看，上座部確實最多，有三處。還值得注意的是，三處上座部中就有兩處是大乘上座部，而達羅毗荼的上座部中又出了像護法這樣著名的大乘僧人(見前)。其次是正量部，有兩處。還有一處是大衆部。《大唐西域記》南印度的國家約有十三四個，遺憾的是直接有關部派的記載却不多。

《寄歸傳》又講：「東裔諸國，雜行四部。」東裔包括哪些地區？義浄專門爲此加了一條注：

從那爛陀東行五百驛，皆名東裔。乃至盡窮，有大黑山，計當土蕃南畔，傳云是蜀川西南行可一月餘，便達斯嶺。次此南畔，逼近海涯，有室利察呾羅國。次東南有郎迦戍國。次東有杜和鉢底國。次東極至臨邑國。並悉極遵三寶，多有持戒之人。乞食杜多，是其國法。西方見有，實異常倫。

這就是説，這個東裔指的地區很廣大，既包括東印度，也包括再往東的緬甸、暹羅以及印度支那半島的整個地區。義浄在注文裏講到的那幾個國家，玄奘在《大唐西域記》卷十裏也講到了，不過因爲得之傳聞，也講得非常簡略。

關於東印度的佛教部派，《大唐西域記》裏衹有兩條記載：

三摩呾吒國：上座部；

羯羅拏蘇伐剌那國：小乘正量部。

這也是非常簡略的。不過，關於東印度的耽摩栗底國（義浄譯作「耽摩立底國」），雖然《大唐西域記》衹講到此國「伽藍十餘所，僧衆千餘人」，没有提到佛教部派的歸屬，但是義浄在《求法高僧傳》卷下講到中國求法僧道琳在耽摩立底國住了三年，「捨戒重受，學習一切有部律」。《寄歸傳》卷二「衣食所須」章在介紹了當時佛教寺院中的各種制度後，又舉例説：「此皆是耽摩立底跋羅訶寺之法式。」考慮到義浄在《寄歸傳》裏介紹寺院中律的制度是以根本説一切有部律爲標準，他既然還能以這裏的寺院作爲榜樣，可以推測當時在耽摩立底國流行的是根本説一切有部。

南印度的南面是斯里蘭卡島。《寄歸傳》接着又講：「師子洲盡皆上座，而大衆斥焉。」關於當時斯里蘭卡的佛教，前面在講到大乘上座部時已經談到了。要注意的祇是，玄奘在《大唐西域記》裏講的「遵行大乘上座部法」，與義浄在這裏的記載並不矛盾。此外，當時在斯里蘭卡，也仍然還有堅持小乘信仰的一派，「斥大乘，習小教」，這就是「摩訶毗訶羅住部」，即大寺派。

以下是南海諸洲。《寄歸傳》講的是：「然南海諸洲有十餘國，純唯根本有部，正量時欽。近日已來，少兼餘二。」義浄在此也加了一條注，説明南海諸洲主要有些什麽洲：

從西數之，有婆魯師洲；末羅遊洲，即今尸利佛逝國是；莫訶信洲；訶陵洲；呾呾洲；盆盆洲；婆里洲；掘倫洲；佛逝補羅洲；阿善洲；末迦漫洲；又有小洲，不能具録也。

這也就是説大致在今天印度尼西亞一帶。古代佛教確實在這一帶流行過，可是没有可資對比的材料，我們無從對這一地區的部派作更進一步的瞭解。

以下就是中國。《寄歸傳》講：「然東夏大綱，多行法護。關中諸處，僧祇舊兼。江南嶺表，有部先盛。」很明確，這裏當然指的就是部派律，或者説是從部派的角度來講律。雖然中國的佛教從一開始就幾乎是一邊倒的大乘佛教，中國沒有小乘的部派，但就律來講，仍是有部派的區别的。義浄的這段記載也可以從其它文獻中得到證實。

《續高僧傳》卷二十一《洪遵傳》：

> 先是關内素奉《僧祇》，習俗生常，惡聞異學，乍講《四分》，人聽全稀。還是東川，讚擊成務。遵欲廣流法味，理任權機，乃旦剖《法華》，晚揚《法正》，來爲開（聞？）經，説爲通律。屢停炎澳（燠），漸致宗附。開導《四分》，一人而已。迄至于今，《僧祇》絶唱。(127)

洪遵爲隋代僧人，大業四年卒，年七十九。

同書卷二十二《智首傳》：

> 關中專尚，素奉《僧祇》。洪遵律師創開《四分》，而兼經通誨，道俗奔隨。(128)

又同書同卷《法礪傳》：

> 又往江南，遊覽《十誦》。(129)

智首和法礪都是隋唐間僧人，都死於唐貞觀九年，一位年六十九，一位年六十七，時代略早於義浄。

還有《宋高僧傳》卷十四《道岸傳》：

江表多行《十誦律》，東南僧堅持，罔知《四分》。岸請帝墨敕執行南山律宗。伊宗盛於江淮間者，岸之力也。[130]

道岸是唐初的僧人，開元五年卒，年六十四，與義浄同時。[131]因此《道岸傳》中所講的情況完全可以用來説明《寄歸傳》。

最後還有一個地方應該談到。《寄歸傳》卷一「序」的最末尾似乎很偶然地講到一句：「有部所分，三部之别，一法護，二化地，三迦攝卑，此並不行五天，唯烏長那及龜茲、于闐雜有行者。」無獨有偶，剛好《大唐西域記》在「烏仗那國」（即烏長那）一條裏有一段記載可以與義浄的這段話相對照。

《大唐西域記》卷三講烏仗那國：

崇重佛法，敬信大乘。夾蘇婆伐窣堵河，舊有一千四百伽藍，多已荒蕪。昔僧徒一萬八千，今漸減少，並學大乘，寂定爲業。善誦其文，未究深義。戒行清潔，特閑禁咒。律儀傳訓有五部焉：一法密部，二化地部，三飲光部，四説一切有部，五大衆部。(132)法密部就是法護部,飲光部就是迦攝卑部。我們前面講了,通觀《大唐西域記》全書,反復或重複提到的部派祇有四個,即上座、大衆、説一切有、正量,唯一一處在梵衍那提到説出世部的名字,可以看作例外。但這裏一下講到五個部派,玄奘的這段記載是什麽意思呢?玄奘的意思在原文裏其實説得很清楚,與義浄一樣,他是在講當時烏仗那國流行五種部派的律,同時僧人們都「並學大乘」。在這裏,執行某一部派的律和信仰大乘還是小乘是分開的兩回事。玄奘義浄兩人的記載,除了一兩個細節外,在大的方面仍然可以互相證實。

上面以義浄的記載爲綫索,逐條地對照《大唐西域記》,對比的結果,使我們可以更進一步確切地理解義浄所講的部派的意思,部派在當時是怎麽回事,以及部派的狀況。在此基礎上,我們再進一步來討論大小乘的問題。不過,在前面第二節的討論中,我們已經看到,《寄歸傳》裏直接講到大小乘的地方並不多。我們祇有更多地依靠《大唐西域記》的材料。

《大唐西域記》中明確講到大乘的地方有:

迦畢試國:並多大乘;

濫波國：並多大乘；

健馱邏國

跋虜沙城東門外伽藍：並大乘學；

山南伽藍：並學大乘；

烏仗那國：並學大乘；

呾叉始羅國：並學大乘；

石窣堵波東伽藍：並學大乘；

孤山中伽藍：並學大乘；

烏剌尸國：並學大乘；

迦濕彌羅國

故伽藍：並學大乘；

屈露多國：多學大乘，少習諸部；

毗羅删拏國：並學大乘；

戰主國

摩訶娑羅邑數伽藍：並習大乘；

吠舍釐國

濕吠多補羅伽藍：並學大乘；

摩揭陀國：並多宗習大乘；

韈羅擇迦伽藍：並學大乘；

德慧伽藍：並習大乘；

摩訶菩提僧伽藍：大乘上座部；

烏荼國：並學大乘；

憍薩羅國：並學大乘；

羯餕伽國：習學大乘上座部；

僧伽羅國：大乘上座部；

跋禄羯呫婆國：大乘上座部；

蘇剌侘國：大乘上座部；

鉢伐多國

城側大伽藍：並學大乘；

伐剌拏國：並學大乘；

濟矩吒國：並學大乘；
斫句迦國：習學大乘；
瞿薩旦那國：多學大乘。

這裏，我把大乘上座部明確地算在大乘裏。另外，《大唐西域記》卷九記載，在因陀羅勢羅寠訶山東峰有一座伽藍，僧人們最初信仰小乘，後來都改爲信仰大乘。衹是玄奘没講清楚他到這裏時，這座伽藍還有没有僧人。(133)

《大唐西域記》明確講到小乘的地方有：

阿耆尼國：小乘説一切有部；
屈支國：小乘説一切有部；
跋禄迦國：小乘説一切有部；
縛喝國：習學小乘；
納縛僧伽藍：小乘；(134)
揭職國：小乘説一切有部；
梵衍那國：小乘説出世部；
迦畢試國

質子伽藍：並學小乘；

健馱邏國

迦膩色迦王伽藍：並學小乘；

布色羯邏伐底城北伽藍：皆遵小乘；

跋虜沙城側伽藍：並小乘學；

磔迦國

奢羯羅故城中伽藍：並學小乘；

至那僕底國

答秣蘇伐那僧伽藍：小乘說一切有部；

波理夜呾羅國：習學小乘；

薩他泥濕伐羅國：並學小乘；

窣禄勤那國：多習小乘，少習餘部；

秣底補羅國：小乘說一切有部；

大伽藍：並學小乘；

瞿毗霜那國：並學小乘；

垔醯掣呾羅國：小乘正量部；

劫比他國：小乘正量部；

羯若鞠闍國

　納縛提婆矩羅城東三伽藍：小乘説一切有部；

阿耶穆佉國：小乘正量部；

鉢邏耶伽國：並學小乘；

憍賞彌國：學小乘教；

鞞索迦國：小乘正量部；

劫比羅伐窣堵國：小乘正量部；

婆羅痆斯國：小乘正量部；(135)

　鹿野伽藍：小乘正量部；

戰主國：並遵小乘；

吠舍釐國

　宫城西北伽藍：小乘正量部；

摩揭陀國

孤山東南伽藍：並學小乘；

伊爛拏鉢伐多國：小乘正量部；

都城中二伽藍：小乘説一切有部；

瞻波國：習小乘教；

羯羅拏蘇伐剌那國：小乘正量部；

僧伽羅國

摩訶毗訶羅住部：斥大乘，習小教；

摩臘婆國：小乘正量部；

伐臘毗國：小乘正量部；

阿難陀補羅國：小乘正量部；

瞿折羅國：小乘説一切有部；

信度國：小乘正量部；

阿點婆翅羅國：小乘正量部；

波剌斯國：小乘説一切有部；

臂多勢羅國：小乘正量部；

阿犇荼國：小乘正量部；

揭盤陀國：小乘説一切有部；

烏鎩國：小乘説一切有部；

佉沙國：小乘説一切有部。

在這裏，玄奘很多地方既明確記載了是小乘，又説明是什麽部派，但也有不少地方衹記載是小乘，却没説明是什麽部派。

《大唐西域記》裏還有幾個地方，提到了部派的名稱，但却没有明確地説明是大乘還是小乘：

迦濕彌羅國

城西伽藍：大衆部；

城東大伽藍：正量部；

劫比他國

室羅伐悉底國：正量部；

摩揭陀國

迦布德迦伽藍：説一切有部；

三摩呾吒國：上座部；

馱那羯磔迦國：大衆部；

達羅毗荼國：上座部；

安呾羅縛國：大衆部。

這裏有兩種可能：一種是玄奘行文時省略，這些部派本來就是小乘的部派，衹是玄奘省掉了「小乘」二字，另一種可能是這些地方的寺廟雖然屬於某一部派，但是是大乘還是小乘並不很清楚，因此玄奘也就不明確地説明是大乘還是小乘。因爲缺乏更多的旁證，現在似乎還難於對此作出一個肯定的結論。不過，根據義浄《求法高僧傳》卷下的記載，上面列舉的這幾個國家，其中的三摩呾吒國至少在義浄到印度時是流行大乘的。中國的求法僧人僧哲到了這裏。義浄書中對此有一段很生動詳細的叙述：

國王名曷羅社跋吒。其王既深敬三寶，爲大鄔波索迦，深誠徹信，光絶前後。每於日日造拓模泥像十萬軀，讀《大般若》十萬頌，用鮮花十萬朵親自供養。所呈薦設，積與人齊。整駕將行，觀音先發。幡旗鼓樂，漲日彌空。佛像僧徒，並居前引，王乃後從。於王城内僧尼有四千許人，皆受王供養。

這樣看來，國王和國内的僧衆都是信仰大乘的。僧哲與義浄同時，到印度的時間可能還稍微早一點，也就是説僅比玄奘晚約三四十年。因此，就在玄奘到達印度時，三摩呾吒國也很可能是有大乘或流行大乘的。此外，根據《大唐西域記》卷八的記載，玄奘的老師，那爛陀寺著名的戒賢法師就出身於三摩呾吒國的王族。他是大乘瑜伽行派最有名的僧人之一。另外，《大唐西域記》卷八一開始就講了摩揭陀國的僧人「並多宗習大乘法教」，上面舉出的迦布德迦伽藍因此也有可能是一座大乘寺廟。但關於其它的幾個國家，就没有可資參考的其它的材料了。

還有一種現象特别值得注意，《大唐西域記》裏不少的地方講到了「大小二乘，兼功綜習」的情况。我把這些地方都列舉出來：

闍爛達羅國：大小二乘，專門習學；

秣菟羅國：大小二乘，兼功習學；

羯若鞠闍國：大小二乘，兼功習學；

阿踰陀國：大小二乘，兼功習學；

弗栗恃國：大小二乘，兼功通學；

尼波羅國：大小二乘，兼功綜習；

奔那伐彈那國：大小二乘，兼功綜習；

恭建那補羅國：大小二乘，兼功綜習；
摩訶剌侘國：大小二乘，兼功綜習；
契吒國：大小二乘，兼功習學；
鄔闍衍那國：大小二乘，兼功習學；
鉢伐多國：大小二乘，兼功習學；
狼揭羅國：大小二乘，兼功習學；
活國：大小二乘，兼功綜習。

看來當時印度有很多地區都出現了這種情況。這裏舉出的這些國家，其中比如闍爛達羅、秣菟羅、阿踰陀、鄔闍衍那等都是印度歷史上的名城，也是佛教在各個地區的中心之一。羯若鞠闍是當時最有勢力的戒日王的國家。這些國家的地位當時都相當重要。

「兼功習學」、「兼功綜習」、「兼功通學」是什麼意思呢？這裏也有兩種可能：一種是說在某一個國家或地區裏，大乘小乘都有，但大乘與小乘的界綫還是存在，它們是分開的兩回事。另一種可能是說這一地方的僧人既學大乘，又學小乘，大乘與小乘在互相融合，兩者之間的界綫開始消失。我傾向於後一種結論。玄奘原文中的「兼功」、「綜習」、「通學」幾個詞的意思已經相當明白。不同的宗教學說由開始時的對立而到後來逐漸互相融合甚至最後合一，在歷史上是屢見不鮮的事。《大唐西域記》講到僧伽羅國的大乘上座部時不是説阿跋耶祇鳌住部「學兼二乘，弘演三藏」嗎？那裏的學兼二乘的意思再明白不過了。上面所舉的那些國家，有些在《慈恩傳》裏可以對照，《慈恩傳》相應的記載是「大小俱學」、「大小乘兼學」或「大小乘兼習」。我以爲對此應該作同上面一樣的理解。

其實，這種現象似乎早就有了。《法顯傳》裏有少數幾個地方記載與此有些相似：

過嶺南，到羅夷國。近有三千僧，兼大小乘學。(136)

從此東行三日，復渡新頭河，兩岸皆平地。過河有國名毗荼，佛法興盛，兼大小乘學。(137)

(僧伽施國)此處僧及尼可有千人，皆同衆食，雜大小乘學。(138)

但通觀《法顯傳》，絶大多數地方是大乘就是大乘，是小乘就是小乘，所謂「兼大小乘學」的地方也衹有這三處，數量並不多。法顯去印度時間是在東晉隆安三年(三九九)到義熙八年(四一二)，這比玄奘、義净早兩百多年。我們由此可以得出一個結論：從法顯的時代到玄奘、義净的時代，這種現象是由少到多，逐步地在擴展。

我們還可以看看比玄奘與義净晚一些的記載。在義净以後，中國僧人悟空與新羅僧人慧超都曾去過印度。但是悟空的行記叙事太簡單，很難進行對比。祇有慧超的《往五天竺國傳》，殘本清末在敦煌藏經洞裏被發現，内容稍微詳細些。慧超去印度的時間不清楚，祇知道回到中國的時間是在開元十五年（七二七）。這比義浄晚三四十年，比玄奘晚八十餘年。《往五天竺國傳》裏有關大小乘的記載是：

摩揭陀：此國大小乘俱行；
中天竺：大小乘俱行；
南天竺：大小乘俱行；
西天竺：大小乘俱行；
闍爛達羅國：大小乘俱行；
社吒國：大小乘俱行；
新頭故羅國：大小乘俱行；
迦葉彌羅國：大小乘俱行；
建馱羅國：大小乘俱行；
烏長國：專行大乘法也；
覽波國：行大乘法；

罽賓國：行小乘；
謝颶國：行大乘法；
犯引國：行大小乘法；
吐火羅國：行小乘法；
骨咄國：行小乘法；
胡蜜：行小乘法；
疏勒：行小乘法；
龜兹國：行小乘法，漢僧行大乘法；
于闐國：行大乘法；
烏（焉？）者：行小乘法。(139)

除了單獨的大乘或小乘外，有很多地區是「大小乘俱行」。但是這句話太籠統，而且慧超所指示的地區，尤其是他講到的「中天竺」、「南天竺」、「西天竺」幾個地方，往往都太大，因此也很難與玄奘的記載進行對比。我們從中衹能得到一個印象：大小乘在很多地區是相間分佈，而這和玄奘講的「兼功綜習」或「學兼二乘」的意思看來不是一回事。不過即使這樣，我們從上面一系列的對比中也大致可以知道，在七世紀時，所謂大乘與小乘不僅與部派的劃分是有區别的兩回事，而且大小乘常常揉雜混融，有相互合流的傾勢。這種現象在法顯的時代就已經開始出現，祇是到了玄奘、義淨時代愈來愈顯著。大乘上座部就是這種形勢下的産物之一。

大乘與小乘之間，本來就没有一條不可逾越的界綫。除了我們在前面已經談到的它們在律方面的共同性以外，在宗教哲學思想上它們也有不少共同之處。尤其是小乘佛教，大乘佛教的「十地」的説法、「功德轉讓」的思想、「六度」的思想、「阿賴耶識」的説法，實際上都存在其中。[140]從佛教發展的歷史過程看，一方面大乘的一些思想在小乘階段已見端倪，另一方面，在大乘出現後，小乘的發展實際上又受到大乘的影響。因此，在佛教史上，信仰小乘的僧人往往很容易就轉變爲信仰大乘，信仰大乘的僧人反過來也有放棄大乘，回過頭去信仰小乘的。[141]從大的宗教思想體系來説，兩者之間的差别當然是有的，但是如果把大小乘之間的關係説得界綫分明，門户森嚴，恐怕祇是脱離實際的一種看法。而過去的大乘僧人尤其是中國的一些大乘僧人往往因爲宗派的偏見故意夸大二者的區别。我們從這個角度來考慮七世紀時印度的佛教狀況，也許才能比較地合乎歷史的實際。

以上就是我們根據《寄歸傳》及《大唐西域記》等書的材料討論這一時代的佛教狀

況的結論。

五　附論：提婆達多派問題

本章的最後還想簡單地討論一下對我們瞭解這一時期的佛教史也有一定關係的一個問題，即提婆達多派的問題。《寄歸傳》裏雖然没有直接提到提婆達多派，但是義浄本人却在印度見到過提婆達多派。這件事似乎還很少有人注意到，有關的一條材料夾在義浄譯的律中的一條注裏，也未見有人提到過。

義浄譯《根本説一切有部百一羯磨》卷九有一段譯文：

言立制得利者，謂諸苾芻或是隨黨或是非隨黨，共作制要，然後安居於某處村坊街衢之内，某家屬我，某舍屬汝。若得物時，依制而受，廣如大律。

然後義浄在解釋「隨黨」與「非隨黨」二詞時加了一段很有意思的長注：

此言隨黨者，謂是隨順提婆達多所有伴屬。言非隨黨者，即是佛弟子。此乃由其住處，則令物隨處判（「判」字它本或作「制」——引者）。處中既非兩處，故遣兩衆均分。現今西方在處皆有天授種族出家之流，所有軌儀，多同佛法。至如五道輪迴，生天解脱，所習三藏，亦有大同。無大寺舍，居村塢間。乞食自居，多修浄行。葫蘆爲鉢，衣但二巾，色類桑皴，不餐乳酪。多在那爛陀寺，雜聽諸典。曾問之曰：『汝之軌式，多似大師，有僻邪處，復同天授，豈非天授之種胄乎？』彼便答曰：『我之所祖，實非天授。』此即恐人嫌棄，拒諱不臣耳。此雖多似佛法，若行聚集，則聖制分途，各自爲行，别呈供養。豈況諸餘外道，計斷計常，妄執自然，虚陳得一。食時雜坐，流俗無分。踵舊之徒，用爲通鑒。更相染觸，涇渭同波。高尚之賓，須察斯濫。殊行各席，深是其宜。(142)

這條材料説明了些什麽問題呢？我以爲至少有下面幾點：

一、在義浄去印度時，提婆達多派還存在。不僅存在，恐怕數量還不少，「在處皆有」。

二、根據義浄的觀察，當時的提婆達多派的宗教軌儀和正統的佛教僧人的宗教軌儀差别不大，「多同佛法」。

三、提婆達多派也有自己的「三藏」，而且和其它佛教三藏「亦有大同」。這在以前完全是没有記載的，甚至可説是後來的研究者們没想到的。雖然依着《大唐西域記》等的説法，提婆達多活着時已經「誦持八萬法藏」，(143)可是誰也没講過提婆達多派在七世紀時還有他們自己的三藏。如果義浄的説法靠得住的話，那末和佛教的三藏一樣，這一部三藏一定是提婆達多派在提婆達多以後的幾百年裏逐步編成的。

四、當時的提婆達多派多數仍然堅持苦行沙門的修行特點：「無大寺舍，居村塢間。乞食自居，多修浄行。葫蘆爲鉢，衣但二巾，色類桑皴，不餐乳酪。」可以説這和當時印度的佛教僧團的狀況形成鮮明的對比。

五、提婆達多派的僧人有不少在當時印度佛教的學術中心那爛陀寺「雜聽諸典」。這説明他們與正統的佛教僧人在當時並不是水火不相容，更非「不共戴天」。「諸典」指哪些經典，我們不清楚。但我想可能包括正統的佛教經典，不管是大乘的還是小乘的。以那爛陀寺當時是大乘佛教的中心這一點來看，其中可能大乘經典要多一些。

六、他們在公開的場合不承認自己是提婆達多派，「恐人嫌棄，拒諱不臣」。同時他們的組織、宗教活動與正統的佛教徒的區別又是涇渭分明，「各自爲行，别呈供養」。

七、最後，我們從義浄翻譯的《根本説一切有部百一羯磨》的這一段正文來看，似乎提婆達多當時在佛教僧徒中很有一些追隨者，以至於苾芻衆中可以分爲「隨黨」（宗派主義者）與「非隨黨」兩大類。而且雖然其它的佛經中把提婆達多與釋迦牟尼之間的關係描寫得已經是「你死我活」的地步，但是這裏苾芻衆裏的「隨黨」和「非隨黨」之間的關係並不如想象中那麼緊張，倘若得了布施，還可以「兩衆均分」。正文中説「立制得利」，這是世尊所説「八種利」之一。

義浄譯的另一部律《根本説一切有部毗奈耶破僧事》卷十裏是這樣講到提婆達多的：

於是提婆達多謗毁聖説，決生耶（邪？）見，定斷善根，但有此生，更無後世。作是知已，於其徒衆别立五法，便告之曰：『爾等應知，沙門喬答摩及諸徒衆，咸食乳酪，我等從今更不應食。何緣由此？令彼犢兒鎮嬰饑苦。又沙門喬答摩聽食魚肉，我等從今更不應食。何緣由此？於諸衆生爲斷命事。又沙門喬答摩聽食其鹽，我等從今更不應食。何緣由此？由其鹽内多塵土故。又沙門喬答摩受用衣時，截其縷績，我等從今受用衣時留長縷績。何緣由此？壞彼織師作功勞故。又沙門喬答摩住阿蘭若處，我等從今住村舍。何緣由此？棄捐施主所施物故。

歸結起來，共有五件事，是一段攝頌：

不餐於乳酪，魚肉及以鹽，長績在村中，是天授五法。（144）

我們看到，義浄在七世紀時所見到的這些提婆達多派，一千多年後，與其祖師爺仍然何其相似乃爾。此外，提婆達多標新立異，「别立五法」，引起分歧的都是宗教生活中喫、穿、住方面哪些事能作哪些事不能作的具體問題，這使我們自然而然地想到上面已經討論過的，早期佛教史上跋耆比丘提出來引起争論的「十事」，爲了那次争論而舉行了毗舍離結集，最終導致了佛教第一次大的部派分裂。這兩次争論，在性質上又何其相似。

義浄的記載還可得到法顯與玄奘的證實。

《法顯傳》講到拘薩羅國舍衛城時説：

調達亦有衆在，常供養過去三佛，唯不供養釋迦文佛。(145)

調達也就是提婆達多。拘薩羅國舍衛城即《大唐西域記》中的「室羅伐悉底國」，屬於中印度。

玄奘《大唐西域記》除記載了許多與提婆達多有關的遺址和傳説外，也在卷十「羯羅拏蘇伐剌那國」條裏講到：

别有三伽藍，不食乳酪，遵提婆達多遺訓也。(146)

羯羅拏蘇伐剌那國是在東印度。

這樣，法顯、玄奘、義浄便在前後不同的時間，分别爲他們在三個不同的地方所親眼見到的提婆達多派留下了記載，而且可能是唯一的，因而也是很重要的記載。因爲這些記載和一般的佛經不一樣，佛經祇是書本上的記載，可信到什麽程度，還值得考慮，需要先作一番鑒别和比較。這裏講的却是活生生的事實，它證明佛經上講的這件事不是向壁虚構。[147]

此外，雖然我們在前面講了，義浄在《寄歸傳》裏没有直接提到提婆達多派，但是《寄歸傳》卷二「衣食所須」章裏有一段話：「而有不噉乳酪、不履皮鞋、不著絲綿，同斯類矣。」從我們上面的分析看，義浄這段批評的話很可能影射的就是提婆達多派。因此，就是在《寄歸傳》裏，提婆達多派也不是毫無踪跡可尋。

我們知道，在原始佛教的歷史上，提婆達多稱得上是一個有名的人物，佛經中關於他的記載比比皆是，對他真是極盡攻擊詆毀之能事。他雖然是釋迦牟尼的堂弟，很早就隨釋迦牟尼出了家，後來却和釋迦牟尼發生了分歧與矛盾，分道揚鑣，以至最後從苾芻衆中拉走了他的「隨黨」，另立一座山頭。要説佛教的分裂，其實這纔算是我們所知道的佛教最早的一次分裂。而引起分歧與矛盾的最主要的事是什麽呢？我們看到，仍然很大程度體現在律的歧異上面。提婆達多另立異説，「但有此生，更無後世」，於是「别立五法」，在宗教生活的某些規定上與正統派實行決裂，並以此作爲反對釋迦牟尼的一種武器，就是這樣一種情形。這一點，我以爲對我們理解早期的以至於中後期的佛教僧團分裂演化的歷史恐怕不無意義。另外，提婆達多雖然在佛經裏被描寫得「十惡不赦」，最後終於墮入「無間地獄」，但那祇是正統派，也就是我們今天所能見到的一面之辭。我們當然不能完全相信。我們需要注意的是，從釋迦牟尼時代到法顯以至到玄奘及義浄的時代，其間一千多年，提婆達多派仍然不絶如縷地延續了下來，仍然活動於印度社會之中。而且他們仍然堅持着他們的「祖訓」，可能還發展出了自己的「三藏」。他們的存在，既説明了他們這一派頑强的生命力，也説明在古代印度社會中有他們存在的條件。可以把他們也看作佛教的一個特殊的支派嗎？他們和正統的佛教的各個部派，與大乘、小乘的關係怎樣呢？看來當時的佛教僧人，包括法顯、玄奘、義浄，是不承認他們爲佛教徒的。但是他們與正統的佛教僧人仍保持着一定的聯繫。無論如何，我們由此已經知道了七世紀時提婆達多派仍然存在這一歷史事實以及有關的一些細節。

關於提婆達多派，季羡林先生在他爲《大唐西域記校注》一書所寫的前言裏作了一段論述。季先生除引用了上面提到的法顯與玄奘的那兩段記載外，還引用了義浄寫的《寄歸傳》和譯的《根本説一切有部毗奈耶破僧事》中的兩段文字。季先生也認爲，七世紀時印度居然還有提婆達多的信徒，而且又這樣忠於提婆達多，實在值得深思。季先生在研究中最注意的是提婆達多派的飲食禁忌——不食乳酪和肉的問題。他寫道：「大乘的起源距提婆達多至少已有幾百年的歷史，爲什麽飲食的禁忌竟如此之相似呢？我們都知道，大乘是對小乘的發展與反動，而提婆達多則是釋迦牟尼的對手。二者之間難道還有什麽聯繫嗎？我覺得，這是個非常值得思考探索的問題。」(148)情況的確是這樣。如果我們把提婆達多派的問題與佛教的部派、大乘、小乘之間的關係諸問題放在一起進行比較，我們或許會得到一些新的想法吧。

但是這裏不準備更詳細地討論提婆達多派的問題了。據説國外有人專門研究過提婆達多，依據的材料多出自巴利文佛教文獻，有專書。書未見，不知是否也討論到釋迦牟尼以後以至於義净時代這一特殊的派别的歷史？(149)

第三章 《南海寄歸内法傳》研究之二

——論義浄時代的印度佛教寺院

研究佛教的歷史，除了研究它的宗教思想、宗教哲學理論、部派、大小乘等問題以外，很重要的一個方面是研究它的寺院組織和宗教生活的歷史。可惜的是，在印度儘管先後出現過大量的佛教文獻（經、律、論，包括印度古代語言的原本及保存在其它語言中的各種譯本），但是與這方面問題直接有關的具有「實録」性質的文獻幾乎完全没有。衹有在公元五世紀以後，中國的求法僧到達印度，他們回國後根據自己的所見所聞寫下的著作，纔可以稱得上是一種「實録」性的文獻。在這些文獻中，如果就研究七世紀時印度的佛教寺院狀況而言，《寄歸傳》無疑是最重要的一部著作。不管在義浄以前、同時或是以後，都没有任何一部書像《寄歸傳》這樣詳細專門地記載了當時佛教寺院内各方面生活的實際情況。本章即擬以《寄歸傳》的記載爲基礎，並結合其它一些有關的材料，就此作一些考察。

一　寺院内部的組織

佛教最初出現時，並没有寺院。從律藏和經藏裏的記載看，釋迦牟尼最初傳道，是帶領一羣弟子，到處游行，並不長期固定地住在某一個地方。雖然他經常住的地方也有一些，比如室羅伐悉底的逝多林給孤獨園，後世把這些地方稱作 āvāsa 或 ārāma，漢譯佛經中常譯作「精舍」，但是實際上它們與後來的佛教寺院是有區別的。在釋迦牟尼的時代，游行沙門是一種很流行的風尚，佛教徒也不例外。釋迦牟尼在世時，已經接受了一些信仰或支持佛教的國王、商人饋贈的房舍、林園，作爲僧人們的常住之處。在他以後，雖然一部分僧人仍然堅持游行的傳統，但是越來越多的僧人固定地住在某一個地方。在此基礎上，才逐漸形成佛教的寺院，某些寺院的規模也逐漸變得大起來。從釋迦牟尼去世到玄奘、義浄的時代，一千多年的時間裏，佛教寺院的名稱、組織形式，與世俗社會的關係和在社會中的地位，大概都發生了相當大的變化。(1)但這方面的情況目前並不是很清楚。印度地域廣大，不同的地區，在不同的時代，前後的情況可能有很大的不同。考慮到義浄到過的地方並不是很多，其中有明確記載的祇限於中印度與東印度以及南海地區，因此，他的記載可能主要也就反映他這個時代這些地區佛教寺院的情況。義浄在那爛陀住的時間最長，他談到的情況因此尤其可以反映古代印度這座最著名的佛教寺院的實際狀況。不過，要是就那爛陀在當時和在整個印度佛教史上的地位而言，應該説這還是具有代表性意義的。

我們先看寺院中有些什麽成員。義浄在《寄歸傳》和《求法高僧傳》中講到的寺院内以及與寺院有關的各種成員有：

一、上座。又稱住位苾芻，即受大戒滿十年（十夏）以上的僧人。梵文名字是sthavira，義浄音譯爲「悉他薛攞」。

二、小師。又稱小苾芻，指已受大戒，但時間還不到十年的僧人。梵文名字是dahara，義浄音譯爲「鐸曷攞」。

三、沙彌。又稱「求寂」，指受十戒，已經出家的年青僧人。梵文名字是śramaṇera，義浄音譯爲「室羅末尼羅」。

以上三種，都算正式的僧人。

四、童子。這是剛進入寺院，學習佛教，準備出家的年青人。《寄歸傳》講：「若專誦佛典，情希落髮，畢願緇衣，號爲童子。」梵文名字是mānava。

五、學生。並不信仰佛教，但在寺院裏學習，被稱爲學生。《寄歸傳》講：「或求外典，無心出離，名曰學生。」梵文名字是brahmacārin。

六、浄人、户人、供人。這三種人，都不是僧人，但是都在寺院裏從事一些勞務性的工作，爲僧人們服務，因此這裏歸作一類。而且，他們在某種情況下確實很可能也就是一種人。

七、寺主。《寄歸傳》裏没提到寺主，但是《求法高僧傳》裏講到這個名字：「但造寺之人，名爲寺主，梵云毗訶羅莎弭。」梵文即vihārasvāmi。造寺之人不一定就是僧人，因此這個寺主和中國一般所講的寺主不完全一樣。(2)

我們再進一步討論以上各種人的情況。

先談僧人。僧人是寺院中最主要的成員。在同一座寺院裏，僧人們之間的地位是有差别的。地位最高的是上座，其次是小師，其次是沙彌。《寄歸傳》裏有許多地方講到上座。僧人們出外赴請受齋，施主行食，首先從上座開始。中間念誦咒願，最後念誦陀那伽他(dānagāthā)，報答施主，上座始終是最主要的人物(卷一「受齋軌則」章)。僧人們舉行自恣，上座是主持人(卷三「隨意成規」章)。在大的寺院裏有不止一位上座，在上座中間，座次又有第一第二第三依次的差别。(卷四「讚咏之禮」章)

僧人地位的高低，看來是以兩個條件作爲區别：一是受戒年數，二是學問的高低。

這第一個條件就是論資排輩，比較的是正式成爲僧人的資歷。《求法高僧傳》講：「寺内但以最老上座而爲尊主，不論其德。」講的那爛陀寺，就是這個意思。《寄歸傳》一開始第一章「破夏非小」，也講的是這件事：

凡諸破夏，苾芻但不获其十利，然是本位，理無成小。豈容昔時受敬，今翻禮卑？習以成俗，本無憑據。依夏受請，盜過容生？故應詳審，理無疏略，宜取受戒之日以論大小。縱令失夏，不退下行。

然後第二、第三、第十九、二十一、二十四章都講到這件事。僧人的資歷，有時不僅以受戒的年數論，也以月、以日、以上下午，甚至以分秒論：

凡西方南海出家之人，創相見者，問云大德幾夏。答云爾許。若同夏者，問在何時。若時同者，問得幾日。若日同者，問食前後。同在食前，方問其影。影若有殊，大小成異。影若同者，便無大小。坐次則據其先至，知事乃任彼前差。（卷三「受戒軌則」章）

受戒的時間長短既然如此重要，主持受戒的人因此也盡量給被受戒人方便。那爛陀寺就採用一種「五時」制，把受戒時間安排在「長時」：

那爛陀寺多是長時，明相纔出，受其近圓，意取同夏之中多爲最大，即當神州六

月十七日。明相纔出，由不得後夏故。若六月十六日夜將盡而受戒者，則同夏之中最小，由其得後夏故。（同上）

在論資排輩之外，僧人學問的高下也成爲獲得地位的條件。有學問的僧人可以享受到某些優待：

又見多聞大德，或可一藏精研，衆給上房，亦與浄人供使。講説尋常，放免僧事。出多乘輿，鞍畜不騎。（卷二「衣食所須」章）

《大唐西域記》卷二講得更詳細：

無云律論，絓是佛經，講宣一部，乃免僧知事；二部，加上房資具；三部，差侍者祇承；四部，給浄人役使；五部，則行乘象輿；六部，又導從周衛。道德既高，旌命亦異。[3]

作爲有地位的上座，在寺院裏除了平時座次在前以外，在其它的待遇上也有各種優待。比如那爛陀寺一年一度的分房，「上座取其好者，以次分使至終。」（卷二「五衆安居」章）平時受到一般僧人的敬重。有的還分配有浄人侍候。分配去世的僧人所遺留下的財物，如果東西不够多，「縱不普遍，從大者行。」（卷四「亡則僧現」章）

但是這種以出家的先後論座次的規矩在某些特殊的情況下也可以被打破。《大唐西域記》卷九記載印度幼日王在那爛陀出家的傳説時説：

出家既已，位居僧末，心常怏怏，懷不自安：『我昔爲王，尊居最上，今者出家，卑在衆末！』尋往白僧，自述情事。於是衆僧和合，令未受戒者以年齒爲次。故此伽藍獨有斯制。(4)

這座伽藍就是幼日王在那爛陀爲僧人們建立的。未受戒者是指未受大戒。這當然是一種特殊情況。幼日王身爲國王，説得上是頭一等大施主。僧人們無論如何得破這個例。中國僧人從唐代武則天開始，祇要皇帝高興，出家雖晚，可以敕賜夏臘，一次可以賜到「三十夏」，甚至「五十臘」，受賜者「頓爲老成」。(5)這種舉止，更大大超過了印度。

不過，某一些上座的地位雖高，但是所有寺院内的重要事務，都必須要經過僧人大會的討論，取得一致的意見，纔可能實行。《寄歸傳》卷二「衣食所須」章講：

又見寺内不立綱維，但有事來，合衆量許。若緣獨意處斷，隨情損益僧徒，不遵衆望者，此名俱羅鉢底，衆共驅之。

《求法高僧傳》卷上講那爛陀寺時叙述得更詳細：

衆僧有事，集衆平章，令其護寺巡行告白，一一人前，皆須合掌，各伸其事。若一人不許，則事不得成，全無衆前打槌秉白之法。若見不許，以理喻之，未有挾强便加壓伏。其守庫當莊之流，雖三二人，亦遣典庫家人合掌爲白，若合方可費用，誠無獨任之咎。若不白而獨用者，下至半升之粟，即交被驅擯。若一人稱豪，獨用僧物，處斷綱務，不白大衆者，名爲俱攞鉢底，譯爲家主。斯乃佛法之大疣，人神所共怨，雖復於寺有益，而終獲罪彌深，智者必不爲也。

「俱攞鉢底」一名的梵文是kulapati。這種集衆議事的規矩倒是佛教僧團一開始就有的傳統，看來一直到七世紀時還仍然保留着。(6)

僧人們一經出家，便脱離「王籍」。《寄歸傳》卷二「衣食所須」章講：

又見好心來至，具問因由。如來出家，和僧剃髮，名字不干王籍，衆僧自有部書。後若破戒行非，鳴揵稚而驅遣。爲此衆僧自相檢察，起過難爲萌漸。

而《求法高僧傳》也講：「衆僧名字不貫王籍，其有犯者，衆自治罰，爲此僧徒咸相敬懼。」從這一點看，國家對僧伽事務的干涉似乎没有中國那樣多和直接。這是中印兩國不同之處。

當時不少的僧人有游行的習慣，還不時有外國的僧人到印度來求法。外面的僧人如果來到一個寺院，接待上有一定的規矩：

又見客僧創來入寺，於五日内，和衆與其好食，冀令解息，後乃僧常。若是好人，

和僧請住，准其夏歲，卧具是資。無學識則一體常僧，具多聞乃准前安置，名掛僧籍，同舊住人矣。（卷二「衣食所須」章）

所謂「准前安置」，就是「給上房」，「浄人供使」，「放免僧事」，「出多乘輿」。玄奘到那爛陀時，看來享受的就是這種待遇。(7)不過，這種規矩也常常因時因地而略有不同。法顯在五世紀初到達北印度烏萇國，他記載當時那裏的規矩是：「若有客比丘到，悉供養三日。三日過已，乃令自求所安。」(8)住的時間衹有三天，並且不能長久地住下去。

義浄還把客僧的地位分爲兩種，一種稱爲「主人」，另一種稱爲「客」。《求法高僧傳》卷下講中國僧人無行與智弘到了大覺寺，「蒙國家安置入寺，俱爲主人。西國主人稍難得也。若其得主，則衆事同如也，爲客但食而已。」在大覺寺取得這種「主人」地位的，《求法高僧傳》中還有卷上的道方。卷上《慧輪傳》裏講覩貨羅人在印度建造的寺廟，專門爲本國人使用。中國僧人慧輪在這裏住過，但是「其北方僧來，皆住此寺爲主人。」似乎是對本國人的一種優待。

進入寺院，學習佛典，準備出家，但還未正式出家的年青人被稱作「童子」。從《寄歸傳》裏的記載看，每個童子似乎都有自己固定的老師。童子的任務是向老師學習，並且侍候老師。童子平時要參加一些宗教活動。寺院每天傍晚舉行巡行禮讚時，童子和浄人手持香花，在唱導師前開路。（卷四「讚咏之禮」章）老師出外，童子要負責拿着老師所有的「資具」。（卷一「水有二瓶」章）老師有什麽事，可以隨時差遣他們。義净在東印度耽摩立底國就親眼見到過寺院中的一位小師悄悄地派他的童子把寺院的兩升米送給家人婦女。（卷二「衣食所須」章）而且童子必須自己負担自己在寺院裏的生活費用。

和童子地位一樣，但不學習佛典，而是學習「外典」，也不準備以後作僧人的年青人被稱作「學生」。他們當然更得自己負担自己的生活費用。「斯之二流，並須自食。」（卷三「受戒軌則」章）學生也必須完成一些勞務性的工作，「驅馳給侍」。這與印度古老相傳教授學生的傳統是一致的。

情況不太清楚的是義净經常提到的净人、户人、供人這幾種人的真正身份。《寄歸傳》中講到净人及户人、供人的地方很多，我把主要的舉出來：

僧人們赴請受齋時，「僧徒器座，量准時宜。或可净人自持，或受他净物」。（卷一「受齋軌則」章）

厨家爲僧人們煮飯，其中「有一净人老母」。（同上）

僧人受齋之後，「其所殘食，皆任衆僧令净人將去」。（同上）

「僧家作田，須共净人爲其分數。或可共餘人户，咸並六分抽一。」（卷二「衣食所

須」章）

寺院裏的多聞大德，可以「與浄人供使」。（同上）

「浄人來入厨内，豈得即是村收？」（卷二「結浄地法」章）

僧人大小便後，需要漱口、洗手、浄身，這時如果「幸有供人，使澆非過」。（卷二「便利之事」章）

寺院中在太陽落山與天剛亮時需要打鼓報時，「斯等雜任，皆是浄人及户人所作」。但是打犍稚的事却不能讓浄人去做。（卷三「旋右觀時」章）

寺院中每天傍晚舉行巡行禮讚的宗教儀式時，「浄人童子持雜香花，引前而去」，爲唱導師開路。（卷四「讚詠之禮」章）

《法顯傳》也講到浄人。在于闐國的瞿摩帝寺裏，僧人們進食時，浄人侍候，「浄人益食，不得相唤，但以手指」。(9)

《大唐西域記》卷五講到中印度羯若鞠闍國的殑伽河邊，有三座僧伽藍，「役使浄人數千餘户」。(10)

《慈恩傳》裏講到玄奘到那爛陀後，因爲有學問，始終有浄人侍候。(11)

上面這些記載説明，浄人、户人、供人在寺院裏從事的都是一些勞役性的工作。從這一點看，他們似乎是寺院裏的僕役。但從他們又參加一些宗教活動看，他們又是一些在家未出家的佛教徒，因此他們中間也可能有一些是出於宗教信仰，而自願到寺院裏去服役的信徒。就前者而言，《寄歸傳》卷二「衣食所須」章講到有的寺院「自使奴婢，躬耕營田」，卷四「亡則僧現」章講到僧人死後財産的處理時提到僧人財産中有「奴婢」一條，説明寺院中是有奴婢的，而且這種奴婢没有充分的人身權利，被作爲財産對待。同時，寺院從國王的封邑上收取租賦，寺院的土地租與民户，民户除了與寺院分取收成之外，很可能也要爲寺院服一些勞役。就後者而言，出於宗教信仰而主動地爲寺院服務，也是印度及東南亞國家歷史上的傳統。因此，上面這兩種情況看來都有。衹是從上下文的背景來看，浄人是對所有在寺院中服役的人的一種統稱，户人則很可能是專指耕種寺院的土地，因此也爲寺院提供勞役性的服務的民户。這些民户同時也可稱爲浄人，如玄奘在上面那條引文裏講到的羯若鞠闍國爲三座寺院服務的數千餘家民户那種情形。至於供人，可能地位更要低一些，也許其中有一部分是寺院中的奴婢。但目前因爲缺乏更多的資料，一時還難以對這些問題作出很肯定的結論。

《求法高僧傳》提到了「寺主」這個名稱。寺主是指造寺之人。能够造寺的人當然多數是有權勢或有錢的國王、大臣或商人。《大唐西域記》講到的先後在那爛陀造寺的六個國王，《求法高僧傳》講到的建造信者寺的菴摩羅跋國王，建造屈録迦寺的南方屈録迦國王，建造支那寺的室利笈多大王，建造金剛座大覺寺的僧訶羅國王，以及這兩部書加上《慈恩傳》和《法顯傳》中講到的其它許多建寺的大施主，都是這類人。印度近現代在一些佛寺的遺址上發現的一些捐贈銘文很多就是這類人留下來的。這些寺主，如果不是僧人，就不住在寺院裏。但他們即使不住在寺院裏，他們的地位和對寺院的影響仍可以想像。

以上談的是寺院中各種成員的情況。一座大的寺院，有許多僧人，加上還有上面談到的不是僧人，但也在寺院裏活動的那幾種人，整個寺院必須要有一定的組織手段和比較嚴格的管理秩序，才可能維持。以那爛陀爲例，寺有八院，房有三百，僧人數千，却能管理得井井有條，看來當時印度的寺院在這方面是有一套規矩的。寺院中爲此設有各種僧職。義浄的記載講到了其中的幾種：

一、護寺。《求法高僧傳》卷上講：「若作番直，典掌寺門，及和僧白事者，名毗訶羅波羅，譯爲護寺。」梵文是vihārapāla。

二、維那。《求法高僧傳》又講：「若鳴揵稚及監食者，名爲羯磨陀那，譯爲授事，言維那者略也。」梵文是karmadāna。義浄在《寄歸傳》卷四「灌沐尊儀」章裏的一條注解釋得更詳細一些："授事者，梵云羯磨陀那。陀那是授，羯磨是事，意道以雜事指授於人。舊云維那者非也。維是周語，意道綱維；那是梵音，略去羯磨陀字也。"這就是所謂的"梵漢并舉"。中國唐代的佛教寺院中也有這個僧職，來源即在此。(12)

三、典事佐史。《求法高僧傳》卷上講到那爛陀寺時提到這個名稱："此之寺制，理極嚴峻，每半月令典事佐史巡房讀制。"但是關於這個職務的更多的情況不太清楚。這應該是一個意譯的名稱。從字面上看，大約是協助寺院的最高上座管理寺院的人。

以上這三種職務，都是由正式的僧人担任。

此外，有的寺院有屬於自己的村莊，寺院中又有自己的倉庫，因此也都設有專人管理。《求法高僧傳》講到那爛陀寺提到"守庫當莊之流"(見前引文)。這種職務是否是由僧人直接担任，不是很清楚。估計可能是。當然，一些一般的勞務性的職事，看來很多也分配給所謂的"浄人"們担任，例如"典庫家人"和前面談到的浄人或户人所從事的那些工作。

二　寺院的經濟活動

寺院經濟是寺院存在的基礎。七世紀時印度佛教寺院的經濟狀況怎樣，與研究同一時期的印度歷史包括經濟史的情況一樣，因爲缺乏比較可靠，更缺乏比較系統的資料，也是不很清楚的。義淨的《寄歸傳》相當詳細地記載了當時佛教寺院内經濟活動的情況，因而在這方面留下了很重要的史料。他的記載很多地方十分生動具體：

依如律教，僧家作田，須共淨人爲其分數。或可共餘人户，咸並六分抽一。僧但給牛與地，諸事皆悉不知。或可分數，量時斟酌。西方諸寺多並如是。（卷二「衣食所須」章）

六分抽一是印度的傳統，但是實際執行起來也不一定。(13)義淨剛到印度時，便親眼見到這種寺院把土地出租給他人，「爲其分數」的事：

初至耽摩立底國，寺院之外有一方地，忽見家人取菜，分爲三分，僧取一分，自取兩歸。未解其故，問大乘燈師曰：「斯何意焉？」答曰：「此寺僧徒並多戒行，自爲種植，大聖所遮，是以租地與他，分苗而食，方爲正命。省緣自活，無其耕墾溉灌殺生之罪矣。」（同上）

這不是六分抽一，而是三分取一。從寺院租得牛和土地來耕種的就是「浄人」，他們與寺院之間的分成實際上就是交納的地租。衹是「無其耕墾溉灌殺生之罪」的説法似乎有些虚僞。而且，印度傳統的六分取一的作法變成三分取一，增加了一倍，似乎也貪心了一些。

這種能够被寺院出租給他人並收取地租的土地顯然屬於寺院私有。過去有些人不承認古代印度存在私有土地，義浄的這些記載至少就他講到的這個時期來説可以完全否定這種説法。⒁事實上，寺院的經濟活動衹是整個社會經濟活動的一個部份，或者説一個側面，寺院能够佔有土地，説明其它屬於統治階段的各個社會階層可能佔有更多的土地，並且用類似的生産方式經營。這不是土地私有制還能是什麼呢？因此，義浄有關的這些記載不僅對我們今天瞭解印度古代的佛教歷史有意義，而且能够幫助我們推而廣之地去瞭解古代印度的社會史。而古代印度有没有土地私有制正是學術界長期争論的一個重要問題。

寺院的土地從哪裏來？看來衹有來自信仰或支持佛教的國王、長者、居士的贈予。法顯在義浄兩百多年前就講：

自佛般泥洹後，諸國王、長者、居士，爲衆僧起精舍，供給田宅、園圃、民户、牛犢、

鐵卷書録。後王王相傳，無敢廢者，至今不絶。(15)

> 時王篤信佛法，欲爲衆僧作新精舍。先設大會，飯食供養已，乃選好上牛一雙，金銀寶物，莊挍角上，作好金犁。王自耕頃壟，規郭四邊。然後割給民户、田宅，書以鐵卷。自是已後，代代相承，無敢廢易。(16)

法顯到師子國，正遇上國王舉行賜地的儀式：當然，這講的是師子國，不屬於印度的範圍，但完全可供瞭解當時的情況作參考。

義浄上面講的那種土地，既然可以出租，很清楚，它們屬於寺院所有。除了這種土地外，寺院還有一種「封邑」。文獻中有關的記載不少，我們可以舉一些例子：

《大唐西域記》卷八記載，玄奘的老師戒賢曾經與外道辯論，戒賢取勝，摩揭陀國國王爲了獎賞他，「封此邑城」。戒賢辭不獲已，「便建伽藍，窮諸規矩，捨其邑户，式修供養」。玄奘本人參觀過這座伽藍，把它稱作「戒賢伽藍」。(17)

最有名的寺院那爛陀寺，《慈恩傳》卷三講：「國王欽重，捨百餘邑，充其供養。邑二百户，日進粳米、酥乳數百石。」玄奘快到那爛陀時，就先在屬於那爛陀寺的一座「寺莊」裏休息，喫過飯。(18)

祇是義浄的記載略有不同：「其那爛陀寺，法乃更嚴，遂使僧徒數出三千，封邑則村

餘二百，並積代君王之所奉施，紹隆不絶。」(卷二「衣食所須」章)

這個數目在《求法高僧傳》卷上中説得更清楚：「此寺内僧衆有三千五百人，屬寺村莊二百一所，並是積代君王給其人户，永充供養。」

義浄在東印度還見過一座支那寺，傳説是幾百年前印度室利笈多大王爲求法的中國僧人建造的，「王見敬重，遂施此地，以充停息，給大村封二十四所」。後來中國僧人亡没，村子歸屬了其他人，其中三村轉屬另一座鹿園寺。義浄去時，這地方屬於提婆跋摩王。他還聽説提婆跋摩王常講：「若有大唐天子處數僧來者，我爲重興此寺，還其村封，令不絶也。」(《求法高僧傳》卷上)

銘文中也有不少類似的材料。例如在西印度的跋臘毗國(Valabhī)，在義浄以前和義浄當時佛教都很盛行，成爲西印度佛教的一個中心。跋臘毗的Maitraka王朝的國王及國王的親屬們建造了一些寺院，也把屬下的村莊的賦税分撥一些給這些寺院，作爲維持寺院的費用。這些寺院中最著名的是第一世Dhruvasena王的侄女Duḍḍā所建立的寺院，後來成爲一組寺院羣，被稱作Duḍḍā-vihāra-maṇḍala。遺址已經被發掘了出來。發掘出的銘文中有一件記載，這位Dhruvasena王將一座名叫Pippalaruṅkarī的村莊的賦税捐贈給這座寺院，其中一段講：

Vihārasya patitaviśīrṇapratisaṃskar a ṇārthaṃ dhūpadīpatailapuṣpopoyogi ca sarvaṃ dravyaṃ valabhyāṃ svabhāgineyī paramopāsikā Duḍḍākāritavihārapratiṣṭhāpitānāṃ bhagavatāṃ samyaksaṃbuddhānaṃ(ā)ryabhikṣusaṅghasya ca piṇḍapātaya……[19]

這就是説用此支持寺院日常的開支。Dhruvasena一世在位的時間是公元六世紀前半期(五一九—五四九)。在他以後，Maitraka王朝的每一個國王都一樣地有捐贈。玄奘和義浄去印度時，這一地區仍然是這個王朝的國王統治。

在義浄之後，仍然有國王捐贈「封邑」給那爛陀寺。近代在那爛陀發現的一塊銅版，上面的銘文就是講Suvarṇadvīpa(指今印度尼西亞的蘇門答臘，義浄在《求法高僧傳》裏譯作「金洲」)的Bālaputradeva王在那爛陀建造了一座寺院，當時統治這一地區的Pāla王朝的國王Devapāla一次就「奉施」了五個村莊。[20]這是九世紀初期的事，雖然比義浄的時代要晚一百多年，但性質和可以説明的問題都一樣。

但是這種封邑上的土地究竟歸誰所有，僧人們僅僅是享受這些村莊原來作爲賦税交納給國王的那份收入，包括有時並接受這些村莊的農民的其它的服務，還是完全具有對這些村莊的所有權，我們不是很清楚。估計祇是前者，而不是後者。因此這和前面講的

「租地與他，分苗而食」的土地的性質是有區别的。(21)印度封建時代的土地所有制關係異常地複雜，我們在考察這一時期佛教寺院佔有的土地的問題時看來也必須注意到這種背景關係。(22)

從這個角度來理解，其它一些講得不是很清楚的記載看來也屬於這種情形。例如《法顯傳》講摩揭陀國：

佛得道處有三僧伽藍，皆有僧住。衆僧民户供給饒足，無所乏少。(23)

《大唐西域記》卷五講羯若鞠闍國：

臨殑伽河有三伽藍，同垣異門，佛像嚴麗。僧徒肅穆，役使浄人數千餘户。(24)

這裏的「民户」和被役使的「浄人數千餘户」看來都和寺院在經濟和人身上有一種特殊的關係。他們可能就是國王賜贈給寺院的，因此必須供養寺院，爲寺院服務。從國王的「封邑」中獲得賦税收入以及勞務性的服務，應該説是當時寺院經濟收入的另一重要來源。

在上面講到的第一種情況裏我們已經看到，某些寺院有自己的土地是很明確的事。除了租地與人，分成而取以外，義浄《寄歸傳》裏還講到另一種情況：

或有貪婪不爲分數，自使奴婢，躬檢營農。護戒苾芻，不噉其食。意者以其僧自

經理，邪命養身，驅使傭人，非瞋不可，壞種墾地，蟲蟻多傷。日食不過一升，誰復能當百罪？（卷二「衣食所須」章）

雖然義浄明白地説明他不贊成這種事，但是他的記載仍然説明這種現象是存在的。寺院不僅有土地，還有種地的「奴婢」或「傭人」。這當然也是封建經營方式的一種。和租地分成的方法比較起來，義浄認爲這是一種貪婪的行爲。其他的僧人看來也不全贊成這種事。

大的寺院，比如那爛陀寺，所擁有的土地和寺莊不止一處，寺莊之間便有分工的不同。《慈恩傳》已經講到有每天爲那爛陀寺供應數百石粳米和酥乳的村莊，《寄歸傳》又講到專門的「供服之莊」：

現今西方所有諸寺，苾芻衣服多出常住僧。或是田園之餘，或是樹果之利。年年分與，以充衣直。問曰：『亡人所有谷食，尚遣入僧，況復衆家豆粟，別人何合分用？』答：『施主本捨村莊，元爲濟給僧衆，豈容但與其食，而令露體住乎？』（中略）又西國諸寺，別置供服之莊；神州道場，自有給衣之所。（卷四「受用僧衣」章）

義浄時代印度最大的寺院當然首推那爛陀寺。《慈恩傳》講那爛陀寺「僧徒主客常有萬人」，可能有些夸大。[25]義浄提供的數目要少一些，「寺有八院，房有三百」，（卷四「讚咏之禮」章）常住僧三千五百人，（《求法高僧傳》卷上）看來是可信的。這樣大的寺院，擁有這樣多的寺莊，在社會上無疑是一個大的經濟活動單位。在那爛陀的遺址上發現的大量印章，數目多達七百五十枚，上面都鐫刻着Śrīnālandāmahāvihārāryabhikṣusaṃghasya（室利那爛陀摩訶毗訶羅阿離耶苾芻僧伽之印）的字樣。(26)印章是社會交往中維持信用的工具。這些印章，雖然不能説都是僧伽對外使用的，但從它們本身的存在，而且數量又這麽多來看，當時那爛陀寺不僅對内的管理有一套相當完整的制度和程序，而且對外作爲一個宗教單位，同時也是一個經濟活動單位，與世俗社會有着怎樣頻繁而密切的來往。不然没有必要有這麽多代表整個寺院僧伽的印章。我們在上面「寺院的組織」一節裏已經談到寺院内部設有各種僧職，僧人們担任一定的職守，其中有掌管倉庫的「守庫」，有管理屬於寺院的村莊的「當莊」，也有一般人担任的「典庫家人」，這些也都可以從某些方面説明寺院内經濟活動的一些情况。從求法僧們的記載看，不管是管理寺莊的收入，還是寺院内部的各種財物的分配使用，那爛陀寺似乎都能做到井然有序。也正是因爲有這樣一套比較完整的經濟管理體制和富足的經濟基礎，當時印度的這些佛教寺院才可能存在。「由是學人端拱無求，四事自足，藝業成就，斯其力焉」。(27)正是普通勞動羣衆創造出的社會財富，才使僧人們能够發展出豐富的佛教文化。

總結起來説，當時印度佛教寺院的經濟來源看來主要有四種：一、國王賜贈的「封邑」，也就是封邑上的賦税收入及提供的勞役服務；二、出租寺院直接擁有的土地，租佃分成，「六分抽一」，「三分取一」，或「量時斟酌」；三、在寺院擁有的土地上「自使奴婢，躬檢營農」，直接取得全部收入；四、其它的捐贈。這四種形式中，大概是前二種情況最多，因爲義淨講了：「西方諸寺多並如是。」而從那爛陀的情形看，前兩種形式中又以國王的「封邑」可能佔有較大的比例。

對於整個寺院的僧人來説，寺院的財産和收入是公共的。任何重大的事情，當然包括財産的使用和處置，都要通過僧人大會來決定。這一點我們在上面「寺院内部的組織」一節裏已經討論到了。但是在涉及財物問題時似乎特别强調這一規定。《寄歸傳》就講：

又見但是外人取與，下至一莖菜，並須問衆方用。（卷二「衣食所須」章）

義淨還親眼見到一位僧人因爲財物上的問題被寺院除名：

又見有一小師，遣其童子，將米二升送與家人婦女。情涉曲私，有人告衆。唤來對勘，三皆承引。雖無惡事，而自負慚心。即出寺門，棄名長去。師遣餘人送彼衣物。但是衆法共遵，未勞官制。（同上）

在財産方面還有一個重要的問題是處理寺院裏去世的僧人的遺産和遺物。《寄歸傳》卷四專門有一章「亡則僧現」討論這件事。這一章寫得雖然不長，但是我們可以從中發現很多有意思的地方。義浄首先説，凡是準備分配去世僧人的財物，必須「先問負債、囑授及看病人，依法商量，勿令乖理。」然後再處理「殘餘之物」。這第一條就説明僧人可以有自己的一些財産。當然，從義浄下文中列舉的某些物品的性質看，其中也可能有一部分是去世的僧人所代表的寺院所有的財産。有意思的就是義浄列舉的這些物品和處置這些物品的方法。所有的財産及物品首先要區分爲「可分」與「不可分」兩種性質，這叫「隨應」。我們舉出主要的一些項目：

言隨應者，所謂田宅、邸店、卧具、氈褥、諸銅鐵器，並不應分。於中鐵鉢、小鉢及小銅碗、户鑰、針錐、剃刀、刀子、鐵杓、火爐及斧鑿等，並盛此諸袋，若瓦器，謂鉢、小鉢、浄觸君持及貯油物，並盛水器，此並應分，餘不合分。其木器、竹器，及皮卧物、翦髮之具，奴婢、飲食、穀豆，及田宅等，皆入四方僧。若可移轉物，應貯衆庫，令四方僧共用。若田宅、村園、屋宇，不可移者，應入四方僧。若有所餘一切衣被，無問法衣、浴衣，若染、不染，及皮油瓶、鞋履之屬，並現前應分。

上面列舉的這些東西，大致可以歸結爲兩類：小件、動産可以分給其他僧人，大件、不動産不零散分配，「皆入四方僧」，也就是説仍然歸僧人們公有。但是，既然義浄在此提到田宅、邸店、村園、屋宇、奴婢，把它們考慮在需要處理的財物之中，不就説明當時有的寺院及僧人實際上佔有這些東西嗎？我們在前面已經談到寺院擁有土地和「奴婢」，這裏又提到邸店、屋宇等等，難道寺院還兼營商業嗎？看來這種可能性也不是不存在。

義浄接着又列舉道：

四足之内，若是象、馬、駝、騾、驢乘，當與國王家。牛羊入四方僧，不應分也。若甲鎧之類，亦入國王家。雜兵刃等，可打作針錐、刀子及錫仗頭，行與現前僧伽。

寺院裏的僧人有這樣多的牲畜作爲財産，作什麽用呢？前面講了「僧家作田」，僧人提供牛和土地，牛看來是耕種寺院的土地用的。象、馬、駝、騾、驢有可能是用來作爲座騎或馱運物品。但是其它的東西呢？尤其是甲鎧與兵刃，僧人有這種東西，難道還打仗，或者僅僅是作爲保護自己的武器，如同中國的少林寺僧人那樣嗎？須知兵刃自古爲凶器，當年五印度的霸主戒日王在鉢邏耶伽國大施場作「無遮大施」，「五年所積府庫俱盡」，以至身上穿的，頭上戴的，都「無復孑遺」，但還是把象、馬、兵器留了下來，「擬征暴亂，守護宗廟」。(28)但是寺廟裏的甲鎧和兵刃又作什麽用呢？

義浄列舉的物品還有酒：

若酒欲酸，可埋於地，待成醋已，僧應食之。若現是酒，應可傾棄，不合酤賣。

酒是佛家禁止之物，但這遺留下來的酒又從何而來呢？僅僅是貯存起來供在非常特殊的情況下治病用嗎？「不合酤賣」，難道有人賣酒嗎？

義净下面又説明了珍寶珠玉的處置方法，其中提到「寶等所成牀榻之屬」以及「諸金銀及成未成器、貝齒諸錢」。雖是僧人，金銀珠寶，應有儘有，足以説明當時有的寺院中的僧人非常地富有，已經到了奢侈享受的地步。

當時的僧人還放債。義净最後講到卷契的處理辦法：

所有卷契之物，若能早索得者，即可分之。如未得者，卷當貯庫，後時索得，充四方僧用。

這再次又説明了當時佛教寺院和世俗社會在經濟關係上的密切。寺院中的僧人能够有這樣多的財物，寺院富有的程度可以想像，僧伽的腐化恐怕也不可避免。認真地説，這對佛教本身並不是好事，也許就是當時佛教在印度開始墮落、衰亡的原因之一吧。

三　寺院的宗教生活

《寄歸傳》對七世紀時印度佛教寺院的生活作了全面的叙述。依據《寄歸傳》，我們幾乎可以把一千多年前這些佛教僧人們日常生活的大部分面貌重新勾畫出來。(29)但是這裏不準備這樣做，這裏衹打算根據《寄歸傳》談到的情況將寺院宗教生活中的「受齋」和「隨意」這兩件事提出來討論。至於其它方面的情況，或者可以參考義淨原書，或者留在以後再討論。

先談受齋。《寄歸傳》卷一「受齋軌則」一章專門講這件事。我們知道，佛教雖然有時號稱是「出世」的宗教，但是實際上恰恰相反，除了少數例外，大多數佛教徒，尤其是大乘佛教徒都不是出世，而是積極地入世。佛教的僧團始終與社會保持着密不可分的聯繫。這種情形，在古代印度如此，在中國也如此。我們在上面討論佛教寺院的經濟活動的一節裏已經看到，在至關重要的衣食來源問題上，佛教僧人是怎樣地和世俗社會發生關係。受齋則是僧人們與世俗人往來的另一個側面。它既是一種宗教活動，又是一種社會活動，從中很可以反映出當時佛教宗教生活中的一些特點。

義淨的叙述分成三個部份。第一部份講印度受齋的規矩，分作幾個程序：

一、施主事先發出邀請，「禮拜請僧」，放齋之日，再次「來白時至」。「僧徒器座，量准時宜，或可浄人自持，或受他浄物」。施主家一切準備就序。

二、僧人們來到施主家。安置停當，首先看水。如水中無蟲，用此水洗脚，然後休息片刻。時間將近中午，「施主白言時至」，僧人們洗手，施主也洗手。施主先在僧人們面前「置聖僧供」，然後正式行食。行食時依着僧人的地位而有先後。施主合掌跪在上座前，口唱「三鉢羅佉哆」（善至）。上座回答：「平等行食。」然後依次授食。授食之人必須當前併足，恭敬曲身，兩手執器，器中盛放食物。僧人們隨受隨食。食物當然十分豐厚。

三、僧人們喫完飯，漱口，洗手。從座位上起來，右手滿捧食物，出外「普施衆生」。再捧食一盤，跪在上座前。上座灑水唸咒。然後僧人們捧出屋外，撒在幽僻的地方，或者樹林裏，或者河池中，算是布施給「先亡及餘鬼神」。

四、然後施主授齒木，供浄水。最後僧人們向主人告别，口中唸道：「所修福業，悉皆隨喜。」僧人們再各自唸誦伽他。

這是印度當時一般受齋的規矩，還有另外兩種，程序大同小異。一種是食前所有僧人在佛像前蹲踞合掌，各自唸誦。另一種是食前有一人在佛像前長跪合掌，大聲讚佛，施主在一傍燃燈散花，以示虔誠，又用香泥塗抹僧足。同時「鼓樂弦歌，隨情供養」。

義浄叙述的第二部份講南海方面受齋的規矩，講得也很詳細，衹是場面更大，供奉更豐厚。原書具在，這裏不再重述。

第三部份叙述「北方諸胡，覩貨羅及速利國等」的受齋規矩。這部份講得比較簡單，因爲義浄本人没有親自到過這一地區。

從義浄有關當時僧人受齋的很生動的記載中，我們可以看到些什麽問題呢？

第一，當時世俗社會對僧人齋供的優厚。義浄講：「然其齋法，意存殷厚。所餘餅飯，盈溢盤盂，酥酪縱横，隨著皆受。」他自己初到東印度耽摩立底國，也想設供齋僧（可見也有僧人齋僧的，不過這種情況可能是少數）。他本想弄得簡單樸素些，可是其他人告訴他説：「若纔足而已，何爲不得？然而古來相承，設須盈富。若但滿腹者，恐人致笑。聞師從大國來，處所豐贍，若無盈長，不如不設。」義浄衹好依照當地的習慣辦理。這種普遍的奢靡的風氣和寺院中積聚起來的大量財富一樣，從消極的方面講，衹能使僧人們更加滿足和追求於生活的享受，實際的結果是腐蝕了佛教的僧團。

第二，設供齋僧，既然要做到如此豐厚，纔不致被人訕笑，齋主必定都是富貴之家。當時印度的情形是這樣，南海方面更是如此。齋家所用的器皿，或是金瓶，或是金澡罐。供奉時要有香花鼓樂，童男童女。供奉的食物一定要豐盛得「肴饌飲食，數盈百味」，「一人殘食，可供三四」，甚至「十人食亦未盡」。齋供結束時又另有贈送，「或作如意樹以施僧，或造金蓮花以上佛，鮮花齊膝，白氎盈牀」。所有這些，都不是一般人能辦得到的。這正是義浄講的「王家及餘富者」。雖然義浄也提到有設食衹有三二十般的「貧窶之輩」，但既然能有「三二十般」，恐怕也不是很窮的人家。如果是國王齋僧，「國王乃捨尊貴位，自稱奴僕，與僧授食，虔恭徹到，隨著皆受，更無遮法。」對僧人真是恭敬到極點。當時佛教的支持者看來主要就是這樣一些人，説明佛教所聯繫的社會階層越來越從下往上轉移。

第三，功德轉讓的信仰在當時普遍流行。所謂功德轉讓，是指一個人（或佛、菩薩）由於行善或做了其它好事，可以獲得功德，這種功德不僅自己可以享用，一定條件下也可以轉讓給其它人。這是大乘佛教很强調的一點。但是這種説法在早期佛教中比較少見，它是隨着佛教的發展，尤其是大乘佛教的發展而逐漸發展起來的。施主設齋的目的，就是要爲自己或與自己有關的人獲取功德。義浄的記載很能説明這一特點。印度齋僧，齋供末了，總有一個必不可少的程序，將供食普施衆生，然後「以上先亡及餘神鬼應食之類」。這時上座還必須灑水唸誦咒願：

以今所修福，普霑於鬼趣。食已免極苦，捨身生樂處。菩薩之福報，無盡若虚空。施獲如是果，增長無休息！

最後，僧人們口云「所修福業，悉皆隨喜」而散。很清楚，這就是在實行功德轉移。義浄這裏講的是大乘的情況，而在當時主要奉行小乘的南海地區也一樣。南海齋僧，最末一個程序也是僧人們唸誦陀那伽他，内容是：「須稱施主名，願令富樂。復持現福，迴爲先亡。後爲皇王，次及龍鬼。」「迴爲先亡」，這也是在轉移功德。

功德轉移的學説是怎樣産生的？有的學者認爲，它是亡靈祭的傳統在佛教中的繼續和發展，也有的學者傾向於認爲是由佛教内部大乘教義的發展所決定的。(30)我們這裏不準備詳細地討論這個問題，衹是要説明義浄的記載反映了這種學説在當時流行的情形。可以説，對這種功德轉讓學説的信仰實際上就是舉行這種齋僧活動的最主要的思想契機。從施主講，布施了財物，爲自己或爲與自己有關的人，包括家裏的「先亡」取得了功德；從僧人講，接受了布施，將功德留給了施主，「功德隨喜」（puṇyānumodanā）。雙方公平交易，各得其所。施主的供齋與僧人的受齋究其實不過就這麽回事。佛教在歷史上總是和商人有着特殊的關係。(31)《寄歸傳》裏有幾處也很稱贊商人。佛教的施主們很多都是一些大商人。設供齋僧的富者當然很多也是商人。他們雖未正式出家爲僧，但是從世俗社會方面講，他們對佛教的影響無疑是巨大的。我懷疑這種功德轉讓的想法的產生與商人把一切社會關係都看成是交易的思想有一種直接的關係。在商人們和一些僧人眼中，宗教的功德其實不過是另一種可以交换，可以轉移的「精神財産」。

其次再簡單談一下「隨意」與寺院内部的制度問題。《寄歸傳》卷二「隨意成規」章專門講這事：

> 凡夏罷歲終之時，此日應名隨意，即是隨他於三事之中任意舉發，説罪除愆之義。舊云自恣者，是義翻也。

隨意是梵文字pravāraṇa的意譯。坐夏本是僧人的事，但是坐夏結束，參加這天的活動的不衹是僧人，還有許多世俗羣衆：

> 于時俗士雲奔，法徒霧集，燃燈續明，香華供養。明朝總出，旋繞村城，各並虔心，禮諸制底。棚車輿像，鼓樂張天，幡蓋縈羅，飄揚蔽日，名爲三摩近離，譯爲和集。
>
> 凡大齋日，悉皆如是，即是神州行城法也。

這種行城又稱爲行像。法顯在于闐，在印度巴連弗邑和在師子國都親眼見過，是一種僧俗羣衆都參加的盛大熱烈的宗教活動。這種時候，國王或其他信佛的羣衆又要作大量的布施。但是這一天最重要的事還是「隨意」：

> 過午咸集，各取鮮茅可一把許，手執足蹈，作隨意事。先乃苾芻，後方尼衆，次下

三衆。若其衆大，恐延時者，應差多人，分受隨意。被他舉罪，則准法説除。

這其實就是僧伽内部的一種批評與自我批評的活動，執行批評的標準就是佛教的律。僧伽依照規定每半個月舉行一次的「布薩」，也是同樣的性質。這實際上是强調紀律，維持宗教信仰，調整僧伽内部關係的一種方法和方式。祇是我們不知道這種活動在當時認真到什麽程度，是不是很有效，也不太清楚在舉行這種活動時是不是絶對祇限於正式的僧人參加，而把所有其他的人排斥在外。依照義淨的記載，當時印度的僧人「名字不貫王籍」，「其有犯者，衆自治罰」，僧伽内部的問題自己内部處理。要維持好寺院内僧人之間的團結和紀律，除了傳統的書本上的戒律規定外，還必須要有一些具體的辦法和制度。以那爛陀寺爲例，雖然《慈恩傳》講「建立以來七百餘載，未有一人犯譏過者」，(32)但是義淨也説明了：「此之寺制，理極嚴峻，每半月令典事佐史巡房讀制。」(《求法高僧傳》卷上)可見也不是一件容易的事。我們讀義淨在《求法高僧傳》中對那爛陀寺内部建築形制的那些記載，每間僧房房門祇安一扇，不許安簾，以便僧人們互相檢察，寺院的門「雖非過大，實乃裝架彌堅」，喫飯時還得「重關返閉」，「意在防私」等等，恐怕也祇能得到同樣的印像。

四　寺院的教育

在古代印度，文化教育和宗教很難分開，作爲正統宗教的婆羅門教、印度教是如此，佛教也是如此。很多佛教寺院既是宗教中心，也成爲文化教育的中心。《寄歸傳》有不少關於這方面的記載，卷三「受戒軌則」、「師資之道」以及卷四「西方學法」都是有關寺院教育的專章。這爲我們今天瞭解當時佛教寺院的教育情況提供了很多有用的資料。

先談寺院教育的内容。

佛教的寺院教育，當然首先是宗教教育，傳授的課程圍繞這個中心來安排，但是却不局限於此。以那爛陀寺爲例，《慈恩傳》講：「僧徒主客常有萬人，並學大乘兼十八部，爰至俗典《吠陀》等書，因明、聲明、醫方、術數，亦俱研習。」(33)不僅那爛陀寺如此，其它寺院看來也一樣。而且各個寺院有各自不同的特點。玄奘遍游印度，每到一個地方，衹要知道有通解典籍，有學問的僧人，不管通解的是大乘典籍還是小乘典籍，還是其它方面的學問，都向他們學習。《慈恩傳》中這樣的事例比比皆是。那爛陀寺偏重瑜伽行派的學説與典籍，玄奘在此主要向他的老師戒賢學習《瑜伽師地論》，當然也附帶學習其它的典籍。那爛陀附近的羝羅荼寺有一位説一切有部的僧人般若跋陀羅，精通説一切有部以及聲明、因明，玄奘在此停留兩個月，專門向他學習。其它許多地方的佛教寺院裏都有一些各自精通不同的典籍的僧人，玄奘都分别向他們學習過。這些僧人在各自的寺院裏講授的課程各有特點。

這個時期佛教寺院教育的另一個特點是對外開放。到寺院裏來參加學習的不僅有正式的僧人，有來學習佛典，準備取得僧人資格的「童子」，還有不當僧人，僅僅爲學習外典而來的「學生」。關於後兩種人，我們在前面「寺院内部的組織」一節裏已經談到了他們在寺院中的身份和地位。值得注意的是義浄還講到「西國僧寺，多有學生，來就苾芻習學外典，一得驅馳給侍，二乃教發好心。既有自利利他，畜之非損。」因此看來寺院教育這種對外開放的現象還十分普遍。在那爛陁寺，佛教歷史上最早的分裂派，提婆達多派，甚至也可以來「雜聽諸典」，雖然正統的佛教徒們根本不承認他們爲佛教徒。我們在前面第二章「附論」一節裏已經談到了這件事。

寺院教育的對外開放，對佛教本身的發展無疑是有好處的。它使寺院可以從社會各方面獲得更多的支持。在寺院中學習的「童子」和「學生」，不僅要自己負担自己的生活費用，而且要爲寺院提供一些勞務性的服務。這對寺院祇有好處，所以義浄説是「自利利他」。這同時還有利於幫助佛教寺院和那些即使是不信仰佛教的世俗羣衆建立起比較良好的關係，擴大佛教的影響。印度古代的一些統治者，例如Gupta王朝的幾位國王，本來主要都信仰婆羅門教，可是却在那爛陀爲佛教徒建造寺院。義浄時代Valabhī的Maitraka王朝的國王本來也祇信仰濕婆教，可是却也表現出支持佛教的態度，建造寺院。他們這樣做的原因，除了政治策略上的考慮外，其中之一看來就是他們也把這些佛教寺院的建設看作是有利於自己統治的一種文化教育事業，從而給予一定的支持。寺院教育的對外開放，因此不僅符合寺院本身的利益，也符合了統治者的利益。

從求法僧們的記載看，寺院中教學的方法主要是由有學問的僧人開設講座。仍以那爛陀爲例，《慈恩傳》講「寺内講座日百餘所」，又講「凡解經論二十部者一千餘人；三十部者，五百餘人；五十部者，並（玄奘）法師十人。唯戒賢法師一切窮覽，德秀年耆，爲衆宗匠。」(34)實在不啻現代一所頗具規模的大學。戒賢法師被稱作「正法藏」，這地位有些像今天大學裏地位最高的正教授或校長。他在爲玄奘重新開講《瑜伽師地論》時，聽者有數千人之多。

在同一座寺院裏，不同的學術觀點都可以得到表達。那爛陀寺是以瑜伽行派爲主的寺院，但是其它派别的僧人也可以昇座宣講自己的觀點。玄奘在那爛陀時，中觀派僧人師子光開講《中論》和《百論》，專門就批評瑜伽行派的觀點。玄奘又對他進行反批評。

兩人返復辯論，聽師子光講論的僧人開始時似乎不少，可是據説後來「學徒漸散，而宗附法師」。最後玄奘將自己在辯論中形成的觀點寫成一篇三千頌的論文《會宗論》。(35)這也很有些像今天某些大學裏的作法。這種在學術思想上的開放態度無疑是促成佛教宗教哲學思想的學術水平在當時達到一個空前絶後的高度的原因之一。

辯論本來就是古代印度各派宗教在宣傳教義時最喜歡使用的一種方法，佛教寺院裏也常常舉行各種辯論。《慈恩傳》和《大唐西域記》裏有很多這方面的記載。一個僧人的名聲和地位往往首先在於能否在辯論中戰勝對方。《大唐西域記》卷九裏有一段講到那爛陀寺的叙述頗爲生動：

故異域學人，欲馳聲問，咸來稽疑，方流雅譽。是以竊名而遊，咸得禮重。殊方異域，欲入談議，門者詰難，多屈而還，學深今古，乃得入焉。於是客遊後進，詳論藝能，其退飛者，固十七八矣。二三博物，衆中次詰，莫不挫其鋭，頹其名。(36)

這段文字有些地方也許過於有點形像化，但要説僧人們在研討學問時常常進行激烈的争辯，恐怕是符合當時的實際的。

七世紀時，梵語仍然是印度最通行的「雅語」。在寺院裏學習的人（僧人或非僧人）首先要學好聲明，因爲這是識字讀書寫文章的基本條件。《寄歸傳》卷四「西方學法」章記載了一系列書名，有《悉談章》、《波你尼經》，鉢顛社攞（Patañjali）、伐掇訶利（Bhartṛhari）及其他人的「疏」或「釋」，還記載了學習的程序。這些是最基本的課程，「法俗悉皆通學」，然後再進一步學習因明，或者再加上醫明與工巧明。(37)如果不是僧人，也不想當僧人，學習到一定程度，通解了一些典籍，便可以離開寺院，出外去求取功名事業。義浄在講到這種情形時説：

閑斯釋已，方學緝綴書表，製造詩篇，致想因明，虔誠《俱舍》。尋《理門論》，比量善成；習《本生貫》清才秀發。然後函丈傳授，經三二年，多在那爛陁寺，或居跋臘毗國。斯兩處者，事等金馬石渠、龍門闕里，英彦雲聚，商攉是非。若賢明歎善，遐邇稱儁，方始自忖鋒鍔，投刃王庭，獻策呈才，希望利用。坐談論之處，已則重席表奇；登破斥之場，他乃結舌稱愧。響震五山，聲流四域。然後受封邑，策榮班，賞素高門，更修餘業矣。

跋臘毗前面已經提到過，是當時西印度佛教文化學術的一個中心。上面講的那些在寺院中「習學外典」的「學生」，數量不少，看來就是這種人。這再次説明當時寺院教育所包括的内容不僅僅限於佛教這一較小的範圍，接受教育的也不僅僅限於寺院内的佛教僧人。當然，寺院中多數的還是僧人。作爲僧人，就留在寺院裏進一步學習佛教的經律論。

對於出家僧人的教育，寺院裏專門有一整套程序和規則。每個僧人剛出家時都有一位親教師（upādhyāya）和一位軌範師（ācārya）作爲專職的導師，在相當長的一段時間內負責對他的宗教生活和學習進行指導。義浄在《寄歸傳》卷三「受戒軌則」章裏對此有很詳細的叙述，原書可以參考。有關的規則實際上也是寺院教育制度的一部分。

關於當時寺院中弟子和老師的關係，義浄也作了一些專門的介紹。弟子對老師必須十分地尊敬。每天早上先要送上齒木、澡豆、水巾，敷置好座處，然後在老師面前，踞地合掌，表示問候。老師回答，纔退下讀經。弟子一天所有的活動，包括喫飯這樣的事，都要先請示老師。夜晚分作三時，初夜和後夜都是誦經的時間，老師個別地教授經文。弟子然後爲老師按摩身體或折疊衣服。平時所有生活上的事，弟子都要爲老師代勞。當然，照義浄的記載，老師對弟子也必須十分愛護。平時盡心地教導，如果弟子生病，老師應該親自照顧，「躬自抱持，湯藥所須，憂同赤子」。從這些記載看得出來，這是一種正常融洽的師生關係。更多的細節可以參考《寄歸傳》原書卷三「師資之道」章。

總結起來，從義浄和玄奘有關的記載中，大致可以得到這樣的結論：這一時期在印度佛教寺院中已經形成了一套比較完整的教育體系和制度。它具有對外開放的特點。教學的内容以佛教爲中心，但也包括其它非佛教但是重要的文化典籍，能够同時滿足社會的一般需要和佛教寺院本身的需要。佛教的寺院教育已經發展到一個相當成熟的階段，從而成爲古代印度整個文化事業重要的一部分。

五　義浄對中國佛教的批評：中印佛教的某些對比

義浄在《寄歸傳》裏詳細地記載了當時印度佛教寺院生活的各方面的情況，作爲一位中國僧人，他這樣做的最終目的，是想用印度「正統」的典範，來糾正中國佛教的「偏誤」。這與他後來回國以後着重翻譯律的目的是一致的。這一點，我們在前面第一章「義浄生平考述」的最末一節「簡短的評價」裏已經談到過。《寄歸傳》裏的每一章，在介紹了印度某一方面的情況後，幾乎總要對比中國的情況，直接或間接地對當時中國佛教寺院中的某些狀況進行批評。這從側面爲我們瞭解義浄時代中國佛教的歷史提供了不少資料。這裏簡單地提出幾件比較典型的事進行討論，或許能更進一步增加我們對印度佛教和中國佛教各自的一些歷史特徵的認識。

先談僧伽與國家的關係問題。義浄在《寄歸傳》和《求法高僧傳》裏都講到印度「衆僧名字不貫王籍」，「其有犯者，衆自治罰」。從義浄以及其他求法僧的記載看，當時的國家政權對僧伽的事務直接的干涉不多。這與印度本身歷史發展的特點有直接的關係。印度在歷史上很少，或者可以説幾乎没有出現過真正强有力的，能够充分集中權力的政權。掌握政治權力的統治階層通常是通過支持、參與的方式利用宗教爲自己的統治服務，但是一般不直接控制和干涉宗教組織内部的事務。比較突出的例外在歷史上祇有阿育王，他領導的政權是印度古代唯一的相對來説最具有集權力量的政權，一定程度上實現了統一印度，建立一個大帝國的目的，因此他曾經在他的詔書中制止佛教僧伽内部的分裂，表現出積極干涉佛教事務的態度。(38)

但是中國的情況則完全不同，中國歷史上多數時間都有很强有力的中央集權的政權（即使在短暫的分裂時期，各個政權對於自己統治的地區的控制也是直接而較有力量的），因此國家對宗教尤其是佛教實行直接的控制和干涉。從南北朝起，朝廷即設有專門機構掌管僧人出家、僧籍等事務。隋朝統一中國，依照北魏舊制，設昭玄寺掌管佛教，後改名崇玄署。唐初制度相同。武后延載元年（六九四）又規定僧尼事務歸祠部管轄。以後有關的制度雖略有變化，但佛教僧人由國家直接控制這一特點一直没有改變，而且這種控制總是越來越嚴格。從中央到地方，都有專門的機構和官吏管理僧人的事務。唐初的情形，依照《唐六典》卷四、《舊唐書》卷四三、四四、《新唐書》卷四八等所載，規定天下諸州佛寺總五千三百五十八所，其中僧寺三千二百四十五所，尼寺二千一百一十三所，每所寺院設上座一人、寺主一人、都維那一人，合稱三綱。三綱以及京師的大德僧由鴻臚寺選中尚書祠部。兩京度僧尼，要有御史一人在場。各州的佛教也包括道教方面的事務由功曹、司功管理。僧尼的簿籍每三年一造，製爲三份，一份留州，一份留縣，一份報送祠部。(39)可見國家對佛教寺院及僧人管理的嚴格。這就是《寄歸傳》中講的「神州出家，皆蒙公度」。（卷三「受戒軌則」章）所以義浄在介紹了印度那爛陀寺及耽摩立底國跋羅訶寺的制度後説：「亦未見有俗官乃當衙正坐，僧徒爲行側立，欺輕呼唤，不異凡流。送故迎新，幾倦途路。若點檢不到，則走赴公門。求命曹司，無問寒暑。」這個「俗官」，看來就是指中國專門管理僧人的地方官員。對照印度，義浄對此很不滿意。但是他似乎不能明白，中國和印度的社會環境極不相同，在中國，要在一個集權的具有整體性的社會中容納一個獨立於「王籍」之外的社會團體（不管是宗教的還是其它的），正如在印度要求出現一個中國式的中央集權國家一樣地不可能。

其次談談當時中國佛教腐化的問題。佛教内部的腐化，當然不是祇從唐代開始的，也不祇是中國纔有的現象。但是唐代的佛教既稱極盛，這個問題就尤其突出。義浄是僧人，他寫《寄歸傳》，目的之一就是想就此提出一些批評，以維持佛教的紀律，求得「正法永住」。這些批評往往反映出當時的一些歷史事實。這在《寄歸傳》中不時可以看到。舉一個例子。義浄在卷二「衣食所須」章裏講到僧人可備有「十三資具」，有了這十三種資具，便能「蓋兼中小。遂使少欲者無盈長之過，多求者亡闕事之咎。」可是當時中國有些僧人提倡「百一供身」。(40)他因此批評道：「且如多事俗徒，家具尚不盈五十，豈容省緣釋子，翻乃過其百數？准驗道理，通塞可知。」僧人出家，照理説本來應該過一種清苦簡樸的生活，可是有的却要刻意追求生活上的舒適與享受，無怪乎當時許多人都想出家爲僧！

南北朝以至隋唐時代，中國佛教寺院的富有是很有名的。各種文獻，不管是正史、各種文集，還是佛教自己的文獻如《高僧傳》、《續高僧傳》、《弘明集》、《廣弘明集》等，裏面都有不少有關的記載。這種情形在《寄歸傳》中也可見到一些：

寧容寺家巨富，穀麥爛倉，奴婢滿坊，錢財委庫，不知受用，相共抱貧。可否之宜，智者時鏡。（卷四「受用僧衣」章）

從上下文看，義浄的意《思》本來是責備有的僧人雖有錢財，却不肯分與其他僧人共同享用，但是這却正暴露出當時寺院積聚財富的情形。而且，這些僧人越是富有，却越是吝嗇。當時有的寺院以糞便作爲藥物，給生病的人服用，反而美其名曰「龍湯」。義浄在

《寄歸傳》卷三專門寫了「除其弊藥」一章，激烈地批評此事：

自有方處，鄙俗久行，病發即服大便小便，疾起便用猪糞猫糞。或缸盛瓮貯，號曰『龍湯』。雖加美名，穢惡斯極。

義浄認爲根子就在於這些僧人的吝嗇，又説：

用此惠人，誠爲可鄙。勿令流俗習以爲常。外國若聞，誠損風化。又復大有香藥，何不服之？己所不愛，寧堪施物？（中略）不畜湯藥之直，臨事定有闕如。違教不行，罪愆寧免？錢財漫用，急處便閑。若不曲題，誰能直悟？嗚呼！不肯施佳藥，遂省用龍湯，雖復小利在心，寧知大虧聖教。

義浄又批評當時有些僧人貪婪財利：

又有賫持尊像在大道中，塵坌聖容，以求財利。或有銁身刺瞼，斷節穿肌，詐託好心，本希活命。如斯之色，西國全無。宜勸導人，勿復行此。（卷四「尊敬乖式」章）

權勢和過量的財富實際上總是使一切社會集團腐化的原因和基礎。當時佛教僧伽中的某些僧人正佔有這兩種東西，在這種情形下，他們的腐化墮落還能避免得了嗎？還有一件義浄批評得很厲害的事是「燒身」。燒身這種風氣，南北朝時就頗流行，隋唐時流風仍熾。《寄歸傳》卷四「燒身不合」、「傍人獲罪」兩章專門批評燒身,「古德不爲」章還提到此事。我們今天讀《高僧傳》、《續高僧傳》、《宋高僧傳》及其它文集中有關的那些記載,或燒指,或焚臂,或鹹首,或刊鼻,或房中去勢,或出血和香,或窮身系索,掛錠爲燈,或身面焦坼,火中禮拜,真是駭人聽聞。(41)這種舉動,不足云勇,實顯其陋,實在祇能説是佛教僧人中的一種墮落事。除了義浄,其他很多僧人看來也並不贊成這種事。就是寫《高僧傳》的慧皎,對這種事也不是完全贊成。他在記載了這些故事以後,也認爲這是「有得有失,得在忘身,失在違戒」。對於一般的邀名之輩或無知之徒,慧皎更批評説:

至如凡夫之徒,鑒查無廣,竟不知盡壽行道,何如棄捨身命。或欲邀譽一時,或欲流名萬代,及臨火就薪,悔怖交切。彰言既廣,恥奪其操,於是僶俛從事,空嬰萬苦。若然非所謂也。(42)

有一點還需要指出,唐初正是中國佛教的律宗盛行的時候。律宗以研究和解釋佛教的戒律爲立宗的基礎。律宗中由道宣所倡的南山一宗在當時影響尤其比較大。義浄的批評,有些便是針對此宗。例如前面提到的「百一供身」和「龍湯」,義浄不贊成,但却都是南山宗認爲可行的事。其它衣食住行方面的一些細節問題上義浄也大多持有不同的意見。義浄在寫《寄歸傳》時，似乎對當時中國佛教律學界的狀況整個都很不滿意。他在開首的「序」中便説：

> 且神州持律，諸部互牽，而講説撰録之家，遂乃章鈔繁雜。五篇七聚，易處更難。方便犯持，顯而還隱。遂使覆一簣而情息，聽一席而心退。上流之伍，蒼髭乃成；中下之徒，白首寧就。律本自然落漠，讀疏遂至終身。師弟相承，用爲成則。論章段則科而更科，述結罪則句而還句。考其功也，實致爲山之勞；覈其益焉，時有海珠之潤。

這是對律宗的又一批評，也是對當時中國佛教這方面情況的一個生動寫照。講説撰録，章鈔繁雜，諸部互牽，正是指的律宗。義浄撰寫《寄歸傳》的動機之一，就是想糾正這種現象。衹是從後來的實際情況看，義浄的主張似乎並没有發生多大的影響。(43)

第四章　校注説明

最後談談有關《寄歸傳》校注方面的情况。《寄歸傳》在天授二年（六九一）寫成以後，寄歸回國，當時大概在佛教界内就頗流行。我們今天所能見到的三種古抄本，一種發現於敦煌藏經洞，另兩種現存於日本，據鑒定都是八世紀時的抄本，可見其一時流傳的情形。[1]它和《求法高僧傳》等書一起，在義浄在世時，或最遲在他去世之時，就「並勑編入一切經目」。[2]以後歷代傳抄翻刻，就多在藏經中。

在經録方面，最早著録《寄歸傳》的是《開元録》，以後歷代經録均依此轉録。經録中在書名前常常還加上「大唐」二字，成爲《大唐南海寄歸内法傳》。但這衹是當時抄録書題的一個慣例。從義浄原書中的文字看，題目徑直就是《南海寄歸内法傳》。除掉經録，其它的目録學著作很少有著録《寄歸傳》的，因爲它在當時基本上衹是佛教界的一種「内部讀物」。這是《寄歸傳》和《求法高僧傳》不同的一點。

這次校勘，同校勘《求法高僧傳》一樣，採用的底本仍是宋刻《磧砂藏》羣字函中的影印本，簡稱「《磧》本」。原本相當完整。據《影印宋磧砂藏經》首册的補頁表説明，影印本僅卷首第一第二兩頁係採用宋刻《思溪藏》本補齊。對照校勘的古抄本與古刻本有八種，另《大正藏》本一種，共有九種，兹分述如下：

一、敦煌寫本。僅存卷一。伯希和編號P.2001，即伯希和携走的漢文卷子的第一號。原件今存巴黎，未能親睹，但據一九七〇年巴黎出版的*Catalogue des Manuscrits Chinois de Touen-Houang*（Fonds Pelliot chinois），Volume Ⅰ的介紹，可知原卷狀况：

Écr.soignée,assez petits car.,traits fins.Quelques car.omis ajoutés entre les lignes à l'encre rouge sur les premières ff.,puis à l'encre noire.24 à 28 col.par f.,27 ā 30 car.par col.commentaires en petits car.sur col.simples ou dédoublées.Marges non tracées,sup.1 à 1.5cm,inf.0.5 à 1.2cm.

Rouleau de 15 ff.dont 14 de 34.7 à 36,3cm（f.7:7.4cm）.Pap.à pâte irrégulière,fin,mou et fragile,bis.Taches d'humidité.Réparation d'origine.

（28.9 à 29.5 × 508cm）

國内今藏影片，共十三張。原卷前後俱無題記，何時所抄頗難斷定。法國研究敦煌寫本紙張的專家戴仁（Jean-Pierre Drège）根據對紙張質地的對比研究，認爲它大約抄於八世紀前半期。⑶此外，原卷書法工整，俊逸娟秀，可説出於唐代抄經高手。有意思的是，如果將它與今藏於倫敦的另一敦煌寫本《大唐西域記》殘卷（S.2659）相比較，兩者的書法十分相似，很像是出於同一無名抄經人之手。而據向達先生的意見，就書法而言，後者大概是八、九世紀之間的寫本。⑷因此，即使將前者的年代也定在這個時候，得到的結論仍與戴仁的判斷很接近。

此本簡稱「敦本」。

二、石山寺本，原藏日本石山寺，今存日本奈良縣天理大學圖書館。影印本收入天理大學出版《西域求法高僧傳集》，《天理圖書館善本叢書》第五卷，日本昭和五十五年（一九八〇）出版。原卷抄寫書法圓潤茂密，豐腴遒厚，亦甚精妙。據稱爲日本奈良時期（七一〇—七九四）的寫本，估計很可能也是當時中國的寫經，被攜往日本者。其中「正」字均抄作「缶」，這是武則天載初元年（六八九）正月所造的十二個「新字」之一。⑸這種寫法流行的時間很短，可以説明這個抄本抄寫的時間確實相當早。可惜原卷也殘缺不全。卷一開首殘去一大段，保存的文字從「序」中的「水溢平川」句起至卷末，中間亦間有個别殘缺處。卷二保存的文字從卷首起，至「隨意成規」章的「初篇若犯」句。

此本簡稱「石本」。

三、《趙城金藏本》，現存北京圖書館。原千字文編號英字函。四卷俱全。金代刻印，三十年代發現於山西趙城縣廣勝寺。刊刻源流請參見蔣唯心先生《金藏雕刻始末考》一文。

此本簡稱「《金》本」。

四、《思溪藏》本。現藏北京圖書館。南宋時刻印。羣字函。四卷俱全，但卷一爲補抄本。書原存日本，清末楊守敬從日本購回。封裏印有「元禄九年丙子二月重脩（中略）山城州天安寺金剛院置」字樣。書題下有楊守敬印。

此本簡稱「《思》本」。

五、《高麗藏》本。朝鮮高麗王朝高宗時刻本。英字函。影印本見《景印高麗大藏經》，第三十三册，臺灣新文豐出版公司一九八二年出版。原書每卷卷末印有「丙午歲高麗大藏都監奉敕雕造」字樣。丙午歲即高宗三十三年，公元一二四六年。

此本簡稱「《麗》本」。

六、《洪武南藏》本。現藏四川省圖書館。明初洪武年間在南京刻印。羣字函。四卷俱全。

此本簡稱「《洪》本」。

七、《永樂南藏》本。現藏中國佛教圖書文物館。明初永樂年間刻印。功字函。四卷俱全。

此本簡稱「《南》本」。

八、《永樂北藏》本。現藏重慶圖書館。明正統五年（一四四〇）刻印。尹字函。四卷俱全。

此本簡稱「《北》本」。

九、《大正藏》本，簡稱「《大》本」。此不屬古本，而且原書稱係根據《高麗藏》本排印，因此在校勘上本無什麽價值。但考慮到此書流通很廣，是目前國内外最常用的本子，排印中又有一些錯誤，因此校勘時也一併附列在後，以方便今後的使用與研究者。

在文字上，兩個古抄本比較接近，屬於最早的抄本系統。刻本中《金》本與《麗》本（《大》本排印《麗》本，不考慮在内）文字較接近，千字文編號亦同，屬於《開寶藏》以後出現的北方系統。其餘各本較接近，應屬南宋南方的刻本系統。南方刻本在文字上常有一些優點，例如《金》本、《麗》本作「唐云」、「唐譯」等處，南方刻本俱作「周云」、「周譯」，與古抄本相同。義浄撰寫《寄歸傳》和《寄歸傳》的最早流傳，正好是在武則天改唐爲周的時候,因此文中的「周云」、「周譯」正反映了這一段歷史背景。所謂「唐云」、「唐譯」必定是在武則天之後,唐中宗神龍元年(七〇五)恢復國號以後從「周云」、「周譯」改過來的。如果細心,這種改動的痕跡在《金》本、《麗》本本身中也可以發現。《金》本、《麗》本卷四中仍存一句「義浄敬白大周諸大德」,便是當時漏改之處。由此可以看到《寄歸傳》一書先後傳抄刻印中變化的一些情况。

此外,在日本還有一種《寄歸傳》的古抄本。原卷抄寫書法極爲精美,但殘缺過甚,僅存卷四從「時人見聞,莫不深讚」至「規鏡目前,智者詳悉」一段。日本昭和十八年(一九四三)古典保存會據以影印爲《南海寄歸内法傳卷第四殘簡》一書。原件據説也是奈良時期寫本,爲日本守屋孝藏氏所收藏。因爲殘缺得太厲害,這次校勘中没有採用。

在古刻本方面,《永樂北藏》以下,本來尚有明代《徑山藏》本、清代《龍藏》本等,但不過都是明代早期刻本的復刻本,在校勘上的意義不大,所以校勘中就没有採用。

校勘中對照各本文字異同,擇善而從。各本之間的異文絶大多數都已録出,但少數不重要的地方,如一些常見的同字異寫,個别的語尾語則從略處理,以免過於煩瑣。

在注釋方面,和上次校注《求法高僧傳》比較起來,主觀上想有所改進提高,力求在選條和注的内容上做到較爲簡明扼要。不過未必完全達到了這一目的。

末了，還應該説明一下，本書原是我一九八七年初在北京大學東語系提交的博士學位論文。論文是在北京大學季羡林先生的指導下完成的，因此我首先必須向他表示最大的感謝。論文完成後曾送一些先生審閲，有些先生，其中我特别要提到的是北京大學的周一良先生和中國社會科學院世界宗教研究所的徐梵澄先生，在審閲後提出一些雖然很小，但是很仔細，很好的修改意見。對此我也必須表示深深的感謝。我還要感謝接受出版這本書的中華書局和具體負責本書的編輯工作的謝方先生。我知道，在當前要出版這樣一本學術書籍，是很不容易的。

當然，書中的錯誤仍然應由我負責。這也是必須要説明的。

王邦維

一九八七年六月於北京大學

附　注

【第一章】

（1）《中華文史論叢》，一九八四年第四輯，頁77—90。

（2）《新唐書》卷二八《地理志》二，4/993。以下所引二十四史及《資治通鑑》均使用中華書局出版標點本，第一個數字表示册數，第二個數字表示頁數。

（3）《昭和法寶總目録》，卷二，頁1421c。

（4）《大慈恩寺三藏法師傳》（以下簡稱《慈恩傳》）卷一，T50/221c。以下引佛教書籍凡使用《大正新脩大藏經》版本者均標注爲T，T後第一個數字代表卷數，第二個數字代表頁數，abc代表上中下三欄。

（5）《貞元録》卷十三，T55/870b。

（6）T55/370a及T55/568b。

（7）文字依拙稿《大唐西域求法高僧傳校注》，中華書局一九八八年出版。以下皆同。

（8）T50/711a。

（9）《慈恩傳》卷十，T50/278a。

（10）《寄歸傳》卷四：「來日從京重歸故里。」日人高楠順次郎在翻譯此段時，以爲故里即指范陽，誤。

（11）這是義浄在他所翻譯的《根本説一切有部百一羯磨》一書中所寫的一條注。見原書卷五，T24/477c。

（12）原書，卷三十八，T24/399a。

（13）同注（3）。

（14）同注（5）。

（15）《大唐西域記》卷九講那爛陀寺：「智月則風鑒明敏，戒賢乃至德幽邃。」《大唐西域記校注》，中華書局，一九八五年版，頁757。以下引《大唐西域記》均用此校注本。

（16）同注（11）。

（17）義浄在天授二年五月十五日遣僧人大津將《寄歸傳》等書送回國。見《求法高僧傳》卷下《大津傳》。又《求法高僧傳》各本此句或作天授二年，或作天授三年，拙稿《大唐西域求法高僧傳校注》取天授二年一説。義浄於垂拱三年春初抵末羅瑜，然後到佛逝，至天授二年五月，恰好四年。《寄歸傳》卷二「便利之事」章：「幸希萬一而能改，亦寧辭二紀之艱辛。」二紀，此指二十年，非二十四年。《寄歸傳》卷一「序」：「住持八紀，弘濟九居。」釋迦牟尼在世八十年，一紀十年。義浄在咸亨二年赴印，到天授二年也正好二十年。

（18）《慈恩傳》卷五，T50/251c—252a。

（19）同上，卷六，T50/252c。

（20）永昌元年十一月即載初元年正月。是年改用子正，以永昌元年十一月爲載初元年正月，至久視元年始復寅正。見《資治通鑑》卷二〇四及二〇七。

（21）見《求法高僧傳》卷下《大津傳》。

（22）原書，5/1712。

（23）《守山閣叢書》本。以求法僧爲例，《求法高僧傳》中的僧人大津被義浄派遣回國，從室利佛逝出發的日子是五月十五日。義浄第一次從室利佛逝返回廣州，出發的日子雖不清楚，抵達廣州的時間是七月二十日。計算時間，出發時間約在五六月間。兩次從廣州南行，日期都在十一月。法顯從多摩梨帝（即耽摩立底）乘船到師子國，也是「泛海西南行，得冬初信風，晝夜十四日到師子國」。而從耶婆提返國，則以四月十六日出發，東北行趣廣州。見《法顯傳》，T51/864c。

（24）同注（11）。

（25）拙稿《大唐西域求法高僧傳校注》附録二《義浄生年編年》將義浄此次歸國事從證聖元年向前逆推一年，繫在長壽三年。當時注意到了從佛逝到廣州，又從廣州到洛陽兩段行程在時間上的前後關係，但未注意到《重歸南海傳》中「學經三載」一句，未能同時從義浄重返室利佛逝的時間往下推，以確定義浄等再次歸國的準確時間。今改正之。

(26)盧璨在先天二年（七一三）義浄去世時撰寫的《大唐龍興翻經三藏義浄法師之塔銘並序》中說：「以證聖元年届於東洛，勑命有司具禮兼遣，洛邑僧衆盡出城迎。」T55/871c。似乎當時皇帝對義浄返回洛陽一事確有準備。

(27) T55/568b。

(28)《貞元録》卷十三，T55/870c。

(29)文字依《四部叢刊》本。這條材料，最初是方廣錩同志告訴我的，謹此致謝。

(30)全文見《昭和法寶總目録》，卷三，頁1421c。當時刻碑「龍興」二字作「中興」。中宗復辟，神龍元年詔天下諸州各置「大唐中興寺」，圖史及制誥並加「中興」二字。後右補闕張景源上疏請改「中興」爲「龍興」，中宗從之，天下寺觀、圖史及制誥並改如此例。見《唐會要》卷四八「龍興寺」條，頁6b—7a。也許山東長清或陝西西安至今還保存有原碑，但我没有機會去訪查。

(31)見《舊唐書》卷六，1/124；《新唐書》卷四，1/95；《資治通鑑》卷二〇五，14/6503。《資治通鑑》所記尊號略有不同，作「天册金輪大聖皇帝」。看來應以此碑與新舊《唐書》所記爲是。同樣的事情以前也有。例如垂拱四年四月，武承嗣僞造瑞石，上刻文作「聖母臨人，永昌帝業」，令雍州唐同泰表稱獲之於洛水。武后大悦，號其石爲「寶圖」。五月，加尊號「聖母神皇」。七月，更命「寶圖」爲「天授寶圖」，洛水爲「永昌洛水」，如是等等。次年改元永昌。見《資治通鑑》卷二〇四，14/6449。

（32）佛授記寺原名敬愛寺。《唐會要》卷四八：「敬愛寺，懷仁坊，顯慶二年，孝敬在春宫，爲高宗武太后立之。以敬愛寺爲名，制度與西明寺同。天授二年，改爲佛授記寺。其後又改爲敬愛寺。」頁7b。此寺改名，正在武則天聲稱得佛授記，應作皇帝，改國號爲周之時。改名事與薛懷義直接有關。《舊唐書》卷一八三：「（懷義）於建春門内敬愛寺别造殿宇，改名佛授記寺。」14/4741。

（33）T55/476a。原文作「大福光寺」，但「光」字實爲「先」字之訛。

（34）《開元録》卷九，T55/565c。

（35）同上，T55/566a。

（36）《昭和法寶總目録》，卷三，頁1425b。

（37）文見《金石萃編》卷七十，亦見《全唐文》卷九一四。

（38）《開元録》卷九，T55/568c。

（39）詳見下節「著譯編年目録」。

（40）《開元録》卷九，T55/568c—569a。

（41）T55/569a—b。

（42）慧日事蹟見《宋高僧傳》卷二十九，T50/890b—c。

（43）此俱見《貞元録》卷十三，T55/871a—872a。

（44）同上，T55/869a。五代南唐保大三年（九四五）恒安編成的《續貞元釋教録》更補充得詳細一些：「右上七部五十卷是大唐三藏義浄從大周證聖元年，止大唐景雲二年以來兩京宣譯，准長安四年十二月十四日勑及景雲二年閏六月二十六日勑，編入經目。今准《開元釋教録》中遺漏不收，今拾遺補闕編入《貞元釋教録》。」T55/1052c。如果依這種説法，這五部律在義浄譯出以後就已經奏上頒行。這和智昇在《開元録》中講的「其文遂寢」的「一切有部跋窣堵約七八十卷」的情形還不完全一樣。但這五部律確實都是「跋窣堵」類的著作。我因此懷疑智昇的説法在細節上不是很準確。

（45）原書卷九，T55/569a。

（46）同注（17）。

（47）例如民國十三年（一九二四）天津刻經處刻印的《南海寄歸法要》，即將五種書印在一起，認爲是同時寄歸的。唯一勉强可以看作理由的是《開元録》把這五種書著録在一起，後三種書與《寄歸傳》在内容上也很接近。但《開元録》著録各書，先分譯和著兩大部分，然後譯經中大致又以經、律、論分類，並不以著譯時間先後爲序。比較各書譯時及排列次序，即可知道。

（48）見Gi.Tucci, *Minor Buddhist Texts*, Part Ⅰ & Ⅱ, First Indian Ed., Delhi, 1986, p.11ff.

（49）P.C.Bagchi,*Deux Lexiques Sanskrit-Chinois*,Paris,Tome Ier,1929,Tome Ⅱe,1937.

（50）原書，15/5161。

（51）T55/871c。

（52）《慈恩傳》卷一：「（玄奘）法師既遍謁衆師，備餐其説。詳考其理，各擅宗塗。驗之聖典，亦隱顯有異，莫知適從。乃誓遊西方，以問所惑，並取《十七地論》，以釋衆疑，即今之《瑜伽師地論》也。」T50/222c。後來玄奘到達那爛陀，又這樣回答戒賢。T50/236c。

（53）参見季羡林先生《記「根本説一切有部律」梵文原本的發現》一文，載季羡林：《中印文化關係史論叢》，人民出版社，一九五七年版。

（54）國外已有有關的著作出版：J.Nobel,*Suvarṇaprabhāsottamasūtra,das Goldglanzsūtra,ein Sanskrittext des Mahāyāna-Buddhismus,I-Tsing's chinesische version und ihre tibetische übersetzung*,2 vols.,Leiden,E.J.Brill,1958。原書未見，不知僅是三種文本的合刊，還是包括有具體的對比研究。

（55）法譯本是：*Mémoire composé à l'Époque de la Grande Dynastie T'ang sur les Religieux Éminents qui allérent chercher la Loi dans les pays d'Occident*,traduit en Fransais par Éd.Chavannes,Paris,1894；英文節譯本是：*The Life of Huien-Tsiang by the Sha-*

man Hwui Li,with an introduction containing an account of the works ofI-Tsing,trans.by S.Beal,London,1911；一九七三年印度德里曾重印此書；日譯本一個是足立喜六的譯本，日本昭和十七年（一九四二）出版；另一個是高田修的譯本，收入《國訳一切經》「和漢撰述部」通卷第七十九，昭和三十六年（一九六一）出版；最近出版的一個英譯本是：*Chinese Monks in India*,trans.by L.Lahiri,Delni,Motilal,1988。此外，我在一九八二年完成了拙稿《大唐西域求法高僧傳校注》，其中「前言」部份對此書有比較詳細的介紹。

（56）這些學者是日本的笠原研壽（Kenjiu Kasawara），藤島了穩（Ryauon Fujishima），英國的S.Beal，俄國的Wassilief。高楠順次郎的英譯本是：*A Record of the Buddhist Religion as practised in India and the Malay Archipelago*,by I-Tsing,trans.by Takakusu,Oxford,1896。笠原與高楠都是Max Müller的學生，在翻譯時得到了Max Müller的指導和幫助。Max Müller專門爲高楠的英譯本寫了一封長信，作爲序言印在書前。這個英譯本是目前國外最通行使用的本子，六十、七十以至八十年代還在多次重印。可惜譯出時間已經九十年整，太舊，譯文中問題也不少。日文譯本收在日本出版的《國訳一切經》「和漢撰述部」通卷第八十四，譯者是小野玄妙，昭和三十四年（一九五九）出版。

（57）例如S.Dutt,*Buddhist Monks and Monasteries of India,London,1962;L.M.Joshi,Studies in the Buddhistic Culture of India during the 7th and 8th Centuries A.D.*,2nd ed.

Delhi, 1977。

（58）我祇見到兩篇依據梵本對義浄的翻譯專門作對比性研究的文章：一是上面注（53）所引季羨林先生的《記「根本説一切有部律」梵文原本的發現》，二是任遠的《從〈根本説一切有部毗奈耶藥事〉梵漢本的比較看義浄的翻譯風格》。後者未刊。這裏提到的説法主要就依據這兩篇文章。但應該説明，這方面的研究至今還開展得很不够，因此很多結論還有待於以後作出。

（59）參見季羨林先生爲《大唐西域記校注》一書所寫的「前言」，原書，頁10—16。

（60）T50/711a。

（61）T50/711a—b。

【第二章】

（1）有人懷疑過注文非義浄本人所撰寫，但没有可靠的理由。我以爲《寄歸傳》（也包括義浄其它的著作）中的原注肯定是義浄本人所寫，理由有兩條：一、從注文本身看，很多注的内容非義浄很難寫出，本條即如此。義浄翻譯的佛經中更有類似的情形。例如本文第一章「義浄生平考述」中引用的《根本説一切有部毗奈耶雜事》卷三十八及《根本説一切有部百一羯磨》卷五中的幾條注，完全是義浄本人的口氣。義浄寫書和譯書時自己爲自己的書加注，正是義浄著譯的一個特點。見本文第一章第五節「簡短的評價」。二、《寄歸傳》最早的抄本發現於敦煌，抄寫年代約在八世紀前半期，此距義浄著書時間極近。此抄本上正文注文俱全，且注中「唐言」俱作「周言」。武周享祚僅一代，武則天又死於義浄之前，此「周」字斷然爲當時原文，注文亦應是義浄本人所寫。見拙稿《敦煌寫本〈南海寄歸内法傳〉（p.2001）題記》。至於法國漢學家沙畹把這個「周」字看作是五代後周之「周」，因而得出注文是後周時人所加的結論，其誤毋須細辨。見其《求法高僧傳》法譯本，p.203。

（2）現存有關佛教部派分裂歷史的資料很多，最重要的如：Dīpavaṃsa、Mahāvaṃsa、Kathāvatthu、《十八部論》、《部執異論》、《異部宗輪論》等。但各種記載相互之間歧異很大。此處所舉爲一般的説法。十八部或二十部也祇是概舉。在不同的條件下，可以舉出更多的部派數目。近現代討論部派問題的著作也很多，見É.Lamotte, *Histoire du Bouddhisme Indien*, Louvain, 1976, p.571 所舉書目。但這還僅是其中最主要的一部份。

（3）中國僧人除極少數例外，可以説幾乎都是大乘僧。中國譯經始於後漢，幾乎一有譯經，就有了大乘經典。大乘佛教的學説因此很早就在中國廣泛流傳並爲中國僧人所普遍接受。玄奘和義浄在赴印前都學習並通解大乘經典，回國後又都翻譯了不少大乘經典。外國有的學者因爲義浄傳譯根本説一切有部的律而把他劃入小乘僧的範圍，這無疑是錯誤的。把中國佛教的律宗歸入小乘，例如 Gi.Tucci 爲一九八〇年版 *Encyclopaedia Britannica* 所撰寫的 Buddhism 條，同樣也是錯誤的。錯誤的原因就在於他們對我們在下文中將要討論的幾個問題在認識上很混亂。而這種混亂目前在學術界裏却又很普遍。

（4）T24/411c。需要注意的是，這裏及下文中多次講到「不順蘇怛羅，不依毗奈耶」，「於經律中不見其事」，却隻字不提三藏中的論藏。道理很簡單，論藏後出，雖然説一切有部（根本説一切有部與它是既有聯繫又有區别的兩個部派）的論藏在佛教所有的部派中可能是最爲龐大，最爲豐富，發展得最充分。

（5）T24/411c—412a。

（6）*The Vinaya Piṭaka*, edited dy H.Oldenberg, Vol.Ⅱ, *The Cullavagga*, London, 1930, Ⅻ, 1.1, p.294。

（7）*The Dīpavaṃsa*, edited by H.Oldenberg, London, 1879, 5.16—31, pp.35—36。

（8）這個名字後來引起了很多混亂，有人説這個Asoka就是孔雀王朝的阿育王，也有人説不是。看來恐怕不是。Mahāvaṃsa第四章説Susunāga本是一位大臣，被衆人推舉爲王。他和孔雀王朝没有關係。Dīpavaṃsa和Mahāvaṃsa都另外記載了孔雀王朝的阿育王的許多事跡。但兩個阿育王的區别在古代可能就不清楚了。孔雀王朝的阿育王又被稱作Dhammāsoka或Dharmāśoka，意譯「法阿育」。Kālāsoka可以譯作「黑阿育」。兩個名字相似，可能是引起混亂的原因。當然也有人提出其它種種解釋。也有人懷疑這個Kālāsoka根本是個虛構的人物。

（9）*Mahāvaṃsa*, edited by W.Geiger, London, 1908, Ⅳ, 8—11ab, pp.21—22。

（10）同上，Ⅴ, 1—4ab, p.28。

（11）Dīpavaṃsa 也用 ācariyavāda 來稱呼非上座部的其它部派僧人。見原書，5.54, p.38。

（12）*Samantapāsādikā*, edited by J.Takakusu and M.Nagai, London, 1924, Vol.Ⅰ, p.33。

（13）T24/677c。

（14）T23/450b。

（15）T23/597b。

（16）T22/192a—b。

（17）T22/968c。

（18）T24/819c。

（19）Bu ston 此書成書於元至治二年（一三二二），全名是 *bde bar gshegs pavi bstan pavi gsal byed chos kyi vbyung gnas gsung rab rin po chevi mdzod ces bya ba bzhugs so*。引文見德格版葉85a面或拉薩木刻版葉86b面。此處引文出德格版，其中 brtags 拉薩版作 brtag；tshwa 拉薩版作 tsha。中央民族學院周季文副教授代爲抄出此段引文，謹此致謝。此書漢譯本有郭和卿譯《佛教史大寶藏論》，北京，民族出版社，一九八六年版。郭譯此段作：「關於第二次結集法藏：是在佛尊滅度後一百一十年的時候，由毗舍離諸比丘稱『十事非法』：即高聲呼、隨喜行、觀舊事、鹽事、道路行法、兩指抄事、（藏文缺『治病事』）、酪漿攪法、座具事、金寶事等。由此諸事制定浄戒的緣起，即第二次結集。這些都屬於行爲方面的戒律。」郭書，頁111。郭譯好些地方與原文意思出入太大，下文中也有一些譯得很奇怪的地方。

（20）T51/862a。

（21）原書，校注本，頁601—602。

（22）T22/493a。罽利沙槃，梵文kārṣāpaṇa，巴利文kahāpaṇa。義浄把它譯作「迦利沙波拏」，在他所翻譯的《金光明最勝王經》卷六的一條注裏解釋説：「此是根本梵音，惟目貝齒，而隨方不定。或是貝齒，或是金銀銅鐵等錢。然摩揭陀現今通用，一迦利沙波拏有一千六百貝齒。總數可以准知，若准物直，隨處不定。」T16/431a。義浄的解釋很周到。

（23）五浄法是：一、制限浄；二、方法浄；三、戒行浄；四、長老浄；五、風俗浄。見《摩訶僧祇律》卷三十二及三十三，T22/492a，T22/493a—c。

（24）上面所引的文獻，《根本説一切有部毗奈耶雜事》如其名，屬於根本説一切有部；巴利文文獻屬於上座部；漢譯《善見律毗婆沙》也可能屬於上座部；《十誦律》及《薩婆多部毗尼摩得勒伽》屬於説一切有部；《五分律》屬於化地部；《四分律》屬於法藏部；《毗尼母經》或説屬於法藏部（平川彰：《律藏の研究》，東京，一九六〇年，頁703），或説屬於雪山部（吕澂：《印度佛學源流略講》，上海人民出版社，一九七九年版，頁39）；《摩訶僧祇律》屬於大衆部；

其餘的則是古代的佛教史著作。另外，關於毗舍離結集，我知道M.Hofinger有一本書專門討論這件事：*Étude sur le Concile de Vaiśālī*，*Bibliothèque du Muséon*，Vol.20，Louvain，1946。但我衹知道這個書名，没見到原書。

（25）T49/15a。據窺基《異部宗輪論述記》（《續藏經》第一輯，第八十三套，第三册，頁221b）及《大唐西域記》卷三等，世友爲説一切有部僧人。

（26）《大毗婆沙》卷九十九講這件事發生在波吒梨城，即華氏城。當時有波吒梨王，但未説是阿育王。整個故事帶有很濃重的神話色彩。見T27/510c—512a。

（27）「大天五事」與大乘思想有關，這點早已經有學者指出。見季羡林等：《大唐西域記校注》，中華書局，一九八五年版，頁331；É.Lamotte,*Histoire du Bouddhisme Indien*,pp.300—312;A.K.Warder,*Indian Buddhism*,pp.215,289。

（28）T49/15b。

（29）T49/18a。原書失譯人名，附秦録。或説後秦鳩摩羅什譯。

（30）T49/20a。原書陳真諦譯。

（31）T45/8b。所引《智度論》指《大智度論》卷二，原書鳩摩羅什譯。見T25/67c。

（32）T45/8b。

（33）見p.Demiéville,*L'Origine des sectes Bouddhiques d'après Paramārtha*,Mélanges

Chinois et Bouddhiques, I, 1931—32, Bruxelles, pp.15—64。

（34）吕澂：《印度佛教史略》，商務印書館，一九三五年版，頁31b。吕先生也討論了結集與部派的問題，認爲根本分裂由「大天五事」起之説不可信。見同書，頁27b—32b。

（35）吕澂先生認爲，這是把兩件先後發生的不同的事，即《摩訶僧祇律》講的「五净法」與後來南方案達派的「大天五事」混淆了起來，因而虚構出引起根本分裂的頭一個大天，這是説一切有部的「臆造」。吕先生的分析很精到。見其《印度佛學源流略講》，頁26、32、33、73。

（36）原書，校注本，頁739。

（37）同上，頁741。

（38）吕澂先生也有同樣的看法。見其《印度佛教史略》，頁26b—27b。

（39）T14/501a—b。

（40）T24/900b。原文中的「王」，據上文講是阿育王的孫子弗沙蜜多羅。

（41）季羡林先生在《商人與佛教》一文中講，他「還没有見到充分利用這些資料的文章」。他因此「提倡一種利用佛典律藏的風氣」。原文見《第十六届國際歷史科學大會中國學者論文集》，中華書局，一九八五年版，頁104。

（42）奥利地學者E.Frauwallner認爲，現存的各個部派的律，至少其中的skandhaka部份，出自一部共同的原始的律的文本（same basic text）。這部文本在阿育王時代以前就已經形成了。

見其*The Earliest Vinaya and the Beginnings of Buddhist Literature*,Roma,1956,pp.1—23。他是在對比了現存的各種律的内容後得出這樣的結論的。印度學者S.Dutt認爲,大致在公元前四世紀中期,佛教僧伽就已經有一部完整的律。見其*Buddhist Monks and Monasteries of India*,London,1962,p.77。但是Frauwallner認爲部派起於阿育王之後的看法似乎失之太晚。阿育王銘文中的「第一號小石柱詔書」(Minor Pillar Edict,No.1)已經提到僧伽的分裂,雖然没講到這種分裂是否就是部派的分裂。見D.C.Sircar,*Inscriptions of Aśoka*,New Delhi,1975,pp.59—60。此外,一般認爲編成於阿育王時代的Kathāvatthu已經講到了部派,並批評了大衆部和説一切有部的某些觀點。這表明這個時候不僅已經有部派,而且部派已經進一步發展,不再祇是上座大衆根本二部了。當然,也有人認爲Kathāvatthu成書的時間實際上要比這晚。

(43)原書,四川民族出版社,一九八五年新印版,頁48。這本書有郭和卿的漢譯本:《青史》,西藏人民出版社,一九八五年版;也有G.N.Roerich的英譯本:*The Blue Annals*,Calcutta,1949,Part One。

(44)原書,同上。

(45)原書,拉薩木刻版,一九四六年,葉135a—b面。這本書有Lama Chimpa和A.Chattopadhyaya合譯的英譯本:*History of Buddhism in India*,Culcutta,reprint,1980;上個世紀還有V.P.Vasil'ev的俄譯本和A.Schiefner的德譯本。

（46）原書，同上，葉136a面。

（47）郭和卿漢譯本「後記」中主張第一種説法。G.H.Roerich主張第二種説法。兩種説法是因爲各自推算藏曆的方法不同，剛好相差120年。

（48）*History of Buddhism in India*, p.vⅡ, Tāranātha是西藏Jo nang pa僧人。

（49）見H.Bechert, Note on the Formation of Buddhist Sects and the Origins of Mahāyāna, German Scholars on India, Varanasi, 1973, pp.8—10; Buddha-Feld und Verdienstübertragung: Mahāyāna-Ideen im Theravāda-Buddhismus Ceylons, Bulletin de la Classe des Lettres et des Sciences Morales et Politiques, seśerie-Tome LXII, 1976, 1—2, Bruxelles-Palais des Académies, pp.30—33; Buddhist Sanskrit Literature in Sri Lanka, A Lecture to be given at the International House of Japan, 1982, pp.5—6。

（50）這裏講的是最主要的幾個部派，如義浄在《寄歸傳》裏講的四大部派都有自己的一套三藏。其中上座部的完全保存了下來，説一切有部與根本説一切有部的律（梵文原本及數種漢譯、藏譯）與論（漢譯本數量最多）都保存了下來，大衆部的律（漢譯，也有一種混合梵文原本）保存了下來，正量部僅有少量的論（漢譯）和一部律論（漢譯）保存了下來。其它一些較重要的部派如法藏部、化地部也都有自己的律（漢譯）並保存了下來。此外，現存的佛教文獻，尤其是漢譯文獻部份很多部派歸屬不明。不過實際上所謂十八部派中並不是所有的部派都發展出一套完整的三藏，有一些「支末部派」可能就没有自己獨立的文獻。它們祇能「借用」或部份「借用」它們的「根本部派或其它部派的文獻。在佛教史上，部派文獻的發展與部派學説的發展情況一致，祇有少數的部派最後形成了一套完整的學説，也祇有少數的部派最後發展出自己單獨的一套文獻。

（51）一種稱爲「《北》本」，四十卷，北凉曇無讖譯；一種稱爲「《南》本」，三十六卷，南朝宋慧觀與謝靈運等潤文改治而成。

（52）原書，London, 1921, Vol. Ⅱ, p.6。原文稍長，此處略微作了删節。

（53）原書，London, 1930, p.34。

（54）季羡林：《關於大乘上座部的問題》，《中國社會科學》，1981.5，頁197。季先生認爲大乘上座部是「受大乘影響的小乘上座部」。我以爲不妨就把它看成是大乘，没有必要再在「上座部」一名前仍然保留「小乘」這個定語。

（55）《大唐西域記》卷十一。校注本，頁878。同書卷八在講到摩揭陀國摩訶菩提僧伽藍的「大乘上座部」時也説這裏的僧徒「律儀清肅，戒行貞明」。《大唐西域記》提到「大乘上座部」共有五處，其中兩處都稱贊這個部派的僧徒能守持戒律，頗能説明一些問題。

（56）例如Vohārikatissa王（公元二一五—二三七）和Gothābhaya王（公元三二〇—三二二）都曾嚴厲地禁止大乘的「邪説」在斯里蘭卡傳播。見H.Bechert, *Buddhist Sanskrit Lit-*

erature in Sri Lanka, pp.2—3, 12—13；季羨林：《關於大乘上座部的問題》，頁193。

（57）T55/78c—79a。

（58）T50/188c。

（59）同上。

（60）T50/190a—b。

（61）原書，卷五。校注本，頁449—456。

（62）同上，頁449。

（63）本章下一節將要專門討論這種「大小二乘，兼功習學」的情況。

（64）原書，拉薩木刻版，葉68a—b面。

（65）T50/331a。

（66）T55/100c。

（67）T55/102a—c與T50/333c—334b。佛陀耶舍是否肯定是説一切有部的僧人還有待進一步商榷。《開元録》卷四引《四分序》（即《四分律序》）稱耶舍爲「曇無德部體（「體」字疑衍）大乘三藏沙門」。T55/517b。因此耶舍也可能是法藏部僧人。但總之證明他既信大乘，又屬於某一部派。任繼愈主編《中國佛教史》第二卷以佛陀耶舍爲小乘僧人肯定是錯誤的。見原書，中國社會科學出版社，一九八五年版，頁259。

（68）T50/334b—335c。

（69）T55/89c。湯用彤先生亦據此考證覺賢是説一切有部僧人，又引僧肇《致劉遺民書》謂僧肇稱覺賢爲「大乘禪師」，並論列覺賢所傳禪法爲大乘禪。見其《漢魏晉南北朝佛教史》，中華書局，一九八三年版，上册，頁217—220。

（70）T50/244a。

（71）原書，校注本，頁650。

（72）同注（70）。

（73）T51/979c—980b。

（74）原書，校注本，頁1049。

（75）道岳事跡見《續高僧傳》卷十三，T50/527a—528b。

（76）T55/79a。

（77）T50/241b—c。

（78）原書，拉薩木刻版，葉111b面。原文中Vi kra ma la Śī la一詞中第一個la字衍。grub mthar rnam rig dbum pa是大乘佛教中後期出現的一個派別，它綜合了瑜伽行派（唯識）與中觀派兩派的觀點而各有取捨。代表人物是Śāntarakṣita（約八世紀人）。見D.Seyfort Ruegg, *The Literature of the Madhyamaka School*, Wiesbaden, 1981, pp.87—100；呂澂：《印度佛

學源流略講》，頁244—248。

（79）原書，葉115b面—頁116a面。

（80）原書，葉124b面。

（81）這一事實還可以從其它方面得到證實。北京民族圖書館收藏的梵文貝葉經中有大衆—説出世部的兩種律：Bhikṣu-vinaya和Bhikṣuṇīvinaya。這兩種律最早有可能就是在Vikramaśīla寺抄寫而後被帶到西藏，其後再由民族圖書館所收藏。這是現存爲數極少的大衆部的梵文文獻中的兩種。參見Gustav Roth, The Language of the Ārya-Mahāsāṃghika-Lokottaravādin, 載*Die Sprache der ältesten buddhistischen überlieferung*, Göttingen, 1980, p.82。結合這裏所引的藏文文獻方面的材料，這也可以證明Vikramaśīla寺裏確有大衆部存在。

（82）原書，葉124b面。

（83）T50/697c。

（84）原書，校注本，頁452。

（85）T50/243c—244a。

（86）原書，校注本，頁933。

（87）原書，葉66a面。

（88）見呂澂：《印度佛學源流略講》，頁156—159。E.Frauwallner乾脆把它們稱作Vātsīputriya-Sāṃmatīya School，它們使用的律是一種。見其*The Earliest Vinaya and the Beginnings of Buddhist Literature*，pp.8，10。

（89）T30/268a。原書共兩卷。

（90）呂澂先生的《印度佛學源流略講》一書已經注意到了這裏的問題。呂先生講：「犢子本是小乘，但作者却自稱菩薩。」書又是大乘的書，他把這歸結爲是因爲「犢子一系與大乘的聯繫是十分密切」，這是「小乘學者爲大乘寫書」。呂先生原書，頁156—157。其實提婆羅就是一位大乘僧人。一位僧人，試想要是不信仰大乘，怎麽能寫出大乘的書？提婆羅信仰大乘，寫大乘的書，一點不影響他作爲犢子部僧人的地位。同樣地，呂先生在講到「大乘上座部」時説那是因爲「玄奘似乎也把方廣看得與大乘差不多了」。見同書，頁84。其實大乘上座部就是上座部中的大乘。這是很明白的事。呂先生書中還舉了另一個賢胄部的例子，情況和提婆羅剛好相反。《三法度論》是正量部的兄弟部派賢胄部的著作，可是注釋者僧伽先却是一位大乘僧人。呂先生説這是「大乘學者爲犢子部論作注」。不過呂先生以下的結論還是與上一例相同，認爲這祇是證明了犢子部與大乘的關係密切。其實，這位大乘學者恐怕本身就屬於這一部派，所以才爲本部派的書作注。見同書，頁157。《三法度論》的漢譯後記和序見《出三藏記集》卷十，T55/73a—b。

（91）原書，校注本，頁851。

（92）T50/241c—242a。

（93）原書，葉32b面—33a面。

（94）原書卷十一「蘇剌侘國」條：「伽藍五十餘所，僧徒三千餘人，多學大乘上座部法。」校注本，頁917。

（95）所舉部派例子的多少和時代的先後與材料的來源很有關係。漢文文獻的時代較早，説一切有部的例子較多，是因爲早期的漢文文獻多記載西北印度及中亞地區的情況，這一地區當時正是説一切有部最爲流行。藏文文獻的時代較晚，講到的僧人多是在東印度，因爲當時印度佛教已開始衰落，中心已轉移到東印度。可惜印度本土很少保存得有關於這方面的材料。

（96）如A.K.Warder就這樣講。見其*Indian Buddhism*, Delhi, 1980, p.358。此書有王世安的中譯本：《印度佛教史》，商務印書館，一九八七年版。

（97）Louis de La Vallée Poussin也有類似的觀點。他的一篇文章可能就是討論這個問題：Opinions sur les Relations de Deux Véhicules au Point de Vue du Vinaya。但我没找到這篇文章，祇是從其它論文的注中知道他有這樣的看法。

（98）這個問題過去似乎很混亂，尤其是國外的研究著作常把部派與大乘並列，都譯爲sect或school。例如A.K.Warder, *Indian Buddhism*, pp.7, 287, 328等處。

（99）Śāntideva, Śikṣāmuccaya, edited by C.Bendall, *Bibliotheca Buddhica*, St.Petersburg, Ⅰ, 1897, Ⅱ, 1898, Ⅲ, 1901, Ⅳ, 1902。梵文原本是Bendall在尼泊爾發現的。Śantideva一

般認爲大約是七世紀末的人，這與義浄差不多同時。也有人認爲他是八世紀初的人。見D.Seyfort Ruegg, *The Literature of the Madhyamaka School*, p.82。Śikṣāsamuccaya在中國趙宋時有一個漢譯本，題名《大乘集菩薩學論》，二十五卷，施法護譯。但原作者題名法稱（Dharmakīrti）。譯文本身也很差。

（100）見湯用彤先生《漢魏晉南北朝佛教史》，中華書局，一九八三年版，下册，頁594—595。此外，Śāntideva在Śikṣāsamuccaya裏一點也未提到這部書，也可算是一個佐證。N.Dutt注意到了這一點，但不知道《梵網經》是僞經，因此祇認爲這證明在Śāntideva時代《梵網經》並不流行。見其*Aspects of Mahāyāna Buddhism and its Relation to Hīnayāna*, p.294。

（101）《梵網經》因爲被看作是大乘戒律中最重要的著作，也被稱爲《菩薩戒本》。另有兩種《菩薩戒本》，一種是曇無讖譯，一種玄奘譯，都出自傳爲彌勒所説的《瑜伽師地論》。呂澂先生把這類著作稱作「經中之律」。見其《印度佛學源流略講》，頁183。由此其實可以看出所謂「大乘律」發展的來源與脈絡。

（102）原書，卷下，T24/1004a—1009b。

（103）原書，卷十六，T26/109c—110a。

（104）原書，卷四十六，T25/395b。

（105）原書，同注（99），I，p.17。

（106）原書，同注（99），I，p.41。

（107）原書，T24/1019b。有的學者，例如日本的鎌田茂雄，認爲《菩薩瓔珞本業經》也是一種僞經。這種説法恐怕是正確的。見其《中國仏教史》，東京，一九七八年版，頁135、142。

（108）原書，T24/1020b—c。

（109）原書，T30/511a。

（110）原書，T30/514b。

（111）《四分律行事鈔》卷下，T40/149b。

（112）原書，葉33b面。

（113）原書，葉135b面。

（114）在進行這種對比時，我想過利用近現代在印度通過考古所發現的銘文方面的材料。我查閲過静谷正雄所編《イニドの仏教碑銘目録》，京都，一九七九年。這本書分四部份，分别根據以前已出版的各種銘文目録重新分類，編號並作出簡單的提要。書比較新，搜羅應該説是相當全面，但其中與玄奘、義浄時代或與此相近的時代有關的佛教部派的材料很少，因此不大可能利用起來進行直接的對比。這反過來仍然説明玄奘和義浄的記載對於瞭解這段時期佛教的歷史有多麼重要。其它的一些印度碑銘目録我未能找到，但看來也不會在這方面有更多的材料。

（115）最末一處比較特殊，下面將要專門討論。

（116）原書，校注本，頁693。

（117）同上，頁772。

（118）同上，頁650。

（119）T50/244a。

（120）以下所引材料都出自《大唐西域記》各卷各條。因徵引甚繁，如不是直接引用原文，一般不再注頁碼。季羡林先生在他爲《大唐西域記校注》一書寫的前言中列有很詳細的表，來説明當時印度佛教的一般狀況。我所見到的西方及日本學者關於佛教史的著作也有列出類似的表的，都可參考。但我這裏衹列舉與討論問題有關的材料，目的主要是與《寄歸傳》作對比，取捨的方法和範圍因此略有些不同。

（121）《慈恩傳》卷三作小乘説一切有部。T50/235c。

（122）《法顯傳》曾記載：「佛得道處有三僧伽藍，皆有僧住。衆僧民户供給饒足，無所乏少。戒律嚴峻，威儀、坐起、入衆之法，佛在世時聖衆所行，以至于今。」T51/863b。我有些懷疑此處所行戒律爲大衆部律，「聖衆」爲Āryamahāsaṅghika的另一譯名。佛得道處即菩提伽耶，在摩揭陀國。法顯站在大衆部的立場，認爲佛在世時即有大衆部律：「摩訶僧祇衆律，佛在世時最初大衆所行也。」同上，T51/864b。但是法顯的時代比玄奘和義浄早兩百多年，情況可能會有變化。

（123）原書，校注本，頁928。

（124）見拙著《大唐西域求法高僧傳校注》卷上《玄照傳》中此條注文。

（125）《寄歸傳》卷一：「北方胡地使人」；「北方諸胡，覩貨羅及速利國等」。卷二：「北方諸國。」卷三：「北方胡國」；「五天之地，皆曰婆羅門國。北方速利，總號胡疆」。《求法高僧傳》卷上：「北方僧來」；「北方覩貨羅僧寺」；「北方僧來亦住此（指迦畢試國寺）」。卷下：「有北方胡至，云有兩僧胡國逢見。」

（126）見平川彰《律藏の研究》，頁73—95。

（127）T50/611c。

（128）T50/614b。

（129）T50/615c。

（130）T50/793c。

（131）T50/797b。道岸還是有名的鑒真法師的老師，曾爲鑒真授菩薩戒。

（132）原書，校注本，頁270。

（133）原書，校注本，頁770—771。

（134）此依《慈恩傳》卷二補充，T50/228b。《大唐西域記》未説明是否小乘。《求法高僧傳》卷上《質多跋摩傳》的記載與《慈恩傳》同。

（135）《慈恩傳》卷三作小乘説一切有部，T50/235c。

(136) T51/859a。

(137) 同上。

(138) T51/860a。

(139) T51/975b—979a。

(140) 例如屬於大衆部系統的説出世部的文獻Māhāvastu就講到「十地」:

daśa khalu bho jinaputrā bodhisatvāna bhūmayo/……bhavanti katamā daśa//

durāroheti prathamā bhūmī samupadiśyate/dvitīyā baddhamānā nāma tṛtīyā puṣpa-maṇḍitā//

caturthī rucirā nāma pañcamī cittavistarā/ṣaṣṭī rūpavatī nāma saptamī durjayā sm-ṛtā//

aṣṭamā janmanideśo navamī yauvarājyato/daśamī tvabhiṣekāto iti etā daśa bhū-mayaḥ//

原書,edited by E.Senart,Paris,1882,Vol.Ⅰ,p.76。「十地」具體的内容,不同的經典中説法常常不一樣,但大的框架這裏是已經有了。

又例如「六度」的説法在説一切有部的Lalita Vistara中也能看到:

dānaṃ mi sākṣi tatha śīla tathaiva kṣāntiḥ vīryāpi sākṣi tatha dhyāna tathaiva prajñā/

catura pramāṇa mama sākṣi tathā abhijñā anupūrva bodhicari sarva mameha sākṣī//

原書，herausgegeben von S.Lefmann, erster Teil, Halle, 1902, pp.340—341。

Mahāvastu說得更清楚：

evametaṃ ānanda bhavati purimakānāṃ tathāgatānāmarhatāṃ samyaksaṃbuddhānāṃ vihārehi viharantānāṃ yathā dānapāramitāprāptānāṃ śīlapāramitāprāptānāṃ kṣāntipāramitāptānāṃ vīryapāramitāprāptānāṃ dhyānapāramitāprāptānāṃ prajñāpāramitāprāptānāṃ//

原書，Vol.Ⅲ, p.226。

又如説一切有部的《大毗婆沙》卷一七八：

「問：如説菩薩經三劫阿僧企耶，修四波羅蜜多而得圓滿，謂施波羅蜜多、戒波羅蜜多、精進波羅蜜多、般若波羅蜜多，當言於何時分修何波羅蜜多而得圓滿？（以下講修此四波羅蜜多而得圓滿的各種細節，略。）外國師説：有六波羅蜜多，謂於前四加忍、静慮。迦濕彌羅國諸論師言：後二波羅蜜即前四所攝，謂忍攝在戒中，静慮攝在般若，戒慧滿時即名彼滿。故復有别説六波羅蜜多，謂於前四加聞及忍。」

T27/892a—b。

《攝大乘論本》卷上認爲小乘也講「阿賴耶識」，雖然小乘的「阿賴耶識」和大乘的還有些區别：

「復次聲聞乘中亦以異門密意已説阿賴耶識，如彼《增一阿笈摩》説世間衆生愛阿賴耶識、樂阿賴耶識、欣阿賴耶識、憙阿賴耶識。（中略）《四德經》中由此異門密意已顯阿賴耶識。於大衆部《阿笈摩》中亦以異門密意説此名根本識，如樹依根。化地部中亦以異門密意説此名窮生死藴。」

T31/134a。

此即 Aṅguttara Nikāya，Ⅱ，128 所説：

Ālayarāmā bhikkhave pajā ālayaratā ālayasamuditā, sā Tathāgatena anālaye dhamme desiyamāne sussūyati sotaṃ odahati aññā cittaṃ upaṭṭhāpeti.

原書，edited by R.Morris, Part Ⅱ, London, 1888, p.131。同樣的内容又見 Mahāvagga, Ⅰ, 5.2, Vinaya Piṭaka, edited by H.Oldenberg, Vol. Ⅰ, London, 1929, p.4。

「功德轉讓」思想在小乘佛教中的情況請參見 H.Bechert, Buddha-Feld und Verdienstübertragung: Mahāyāna-Ideen im Theravāda-Buddhismus Ceylons。

（141）例如印度僧人德光（Guṇaprabha）。《大唐西域記》卷四講他「本習大乘，未窮玄奧。

因覽《毗婆沙論》，退業而學小乘。作數十部論，破大乘綱紀，成小乘執着。」校注本，頁398。德光大約是公元六世紀時人。有趣的是，玄奘對德光似乎有些貶斥的意思，而義浄却没有。

（142）原書，T24/495c。

（143）原書，卷六，校注本，頁494。

（144）T24/149b。「天授五法」又被稱作「調達五事」。其它的律裏也有記載，但内容略有不同。《五分律》卷二十五是：一、不食鹽；二、不食酥乳；三、不食魚肉；四、乞食；五、春夏八月日露坐，冬四月日住於草菴。T22/164a。《四分律》卷四是：一、盡形壽乞食；二、盡形壽著糞掃衣；三、盡形壽露坐；四和五，盡形壽不食酥、鹽、魚及肉。T22/594b。《十誦律》卷四是：一、盡形壽受著納衣；二、盡形壽受乞食法；三、盡形壽受一食法；四、盡形壽受露地坐法；五、盡形壽受斷肉法。T23/24b。《薩婆多部律攝》卷四完全同《根本説一切有部毗奈耶破僧事》。T24/546b—c。巴利文律藏稱此爲pañca vatthūni，見Cullavagga, Ⅶ, 3.14: sādhu bhante bhikkhū yāvajīvaṃ āraññakā assu, yo gamantaṃ osareyye vajjaṃ naṃ phuseyya. yāvajīvaṃ piṇḍapātikā assu, yo nimantanaṃ sādiyeyya vajjaṃ naṃ phuseyya, yāvajīvaṃ paṃsukūlikā assu, yo gahapaticīvaraṃ sādiyeyya vajjaṃ naṃ phuseyya, yāvajīvaṃ rukkhamūlikā assu, yo channaṃ upagaccheyya vajjaṃ naṃ phuseyya, yāvajīvam macchamaṃsaṃ na khādeyyuṃ yo macchamaṃsaṃ khādeyya vajjaṃ naṃ phuseyyā'ti. The Vinaya Piṭaka.edited by

H.Oldenberg, Vol.Ⅱ, London, 1930, p.197。

（145）T51/861a。

（146）原書，校注本，頁807。

（147）見季羨林先生爲《大唐西域記校注》寫的前言。原書，頁132。他在提到上面所引的玄奘的那段記載時表示了這樣的看法。這裏幾乎就是他的原話。

（148）同上，頁132。季先生的意見我大多都贊成，衹是我不同意季先生在引了《寄歸傳》卷一中關於「五噉食五嚼食」那段文字後所説，「學者們的意見是，這裏講的是大乘和尚，他們都不許喫奶製品」這一點。我以爲義浄在這裏衹是根據根本説一切有部律在講這個問題。根本説一切有部律不禁喫肉，也不禁食乳。但義浄本人作爲大乘僧人，不贊成喫肉，却認爲食乳是可以的。《根本説一切有部百一羯磨》卷八義浄原注：「大師悲愍，爲濟含生，食肉尚斷，大慈殺生，豈當成佛？」T24/491b。又同書卷一原注：「每日次第令僧家作好食，以供一人，乃至有日月來，不許斷絶。西方在寺多有，此地人不知聞。若不能作食，供乳亦好。」T24/458b。又《寄歸傳》卷一「受齋軌則」章：「方行餅果，後行乳酪及以沙糖。」「酥酪縱横，隨著隨受。」又《慈恩傳》卷三講那爛陀寺多聞大德：「月給油三升，酥乳等隨日取足。」T50/237a。同書同卷又講那爛陀寺：「國王欽重，捨百餘邑，充其供養。邑二百户，日進粳米酥乳數百石。」T50/237c。這些都可以證實這一點。

（149）我知道的有關的專著有：B.Mukherjee.*Die überlieferung von Devadatta,dem Widersacher des Buddha in den Kanonischen Schriften*,München,1966;Rev.by J.W.de Jong,IIJ.X,1967—1968,pp.297—298;É.Lamotte,*Le Buddha insulta-t-il Devadatta*,BSOAS.XXXⅢ,1970,pp.107—115；田賀龍彦：提婆達多の五法につして，《日本仏教學會年報》，第二九號，昭和三十八年，頁311—330；岩本裕：デーヴアダッタの反逆，《仏教説話》，昭和三十九年，頁48—66；関稔：初期佛教教団における異端者の問題，《仏教教団の諸問題》，東京，一九七四年，頁55—70。但其中除最末一篇文章外，其它的書和文章我都未能找到。最末一篇文章問題談得很淺，更未談到釋迦牟尼以後的提婆達多派問題。

【第三章】

（1）例如巴利文律典Cullavagga,Ⅵ,1.2就講到有五種leṇa供僧人住：atha kho bhagavā etasmiṃ nidāne dhammiṃ kathaṃ katvā bhikkhū āmantesi:anujānāmi bhikkhave pañca leṇāni vihāraṃ aḍḍhayogaṃ pāsādaṃ hammiyaṃ guhan ti.Vinaya Piṭaka,edited by H.Oldenberg,Vol.Ⅱ,London,1930,p.146。可是後來祇剩下兩種，一種是北方的vihāra，另一種是南方的guhā。見S.Dutt,*Buddhist Monks and Monasteries in India*,London,1962,pp.24,94。

（2）中國的寺主由僧人担任。見《唐六典》卷四：「每寺設上座一人、寺主一人、都維那一人，共綱統衆事。」光緒二十一年廣雅書局刊本，頁16a。寺主在中國是寺院中的一種高級僧職。

（3）原書，校注本，頁193。

（4）同上，頁748。

（5）見《大宋僧史略》卷下，T54/251a。

（6）參見Gokuldas De, *Democracy in Early Buddhist Samgha*, Calcutta, 1955。

（7）玄奘到那爛陀時，先是住在幼日王院，七天以後，又重新安置上房，每天有種種供給，有淨人一人、婆羅門一人侍候，免諸僧事，出外行乘象輿。見《慈恩傳》卷三，T50/237a。

（8）《法顯傳》，T51/858a。

（9）T51/857b。

（10）原書，校注本，頁444。

（11）同注（7）。又見原書卷四，T50/245a。

（12）同注（2）所引《唐六典》文。

（13）《大唐西域記》卷二「印度總述」條：「假種王田，六税其一。」校注本，頁209。Manu-smṛti, Ⅶ, 130, 131。《摩奴法論》，蔣忠新漢譯本，中國社會科學出版社，一九八六年版，頁127。後者講到六分之一、八分之一、十二分之一幾種標準。但這恐怕祇是理論上的說法而已，實際的作法常常超過六分之一，而不是少於六分之一。Manusmṛti, X, 118 也講到刹帝利「有難」時可以征收四一税。蔣忠新漢譯本，頁214。

（14）土地私有制在印度出現的時間實際上更早得多。它至少可以追溯到釋迦牟尼的時代。參見季羨林先生《羅摩衍那初探》，外國文學出版社，一九七九年版，頁42—56。

（15）《法顯傳》，T51/859b。

（16）同上，T51/865b—c。

（17）原書，校注本，頁660—661。

（18）T50/236c、T50/237c。

（19）此段文字轉引自S.Dutt, *Buddhist Monks and Monasteries in India*, p.228。原文見Indian Antiquary, Vol.Ⅳ, p.106。我未能找到後一種書。引文中puṣpopoyogi應作pnṣpopayogi，可能是Dutt抄錯了，也可能原來就是訛寫。Dutt的書還提到其它不少銘文的材料。出土的許多件銘文中當然還有不少和其他人，其中恐怕很多是商人有關。他們也一樣地建寺和捐贈財物。Dutt未引原文，我目前也無法找到發表這些銘文的原書。

（20）銘文見Epigraphia Indica, Vol.ⅩⅦ, p.310ff。我未找到原書。此處轉引自S.Dutt上引書，p.341, n.3。

（21）有一個稍微間接一些的例子可以幫助説明這種「封邑」的性質。《慈恩傳》卷四講摩揭陀國仗林山勝軍論師因爲「學該内外，德爲時尊」，國主滿冑王欲立他爲國師，「封二十大邑」。勝軍不受。後戒日王又封「八十大邑」，勝軍亦不受，説：「受人之禄，憂人之事。今方救生死縈纏之急，豈有暇而知王務哉！」T50/244a。這説明國王是把封邑的收入作爲俸禄賜與臣下，也就是《大唐西域記》卷二所講的「各有分地，自食封邑」。校注本，頁209。

（22）印度封建時代的土地所有制關係是印度古代史研究中的一個重要問題，也是一大難題。近年來有些學者特别注意地對這方面的問題作過研究，提出了一些看法，其中不乏真知灼見。見D.D.Kosambi, *An Introduction to the Study of Indian History*, Rev.2nd ed., Bombay, 1975；同作者，*The Culture and Civilisation of Ancient India in Historical Outline*, New Delhi, 1977；R.Thapar, *Ancient Indian Social History*, New Delhi, 1978；R.S.Sharma, *Indian Feudalism*, 2nd ed., Delhi, 1980。這幾本書中都談到這個問題。

（23）T51/863b。

（24）原書，校注本，頁444。

（25）原書，卷三，T50/237c。説這個數字有些夸大，理由有兩條：一、現在發掘出的那爛陀寺的遺址，據作過現場考察的學者估計，不大容易住上一萬人。二、撰寫《慈恩傳》的慧立本人没到過印度，他的記載主要來自玄奘，雖然總的來説可靠性相當高，但在一些細節問題上我們倒底不如更相信親自到過那爛陀，住了長達十年之久的義浄的説法。

（26）Memoirs of the Archaeological Survey of India, No.66, pp.36, 87ff. 此書未見，轉引自L.M.Joshi, *Studies in the Buddhistic Culture of India during the 7th and 8th Centuries A.D.* 2nd ed., Delhi, 1977, p.76。

（27）《慈恩傳》卷三，T50/237c。

（28）同上，卷五，T50/248c。

（29）例如L.M.Joshi上引書中的第四章Monastic Life and Discipline幾乎就完全是抄引《寄歸傳》寫成的。祇是作者依靠的是高楠順次郎的英譯本，英譯本中原來翻譯上的錯誤以及有時再加上作者進一步的發揮，使他在書中作出好些更錯誤的結論。例如對義浄所講到的「家主」、「寺主」、「維那」、「護寺」等幾種人的涵義和地位的理解等等。見原書pp.75—76。

（30）見H.Bechert, Buddha-Feld und Verdienstübertragung: Mahāyāna-Ideen im Theravāda-Buddhismus Ceylons。這篇文章專門討論這個問題，其中在表達自己的看法時列舉了其他一些學者的看法。討論功德轉讓的部份主要在pp.27—44。

（31）季羡林先生《商人與佛教》一文專門討論這個問題。原文收入《第十六届國際歷史科學大會中國學者論文集》，中華書局，一九八五年版。

（32）原書，卷三，T50/237c。這句話恐怕祇能看作是慧立的溢美之辭。

（33）原書，卷三，T50/237b。吕澂先生把當時那爛陀寺佛學教育的内容歸納爲五科，即：

因明、對法、戒律、中觀、瑜伽。見其《奘浄兩師所傳的五科佛學》,載《現代佛學》,一九五六,1。

（34）同上。

（35）同上,卷四,T50/244b—c。

（36）原書,校注本,頁757。

（37）義浄此處未提到醫明與工巧明。但是《慈恩傳》中講到那爛陀寺中僧人研習「醫方」和「術數」,即醫明與工巧明。義浄在《寄歸傳》卷三「先體病源」章裏講到他自己「於此醫明,已用功學,由非正業,遂乃棄之」。

（38）這份詔書一般被稱作「第一號小石柱詔書」(Minor Pillar Edict, No.1)。銘文發現在阿育王在Allahabad、Sanchi及Sarnath樹立的石柱上。見D.C.Sircar, *Inscription of Aśoka*, New Delhi, 1975, pp.59—60。印度歷史學家R.Thapar在其*Aśoka and the Decline of the Mauryas*一書中認爲它刻於阿育王執政後期,約在公元前246年左右。此外,第二號小石柱銘文也與佛教有關,内容是指示Mahāmātra必須在佛教徒每次舉行uposatha時親自到場。

（39）此依《新唐書》卷四八《百官志》三,4/1252。《唐六典》卷四作:「其籍一本送祠部,一本送鴻臚,一本留於州縣。」光緒二十一年廣雅書局刊本,頁16a—b。

（40）見道宣《四分律删繁補缺行事鈔》卷下一,T40/109b。

（41）見《高僧傳》卷十二「亡身篇」、《續高僧傳》卷二十七「道身篇」、《宋高僧傳》卷二十三「遺身篇」、徐陵《東陽雙林寺傳大士碑文》等。

（42）《高僧傳》卷十二，T50/406b。

（43）《宋高僧傳》卷十六記載：唐德宗貞元年間有僧人道澄，姓梁氏，京兆人。「受具之後，習聽南山律，於諸學處微其玷缺。」出行常以瓶杖自隨，護生爲切。又不常住一寺，以爲「西域三時分房，俾無貪著，觀門易立。」T50/806b。這些正是義浄在《寄歸傳》中提倡的主張，似乎是受了義浄的影響。

【第四章】

（1）參見拙稿《敦煌寫本〈南海寄歸内法傳〉（p.2001）題記》。《中國文化》一九八九年創刊號，將發表。

（2）《貞元録》卷十三，T55/871c。

（3）Jean-Pierre Drège, Papiers de Dunhuang, Essai d'analyse morphologigue des manuscrits chinois datés, *T'oung Pao*, Vol.LXVII, 3—5（1981）, p.358。

（4）《大唐西域記古本三種》，中華書局，一九八一年版，引言，頁4。

（5）見《資治通鑑》卷二〇四，14/6462—6432。載初元年正月即永昌元年十一月，自是改用子正。「新字」字形亦見《宣和書譜》及《歷代書譜》等。

南海寄歸内法傳卷第一(1)

沙門義浄撰(2)

序曰(3)：原夫三千肇建，爰彰興立之端；百億已成，尚無人物之序(4)。既空洞於世界，則日月未流；實閴寂於慘舒，則陰陽莫辨。暨乎浄天下降，身光自隨，因湌地肥，遂生貪著。林藤香稻，轉次食之。身光漸滅，日月方現。夫婦農作之事興，君臣父子之道立〔一〕。然而上觀青象，則妙高色而浮光；下察黄輿，乃風蕩水而成結。而云二儀分判，人生其中，感清濁氣，自然而有〔二〕，陰陽陶鑄，譬之以鴻鑪〔三〕，品物財成(5)，方之於埏埴(6)者，蓋寡(7)聽曲談之謂也。

【校記】

（1）敦本、《金》本、《麗》本、《北》本、《大》本此後有小字「并序」。

（2）敦本無撰者名；《金》本、《麗》本、《大》本作「翻經三藏沙門義浄撰」；《洪》本作「三藏沙門義浄撰」;《南》本、《北》本作「唐三藏沙門義浄撰」。

(3)序曰　敦本、《金》本、《麗》本、《大》本無此二字。

(4)之序　敦本此二字脱用紅字補於行右。

(5)品物財成　《金》本作「品物成形」。

(6)埏埴　敦本抄作「梴槙」。

(7)寡　《金》本印作「寡」。

【注釋】

〔一〕君臣父子之道立　以上此段神話屢見於各種漢譯佛典和巴利文佛典。如《根本説一切有部毗奈耶破僧事》卷一(T24/99b—100c)、《長阿含經》卷二十二(T1/145a—b)等。印度學者D.D.Kosambi認爲此是對遠古時代原始無階級社會的回憶。見其An Introduction to the Study of Indian History, Bombay, 1956, p.162。D.Chattopadhyaya亦論及此。見其Lokāyata, New Delhi, 1959, pp.481—483。

〔二〕自然而有　《列子·天瑞》:「清輕者上爲天,濁重者下爲地,沖和氣者爲人,故天地含精,萬物化生。」(《諸子集成》本,頁2)

〔三〕譬之以鴻鑪　《莊子》内篇《大宗師》:「今一以天地爲大鑪,以造化爲大冶。」(《諸子集

成》本，頁119）

於是岳峙星分，含靈蔓筵，遂使道殊九十六種〔一〕，諦分二十五門〔二〕。僧佉(1)乃從一而(2)萬物始生〔三〕，薛世(3)則因六條而五道方起〔四〕。或露體(4)拔髮，將爲出要〔五〕。或灰身椎髻(5)，執作昇天〔六〕。或生乃自然，或死當識滅。或云幽幽冥冥，莫識其精，眇眇忽忽，罔知所出。或云人常得人道，或説死便爲鬼靈。或談不知(6)蝶爲我已，不知我爲蝶形〔七〕。既羣迷於蜾蠃(7)，復聚或(8)於螟蛉〔八〕。比渾沌於雞子，方晦昧於孩孾〔九〕。斯皆未了，由愛故生，藉業而有，輪迴苦海，往復迷津者乎。然則親指平途，躬宣妙理，説十二緣起〔一〇〕，獲三六獨法〔一一〕，號天人師，稱一切智，引四生於火宅〔一二〕，拔三有於昏城〔一三〕，出煩惱流，登涅槃岸者，粤我大師釋迦世尊矣！

【校記】

(1)僧佉　敦本誤抄作「僧法」。

(2)而　敦本此字脱。

(3)薛世　《大》本「薛」字訛作「薜」。

(4)露體　《麗》本、《大》本作「露膊」。

（5）椎髻　《磧》本原作「椎髮」，今依敦本、《麗》本、《洪》本、《南》本、《北》本、《大》本改；《金》本作「堆髻」。

（6）知　敦本此字脱。

（7）蜾蠃　《麗》本、《大》本作「蜾蠡」。

（8）聚或　《金》本、《麗》本、《大》本作「聚惑」。下同。或惑通。

【注釋】

〔一〕道殊九十六種　所謂九十六種外道。傳説與釋迦牟尼創立佛教同時印度有六種不同的宗教哲學派别，稱爲「六師」。後六師又分出各種派别共九十六種。《薩婆多毗尼毗婆沙》卷五：「六師者，一師十五種教，以授弟子，爲教各異，弟子受行，各成異見。如是一師出十五種異見。師别有法，與弟子不同。師與弟子通爲十六種。如是六師有九十六（種）。」（T23/536a）九十六實際上衹是大概之數。

〔二〕諦分二十五門　指數論所立二十五諦。《百論疏》卷上之中：「僧佉此云制數論，明一切法不出二十五諦。故一切法攝入二十五諦中，名爲制數論。」（T42/245a）其内容詳見陳真諦譯《金七十論》卷上（T54/1245c）及《慈恩傳》卷四（T50/245b）等。

〔三〕僧佉乃從一而萬物始生　僧佉，梵文Saṅkhya的音譯，又譯數論，古印度六派哲學之一。

見前注。從一而萬物始生，數論主張，萬物是從一種原初物質進化而成，「一」即指此。梵文原文prakṛti，又譯自性、原質等。數論梵文經典有Saṅkhyasūtra和Saṅkhyakārikā。後者漢譯即《金七十論》。

〔四〕薜世則因六條而五道方起　薜世，梵文Vaiśeṣika，又譯衛世、鞞世、吠世史迦等，意譯勝論。亦爲古印度六派哲學之一。梵文經典有Vaiśeṣikasūtra，漢譯經典有《勝宗十句義論》一卷。六條，指勝論六條所謂「句義」（梵文padārth）：實（dravya）、德（guṇa）、業（karma）、同（sāmānya）、異（viśeṣa）、和合（samavāya）。見《勝宗十句義論》（T54/1262c）。五道，所謂地獄、餓鬼、畜生、人、天。

〔五〕露體拔髮將爲出要　露體指耆那教天衣派（Digambara）。

〔六〕灰身椎髻執作昇天　此指苦行者。《大唐西域記》卷五：「故諸外道修苦行者，於河中立高柱，日將旦也，便即昇之。一手一足，執柱端，躡傍杙；一手一足，虛懸外申，臨空不屈。延頸張目，視日右轉，逮乎曛暮，方乃下焉。若此者其徒數十，冀斯勤苦，出離生死，或數十年未嘗懈息。」（校注本，頁464—465）

〔七〕不知我爲蝶形　《莊子》内篇《齊物論》：「不知周之夢爲蝴蝶歟？蝴蝶之夢爲周歟？」（《諸子集成》本，頁18）

〔八〕復聚或於螟蛉　《詩·小雅·小宛》：「螟蛉有子，蜾蠃負之。」「蠃」、「蠃」二字同。

〔九〕比渾沌於雞子方晦昧於孩孾　謂天地渾沌如雞子。指中國古代天文學中之渾天説。《唐開元占經》卷一引張衡《渾儀注》：「渾天如雞子，天體圓如彈丸，地如雞子中黄，孤居於内。」（《景印文淵閣四庫全書》，807/171a）又《老子》「非常名」句下河上公注：「常名愛如孾兒之未言，雞子之未分，明珠在蚌中，美玉處石間，内雖昭昭，外如愚頭（按「頭」應作「頑」）。」（《四部叢刊》影印宋本）

〔一〇〕十二緣起　又稱十二因緣：無明（avidyā）、行（saṃskāra）、識（vijñāna）、名色（nāmarūpa）、六入（ṣadāyadana）、觸（sparśa）、受（vedanā）、愛（tṛṣṇā）、取（upādāna）、有（bhava）、生（jati）、老死（jarāmaraṇa）。見《俱舍論》卷九（T29/48a）等。

〔一一〕三六獨法　所謂釋迦牟尼佛之十八種功德，唯佛所具有，因此稱爲「獨法」或「不共法」。此不詳舉，見《大智度論》卷二十六（T25/247b）。

〔一二〕引四生於火宅　四生：胎生（jarāyuja）、卵生（aṇḍaja）、濕生（saṃsvedaja）、化生（aupapāduka）。火宅，比喻人世間。見《法華經》卷二（T9/12b）。

〔一三〕拔三有於昏城　三有即三界。《法門名義集》：「欲界、色界、無色界，是名三界，亦名三有。」（T54/203c）。此處指三界中一切衆生，如上句中所説「四生」。昏城亦比喻人世間。

創成正覺龍河(1)，九有興出塵之望〔一〕；後移光(2)鹿苑，六道盛歸依之心〔二〕。初轉法輪，則五人受化〔三〕；次談戒躅，則千生伏首。於是闡梵響於王舍(3)〔四〕，獲果者無窮；酬恩惠於父城〔五〕，發心者莫算。始自了教〔六〕，會初願以摽誠；終乎妙賢〔七〕，契後期於結念。住持八紀〔八〕，弘濟九居〔九〕。教無幽而不陳，機無微而不納。若泛爲俗侶，但略言其五禁〔一〇〕；局提法衆，遂廣彰乎七篇〔一一〕。以爲宅有者大非，戒興則非滅；存生者小過，律顯則過亡。且如恚損輕枝，現生龍户〔一二〕，慈濟微命，交昇帝居(4)〔一三〕，善惡之報，固其明矣。於是經論兼施，定慧俱設，攝生之綱(5)，唯斯三藏乎！

【校記】

（1）正覺龍河　敦本、《洪》本、《南》本、《北》本「正」字脱。

（2）移光　《麗》本、《大》本作「移馳光」。「馳」字衍。

（3）王舍　敦本作「王城」。

（4）交昇帝居　敦本「昇」字脱。

（5）攝生之綱　敦本、《金》本、《麗》本、《大》本作「攝生之紐」。

【注釋】

〔一〕創成正覺龍河九有興出塵之望　龍河，指釋迦牟尼成道處之尼連禪河，梵名Nairañjanā。傳説河中有龍名伽陵伽。見《根本説一切有部毗奈耶破僧事》卷五（T24/122c）。今稱Phalgu河，在今印度比哈爾邦。九有，三界每界分爲三，共有九處，此九處所居有情合稱九有。與前「三有」相類。

〔二〕移光鹿苑六道盛歸依之心　鹿苑，即鹿野苑。在今印度Benares北的Sārnāth，爲釋迦牟尼初轉法輪處。六道，此指六道輪迴之一切衆生。

〔三〕五人受化　五人是：憍陳如（Ajñātakauṇḍinya）、十力迦葉（Daśabalakāśyapa）、頞鞞（Aśvajit）、跋提（Bhadrika）、摩訶男俱利（Mahānāmakulika）。

〔四〕闡梵響於王舍　謂在王舍城説法。王舍城，梵文Rājagṛha。釋迦牟尼在世時是摩揭陀國都城。故城在今印度比哈爾邦Patna東南之Rājgir。

〔五〕酬恩惠於父城　父城，指劫比羅伐窣堵城，梵名Kapilavastu。爲釋迦牟尼父親浄飯王（Śuddhodana）之城。見《大唐西域記》卷六。酬恩惠於父城，此指釋迦牟尼得道後，曾返回劫比羅伐窣堵，度釋迦族親友多人出家一事。

〔六〕始自了教　了教指憍陳如。憍陳如梵名Ajñāta，意譯了教或解了，或音譯阿若。義浄譯《根本説一切有部毗奈耶雜事》卷十九：「由憍陳如解了法故，因此即名阿若憍陳如。」

原注：「阿若是解了義。」（T24/292c）了教同解了。始自了教，謂憍陳如爲釋迦牟尼第一個弟子。

〔七〕終乎妙賢　妙賢，梵文Subhadra的意譯，人名。他是釋迦牟尼臨終前在拘尸那城所度最後一個弟子。所以此稱「終乎妙賢」。玄奘譯名作「善賢」，見《大唐西域記》卷六（校注本，頁544—545）。

〔八〕住持八紀　指釋迦牟尼住世八十年。

〔九〕弘濟九居　所謂九有情居，指一切衆生。見前「九有興出塵之望」句注。

〔一〇〕五禁　指五戒，梵文pañcaśīla。爲在家佛教徒所遵行。

〔一一〕七篇　佛教戒律中根據僧尼犯戒情況的輕重和後果把戒律分别歸爲幾類，稱爲「篇」或「聚」。七篇是：一、波羅夷，梵文pārājika；二、僧殘，梵文saṅghāvaśeṣa；三、波逸提，梵文prāyaścitta；四、提舍尼，梵文pratideśanīya；五、突吉羅，梵文duṣkṛta；六、偷蘭遮，梵文sthūlātyaya；七、惡説，梵文durbhāṣita。篇，梵文skandha。

〔一二〕現生龍户　指轉生爲龍。龍，梵文nāga，六道中歸入畜生。此故事見《根本説一切有部毗奈耶雜事》卷二十一（T24/304b—c）。

〔一三〕交昇帝居　帝居，帝釋所居處，即忉利天，又稱三十三天，梵文trāyastrṃśa。

既而親對大師，教唯一說，隨機拯物，理亡他議。及乎薜舍(1)初辭，魔王或歡喜之志〔一〕，熙連後唱，無滅顯亡疑(2)之理〔二〕。可謂化緣斯盡能事畢功。遂乃跡滅兩河〔三〕，人天掩望，影淪雙樹〔四〕，龍鬼摧心。致使娑羅林側，淚下成泥，哭者身邊，血如花樹。大師唱寂，世界空虛。

【校記】

（1）薜舍 《大》本訛作「薛舍」。

（2）亡疑 敦本「疑」字脱。

【注釋】

〔一〕薜舍初辭魔王或歡喜之志 薜舍，即薜舍離城，梵名Vaiśālī。故址在今印度比哈爾邦Muzaffarpur之Basarh。歡喜，梵文Ānanda的意譯，音譯阿難。釋迦牟尼佛十大弟子之一，常侍佛左右。佛經中講，釋迦牟尼辭離薜舍離城，將往拘尸那城，問阿難：「如來今者當壽幾何？」如是再三。阿難被天魔迷惑，終不作答。天魔遂請釋迦牟尼早入涅槃。此故事見《大唐西域記》卷七（校注本，頁593—594）、《根本説一切有部毗奈耶雜事》卷三十六（T24/387c）等。

〔二〕熙連後唱無滅顯亡疑之理　熙連，即熙連河，梵文Hiraṇyavatī，又譯金河或有金河。《大唐西域記》卷六稱爲阿恃多伐底河（梵文Ajitavatī），在拘尸那城西北，即今流經印度北方邦西境Gorakhpur的Little Gandak河。無滅，梵文Aniruddha的意譯，音譯阿尼律陀。亦爲釋迦牟尼十大弟子之一。傳説釋迦牟尼臨終前他曾問疑於釋迦牟尼。

〔三〕跡滅兩河　兩河，即上文中「龍河」與熙連河。前者在釋迦牟尼成道處，後者在其涅槃處。見《大唐西域記》卷六及卷八（校注本，頁538、662）。

〔四〕影淪雙樹　雙樹，釋迦牟尼涅槃處有娑羅樹樹林，又稱娑羅雙樹林。《法顯傳》：「城北雙樹間希連禪河邊，世尊於此北首而般泥洹。」（T51/861c）城指拘尸那城。娑羅，梵文śāla，一種檞樹類高大喬木。

次有弘法應人(1)，結集有五七之異〔一〕；持律大將，部分爲十八之殊〔二〕。隨所見聞，三藏各別。著下裙則裾有偏正，披上服則葉存狹廣。同宿乃異室繩圍，兩俱無過；受食以手執畫地，二並亡愆(2)。各有師承，事無和雜。有部則正，餘三並偏。有部則要須別室，正量以繩圍床。有部手請(3)，僧祇畫地也(4)〔三〕。

【校記】

（1）應人　敦本作「應有人」。「有」字衍。

（2）亡愆　敦本作「无愆」。

（3）有部手請　《金》本「手」字印作「乎」。

（4）也　敦本無此字。

【注釋】

〔一〕結集有五七之異　指佛教史上傳説的五百結集與七百結集。前者相傳在釋迦牟尼涅槃後當年在王舍城七葉窟（Saptaparṇaguhā）舉行，有五百僧衆參加；後者在釋迦牟尼涅槃後一百年在毗舍離（即「薛舍離」）城舉行，有七百僧衆參加。

〔二〕部分爲十八之殊　指佛教十八部派。此謂部派之分，最初由律而起，即發生於第二次「七百結集」之時。參見本書《前言·義浄與〈南海寄歸内法傳〉》之第二章第二節。

〔三〕僧祇晝地也　見下文及其注。

諸部流派，生起不同，西國相承，大綱唯四。一、阿離耶(1)莫訶僧祇尼(2)迦耶〔一〕，周云(3)聖大衆部，分出七部，三藏各有十萬頌，合三十萬頌(4)，周譯(5)可成千卷(6)。二(7)、阿離耶悉他陛攞尼迦耶〔二〕，周云聖上座部，分出三部(8)，三藏多少同前。三、阿離耶慕攞薩婆(9)悉底婆拖尼迦耶〔三〕，周云聖根本説一切有部，分出四部，三藏多少同前。四、阿離耶三蜜栗(10)底尼迦耶〔四〕，周云聖正量部，分出四部，三藏二十萬頌(11)，律有三十千頌(12)。然而部執所傳，多有同異，且依現事，言其十八。分爲五部，不聞於西國之(13)耳〔五〕。

其間離分出没，部别名字，事非一致，如餘所論，此不繁述。故五天之地及南海諸洲，皆云四種尼迦耶。

【校記】

(1)耶　敦本抄作「邪」。下同。

(2)尼　敦本誤抄作「尸」。

(3)周云　《金》本、《麗》本、《大》本作「唐云」。下同。

(4)合三十萬頌　敦本作「合三十三萬頌」，後一「三」字衍。《金》本、《麗》本、《大》本無此句。

(5)周譯　《金》本、《麗》本、《大》本作「唐譯」。

(6)千卷　《金》本「千」字誤作「子」。

(7)二　《磧》本原作「一」，各本俱作「二」，今據改。

(8)三部　《金》本「三」字脱。

(9)婆　敦本作「娑」。下同。

(10)栗　敦本此字脱。

(11)三藏二十萬頌　敦本誤抄作「二藏二十萬頌」；《麗》本、《大》本作「三藏三十萬頌」。

(12)律有三十千頌　《金》本、《麗》本、《大》本無此句。

(13)之　敦本、《金》本、《麗》本、《大》本無此字。

【注釋】

〔一〕阿離耶莫訶僧祇尼迦耶　梵文Āryamahāsaṅghikanikāya。

〔二〕阿離耶悉他陛攞尼迦耶　梵文Āryasthaviranikāya。

〔三〕阿離耶慕攞薩婆悉底婆拖尼迦耶　梵文Āryamūlasarvāstivādanikāya。

〔四〕阿離耶三蜜栗底尼迦耶　梵文Āryasaṃmitiyanikāya。

〔五〕分爲五部，不聞於西國之耳　中國佛教僧徒自南北朝以後，由傳譯所知，謂印度佛教律分五部。見《出三藏記集》卷三（T55/19c）、《高僧傳》卷十一（T50/403a—c）、《翻譯名義集》卷四（T54/1113a—c）等。但這其實是一種誤解，所舉五部，僅可指中國所傳，不能概括印度的情況。這一事實在義淨去印度後似乎才得到部分的澄清。

然其所欽，處有多少。摩揭陁〔一〕則四部通習，有部最盛。羅荼(1)、信度〔二〕西印度(2)國名。則少兼三部，乃至(3)正量尤多。北方皆全有部，時逢(4)大衆。南面則咸遵上座，餘部少存。東裔諸國，雜行四部。從那爛陁〔三〕東行五百驛〔四〕，皆名東裔。乃至盡窮，有大黑山〔五〕，計當土蕃南畔，傳云是蜀川西南(5)行可一月餘，便達斯嶺。次此(6)南畔，逼近海涯，有室利察呾羅國〔六〕。次東南有郎迦戍國(7)〔七〕。次東有杜和鉢底國(8)〔八〕。次東極至臨邑國〔九〕。並悉(9)極遵三寶，多有持戒之人。乞食杜多〔一〇〕，是其國法。西方見有，實異常倫。師子洲〔一一〕並皆上座，而大衆斥(10)焉。然南海諸洲有十餘國(11)，純唯根本有部，正量時欽，近日已來，少兼餘二。從西數之，有婆魯師洲(12)；末羅遊洲(13)，即今尸利佛逝(14)國是(15)；莫訶信洲；訶陵洲(16)；呾呾洲；盆盆洲；婆里洲(17)；掘倫洲(18)；佛逝補羅洲；阿善洲(19)；末迦漫洲(20)；又有小洲，不能具録也〔一二〕。斯乃咸遵佛法，多是小乘，唯末羅遊少有大乘耳。

【校記】

（1）羅荼　《磧》本「荼」字原印作「茶」，《金》本、《麗》本、《大》本作「荼」，敦本抄作「荼」，即「荼」。按荼茶二字同，但茶始見於中唐以後，説見顧炎武《日知録》卷七及《唐韻正》。今據此改「茶」爲「荼」。

（2）西印度　敦本無「度」字。

（3）乃至　敦本、《麗》本、《大》本無「至」字。

（4）時逢　敦本作「則逢」。

（5）西南　敦本脱「西」字。

（6）次此　敦本無「此」字。

（7）郎迦戍國　敦本、《金》本、《麗》本「戍」字作「戌」。

（8）杜和鉢底國　《磧》本原作「社和鉢底國」，各本同。唯敦本作「杜和鉢底國」，梵文原字Dvārapatī，今據改。

（9）並悉　敦本脱「並」字。

（10）斥　敦本抄作「斤」；《思》本、《麗》本作「片」。

（11）十餘國　敦本作「十餘部國」，又以紅筆删去「部」字。

（12）婆魯師洲　敦本「婆」字作「娑」。

（13）末羅遊洲　《磧》本「洲」原作「州」，今從敦本、《金》本及上下文意改。又敦本、《金》本、《洪》本「末」字訛作「未」。

（14）尸利佛逝　《磧》本原作「尸利佛遊」，敦本作「尸利佛遊」，今從《金》本、《麗》本、《大》本及《大唐西域求法高僧傳》等改「尸利佛逝」。遊逝形近而訛。

（15）國是　敦本無「國」字。

（16）訶陵洲　敦本作「訶利陵洲」。

（17）婆利洲　敦本「婆」字作「娑」。

（18）掘倫洲　《金》本脱「洲」字。

（19）阿善洲　敦本「善」抄作「鄯」。

（20）末迦漫洲　敦本、《金》本「末」字作「未」。

【注釋】

〔一〕摩揭陁　梵文Magadha，印度古地名。地域大致包括今印度比哈爾邦Patna和Gayā地區。古代曾是印度最重要的政治文化中心地區之一。《大唐西域記》卷八、卷九兩卷專門記述這一地區。

〔二〕羅荼信度　羅荼，梵文Lāṭa，西印度古國名。亦見《大唐西域求法高僧傳》。故地約在今印度古吉拉特邦境内Mahi河與Kim河之間。信度，梵文Sindhu。故地約在今巴基斯坦印度河中下游一帶。《大唐西域記》卷十有專條。義浄常羅荼信度二名併提。

〔三〕那爛陁　梵文Nālandā。古代印度最著名的佛教寺院。在古摩揭陁國王舍城北，今比哈爾邦Patna之Bargaon附近。玄奘、義浄等中國求法僧先後在此學習過多年。義浄的著作對那爛陁記載尤詳。

〔四〕驛 《根本説一切有部百一羯磨》卷三義浄原注：「言瑜膳那者，既無正翻義，當東夏一驛，可三十餘里。舊云由旬者訛略。若准西國俗法，四俱盧舍爲一瑜膳那，計一俱盧舍可有八里，即是當其三十二里。若准内教，八俱盧舍爲一瑜膳那。一俱盧舍有五百弓，弓有一步數。准有步數，纔一里半餘。將八倍之，當十二里。此乃不充一驛。親驗當今西方瑜膳那，可有一驛故，今皆作一驛翻之，庶無遠滯。」（T24/467c）瑜膳那，梵文yojana，或作踰繕那。《大唐西域記》卷二所記大同小異：「踰繕那者，自古聖王一日軍程也。舊傳一踰繕那四十里矣，印度國俗乃三十里，聖教所載唯十六里。」（校注本，頁166）

〔五〕大黑山 應即《新唐書》卷四十三下《地理志》七下載「安南通天竺道」中之「黑山」（4/1152）或以爲即今緬甸西南若開山脈。

〔六〕室利察呾羅國 梵文Śrīkṣetra，《大唐西域記》卷十作「室利差呾羅國」。古城國，故址在今緬甸卑謬（Prome）附近。

〔七〕郎迦戍國 又稱「郎迦」。古國，故地應約在今馬來半島之Pattani（今屬泰國）。詳拙稿《大唐西域求法高僧傳校注》卷上《義朗傳》「郎迦」條注。

〔八〕杜和鉢底國 梵文Dvārapatī，又譯作「杜和羅鉢底」或「杜和羅」。《大唐西域記》卷十譯作「墮羅鉢底」。古城，故址在今泰國曼谷北Ayutthaya。詳拙稿《大唐西域求法高僧傳校注》卷上《大乘燈傳》「杜和羅鉢底國」條注。

〔九〕臨邑國　下文中又稱「占波」。古國，故地在今越南横山以南的中部和南部地區。詳拙稿《大唐西域求法高僧傳校注》卷下《慧命傳》「占波」條注。

〔一〇〕杜多　梵文dhūta。慧琳《一切經音義》卷二：「杜多，梵語也。古曰頭陀。十二種苦行，具如本經所説也。」（T54/319c）十二苦行此不詳舉。

〔一一〕師子洲　梵文Siṃhadvīpa或Siṃhaladvīpa。即師子國，又稱「執師子國」。今斯里蘭卡的古名。

〔一二〕又有小洲不能具録也　婆魯師洲，即婆魯師國。故地在今印度尼西亞蘇門答臘島西部。詳拙稿《大唐西域求法高僧傳校注》卷上《新羅二僧傳》此條注。末羅遊洲，即末羅遊國，或作末羅瑜洲，末羅瑜國。故地亦在蘇門答臘島上。詳上引拙稿卷上《常慜傳》此條注。尸利佛逝又作室利佛逝，故地在今蘇門答臘島上巨港（Palembang）。詳上引拙稿卷上《新羅二僧傳》此條注。莫訶信洲，高楠順次郎認爲或在今加里曼丹島南岸的Bandjermasin。訶陵洲，即訶陵國，或説在今爪哇，拙意以爲似應在今加里曼丹西海岸。詳上引拙稿卷上《常慜傳》此條注。呾呾洲，應即《梁書》卷五四《諸夷傳》中所記「丹丹國」（3/794），亦即《新唐書》卷二二二下《南蠻傳》下所記「單單國」。故地其説不一，或説在今馬來西亞馬來亞東北岸的吉蘭丹，或説在其西岸的天定（Dindings），或説在今新加坡附近。盆盆洲，高楠順次郎以爲在今加里曼丹島的Pembuan。婆利洲，或説即今巴厘島。掘倫洲，高楠順次郎指爲今越南南端的昆崙島（Pulo Condore）。佛逝補羅洲，高楠以爲在今爪哇島上。阿善洲，高楠以爲即今爪哇島上 Ajang。末迦漫洲或亦在此島上。按以上攷證，因缺乏更多資料，多屬推測，尚待進一步研究。

諸國周圍，或可百里，或數百里，或可百驛。大海雖難計里，商舶慣者(1)准知。良爲掘倫(2)初至交廣，遂使揔喚崑崙國焉〔一〕。唯此崑崙，頭捲體黑，自餘諸國，與神州不殊。赤脚敢曼〔二〕，揔是其式，廣如《南海録》〔三〕中具述。驩州〔四〕正南步行可餘半月，若乘船纔五六潮(3)，即到匕景(4)〔五〕。南至占波，即是臨邑。此國多是正量，少兼有部。西南(5)一月至跋南國〔六〕，舊云扶南，先是裸國，人多事天，後乃佛法盛流。惡王今並除滅，迥無僧衆，外道雜居，斯即贍部〔七〕南隅，非海洲也。

【校記】

（1）慣者　敦本、《金》本、《麗》本、《大》本作「串者」。

（2）掘倫　敦本作「堀倫」。

（3）潮　敦本、《金》本、《麗》本、《大》本作「朝」。

（4）匕景　《思》本作「已景」；《南》本、《北》本作「上景」。

（5）西南　敦本無「南」字。

【注釋】

〔一〕遂使揔喚崑崙國焉　《舊唐書》卷一九七《南蠻西南蠻傳》：「自林邑以南，皆卷髮黑身，通號爲崑崙。」（16/5270）慧琳《一切經音義》卷八一解釋「崑崙語」：「亦曰骨論，南海洲島中夷人也。甚黑，裸形，能馴伏猛獸犀象等。種類數般，即有僧祇、突彌、骨堂、閤篾等，皆鄙賤人也。」（T54/835c）南北朝時有「崑崙奴」，膚黑。此處崑崙國即指南海中此種族。參見拙稿《大唐西域求法高僧傳校注》卷上《運期傳》「崑崙音」條注。

〔二〕敢曼　慧琳《一切經音義》卷八一解釋：「梵語也。遮形醜之下裳，如此方之褌袴。一幅物，亦不裁縫，横纏於腰下，名曰合曼也。」（T54/832b）梵文kambala。今東南亞一帶稱爲莎籠（sarong）。

〔三〕南海録　書今不存。從上下文看，似爲義淨本人所撰。《宋史》卷二〇四《藝文志》三著録「南海録」一卷，無撰者名，歸入「地理書類」，或即此書（15/5161）。

〔四〕驩州　慧琳《一切經音義》卷八一注此條：「在安南管内也。」（T54/832b）唐初武德年間稱爲德州，貞觀初改驩州。治所在九德（今越南榮市）。見《舊唐書》卷四一《地理志》四（5/1754）。《新唐書》卷四三上《地理志》七上（4/1113）略同。

〔五〕匕景　又作比景，或又作北景。舊地約在今越南横山以南。詳拙稿《大唐西域求法高僧傳校注》卷下《慧命傳》此條注。

〔六〕跋南國：下文云「舊云扶南。」扶南爲公元一世紀至七世紀初印度支那半島上有名的古國，地域大致包括今柬埔寨及越南南部部分地區。詳拙稿《大唐西域求法高僧傳校注》卷上「序」中此條注。

〔七〕贍部　即贍部洲，梵文 Jambudvīpa。慧琳《一切經音義》卷五解釋：「梵語，此大地之總名也，因金因樹而立此名。」（T54/336b）所謂南贍部洲。

然東夏大綱，多行法護〔一〕。關中諸處，僧祇〔二〕舊兼。江南嶺表，有部〔三〕先盛。而云《十誦》、《四分》者，多是取其經夾，以爲題目。

【注釋】

〔一〕法護　梵文 Dharmagupta，即法護部。此指流行法護部律，漢譯稱爲《四分律》，即下文中省稱《四分》。

〔二〕僧祇　梵文 Mahāsāṃghika 的省略譯法，即大衆部。此指流行大衆部律，漢譯稱《摩訶僧祇律》。

〔三〕有部　説一切有部，梵文Sarvāstivāda。此指流行説一切有部律，漢譯稱爲《十誦律》，即下文中省稱《十誦》。

詳觀四部之差，律儀殊異，重輕懸隔，開制迢然。出家之侶，各依部執，無宜取他輕事，替己重條，用自開文，見嫌餘制。若爾則部别之義不著，許遮之理莫分。豈得以其一身，遍行於四？裂裳金仗之喻，乃表證滅不殊。行法之徒，須依自部。頻毗娑羅王〔一〕夢見一氎裂爲十八片，一金杖斬爲十八段，怖而問佛。佛言：「我滅度後，一百餘年，有阿輸迦王〔二〕，威加贍部。時諸苾芻，教分十八。趣解脱門，其致一也。此即先兆，王勿見憂耳。」

【注釋】

〔一〕頻毗娑羅王　頻毗娑羅，梵文Bimbisāra，又譯瓶沙、蓱沙等，或意譯影堅、影勝。釋迦牟尼在世時印度摩揭陁國國王。佛經中有許多關於他的故事。傳説他信仰並保護佛教，是釋迦牟尼的好朋友。

〔二〕阿輸迦王　阿輸迦，梵文Aśoka，通常多譯作阿育王，或意譯無憂王。印度古代最有名的國王。公元前二七三年左右即位爲摩揭陁國國王。他積極支持並保護佛教，在佛教史上亦很有名。釋迦牟尼涅槃之年代，或説在他即位前一百餘年，或説在此之前二百餘

年。此處所説與《大唐西域記》卷三説法同：「摩揭陁國無憂王以如來涅槃之後第一百年，命世君臨。」（校注本，頁327）

其四部之中，大乘小乘區分不定。北天南海之郡，純是小乘。神州赤縣之鄉，意在(1)大教。自餘諸處，大小雜行。考其致也，則律檢不殊，齊制五篇〔一〕，通修四諦〔二〕。若禮菩薩，讀大乘經(2)，名之爲大；不行斯事，號之爲小。所云大乘無過二種：一則中觀〔三〕，二乃瑜伽〔四〕。中觀則俗有真空，體虚如幻；瑜伽則外無内有，事皆唯識。斯並咸遵聖教，孰是(3)孰非？同契涅槃，何真何僞？意在斷煩惑(4)，濟衆生(5)，豈欲廣致紛紜，重增沈結？依行則俱昇彼岸，棄背則並溺生津。西國雙行，理無乖競。既無慧目，誰鑒是非？任久習而修之，幸無勞於自割。

【校記】

（1）意在　敦本、《金》本、《麗》本、《大》本作「意存」。

（2）讀大乘經　敦本僅有「大乘」二字。

（3）孰是　《金》本脱此二字。

（4）斷煩惑　《麗》本、《大》本作「斷除煩惑」。

（5）濟衆生　《麗》本、《大》本作「拔濟衆生」。

【注釋】

〔一〕五篇　見前「七篇」條注。七篇中除去偷蘭遮與惡説兩條，即爲五篇。

〔二〕四諦　所謂苦（duḥkha）、集（samudya）、滅（nirodha）、道（mārga）四諦。諦，梵文satya。

〔三〕中觀　指印度大乘佛教中觀派，梵文Mādhyamika。又被稱爲「空宗」。約三世紀時由龍樹、提婆創立。有「俗諦」、「真諦」、「假有真空」、「中觀」等説，下文中所謂「俗有真空，體虚如幻」。

〔四〕瑜伽　指印度大乘佛教瑜伽行派，梵文Yogācāra。又被稱爲「有宗」。約四至五世紀時由無著、世親兄弟創立，立「三類八識」之説，以爲「萬法唯識」，「内識生時，似外境現」，下文中所謂「外無内有，事皆唯識」。

且神州持律，諸部互牽，而講説撰録之家，遂乃章鈔繁雜。五篇七聚〔一〕，易處更難。方便犯持（1），顯而還隱。遂使覆一簣而情息，聽一席而心退。上流之伍，蒼髭乃成；中下之徒，白首寧就。律本自然落漠，讀疏遂至終身。師弟相承，用爲成則。論章段（2）則科而更科，述結罪則句而還句。考其功也，實致爲山之勞；覈其益焉，時有海珠之潤（3）。

【校記】

（1）犯持　敦本作「持犯」。

（2）章段　敦本作「章科」，復以紅筆補「段」字於行右。

（3）海珠之潤　《金》本作「海殊之閏」。

【注釋】

〔一〕七聚　即七篇。見前注。

又凡是製作之家，意在令人易解，豈得故爲密語，而更作解謿？譬乎水溢平川，決入深井，有懷飲息(1)，濟命無由。准檢(2)律文，則不如此。論斷輕重，但用數行，説罪方便，無煩半日。此則西方南海法徒之大歸也。

【校記】

（1）飲息　《金》本脱「息」字。

（2）准檢　敦本、石本、《金》本、《麗》本、《大》本作「准驗」。

至(1)如神州之地，禮教盛行，敬事君親，尊讓耆長，廉素謙順，義而後取。孝子忠臣，謹身節用。皇上則恩育兆庶，納隍軫慮於明發；羣臣(2)則莫不拱手，履薄呈志於通宵。或時大啓三乘〔一〕，廣開百座。布制底(3)〔二〕於八澤，有識者咸悉歸心；散伽藍於九宇，迷途者並皆(4)迴向。皇皇焉農歌畎畝之中，濟濟焉商咏舟車之上。遂使雞貴、象尊之國〔三〕，頓顙丹墀，金隣、玉嶺之鄉〔四〕，投誠碧砌。爲無爲，事無事，斯固無以加也。雞貴者，西方名高麗國爲俱俱吒醫説羅(5)〔五〕。俱俱吒是雞，醫説羅是貴。西方傳云，彼國敬雞神而取尊，故戴翎羽而表飾矣。言象尊者，西國君王以象爲最，五天並悉同然也。

【校記】

（1）至　石本無此字。

（2）羣臣　敦本作「郡臣」。

（3）制底　敦本脱「制」字。

（4）皆　敦本脱「皆」字。

（5）醫説羅　石本作「毉説羅羅」；《思》本作「毉説羅」。

【注釋】

〔一〕三乘　梵文triyāna。聲聞乘（Śrāvakayāna）、緣覺乘（Pratyekabuddhayāna）、菩薩乘（Bodhisattvayāna）。

〔二〕制底　梵文caitya。初指保存骨灰的塔式的建築，後引申爲指一般的廟宇或朝拜聖地。慧琳《一切經音義》卷二：「制多，古譯或云制底，或云支提，皆梵語聲轉耳，其實一也。此譯爲廟，即寺宇、伽藍、塔廟等是也。」（T54/321a）義浄在本書卷三「師資之道」章中亦有詳細解釋。

〔三〕雞貴象尊之國　見下文及原注。

〔四〕金隣玉嶺之鄉　金隣，指金隣國。或亦作金陳或金遴。南海中古國。故地或以爲在今泰國西南部。名又見《太平御覽》卷七九〇引《異物志》及《外國傳》（中華書局影印宋本，3/3502）、《梁書》卷五四（3/788）、《新唐書》卷一三二（19/5857）等。玉嶺，指崑崙山，崑山出玉。高楠引飲光説，以爲金隣即金洲，即今蘇門答臘島，玉嶺指玉門關。俱誤。

〔五〕西方名高麗國爲俱俱吒醫説羅　俱俱吒醫説羅，梵文Kukkuṭeśvara。俱俱吒，梵文kukkuṭa；醫説羅，梵文īśvara。解釋見原注。此詞來源不詳，此傳説來源亦不詳。高麗即朝鮮。中國唐代以前曾有稱朝鮮爲雞林者。唐高宗龍朔元年（六六一）詔以新羅國爲雞林州都督府，其王法敏爲雞林州都督。見《舊唐書》卷一九九上（16/5336）。又朝鮮史籍《三國史記》卷一載，新羅脱解王「夜聞金城西始林樹間有雞鳴聲」，尋聲而得一小兒，遂改始林爲雞林，因以爲國號。雞貴、雞林二名似乎有些關係。

其出家法侶，講説軌儀，徒衆儼然，欽承（1）極旨。自有屏居幽谷，脱屣樊籠（2），漱巖流以遐想，坐林薄而棲志（3）。六時〔一〕行道，能報浄信之恩；兩期（4）入定，合受人天之重。此則善符經律，何有過焉？然由傳受訛謬，軌則參差，積習生常，有乖綱致者。謹依聖教及現行（5）要法，揔有四十章，分爲四卷，名《南海寄歸内法傳》，又《大唐西域高僧傳》二卷（6），並雜經論等十卷（7），並録附歸〔二〕。願諸大德興弘法心，無懷彼我，善可量度，順佛教行，勿以輕人，便非重法。

【校記】

（1）欽承　敦本、石本、《金》本、《麗》本、《大》、本作「欽誠」。

（2）樊籠　敦本作「煩籠」。

（3）棲志　敦本、石本、《金》本、《麗》本作「捿志」。

（4）兩期　《金》本作「兩朝」。

（5）現行 石本作「見行」。

（6）大唐西域高僧傳二卷 《金》本、《麗》本、《大》本作「大唐西域高僧傳一卷」；敦本作「大周西域行人傳一卷」；石本作「大周域行人傳一卷」。

（7）十卷 敦本、石本、《金》本、《麗》本、《大》本無此二字。

【注釋】

〔一〕六時 《大唐西域記》卷二「印度總述」條：「六時合成一日一夜。」又注：「晝三夜三。」又云：「又分一歲以爲六時。」爲「漸熱」、「盛熱」、「雨時」、「茂時」、「漸寒」、「盛寒」。（校注本，頁168—169）

〔二〕並録附歸 此事在天授二年（六九一）五月十五日。見《大唐西域求法高僧傳校注》卷下《大津傳》。所附雜經論詳拙校注稿此條。

重曰：(1)然今古(2)所傳經論，理致善通，禪門定瀲之微，此難懸囑。且復粗陳行法，符律相以先呈，備舉條章，考師宗於實録。縱使命淪夕景，希成一簣(3)之功；燄絶朝光，庶有百燈之續。閲此則不勞尺步，可踐五天於短階；未徙(4)寸陰，實鏡千齡之迷躅。幸願檢尋三藏，鼓法海而揚四波〔一〕；皎鏡五篇，汎慧舟而提六欲(5)〔二〕。雖復親承匠旨(6)，備檢(7)玄宗，然非濬發於巧心，終恐受嗤於慧目云爾。

【校記】

(1)重曰　《金》本、《麗》本、《大》本無此二字。

(2)今古　《金》本、《麗》本、《大》本作「古今」。

(3)一簣　《磧》本原作「一贊」；今據《麗》本、《大》本改。敦本作「一賛」；石本作「一替」；《金》本作「一匱」。

(4)未徙　敦本抄作「未徒」。

(5)汎慧舟而提六欲　《思》本「慧」字作「惠」，二字通。《金》本、《麗》本、《大》本「六欲」作「六象」。

(6)匠旨　敦本、石本作「近旨」。

(7)備檢　石本作「目檢」。

【注釋】

〔一〕四波　謂「四波羅夷」。波羅夷又分四類。義淨譯《根本説一切有部毗奈耶》卷一作「四波羅市迦法」（T23/627ff.），佛教戒律中種種規定。

〔二〕六欲　眼、耳、鼻、舌、身、意六種感官所具有的欲望。

一、破夏非小　二、對尊之儀
三、食坐小牀　四、餐分浄觸[1]
五、食罷去穢　六、水有二瓶
七、晨旦觀蟲　八、朝嚼齒木
九、受齋軌則[2]　十、衣食所須
十一、著衣法式　十二、尼衣喪制[3]
十三、結浄地法　十四、五衆安居
十五、隨意成規　十六、匙筯合不[4]
十七、知時而禮　十八、便利之事
十九、受戒軌則　二十、洗浴隨時
二十一、坐具儭身[5]　二十二、臥息方法
二十三、經行少病　二十四、禮不相扶
二十五、師資之道　二十六、客舊相遇
二十七、先體病源　二十八、進藥方法

二十九、除其弊藥
三十、旋右觀時
三十一、灌沐尊儀
三十二、讚詠之禮(6)
三十三、尊敬乖式(7)
三十四、西方學法(8)
三十五、長髮有無
三十六、亡則僧現(9)
三十七、受用僧衣(10)
三十八、燒身不合(11)
三十九、傍人獲罪
四十、古德不爲(12)

【校記】

(1)浄觸　石本作「觸浄」。

(2)軌則　《磧》本原作「赴請」，各本皆同。唯正文中及《北》本作「軌則」，今據改。

(3)尼衣喪制　《金》本作「尼鉢制」。

(4)匙筯合不　石本「筯」作「著」。

(5)二十一坐具儭身　敦本、石本「二十」俱抄作「廿」，以下同。以下「三十」亦俱抄作「卅」。《麗》本、《大》本「儭」字作「襯」。

(6)之禮　石本誤抄作「之體」。

(7)三十三尊敬乖式　《磧》本「三十三」原作「二十三」，誤。其它各本不誤，今據改。《金》

本「尊敬」作「尊儀」。

（8）學法　《磧》本原作「學儀」，今依正文及《北》本改。

（9）亡則僧現　《磧》本「亡則」原作「亡財」，今依正文及石本、《北》本、《大》本改。

（10）僧衣　《磧》本正文中作「僧物」。

（11）不合　石本作「合不」。

（12）古德不爲　《金》本「古」字訛作「右」。

凡此所論，皆依根本説一切有部，不可將餘部事見糅於斯。此與《十誦》大歸相似。有部所分三部之别，一法護、二化地〔二〕、三迦攝卑〔三〕，此並不行五天，唯烏長那國〔三〕及龜兹〔四〕、于闐〔五〕雜有行者。然《十誦律》亦不是根本有部也（1）。

【校記】

（1）根本有部也　敦本脱「有」字。

【注釋】

〔一〕化地　梵文Mahīśasaka的意譯，又音譯「彌沙塞」。佛教部派之一。漢譯律本爲《五分律》。

〔二〕迦攝卑　梵文Kāśyapīya的音譯，又譯「迦葉遺部」，或意譯「飲光部」。佛教部派之一。漢譯律本爲《解脱戒經》。

〔三〕烏長那國　烏長那，梵文Udyāna。北印度古國。舊地在今巴基斯坦北部斯瓦特河（Swāt R.）流域，包括東北直到印度河上游山區。《大唐西域記》卷三譯作「烏仗那國」，有專條。

〔四〕龜兹　西域古城國。舊地在今新疆庫車一帶。《大唐西域記》卷一稱作「屈支國」，有專條。

〔五〕于闐　西域古城國。舊地在今新疆和田一帶。《大唐西域記》卷十二稱作「瞿薩旦那國」，有專條。

一　破夏非小

凡諸破夏，苾芻但不獲其十利〔一〕，然是本位，理無成小。豈容昔時受敬，今翻禮卑？習以成俗，本無憑據。依夏受請，盜過容生？故應詳審，理無疏略。宜取受戒之日以論大小。縱令失夏，不退下行。尋檢聖教無文，誰昔遺行斯事？

【注釋】

〔一〕十利　指僧人安居時或安居後應得的十種利益。依義淨譯《根本薩婆多部律攝》卷七，有：衣利、食利、界所得利、立制所得利、依止所得利、安居所得利、僧伽所得利、苾芻所得利、對面所得利、定處所得利。（T24/566b—c）

二　對尊之儀

准依佛教，若對形像，及近尊師，除病則徒跣是儀，無容輒著鞋履。偏露右肩，衣掩左髆(1)，首無巾帊，自是恒途，餘處遊行，在開非過。若是寒國，聽著短靴，諸餘(2)履屣，隨處應用。既而殊方異域(3)，寒燠不同，准如聖教，多有違處，理可隆冬之月，權著養身，春夏之時，須依律制。履屣不旋佛塔，教已先明；富羅勿進香臺〔一〕，頒之自久(4)。然有故違之類，即是强慢金言(5)。

【校記】

（1）左髆　石本「左」抄作「右」。

（2）諸餘　敦本初脱「餘」字，復以紅筆補於行右。

（3）異域　石本脱「域」字。

（4）頒之自久　石本「頒」字抄作「領」；敦本「自」字抄作「日」。

（5）金言　石本此後有一「耳」字。

【注釋】

〔一〕富羅勿進香臺　富羅，梵文pula，又譯腹羅等名。玄應《一切經音義》卷十六：「腹羅或作福羅，或云富羅，正言布羅，此云短靿靴也。」按此字實爲梵文pulapādatra。pula意思是伸出來，凸出來，寬的；pādatra即靴；此指一種中央隆起的短靴。高楠未尋出原字。香臺，此指佛殿，又稱香室。《根本説一切有部毗奈耶雜事》卷二六義浄原注：「西方名佛所住堂爲健陀俱知。健陀是香，俱知是室。此是香室香臺香殿之義。不可親觸尊顔，故但唤其所住之殿，即如此方玉階陛下之類。然名爲佛堂佛殿者，斯乃不順西方之意也。」（T24/331b—c）健陀俱知，梵文gandhakuṭī，意譯香室或香臺。此謂着靴不得入佛殿。

三　食坐小牀

西方僧衆將食之時，必須人人淨洗手足，各各別踞小牀。高可(1)七寸，方纔一尺，藤繩織内，脚圓且輕。卑幼之流，小拈(2)隨事。雙足蹋地，前置盤盂。地以牛糞淨塗，鮮葉布上。座去(3)一肘，互不相觸。未曾見有於大牀上跏坐食者。且如聖制，床量長佛(4)八指，以三倍之，長中人二十四指〔一〕，當笏尺〔二〕尺半。東夏諸寺，床高二尺已上，此則元(5)不合坐，坐有高床之過。時衆同此，欲如之何？護罪之流，須觀尺樣。然靈巖四禪(6)〔三〕，床高一尺，古德所製，誠有由來(7)。

【校記】

（1）高可　石本無「可」字。

（2）拈　石本作「枯」；《金》本作「枯」。

（3）座去　《大》本作「座云」。

（4）佛　敦本無「佛」字。

（5）元　石本抄作「无」，誤。

（6）四禪　敦本作「西禪」。

（7）由來　《麗》本、《大》本作「來由」。

【注釋】

〔一〕長中人二十四指　傳説佛指長三倍於人。

〔二〕笏尺　《根本薩婆多部律攝》卷十三義浄原注：「言中人一肘者，長笏尺一尺五寸。」（T24/603c）

〔三〕靈巖四禪　即今靈巖寺。在今山東長清縣東南境内。前秦皇始元年（三五一）竺僧朗卜居泰山西北，始建精舍數十餘區。後北魏正光年間（五二〇—五二五）僧人法定拓建寺院，初具規模。到隋唐時極盛，爲當時天下四大名刹之一。

即如連坐跏趺，排膝而食，斯非本法，幸可知之。聞夫佛法⑴初來，僧食悉皆踞坐，至乎⑵晉代，此事方訛。自兹已後，跏坐而食。然聖教東流，年垂七百，時經十代⑶，代有其人。梵僧既繼踵來儀，漢德乃排肩受業。亦有親行西國，目擊是非，雖還告言，誰能見用？又經云：食已洗足。明非牀上坐來⑷。食棄足邊，故知垂脚而坐。是佛弟子，宜應學佛，縱不能依，勿生輕笑。良以敷巾方坐，難爲護浄。殘宿惡觸，無由得免⑸。又復歛衆殘食，深是非儀。收去反觸僧槃⑹，家人還捉浄器，此則空傳⑺護浄，未見其功。幸熟察之，須觀得失(8)。

【校記】

(1)佛法　敦本脱「法」字。

(2)至乎　《金》本、《麗》本、《大》本作「至于」。

(3)十代　《金》本作「七代」。

(4)坐來　《麗》本、《大》本「來」字訛作「菜」。

(5)無由得免　敦本作「无淂免」；石本作「無由得无」。

(6)槃　石本作「盤」；《金》本、《麗》本印作「牃」。

(7)空傳　敦本脱「傳」字。

(8)得失　《麗》本、《大》本此後有一「也」字。

四　餐分淨觸

凡西方道俗，噉食之法，淨觸事殊。既餐一口，即皆成觸。所受(1)之器，無宜重將，置在傍邊，待了同棄。所有殘食，與應食者(2)食之。若更重收，斯定不可。無問貴賤，法皆同爾。此乃天儀，非獨人事。諸論云(3)：不嚼楊枝，便利不洗，食無浄觸，將以爲鄙。豈有器已成觸，還將益送，所有殘食，却收入厨。餘飯(4)却覆寫(5)瓮中，長擢乃反歸鐺内。羹菜明朝更食，飯果(6)後日(7)仍餐。持律者頗識分疆，流漫者雷同一槩。

【校記】

（1）所受　石本作「所食」。

（2）食者　敦本初無此二字，復以紅筆補於行右。

（3）諸論云　敦本、石本、《金》本、《麗》本、《大》本作「故諸論云」。

（4）餘飯　敦本、《金》本、《麗》本、《大》本作「餘餠」。

（5）覆寫　《麗》本、《大》本「寫」作「瀉」，二字通。

（6）飯果　敦本、《金》本、《麗》本、《大》本作「餠果」。

（7）後日　敦本初無「日」字，復以紅筆補於行右。

又凡受齋供及餘飲噉，既其入口，身即(1)成觸，要將浄水漱口(2)之後，方得觸著餘人及餘浄食。若未澡漱，觸他並成不浄，其被觸人皆須浄漱。若觸著狗犬，亦須澡漱。其嘗食人，應在一邊，嘗訖洗手(3)漱口，並洗嘗食器(4)，方觸鐺釜。若不爾者，所作祈請及爲禁術，並無効驗。縱陳饗祭，神祇不受。以此言之，所造供設，欲(5)獻三寶，並(6)奉靈祇，及尋常飲食，皆須清潔(7)。若身未浄澡漱，及大小便利不洗浄者，皆不合作食。俗亦有云：清齋方釋奠，翦爪宜侵肌，捨塵或(8)孔顔。如斯等類，亦是事須清潔，不以殘食而歆饗也。

【校記】

(1)身即　《金》本、《麗》本、《大》本作「方即」。

(2)要將浄水漱口　敦本作「要須浄漱口」。

(3)洗手　敦本初無「手」字，復以紅筆補於行右。

(4)嘗食器　敦本、石本、《金》本、《麗》本、《大》本無「食」字。

(5)欲　石本作「飲」。

(6)並　敦本、石本無此字。

(7)清潔　敦本作「清浄」。

(8)或　《金》本、《麗》本、《大》本作「惑」，二字通。

凡設齋供(1)及僧常食，須人檢校。若待(2)齋了，恐時過者，無論道俗，雖未薦奉，取分先食。斯是佛教，許無罪咎。比見僧尼助檢校者，食多過午，因福獲罪，事未可也。然五天之地，云與諸國有别異者，以此浄觸爲初基耳。昔有北方胡地〔一〕使人，行至西國，人多見笑(3)，良以便利不洗，餘食内盆，食時叢坐，互相党(4)觸，不避猪犬，不嚼齒木，遂成(5)譏議。故行法者極須存意，勿以爲輕。然東夏食無浄觸，其來久矣。雖聞此説，多未體儀。自非面言，方能解悟。

【校記】

(1)齋供　敦本脱「齋」字。

(2)待　石本作「持」。

(3)人多見笑　敦本無「見」字。

(4)党　敦本、石本、《金》本、《麗》本、《大》本作「振」。

(5)遂成　《麗》本、《大》本作「遂招」。

【注釋】

〔一〕北方胡地　本書卷三「師資之道」章原注：「五天之地，皆曰婆羅門國。北方速利，總號胡疆。」胡地即胡疆。指古印度西北邊境以外地。

五　食罷去穢

食罷之時，或以器承，或在屏處，或向渠竇，或可臨階，或自持瓶，或令人授水，手必净洗。口嚼齒木，疏牙刮舌，務令清潔(1)。餘津若在，即不成齋。然後以其豆屑，或時將土，水撚成泥，拭其脣吻(2)，令無膩氣。次取净瓶之水，盛以螺盃，或用鮮葉，或以手承。其器及手，必須三屑净揩豆屑、土、乾牛糞。，洗令去膩。或於屏隱，净瓶注口。若居顯處，律有遮文。略漱兩三，方乃成净。自此之前，口津無宜輒咽。既破威儀，咽咽得罪。乃至未將净水重漱已來，涎唾必須外棄。若日過午，更犯非時。斯則人罕識知，縱知護亦非易。以此言之，豆麵灰水，誠難免過，良爲牙中食在，舌上膩存。智者觀斯，理應存意。豈容正食已了，談話過時，不畜净瓶，不嚼齒木(3)，終朝含穢，竟夜招愆。以此送終，固成難矣！其净瓶水，或遣門人持受，亦是其儀(4)。

【校記】

（1）清潔　敦本作「净潔」。

（2）脣吻　敦本作「屑吻」。「屑」字訛。

（3）齒木　敦本脱「齒」字。

（4）其儀 《麗》本、《大》本此後有一「也」字。

六 水有二瓶

凡水分净觸，瓶有二枚(1)。净者咸用瓦瓷，觸者任兼(2)銅鐵。净擬非時飲用，觸乃便利所須。净則(3)净手方持，必須安著净處。觸(4)乃觸手隨執，可於觸處置之。唯(5)斯净瓶及新净器所盛之水，非時合飲。餘器盛者(6)，名爲時水。中前受(7)飲，即是無愆。若於午後，飲便有過。其作瓶法，蓋須連口，頂出尖臺，可高兩指，上通小穴，麄如銅箸，飲水可在此中。傍邊則别開圓孔，擁口(8)令上，竪高兩指，孔如錢許。添水宜於此處，可受二三升，小成(9)無用。斯之二穴，恐蟲塵入，或可著蓋，或以竹木，或將布葉而裹塞之。彼有梵僧，取製而造。若取水時，必須洗内，令塵垢盡，方始納新。豈容水則不分净觸，但畜一小銅瓶，著蓋插口，傾水流散，不堪受用，難分净觸，中間有垢有氣，不堪停水，一升兩合，隨事皆闕(10)。

【校記】

（1）二枚 敦本作「二牧」。「牧」字抄誤。

（2）任兼　敦本作「又兼」。

（3）浄則　敦本脱此二字。

（4）觸　敦本脱此字。

（5）唯　《磧》本原作「准」，敦本、石本、《金》本、《麗》本、《洪》本、《大》本作「唯」，今據改。

（6）盛者　敦本「盛」誤抄作「成」。

（7）受　敦本脱此字。

（8）擁口　《磧》本原作「罐口」，敦本、石本、《麗》本、《大》本作「擁口」，今據改。

（9）小成　敦本脱「小」字。

（10）闕　石本抄作「闞」。

其瓶袋法式，可取布長二尺，寬一尺許，角攝兩頭，對處縫合，於兩角頭連施一襻，纔長一磔(1)〔一〕。内瓶在中，掛髆(2)而去。乞食鉢袋，樣亦同此〔二〕。上掩鉢口，塵土不入。由其底尖，鉢不動轉(3)。其貯鉢之袋，與此不同，如餘處述。所有瓶鉢，隨身衣物，各置一肩，通覆袈裟(4)，擎傘而去。此等並是佛教出家之儀。有暇手執(5)觸瓶並革屣袋(6)，錫仗斜挾(7)，進止安詳(8)。鳥喻月經，雅當其況〔三〕。至如王城(9)〔四〕、覺樹〔五〕、鷲嶺〔六〕、鹿園〔七〕、娑羅鶴變之所〔八〕、蕭條鵠封之處〔九〕，禮制厎時，四方俱湊，日觀千數，咸同此式。若那爛陁寺(10)，大德多聞並皆乘輿，無騎鞍乘(11)者。及大王寺〔一〇〕，僉亦同爾。所有資具，咸令(12)人擔，或遣童子〔一一〕擎持(13)。此是西方僧徒法式。

【校記】

(1)磔　敦本抄作「桀」，石本抄作「搩」。

(2)掛髆　敦本誤抄作「桂體」，石本「掛」作「挂」。

(3)動轉　敦本作「動鉢轉」。「鉢」字衍。

(4)袈裟　敦本、石本作「加沙」。俱通。

(5)手執　敦本「執」字脱。

(6)革屣袋　敦本作「草屣袋」。

(7)斜挾　石本「挾」字誤抄作「陝」。

(8)安詳　石本作「安祥」。

(9)王城　敦本「城」作「成」。

(10)那爛陁寺　《磧》本「爛」字原作「蘭」，敦本、石本、《金》本、《麗》本、《北》本、《大》本及上文中作「爛」，今據改。

（11）鞍乘　敦本「鞍」抄作「安」。

（12）令　敦本、石本誤抄作「合」。

（13）擎持　石本「擎」字抄作「驚」。

【注釋】

〔一〕磔　《磧》本所附「音釋」：「長八指也。」

〔二〕乞食鉢袋様亦同此　《根本説一切有部毗奈耶雜事》卷三三義浄原注解釋乞食鉢袋：「神州比來無此鉢袋。由下尖角，鉢不動摇，不同平巾，動轉流溢。作時應取布小尺二尺，疊使正方，傍邊剪却，將作横襻，用時極理安穩也。」（T24/372c）

〔三〕烏喻月經雅當其況　此句不知典出何處。

〔四〕王城　即王舍城。見前「序」中注。

〔五〕覺樹　梵文Bodhidruma，又譯菩提樹。釋迦牟尼成道處金剛座上之樹。

〔六〕鷲嶺　又稱鷲峯。梵文Gṛdhrakūṭa。在古摩揭陁國王舍城附近。見《大唐西域記》卷九。

〔七〕鹿園　即鹿野苑。見前「序」中「鹿苑」條注。

〔八〕娑羅鶴變之所　娑羅，見前「序」中注。傳説釋迦牟尼涅槃時，娑羅樹一時開花，林色變白，如白鶴降落。《南》本《大般涅槃經》卷一：「爾時拘尸那城娑羅樹林，其林變白，猶如白鶴。」（T12/608c）此指釋迦牟尼涅槃處。

〔九〕蕭條鵲封之處　高楠謂指Kalandakaveṇuvana，即《大唐西域記》卷九所記摩揭陁國王舍城附近迦蘭陁竹園。Kalandaka，義浄譯《根本説一切有部毗奈耶破僧事》卷八譯作羯蘭鐸迦，爲一鳥名，此園因鳥而得名。（T24/137c—138a）此鳥類鵲，鵲封之稱或即由此而來。但據《大唐西域記》，Kalandaka爲城中一長者名，此園爲其所有，園遂有此名（校注本，頁734）。

〔一〇〕大王寺　大王寺不詳在印度何處。

〔一一〕童子　此指在寺院中學習佛教，預備出家的青年。本書卷三「受戒軌則」章：「凡諸白衣，詣苾芻所，若專誦佛典，情希落髮，畢願緇衣，號爲童子。」梵文māṇava。

七　晨旦觀蟲

每於晨旦，必須觀水。水有瓶井池河之别，觀察事非一准(1)。亦既天明，先觀瓶水。可於白浄銅盞銅楪(2)或蠃杯(3)漆器之中，傾取掬許，安竪(4)甎上。或可别作觀水之木，以手掩口，良久視之。或於盆罐中看之亦得。蟲若毛端，必須存念。若見蟲者，倒瀉(5)瓶中，更以餘水再三滌器，無蟲方罷。有池河處，持瓶就彼。瀉去蟲水，濾取新浄。如但有井，准法濾之。若觀井水，汲出水時，以銅盞於水罐中酌取掬許，如上觀察。若無蟲者，通夜隨用(6)。若有同前濾漉(7)。池河觀水，廣如律説。

【校記】

(1)事非一准　敦本「事」誤抄作「是」。

(2)銅楪　敦本無此「銅」字；「楪」字敦本、石本俱作「疊」。

(3)羸杯　石本作「羸坏」，《麗》本、《大》本作「蠡杯」。

(4)安竪　《金》本、《麗》本、《大》本作「安置」。

(5)瀉　石本作「寫」。二字通。

(6)隨用　敦本脱「隨」字。

(7)濾漉　《大》本「濾」誤印作「濾」。以下「濾」字誤同。

凡濾水者，西方用上白氎，東夏宜將密絹(1)，或以米柔(2)，或可微煮。若是生絹，小蟲直過。可取熟絹，笏尺四尺，捉邊長挽，襵取兩頭，刺使(3)相著，即是羅樣。兩角施帶，兩畔置㧗(4)，中安横杖，張開尺六。兩邊繫柱(5)，下以盆承。傾水之時，罐底須入羅内。如其不爾，蟲隨水落，墮地墮盆(6)，還不免殺(7)。凡水初入羅時，承取觀察，有蟲即須换却，若浄如常用之。水既足已，即可翻羅。兩人各捉一頭，翻羅令入放生器(8)内。上以水洗(9)三遍，外邊更以水(10)淋。中(11)復安水，承取觀察。若無蟲者，隨意去羅。此水經宵，還須重察。凡是經宿之水，且不看者，有蟲無蟲，律云用皆招罪。然護生取水，多種不同。井處施行，此羅最要。河池之處，或可安捲，用陰陽瓶(一)，權時濟事。又六月七月(12)，其蟲更細，不同餘時，生絹十重，蟲亦直過。樂護生者(13)，理應存念，方便令免。或作瓦盆子羅(14)，亦是省要。西方(15)寺家，多用銅作。咸是聖制，事不可輕。

【校記】

(1)宜將密絹　敦本脱「將」字。

(2)柔　《麗》本、《大》本作「揉」。

(3)刺使　敦本「刺」字抄作「頰」。

(4)恂　敦本作「鉤」，石本作「句」。

(5)柱　敦本作「住」。

(6)墮盆　石本此「墮」字脱。

(7)殺　敦本作「死」。

（8）放生器　敦本作「施生器」。

（9）水洗　《金》本、《麗》本、《大》本作「水澆」。

（10）水　敦本此「水」字脱。

（11）中　敦本此「中」字脱。

（12）七月　敦本作「七日」。

（13）樂護生者　石本「護」字原脱，右用淡墨補上。

（14）瓦盆子羅　敦本「瓦」字脱。

（15）西方　敦本「西」字脱。

【注釋】

〔一〕陰陽瓶　即法瓶。《根本説一切有部百一羯磨》卷八義淨原注解釋「法瓶」：「陰陽瓶是。」（T24/491b）

其放生器[1]作小水罐，令口直開，於其底傍更安兩鼻，雙繩放下，到水覆牽，再三入水，然後抽出。若是寺家濾羅，大僧元不合觸。房内時水，亦復同然。未受具人，取方得飲。非時飲者，須用浄羅、浄瓶、浄器，方堪受用。存生[2]乃是性戒，可護中重，十惡居首，理難(3)輕忽。水羅是六物之數〔一〕，不得不持。若行三五里，無羅不去。若知寺不濾水，不合餐食。渴死長途，足爲龜鏡。豈容恒常(4)用水，曾不觀察，雖有濾羅，蟲還死内。假欲存救(5)，罕識其儀。井口之上翻羅，未曉(6)放生之器。設令到水，蟲死何疑。時有作小圓羅，纔受一升兩合，生疎薄絹，元不觀蟲。懸著鉢邊，令他知見。無心護命，日日招愆。師弟相承，用爲傳法。誠哉可歎，良足悲嗟。其觀水器(7)，人人自畜，放生之罐(8)，在處須有〔二〕。

【校記】

(1)放生器　敦本作「施生器」。

(2)存生　《磧》本原作「在生」，今依敦本、《金》本、《麗》本、《大》本改「存生」。石本作「存人」。

(3)理難　石本作「理雖」，誤。

(4)恒常　石本「常」字脱。

(5)存救　敦本作「在救」。

(6)曉　敦本誤抄作「晚」。

(7)觀水器　石本誤抄作「親水器」。

（8）放生之罐　敦本「放」字抄作「施」，石本「罐」作「器罐」。

【注釋】

〔一〕水羅是六物之數　六物，見本書卷二「衣食所須」章。水羅有五種，《根本説一切有部百一羯磨》卷八義浄原注叙述甚詳（T24/491b）。

〔二〕放生之罐在處須有　《根本説一切有部毗奈耶雜事》卷十九義浄原注叙放生器法極詳（T24/293c）。

八　朝嚼齒木

每日旦朝，須嚼齒木(1)。揩齒刮舌，務令如法。盥漱清浄，方行敬禮。若其不然，受禮禮他(2)，悉皆得罪。其齒木者，梵云憚哆家瑟詑〔一〕。憚哆譯之爲齒，家瑟詑即是其木。長十二指，短不減八指，大如小指。一頭緩須熟嚼，良久浄刷牙關。若也逼近尊人，宜將左手掩口。用罷(3)擘破，屈而刮舌。或可別用銅鐵，作刮舌(4)之篦。或取竹木薄片，如小指面許，一頭纖細，以剔斷牙，屈而刮舌，勿令傷損。亦既用罷，即可俱洗，棄之屏處。凡棄齒木，若口中吐水及以洟唾，皆須彈指經三，或時謦咳過兩。如不爾者，棄便有罪(5)。

【校記】

（1）齒木　敦本「齒」字脱。

（2）受禮禮他　敦本作「受他禮」。

（3）用羅　石本「用」字脱。

（4）刮舌　敦本「刮」字脱。

（5）有罪　敦本「罪」字誤抄作「羅」。

【注釋】

〔一〕憚哆家瑟詑　梵文dantakāṣṭha。danta意爲齒，kāṣṭha意爲木片。解釋如下文。

或可大木破用，或可小條截爲。近山莊者，則柞條葛蔓(1)爲先；處平疇者，乃楮桃槐柳隨意。預收備擬，無令闕乏(2)。濕者(3)即須他授(4)，乾者許自執持。少壯者任取嚼之，耆宿者(5)乃椎頭(6)使碎。其木條以(7)苦澁辛辣者爲佳(8)，嚼頭成絮者爲最。麁胡葉根，極爲精也。即蒼耳根(9)并截取(10)入地二寸(11)堅齒口香，消食去癊(12)。用之(13)半月，口氣頓除。牙疼齒憊，三旬即愈(14)。要須熟嚼净揩，令涎癊流出，多水净漱，斯其法也。次(15)後若能鼻中飲水一抄，此是龍樹長年之術(16)〔二〕。必其鼻中不慣(17)，口飲亦佳。久而用之，便少(18)疾病。

【校記】

（1）柞條葛蔓　敦本作「可條蔓」。

（2）闕乏　敦本「乏」作「之」。

（3）濕者　敦本作「温者」。抄誤。

（4）他授　敦本、石本「授」作「受」。

（5）耆宿者　《金》本、《麗》本、《大》本印作「老宿者」。

（6）椎頭　敦本、石本「椎」抄作「槌」。

（7）以　敦本抄作「如」。

（8）佳　天本抄作「住」。

（9）即蒼耳根　《磧》本原無「根」字，今據敦本、石本、《金》本、《麗》本、《大》本補。又石本「即」字作「取」，「蒼」字作「食」，《金》本、《麗》本、《大》本「蒼」字作「倉」。

（10）并截取　《磧》本「取」字原作「耳」，今據敦本、石本、《金》本、《麗》本、《大》本改。又「并」字《洪》本訛作「井」。

（11）二寸　敦本作「二三寸」。

(12)去癊　敦本、石本作「去飲」。

(13)用之　敦本「用」誤抄作「同」。

(14)愈　敦本抄作「喻」。

(15)次　敦本無此字。

(16)術　敦本抄作「述」。

(17)慣　敦本、石本、《金》本、《麗》本、《大》本作「串」。

(18)少　《金》本作「小」。

【注釋】

〔一〕此是龍樹長年之術　龍樹，梵文Nāgārjuna。玄奘譯名作龍猛。印度大乘佛教中觀派的創立者，活動時間約在公元二世紀末、三世紀初。傳説他擅長醫術，能長生不老。中國隋唐時譯有印度醫書，常托名爲龍樹所著。如《隋書》卷三四《經籍志》三曾著録龍樹醫藥書三種（4/1047、4/1048、4/1049），《崇文總目》卷七及《宋史》卷二〇七《藝文志》六曾著録《龍樹眼論》一卷（15/5309）。

然而牙根宿穢(1)，積久成堅，刮之命盡。若湯(2)凈漱，更不腐敗，自至終身。牙疼西國逈無，良爲嚼其齒木。豈容不識齒木名作楊枝，西國柳樹全稀，譯者輒傳斯號。佛齒木樹實非楊柳(3)，那爛陁寺目自親觀〔一〕。既不取信於他，聞者亦無勞致惑(4)。檢《涅槃經》梵本〔二〕云嚼齒木時矣。亦有用細柳條，或五或六，全嚼口内(5)，不解漱除。或有吞汁，將爲殄病(6)。求清潔而返穢，冀(7)去疾而招痾。或有斯亦不知，非在論限。然五天法俗，嚼齒木自是恒事，三歲童子，咸即教爲。聖教俗流(8)，俱通利益〔三〕。既伸臧否(9)，行捨隨心。

【校記】

(1)牙根宿穢　敦本「宿」字脱。《麗》本、《大》本「牙根」作「牙齒根」。

(2)若湯　敦本、石本、《金》本、《麗》本、《大》本「若」字作「苦」，敦本「湯」作「湯水」，《金》本、《麗》本、《大》本「湯」作「盪」。

(3)楊柳　敦本作「柳樹」。

(4)惑　敦本、石本作「或」。二字通。

(5)全嚼口内　敦本作「全無嚼口内」。「無」字衍。

(6)殄病　石本作「彌病」。

(7)冀　石本抄作「粪」，即「糞」字，誤。

（8）俗流　敦本作「流俗」。

（9）既伸臧否　敦本、石本、《金》本、《麗》本、《大》本「伸」作「申」；敦本、石本「否」作「不」。

【注釋】

〔一〕那爛陁目自親觀　《大唐西域求法高僧傳》卷上《慧業傳》：「（那爛陁寺）根本殿西有佛齒木樹，非是楊柳。」

〔二〕涅槃經梵本　《涅槃經》梵名Mahāparinirvāṇasūtra。梵本今僅存少數殘卷。

〔三〕聖教俗流俱通利益　嚼齒木有五利。見《根本説一切有部毗奈耶雜事》卷十三（T24/264c）。此不詳舉。

九　受齋軌則

凡論西方赴請之法，並南海諸國，略顯其儀。西方乃施主預前禮拜請僧，齋日來白時至。僧徒器座，量准時宜。或可浄人自持，或受他浄物。器乃唯銅一色，須以灰末浄揩。座乃各别小牀，不應連席相觸。其牀法式，如第三章已言。若其瓦器曾未(1)用者，一度用之，此成無過。既被用訖，棄之坑塹，爲其受觸，不可重收。故西國路傍設義食處(2)，殘器若山，曾無再用。即如襄陽瓦器，食了更收，向若棄之，便用(3)净法。又復五天元無瓷漆，瓷(4)若油合，是净無疑。其漆器或時賈客將至西方及乎南海，皆不用食，良爲受膩故也。必若是新，以净灰洗，令無膩氣，用亦應得。其木器元非食物，新者一用，故(5)亦無愆，重觸有過，事如律説。

【校記】

（1）末　《磧》本原訛作「末」，今據敦本、石本、《金》本、《麗》本、《南》本、《北》本、《大》本改。

（2）設義食處　敦本作「議設食處」。

（3）用　敦本此字脱，石本、《金》本、《麗》本、《大》本作「同」。

（4）瓷　敦本此字脱。

（5）故　石本抄作「因」，《金》本、《麗》本、《大》本作「固」。

其施主家設食之處，地必牛糞净塗，各別安小牀座。復須清净坻瓮，預多貯水。僧徒既至(1)，解開衣紐，安置净瓶。即宜看水，若無蟲者，用之濯足。然後各就小床，停息片時，察其早晚(2)。日既將午，施主白言時至，法衆乃反攝(3)上衣，兩角前繫，下邊右角壓在腰條左邊(4)。或屑或土，澡手令浄。或施主授水，或自用君持〔一〕，隨時濟事。重來踞坐，受其器葉，以水略洗，勿使横流。食前全無呪願之法。施主乃浄洗(5)手足，先於大衆行初(6)，置(7)聖僧供。次乃行食，以奉僧衆，復於行末(8)，安食一盤，以供呵利底母(9)〔二〕。

【校記】

(1)既至　敦本作「已至」。
(2)早晚　石本「晚」抄作「曉」。
(3)攝　敦本、《金》本、《麗》本、《大》本作「攝」，石本此字脱。
(4)右角壓在腰條左邊　敦本作「右壓在要條右邊」。
(5)浄洗　石本作「洗浄」。
(6)行初　《金》本、《麗》本、《大》本作「前初」。
(7)置　敦本作「至」。
(8)行末　《金》本、《麗》本、《大》本作「行食末」。
(9)呵利底母　敦本抄作「可利底母神」。

【注釋】

〔一〕君持　梵文kuṇḍika。又譯作君遲、軍持、捃稚迦等。《大唐西域記》卷十原注：「即澡瓶也。」（校注本，頁784）

〔二〕呵利底母　梵文Hārītī，又譯鬼子母。故事見下文。《根本説一切有部毗奈耶雜事》卷三一所叙更詳（T24/360c—363b）。

其母先身，因事發願，食王舍城所有兒子。因其邪願，捨身遂生藥叉(1)〔一〕之内，生五百兒，日日每餐(2)王舍城男女。諸人白佛，佛遂藏其稚子，名曰愛兒。觸處覓之，佛邊方得。世尊告曰：「汝憐愛兒乎(3)？汝子五百，一尚見憐，況復餘人一二而已(4)。」佛因化之，令受五戒，爲鄔波斯迦〔二〕。因請佛曰：「我兒五百，今何食焉？」佛言：「苾芻等住處寺家，日日每設祭食，令汝等充餐。」故西方諸寺每於門屋處，或在食厨邊，塑(5)畫母形，抱一兒子於其膝下，或五或三，以表其像。每日於前盛陳供食(6)。其母乃是四天王〔三〕之衆，大豐勢力，其有疾病無兒息者(7)，饗食(8)薦之，咸皆遂願。廣緣如律，此陳大意耳。神州先有(9)名鬼子母焉。

【校記】

（1）藥叉　敦本「叉」字脱，《金》本、《麗》本「叉」字印作「義」。

（2）餐　《麗》本、《大》本作「食」。

（3）愛兒乎　石本作「愛兒子乎」。

（4）而已　石本抄作「兒已」。

（5）塑　敦本、石本、《金》本、《麗》本、《大》本作「素」。

（6）供食　敦本作「供養」。

（7）者　石本無此字。

（8）饗食　敦本「食」字脱。

（9）有　敦本無此字。

【注釋】

〔一〕藥叉　梵文yakṣa。印度傳説中一種半神半人的精靈。

〔二〕鄔波斯迦　梵文upāsikā。《大唐西域記》卷九原注：「唐言近事女。」（校注本，頁706）即女居士。

〔三〕四天王　佛教保護神，所謂東方持國天王（Dhṛtarāṣṭra）、南方增長天王（Virūḍhaka）、西方廣目天王（Virūpākṣa）、北方多聞天王（Dhanada）。

又復西方諸大寺處，咸於食厨柱側，或在大庫門前，彫木表形，或二尺三尺，爲神王狀(1)，坐把(2)金囊，却踞小牀，一脚(3)垂地，每將油拭，黑色爲形，號曰莫訶歌羅(4)〔一〕，即大黑神也。古代相承云是大天〔二〕之部屬，性愛三寶，護持(5)五衆〔三〕，使無損耗，求者稱情。但至食時，厨家每薦香火，所有飲食隨列於前。曾親見説《大涅槃》處般彈那寺〔四〕，每常僧食一百有餘(6)。春秋二時禮拜之際(7)，不期而至僧徒五百，臨中忽來。正(8)到中時，無宜更煮。其知事人告厨家曰：「有斯倉卒，事欲如何？」于時有一浄人老母而告之曰：「此乃常事，無勞見憂。」遂乃多然香火，盛陳祭食(9)，告黑神曰：「大聖涅槃，爾徒尚在。四方僧至，爲(10)禮聖蹤。飲食供承，勿令闕乏。是仁(11)之力，幸可知時。」尋即揔命大衆令坐，以寺常食次第行之，大衆咸足。其餐所長，還如常日。咸皆唱善，讚天神之力。親行禮覲，故覩(12)黑神(13)。見在其前，食成(14)大聚。問其何意，報此所由。淮北(15)雖復先無，江南多有置處。求者效驗(16)，神道非虚。大覺寺目真隣陀(17)龍〔五〕亦同斯異矣。

【校記】

（1）狀　石本誤抄作「狀」。

（2）把　《麗》本、《大》本作「抱」。

（3）脚　敦本作「却」。

（4）莫訶歌羅　敦本「莫」字作「磨」；石本、《金》本、《麗》本、《大》本「歌」字作「哥」。

（5）護持　敦本「護」字誤抄作「諌」。

（6）有餘　石本無「有」字。

（7）際　敦本抄作「癸」。誤。

（8）正　石本抄作「缶」。

（9）祭食　石本誤抄作「發食」。

（10）爲　石本抄作「乃」。

（11）仁　敦本抄作「人」。

（12）故覩　敦本、石本「覩」作「都」。

（13）黑神　《麗》本、《大》本作「神容」。

（14）成　石本抄作「盛」。

（15）淮北　《洪》本「北」印作「比」，誤。

（16）效驗　石本「效」字抄作「交」。

（17）目真隣陀　敦本、石本、《金》本、《麗》本、《大》本「隣」字作「鱗」，《思》本作「憐」。

【注釋】

〔一〕莫訶歌羅　梵文Mahākāla。意譯大黑神。

〔二〕大天　梵文Mahādeva的意譯，此處爲神名。

〔三〕五衆　苾芻（bhikṣu）、苾芻尼（bhikṣuṇī）、式叉摩那（śikṣamāṇā）、沙彌（śramaṇera）、沙彌尼（śramaṇerī）。

〔四〕説《大涅槃》處般彈那寺　《大涅槃》指《大般涅槃經》（Mahāparinirvāṇasutra）。般彈那寺在拘尸那城，即今印度北方邦Gorakhpur東的Kasiā，此地出土有粘土製印章，上鎸銘文Śrī-Bandhana-mahāvihārāya-bhikṣu-saṃghasya，據文字字形判斷，約爲公元六世紀時物。見静谷正雄：《インドの仏教碑銘目録》，京都，一九七九，Ⅳ，G198，p.230。此即「説《大涅槃》處般彈那寺」，Bandhana-mahāvihāra即般彈那寺一名的原字。此名又見Mahāparinibbānasutta，Ⅵ，45。

〔五〕大覺寺目真隣陀龍　大覺寺，梵文Mahābodhisaṅghārāma。在釋迦牟尼成道處。傳説釋迦牟尼成道後，曾受目真隣陀龍邀請，至龍宫坐禪七日。《大唐西域記》卷八：「帝釋化池東林中，有目支鄰陁龍王池，其水清黑，其味甘美。」（校注本，頁685）目支鄰陁即目真鄰陀，梵文Mucilinda。此池在釋迦牟尼成道處附近，與大覺寺相隣。

其行食法，先下薑鹽，薑乃一片兩片，大如指許，鹽則全匕(1)半匕，藉之以葉。其行鹽者，合掌長跪，在上座(2)前，口唱三鉢羅佉(3)哆〔一〕，譯爲善至，舊云僧跋者訛也。上座告曰：「平等行食。」意道供具善成，食時復至。准其字(4)義，合當如是。然而佛與大衆受他毒食，佛教令唱三鉢羅佉哆(5)，然後方食，所有毒藥，皆變成美味。以此言之，乃是秘密言詞，未必目其善至。東西兩音，臨時任道。并汾之地〔二〕唱時至者，頗有故實。

【校記】

（1）匕　石本抄作「已」。

（2）上座　石本「座」抄作「坐」。下同。

（3）佉　石本抄作「法」，復用淡墨改作「佉」。下同。

（4）字　石本抄作「子」，左邊復有淡墨寫「字」字。

（5）哆　《磧》本原作「多」，今依敦本、石本、《金》本、《思》本、《麗》本、《南》本、《北》本、《大》本及上文改。

【注釋】

〔一〕三鉢羅佉哆　梵文 sampragata。《根本説一切有部目得迦》卷八義浄原注：「三鉢羅佉哆，譯爲正至，或爲時至，或是密語神呪，能解毒故。昔云僧跋者訛也。佛教遺唱食前，今乃後稱食遍，非直失於本意，上座難免其愆。訛替多時，智者詳用。」（T24/445b—c）

〔二〕并汾之地　并指并州，汾指汾州。唐時俱在今山西境内。并州州治太原，今太原市。汾州州治西河，今汾陽。

其授食之人，並須當前並足，恭敬曲身，兩手執器，及以餅果。去手一磔，即須懸放(1)。自餘器食，或一寸二寸。若異此途，理不成受。隨受隨食，無勞待遍。等供食遍，不是正(2)飜。食罷隨意〔二〕，亦非聖説。次授乾秔米飯(3)並(4)稠豆臛，澆以(5)熱酥(6)，手攪令和，投(7)諸助味，食用右手。纔可半腹，方行餅果，後行(8)乳酪及以沙糖。渴飲冷水，無問冬夏。此乃衆僧(9)常食，並設齋供，大略皆爾。

【校記】

（1）懸放　敦本「放」字誤抄作「故」。

（2）正　石本抄作「𠙺」。此爲武則天載初元年（六八九）正月所造十二個「新字」之一。

〔3〕乾杭米飯　《磧》本「飯」字原作「飲」，今依《金》本、《思》本、《麗》本、《大》本改。《金》本「乾」字作「訖」；《麗》本、《大》本「杭米」作「粳米」；敦本、石本「飯」作「餅」。

〔4〕並　石本無此字。

〔5〕澆以　敦本、石本作「洗以」。

〔6〕熱酥　敦本「熱」抄作「執」；石本「酥」抄作「蘇」。

〔7〕投　敦本作「頭」。

〔8〕行　敦本「行」字脱。

〔9〕衆僧　敦本、石本「衆」字脱。

【注釋】

〔一〕食罷隨意　隨意，梵文pravāraṇa。見卷二「隨意成規」章。

然其齋法，意存(1)殷厚。所餘餅飯(2)，盈溢盤盂，酥酪縱横，隨著皆受。故佛在日，勝光王(3)〔一〕親供佛衆，行其飲食(4)及以酥酪，乃至地皆流漫。律有誠文(5)，即其事也，淨初至(6)東印度耽摩立底國〔二〕，欲依廉素，設僧齋供(7)，時人止曰：「若纔足而已，何爲不得？然而古來相承，設須盈富。若但滿腹者，恐人致笑。聞師從大國來，處所豐贍，若無盈長，不如不設。」是以還依彼法矣。斯乃施心弘廣，得報還復(8)豐多，無乖理也。必其貧窶，及食罷行嚫(9)，隨力所能。

【校記】

（1）存　敦本作「在」。
（2）所餘餅飯　敦本作「所餅食」；石本作「所餘餅餅」，後一「餅」字又用淡墨改作「飯」；《金》本作「所餘餅餅」。
（3）勝光王　敦本、石本作「勝軍王」。
（4）飲食　《金》本、《麗》本、《大》本作「餘食」。
（5）誠文　敦本、石本、《金》本、《麗》本、《大》本作「成文」。
（6）浄初至　敦本、石本無「浄」、「至」二字，但石本「初」字右邊用淡墨補一「浄」字。
（7）設僧齋供　敦本作「供僧齋供」，《麗》本、《大》本作「設供齋僧」。
（8）復　敦本無「復」字。
（9）行嚫　石本、《金》本、《思》本「嚫」字作「儭」，《麗》本、《大》本作「䞋」。

【注釋】

〔一〕勝光王　即勝軍王，梵文Prasenajit，巴利文Pāsenadi。或音譯波斯匿王或鉢邏犀那恃多王。釋迦牟尼時憍薩羅國國王，支持佛教，與佛爲好友。佛經中有關他的故事很多。

〔二〕耽摩立底國　耽摩立底，梵文Tāmralipti。《法顯傳》譯作「多摩梨帝」，《大唐西域記》卷十譯作「耽摩栗底」，並有專條。舊地在今印度西孟加拉邦Midnapur的Tamluk附近，古代位於Hooghly河的入海口處，爲東印度重要港口。

既其食了，以片水(1)漱口，咽而不棄。將少水置器，略浄右手，然後方起。欲起(2)之時，須以右手滿掬取食，持將出外。不簡僧私(3)之物，聖遺普施衆生。未(4)食前呈，律無成教。又復將食一盤，以上先亡及餘神鬼應食之類。緣在鷲山，如經廣説。可將其食，向上座前跪，上座乃以片水灑而呪願曰：「以今所修福，普霑於鬼趣。食已免極苦，捨身生樂處。菩薩之福報(5)，無盡若虚空。施獲(6)如是果，增長無休息！」持將出外，於幽僻處，林叢之下，或在河池之内，以施先亡矣。江淮間設齋之次，外置一盤，即斯法也。

【校記】

（1）片水　敦本「水」字脱。

(2)欲起　敦本此二字脱。

(3)私　《磧》本原作「佛」，今依敦本、石本、《金》本、《麗》本、《大》本改。

(4)未　《金》本作「來」。

(5)之福報　敦本、石本、《麗》本、《大》本作「所受用」。

(6)獲　《磧》本原訛作「護」，今依敦本、石本、《金》本、《思》本、《麗》本、《洪》本、《北》本、《大》本改。

然後(1)施主授齒木，供浄水。盥漱(2)之法，如第五章已述。僧徒辭别之時，口云所有(3)福業，悉皆隨喜〔一〕。然後散去，衆僧各各自誦伽他(4)〔二〕，更無法事。食罷餘殘，並任衆僧令小兒將去。或施貧下，隨應食者(5)食之。或可時屬饑年，或知(6)施主性(7)慳者，問而後取(8)，齋主全(9)無重收食法。此是西方一塗(10)受供(11)之式。

【校記】

(1)後　《磧》本原作「彼」，今依敦本、石本、《金》本、《麗》本、《大》本改。

(2)盥漱　敦本作「盥與漱」。

(3)所有　《金》本、《麗》本、《大》本作「所修」。石本自此以下殘去甚多，相當於《磧》本原刻一百一十三行半。復自「食但著三衣」起。唯據影印本，原抄本上下文相脱處已粘接於一處，當爲後來修補者所爲。

（4）伽他　《洪》本作「伽陁」。

（5）食者　敦本無此二字。

（6）知　《麗》本、《大》本作「恐」。

（7）性　敦本脱此字。

（8）後取　《麗》本作「方取」，《大》本作「力取」。

（9）全　《金》本作「令」。

（10）塗　敦本、《金》本、《麗》本、《大》本作「途」，二字通。

（11）受供　《金》本「受」字脱。

【注釋】

〔一〕隨喜　梵文anumoda。下文中有解釋。

〔二〕伽他　梵文gāthā，又譯伽陀。即偈頌。

或可施主延請同前，於其宅中形像豫設。午時既至，普就尊儀。蹲踞合掌，各自心念。禮敬既訖，食乃同前。或可別令一人，在尊像前，長跪合掌，大聲讚佛。言長跪者，謂是雙膝踞地，竪兩足以支身，舊云胡跪者非也。五天皆尒，何獨道胡。唯歎佛德，不雜餘言。施主乃燃燈散華，一心虔敬。用摩香泥(1)以塗僧足，燒香紛馥(2)，元(3)不別行。鼓樂弦歌(4)，隨情供養。方始如前，准次湌食。食罷將其瓶水遍灑衆前，上座方爲施主略誦陁那伽他(5)〔一〕。斯乃復是兩塗西方食法。

【校記】

（1）用摩香泥　敦本無「用摩」二字。

（2）紛馥　敦本、《金》本、《麗》本、《大》本「紛」作「普」。

（3）元　《磧》本原作「九」，今依敦本、《金》本、《思》本、《麗》本、《大》本改，《洪》本、《北》本作「尢」。

（4）弦歌　《金》本、《思》本、《麗》本、《大》本「弦」作「絃」。二字通。

（5）伽他　《金》本、《麗》本、《洪》本、《大》本作「伽陁」。

【注釋】

〔一〕陁那伽他　梵文 dānagāthā。dāna 意即施。

然而西國(1)噉嚼，多與神州不同，但可略據律科，粗陳梗槩云爾。律云：半者蒲膳尼，半者珂但尼(二)。蒲膳尼以含噉(2)爲義，珂但尼即齧嚼受名(3)。半者謂五也，半者蒲膳尼應譯爲五噉食。舊云五正(4)者，准義翻也。一飯(5)、二麥豆飯(6)、三麨、四肉、五餅(7)。半者珂但尼應譯爲五嚼食。一根、二莖、三葉、四華、五菓。其無緣者，若食初五，後五必不合飡。若先食後五，前五噉便隨意。准知乳酪等非二五所收，律文更無(8)別號，明非正食所攝。若諸麵食，竪匙不倒，皆是餅飯所收。乾麨和水，指畫見跡者，斯還五攝。

【校記】

（1）西國　敦本作「西方」。

（2）含噉　《金》本作「食噉」。

（3）受名　敦本抄作「受一名」。「一」字衍。

（4）五正　敦本抄作「五正食」。

（5）飯　敦本抄作「餅」。

（6）飯　敦本抄作「餅」。

（7）餅　敦本抄作「飯」，《金》本作「餅」，即「飯」。

（8）無　敦本作「不」。

【注釋】

〔一〕半者蒲膳尼半者珂但尼　半者蒲膳尼，梵文pañcabhojanīya；半者珂但尼，梵文pañcakhādanīya。解釋見下文。此又見《根本説一切有部百一羯磨》卷五（T24/478a）、《根本説一切有部毗奈耶雜事》卷十（T24/249c—250a）、《根本説一切有部毗奈耶》卷三六（T23/821b）等。

且如五天之地，界分綿邈，大略而言，東西南北各四(1)百餘驛。除其邊裔，雖非盡能目擊，故可詳而問知。所有噉嚼，奇巧非一。北方足麵，西邊豐麨，摩揭陁國(2)麪少米多，南裔東陲(3)，與摩揭陁一類。酥油乳酪，在處皆有。餅果之屬，難可勝數。俗人之流，膻腥尚寡。諸國並多粳米，粟少黍無。有甘瓜，豐蔗芋，乏葵菜，足蔓青，然子有黑白，比來譯爲芥子，壓(4)油充食，諸國咸然。其菜(5)食之味(6)，與神州蔓青無別。其根堅鞕(7)，復與蔓青不同。結實粒麁，復非芥子。其猶枳橘，因地遷形。在那爛陁與無行禪師〔二〕共議懷疑，未能的辨。又五天之人，不食諸薑(8)及生菜之屬，由此人無腹痛之患，腸胃和輭，亡堅强(9)之憂矣。

【校記】

(1)四　敦本無「四」字。

(2)摩揭陁國　敦本抄作「摩麨揭陁國」，「麨」字衍。

(3)陲　敦本、《金》本、《麗》本、《大》本作「垂」。

(4)壓　敦本作「狎」，《金》本作「押」。

(5)菜　敦本作「采」。

(6)味　敦本作「未」。

(7)鞕　敦本抄作「硬」，即今通用字。

(8)韲　《金》本作「⿱齊日」。

(9)堅强　敦本脱「堅」字。

【注釋】

〔一〕無行禪師　荆州江陵人。梵名般若提婆（Prajñādeva）。唐咸亨二年（六七一）以後偕僧人智弘取海路赴印度，在印度數年。垂拱元年（六八五）以後擬取北道歸國，卒於北印度。事蹟詳見《大唐西域求法高僧傳》卷下。

然南海十洲，齋供更成殷厚。初日(1)將檳榔一顆(2)及片子香油並米屑少許，並悉盛之葉器，安大盤中，白氎蓋之。金瓶盛(3)水，當前瀝地，以請衆僧，令於後日中前，塗身澡浴。第二日過午已後，則擊皷樂，設香華，延請尊儀。棚車輦輿，幡旗映日，法俗雲奔。引至家庭，張施帷蓋(4)。金銅尊像，瑩飾皎然，塗以香泥，置淨盤内。咸持香水，虔誠沐浴。拭以香氎，捧入堂(5)中，盛設香燈，方爲稱讚(6)。然後上座爲其施主説陁那(7)伽他，申述功德，方始請僧。出外澡漱，飲沙糖水，多噉檳榔，然後取散。至第三日禺中(8)，入寺敬白時到。僧洗浴已，引向齋家。重設尊儀，略爲澡沐。香華皷樂，倍於昨晨。所有供養，尊前普列。於像兩邊，各嚴童女或五或十，或可童子，量時有無。或擎香爐，執金澡罐。或捧香燈(9)、鮮華、白拂(10)。所有(11)粧臺鏡奩之屬，咸悉持來佛前奉獻。問其何意，答是福田(12)。今不奉獻，後寧希報？以理言之，斯亦善事。

【校記】

（1）日　敦本抄作「目」。

（2）顆　敦本、《金》本、《麗》本、《大》本作「裹」。

（3）盛　敦本作「成」。

（4）張施帷蓋　敦本抄作「張設唯蓋」。

（5）堂　敦本抄作「棠」。

（6）稱讚　敦本「讚」字脱。

（7）陁那　敦本作「伽陁那」，「伽」字衍。

（8）禺中　敦本、《金》本「禺」作「隅」。

（9）燈　《金》本印作「登」。

（10）拂　敦本抄作「佛」。

（11）所有　敦本「所」字脱。

（12）福田　敦本、《金》本、《麗》本、《大》本作「福因」。

次請一僧，座前長跪，讚歎佛德。次復別請兩僧，各昇佛邊一座，略誦小經半紙一紙。或慶形像（1），共點（2）佛（3）睛，以求勝福。然後隨便各就一邊，反襵加沙（4），袈裟乃是梵言，即是乾陁之色〔一〕。元來不干東語，何勞下底置衣？若依律文典語，三衣並曰（5）支伐羅也〔二〕。兩角前繫，澡手就飡。威儀法式、牛糞塗地、觀水、濯足、及所飡噉行食法用，並與西方大同。然其別者，頗兼三淨〔三〕耳。並多（6）縫葉爲槃，寬如半席，貯粳米餅（7）一升（8）二升（9）。亦用爲器，受一升二升，擎向僧處，當前授與。次行(10)諸食，有三二十般。此乃貧窶(11)之輩也。若是王家及餘富者，並授銅盤銅椀及以葉器，大如席許，餚饌(12)飲食，數盈百味。國王乃捨尊貴位，自稱奴僕，與僧授食，虔恭徹到(13)，隨著皆受，更無遮法。若但取足而已(14)，施主心便不快，見其盈溢，方成意滿。粳米飯(15)則四升五升，餅果等則三盤兩盤。其親屬隣伍之家，咸賫助供。或餅或飯(16)，羹菜非一。然一人殘食，可供三四。若盛設者十人食亦未盡。其所殘食皆任衆僧令净人將去。然而神州齋法，與西國不同，所食殘餘，主還自取。僧輒將去，理成未可。故出家之人相時而動，知足不辱，無虧施心。必若施主決心不擬重取，請僧將去者，任量事斟酌。

【校記】

（1）形像　敦本抄作「像像」。

（2）點　敦本誤抄作「默」。

（3）佛　敦本抄作「仏」，即「佛」字古代俗寫。

（4）加沙　敦本、《金》本、《麗》本、《北》本、《大》本作「袈裟」。

（5）曰　敦本、《金》本、《麗》本、《大》本作「名」。

（6）多　敦本誤抄作「不」。

（7）餅　《金》本、《麗》本作「飦」，即《大》本所印作「飯」字。

（8）升　《金》本、《麗》本、《大》本作「㪷」。以下「升」字俱同此。

（9）二升　敦本此二字脱。

（10）次行　敦本作「次弟」。

（11）貧窶　敦本作「貧煎」。

（12）餚饌　《思》本「餚」印作「餙」，誤。

（13）到　敦本作「致」。

（14）已　敦本「已」字脱。

（15）飯　敦本作「餅」。

（16）或餅或飯　《金》本、《麗》本、《大》本作「或飦（飯）或餅」。

【注釋】

〔一〕袈裟乃是梵言即是乾陁之色　袈裟，梵文kaṣāya或kāṣāya。乾陁，梵文kanthā。義浄在《根本説一切有部百一羯磨》卷九注中解釋「乾陁色」：「梵云袈裟野，譯爲赤色。」（T24/495b）又本書卷二「衣食所須」章原注：「北方諸國，多名法衣爲袈裟，乃是赤色之義，非律文典語。」

〔二〕三衣並曰支伐羅也　本書卷二「衣食所須」章有詳細解釋。

〔三〕三淨　所謂三種淨肉。慧琳《一切經音義》卷二五：「三種淨肉，一不見殺，二不聞殺，三不疑爲己殺等是。」（T54/467b）小乘佛教不禁僧人食，大乘佛教一般則禁止食用。

衆僧(1)亦既食了，盥漱又畢，乃掃除餘(2)食，令地清淨。布以華燈，燒香散馥。持所施物，列在衆前。次行香泥，如梧子許。僧各揩手(3)，令使香潔。次行檳榔豆蔻，糅以丁香龍腦，咀嚼能令口香，亦乃(4)消食去癊。其香藥等，皆須淨瓶水洗，以鮮葉裹，授與衆僧(5)。施主至(6)上座前，或就能者，以著觜瓶，水如銅箸，連注不絶，下以盤承。師乃手中執華，承其注水，口誦陁那伽他(7)。初須佛説之頌，後通人造。任情多少，量時爲度。須稱施主名，願令富樂。復持現福(8)，迴爲先亡。後爲皇王，次及(9)龍鬼。願國土成熟，人物乂安(10)，釋迦聖教，住而莫滅。其伽他(11)譯之如別。斯乃世尊在日親爲呪願，但至食罷，必爲説特欹拏伽他〔一〕，是將(12)施物供奉之義(13)。特欹尼野(14)即是應合受供養人〔二〕。是故聖制每但食了，必須誦(15)一兩陁那伽他，報施主(16)恩。梵云陁那鉢底(17)〔三〕，譯爲施主。陁那是施，鉢底是主。而云檀越者，本非正譯。略去那字，取上陁音，轉名爲檀，更加越字，意道由行檀捨，自可越渡貧窮。妙釋雖然，終乖正本。舊云達儭(18)者訛也。若不然者，既違聖教，不銷所飡。

【校記】

（1）衆僧　敦本在此後衍一「食」字。

（2）餘　敦本「餘」字脱。

（3）揩手　《磧》本「揩」原作「楷」，今依敦本、《金》本、《思》本、《麗》本、《南》本、《北》本、《大》本改。

（4）乃　《麗》本、《大》本作「可」。

（5）衆僧　敦本此二字脱。

（6）至　敦本此字脱。

（7）陁那伽他　敦本「那」誤抄作「羅」，《洪》本「他」作「陁」。

（8）現福　敦本「福」字脱。

（9）次及　《磧》本原作「資及」，今依《金》本、《麗》本、《大》本改。

（10）乂安　《磧》本原印作「又安」，今依《思》本、《南》本改。

（11）伽他　敦本作「伽陁」。

（12）將　《麗》本、《大》本作「持」。

（13）義　《金》本、《麗》本、《大》本作「儀」。

（14）特欹尼野　《金》本、《麗》本、《大》本「野」字作「師」。

（15）誦　敦本作「頌」。

（16）施主　敦本「主」字脱。

（17）陁那鉢底　《金》本「底」作「成」，誤。

（18）儭　《麗》本、《大》本作「嚫」，二字同。

【注釋】

〔一〕特欹拏伽他　梵文dakṣiṇāgāthā。慧琳《一切經音義》卷六一解釋：「梵語也，此云將施物供養三寶之義，伽陀即偈頌也。是呪願施主福德資益之意。」（T54/711b）

〔二〕特欹尼野即是應合受供養人　特欹尼野，梵文dakṣiṇīya。

〔三〕陁那鉢底　梵文dānapati。解釋見下文。

乞餘食(1)法，時有行處，然後行其嚫物(2)。或作如意樹以施僧，或造金蓮華以上佛。鮮華齊膝，白氎盈牀。過午或講小經，或時連夜方散。辭別之時，口云娑度(3)〔一〕，兼唱阿奴謨柂(4)〔二〕。娑度(5)即事目善哉(6)，阿奴謨柂譯爲隨喜。凡見施他，或見施己，咸同此說。意者前人既呈，隨後慶讚，俱招福利矣。此是南海十洲一塗(7)受供法式(8)。或初日檳榔請僧，第二日禺中(9)浴像(10)，午時食罷，齊暮講經，斯則處中者所務。或可初日奉齒木以請僧，明日但直設齋而已(11)。或(12)可就僧禮拜，言伸(13)請白，斯乃貧乏之流也。

【校記】

（1）餘食　《金》本「食」字脱。

（2）嚫物　敦本、《金》本、《思》本「嚫」印作「儭」，《麗》本、《大》本印作「䞋」。

（3）娑度　《磧》本「娑」原作「婆」，下文中及各本俱作「娑」，梵文 sādhu，今據改。

（4）栴　《金》本、《麗》本作「拖」，《大》本作「拕」。

（5）娑度　《金》本作「娑婆度」。

（6）哉　《麗》本、《大》本作「奉」。

（7）一塗　敦本作「之途」。

（8）法式　敦本「式」字脱。

（9）禺中　敦本、《金》本作「隅中」。

（10）像　敦本作「仏像」。

(11)已　敦本作「以」。

(12)或　敦本「或」字脱。

(13)伸　敦本、《金》本、《麗》本、《大》本作「申」。

【注釋】

〔一〕娑度　梵文sādhu。解釋見下文。

〔二〕阿奴謨柂　梵文anumoda。意爲同意，此處譯爲隨喜。

然北方諸胡，覩貨羅〔一〕及速利國〔二〕等，其法復别。施主先呈華蓋(1)，供養制底，大衆旋繞，令唱導師廣陳呪願，然後方食。其華蓋法式如《西方記》〔三〕中所陳矣。斯等雖復事有疎繁，食兼廣略，然而僧徒軌式，護淨手飡，大徒法則，並悉(2)相似。衆僧或有杜多乞食，但著三衣，設他來請，或(3)奉金寶，棄如洟唾，屏跡窮林矣。即如東夏齋法，遣疏請僧(4)，雖至明朝，不來啓白。准如聖教，似不慇勤。必是門徒，須教法式。若行赴供，應將濾羅，僧所用水，並可觀察。既其食了，須嚼齒木。若口有餘膩，即不成齋。雖復餓腹終宵，詎免非時之過，幸可看(5)西方食法。擬議(6)東川，得不之宜(7)，自然明白，無暇詳(8)述，智者當思。

【校記】

（1）華蓋　《大》本「蓋」作「著」，誤。

（2）並悉　敦本抄作「兼皆」。

（3）或　《金》本、《麗》本、《大》本「或」字脱。

（4）僧　敦本「僧」字脱。

（5）看　《金》本作「容」。

（6）擬議　敦本作「議擬」。

（7）之宜　《磧》本「之」原作「乏」，今依敦本、石本、《金》本、《麗》本、《大》本改。《思》本「之」作「定」。

（8）詳　石本作「祥」，復用淡墨改作「詳」。

【注釋】

〔一〕覩貨羅　梵文Tukhāra。中亞古國名。亦用作地名。《大唐西域記》卷一：「出鐵門，至覩貨邏國故地。南北千餘里，東西三千餘里。東阨葱嶺，西接波剌斯，南大雪山，北據鐵門，縛芻大河中境西流。」（校注本，頁100）即在今阿富汗北部一帶，興都庫什山與阿姆河上游之間。

〔二〕速利國　速利又作窣利。中亞古國。《大唐西域記》卷一：「自素葉水城，至羯霜那國，地名窣利，人亦謂焉。」（校注本，頁72）即東起原蘇聯吉爾吉斯北托克馬克城，西至原蘇聯烏兹别克東南部沙赫里夏勃兹一帶。

〔三〕《西方記》　書今不存。從上下文看，似爲義浄所著，後亡佚。

嘗試論之曰：然無上世尊，大慈悲父，愍生淪滯，歷三大〔一〕而翹勤(1)；冀使依行，現七紀而揚化〔二〕。以爲住持之本，衣食是先，恐長塵勞(2)，嚴施戒檢。制在聖意，理可遵行。反以輕心，道其無罪，食噉不知受觸，但護淫戒一條，即云我是無罪之人，何勞更煩學律？咽噉著脱，元(3)不關情，直指(4)空門，將爲佛意，寧知諸戒非佛意焉？一貫一輕，出乎臆斷。門徒遂相踵習，判(5)不窺看戒經，寫得兩卷空門，便謂理包三藏(6)。不思咽咽當有流漿(7)之苦，誰知步步現(8)招賊住之殃。浮囊不洩〔三〕，乃是菩薩本心(9)；勿輕小愆，還成最後之唱。理合大小雙修，方順慈尊之訓。防小罪，觀大空，攝物澄心，何過之有？或恐自迷誤衆，准教聊陳一隅。空法信是非虚，律(10)典何因(11)見慢。宜應半月説戒洗懺，恒爲勸戒門徒，日三禮白。佛法住世，日日衰微。察己童年所觀，乃與老時全異。目驗斯在，幸可存(12)心。夫飲食之累，乃是常須，幸願敬奉之倫無輕聖教耳。

【校記】

（1）歷三大而翹勤　《金》本自此句「大」字以下至「浮囊不洩」共十一行一百五十四字誤置於卷末「誰復輒鑒於精麁」句前。

（2）塵勞　《思》本作「慶勞」。

（3）元　石本作「無」，《金》本作「无」。

（4）指　敦本作「至」。

（5）判　《麗》本、《大》本作「制」。

（6）理包三藏　石本、《金》本、《大》本「包」作「苞」，敦本抄作「芭」。敦本「藏」字脱。

（7）漿　敦本抄作「醬」。

（8）現　石本抄作「見」。

（9）乃是菩薩本心　《金》本自「乃是菩薩本心」句至「遵勝諦而無著」句之「勝」字共十二行一百六十八字誤置於「歷三大而翹勤」句之「大而翹勤」之前。

（10）律　敦本「律」字脱。

（11）因　敦本「因」字脱。

（12）存　敦本作「在」。

【注釋】

〔一〕三大　所謂三大祇，又稱三阿僧祇劫。指無限長的時間。本書卷四「古德不爲」章：「滿三大之長祇。」阿僧祇劫，梵文asaṅkhyakalpa。

〔二〕現七紀而揚化　指釋迦牟尼住世七紀。一紀十二年，七紀八十四年。釋迦牟尼實際在世八十年，此略言之。

〔三〕浮囊不洩　浮囊，泅渡時所用氣囊，古時多爲皮製。《釋氏要覽》卷中「護惜浮囊」條：「《涅盤經》云，有一人渡海，假於浮囊。有一羅刹隨渡者乞其浮囊，乃至一針眼許，渡者不得。此喻持戒人守護戒法，如渡海浮囊，不得少許穿漏，方渡生死大海。」（T54/281c）此見《北》本《大般涅槃經》卷十一（T12/432b）。

重曰：聖教八萬，要唯一二。外順俗途，内凝真智。何謂俗途(1)？奉禁亡辜。何謂真智？見境俱棄。遵勝諦而無著(2)，滅緣生之有累。勤(3)積集於多修，證圓成(4)之妙義。豈容不習三藏，教理俱迷，罪若河沙(5)之巨量，妄道(6)已證於菩提。菩提是覺，惑累皆亡。不生不滅，號曰真常。寧得同居苦海，漫説我住西方。常理(7)欲希，戒淨爲基。護囊穿之小隙，慎針穴之大非。大非(8)之首，衣食多咎。奉佛教則解脱非遥，慢尊言乃沉淪自久。聊題行法，略述先模。咸依聖檢，豈曰情畐。幸無嫌於直説，庶有益於疑途(9)。若不確言其進不(10)，誰復輒鑒於精麁。

【校記】

（1）俗途　敦本作「俗徒」。

（2）遵勝諦而無著　《金》本自此句「諦」字起至「誰復輒鑒於精麁」句之「誰」字共十一行一百五十五字誤置於「歷三大而翹勤」句之「三」字後。

（3）勤　敦本作「懃」，《南》本作「勒」。

（4）圓成　敦本在此後衍一「士」字。

（5）河沙　敦本抄作「恒河」。

（6）妄道　《金》本「妄」字作「望」，誤。

（7）常理　敦本作「常離」。

（8）大非　敦本「非」字脱。

（9）疑途　敦本「途」作「徒」，《麗》本、《大》本作「遐途」。

（10）進不　石本作「進否」，《金》本作「進退不」。

南海寄歸内法傳卷第二(1)

三藏沙門義浄撰(2)

十　衣食所須

察夫(4)有待累形，假衣食而始濟；無生妙智，託滅理而方興。若其受用乖儀，便招步步之罪；澄心失軌，遂致念念之迷。爲此於受用中求脱者，順聖言而受用；在澄(5)

心處習理者，符先教以澄心。即須俯視生涯，是迷生之牢獄；仰睎寂岸，爲悟寂(6)之虚關(7)。方可艤法舟於苦津，秉慧炬於長夜矣。然於所著衣服之制，飲食之儀，若持犯眪然，律有成則，初學之輩，亦識重輕。此則得失局在别人，固乃無煩商攉。自有現違律檢，而將爲指南，或可習俗生常，謂其無過？或道佛生西國，彼出家者，依西國之形儀，我住東川，離俗者習東川之軌則。詎能移神州(8)之雅服，受印度之殊風者？聊爲此徒粗(9)銓衡也。

【校記】

(1)《思》本卷二爲補抄本。

(2)三藏沙門義浄撰　《磧》本「義浄」二字原倒，《南》本亦倒，今依其他各本改。《金》本、《麗》本、《大》本在此句前有「翻經」二字，《南》本、《北》本前有「唐」字，《思》本無「三藏」二字。

(3)《北》本卷首無此九條目録。

(4)察夫　《金》本、《麗》本、《大》本作「原夫」。

(5)澄　石本誤抄爲「證」。

(6)悟寂　石本「寂」字原脱，但傍用淡墨補上。

（7）虛關　《思》本作「處關」。

（8）神州　石本「神」字原脱，傍用淡墨補上。

（9）粗　石本抄作「沮」。

凡是衣服之儀，斯乃出家綱要(1)，理須具題其製，豈得輕而略諸？且如法衆三衣，五天並皆刺葉，獨唯東夏開而不縫。親問北方諸國行《四分律》處，俱同刺葉，全無開者。西方若得神州法服，縫合乃披。諸部律文皆云刺合。然而充身六物，自有嚴條，十三資具，廣如律説。言六物者：一僧伽胝；譯爲復衣也。二嗢(2)呾囉僧伽；譯爲上衣也。三安呾婆娑；譯爲内衣也。此之三衣，皆名支伐囉。北方諸國多名法(3)衣爲袈裟(4)，乃是赤色之義，非律文典語。四波呾囉；鉢(5)也；五尼師但那；坐卧具也。六鉢里薩囉伐拏。濾水羅也，受戒之時，要須具斯六物也。〔一〕十三資具者：一僧伽胝；二嗢呾囉僧伽；三安呾婆娑；四尼師但那；五裠；六副裠；七僧脚崎；掩腋衣也。八副僧脚崎；九拭身巾；十拭面巾；十一剃髮衣；十二覆瘡疥衣(6)；十三藥資具衣〔二〕。頌曰：三衣並坐具，裠兩帔有雙(7)，身面巾剃髮，遮瘡藥具衣(8)。

【校記】

（1）綱要　石本「綱」抄作「細」。

（2）嗢　石本抄作「唱」。

（3）法　石本「法」字原脱，傍用淡墨補上。

（4）袈裟　石本、《金》本作「加沙」。

（5）鉢　石本抄作「針」。

（6）衣　石本抄作「依」。

（7）裠兩帔有雙　石本作「裠一帔有兩」，《金》本、《麗》本、《大》本作「裙二帔有兩」。

（8）藥具衣　《金》本、《麗》本、《大》本作「藥直衣」。

【注釋】

〔一〕六物　僧伽胝，梵文saṅghāṭī；嗢呾囉僧伽，梵文uttarāsaṅga；安呾婆娑，梵文antarvāsa；波呾囉，梵文pātra；尼師但那，梵文niṣīdana；鉢里薩囉伐拏，梵文parisrāvaṇa。

支伐囉，梵文civāra。

〔二〕十三藥資具衣　前四種已包括在六物之中，其餘有九種：裠，梵文nivāsana，音譯泥伐散娜；副裠，梵文pratinivāsana，音譯副泥伐散娜；僧脚崎，梵文saṅkakṣikā，又音譯僧脚崎迦」，副僧脚崎，梵文 pratisaṅkakṣikā，又音譯副僧脚崎迦」；拭身巾，梵文 kāyaproñchana，音譯迦耶褒折娜」；拭面巾，梵文 mukhaproñchana，音譯木佉褒折娜」；剃髮衣，梵文 keśapratigraha，音譯雞舍鉢喇底揭喇呵」；覆瘡疥衣，梵文 kaṇḍupraticchadana，音譯建豆鉢喇底車憚娜」；藥資具衣，梵文 bheṣajapariṣkāra，音譯鞞殺社鉢利色加羅。十三資具事又見《根本説一切有部百一羯磨》卷十（T24/498a）。

十三種衣，出家開畜。既有定格，即須順教用之，不比自餘所有長物。此之十三，咸須別牒其事，點淨守持，隨得隨持，無勞揔足。餘外長衣，量事分別。若氈褥緂(1)席之流，但須作其委付他心而受用也。有云三衣什(2)物者，蓋是譯者之意。離爲二處，不依梵本，別道三衣，折(3)開十物。然其(4)十數不能的委，致使猜卜，皆悉憑虛。訓什爲雜，未符先旨。

【校記】

（1）緂　《思》本、《麗》本、《大》本作「毯」。

（2）什　石本、《金》本、《麗》本、《大》本作「十」。

（3）折　《金》本、《思》本、《麗》本、《大》本作「析」。

（4）其　石本原脱「其」字，傍用淡墨補上。

其藥具衣(1)，佛制畜者，計當用絹可二丈許，或可一匹。既而病起無恒，卒求難濟，爲此制畜，可預備之。病時所須，無宜輒用。然修行利生之門，義在存乎通濟。既而根有三等，不可局(2)爲一途。四依四作(一)，十三(3)杜多(二)，制准(4)上行。畜房受施，十三資具，蓋(5)兼中下。遂使少欲者無盈長之過，多求者亡闕事之咎。大哉慈父，巧應根機，善誘人天，稱調御者。而云供身百一(三)，四部未見律文。雖復經有其言，故是(6)別時之意。且如多事俗徒，家具尚不盈五十，豈容省緣釋子，翻乃過其百數？准驗道理，通塞可知。

【校記】

（1）藥具衣　石本、《金》本、《麗》本、《大》本作「藥直衣」。

（2）局　《金》本訛作「房」。

（3）十三　《麗》本、《大》本作「十二」。

（4）准　石本、《金》本、《麗》本、《大》本作「唯」。

（5）蓋　石本、《金》本、《麗》本、《大》本作「益」。

（6）是《金》本作「見」。

【注釋】

〔一〕四依四作　四依，所謂四依法；四作，所謂沙門四種應作法。據義浄譯《根本説一切有部百一羯磨》卷一，前者是：糞掃衣；常乞食；樹下敷具；陳棄藥。（T24/458a—b）後者是：他罵不應返罵；他嗔不應返嗔；他調不應返調；他打不應返打。（T24/459b）

〔二〕十三杜多　杜多，見卷二「序」中「杜多」條注。依《根本説一切有部毗奈耶》卷十八，十三杜多是：糞掃衣；三衣；常乞食；次第乞食；一坐食；鉢乞食；不重受食；住阿蘭若；樹下居；露處住；隨處住；屍住；常坐。（T23/723a）此據根本説一切有部，一般多舉十二種，稱爲「十二杜多」。

〔三〕供身百一　又稱「百一物」、「百一衆具」。佛教所謂三衣六物之外，僧徒所需一切器具物品。百喻其多，不是定數。《行事鈔》卷下一：「百一供身，謂時須要用者。」（T40/368b）義浄在此處批評中國佛教律宗的主張，所以下文説「四部未見律文」。

凡論絁絹(1)，乃是聖開，何事强遮。徒爲節目斷之，以意欲省招繁。五天四部(2)並皆著用，詎(3)可棄易求之絹絁，覓難得之細布？妨(4)道之極，其在斯乎？非制强制，即其類也。遂使好事持律之者，增己慢而輕餘；無求省欲之賓，内起慙而外恧。斯乃遮身長道，亦復何事云云。而彼意者將爲害命處來，傷慈之極，悲愍含識，理可絶之。若爾者著衣噉食，緣多損生，螻蚓曾不寄心，蛹蠶一何見念。若其惣護者，遂使存身靡託，投(5)命何因？以理推徵，此不然也。而有不噉酥酪，不履皮鞋，不著絲綿，同斯類矣。

【校記】

(1)絁絹　《思》本「絁」訛作「絶」。下同。

(2)四部　《思》本「部」訛作「剖」。

(3)詎　石本抄作「詐」。

(4)妨　石本作「防」。

(5)投　石本作「捉」。

凡論殺者，先以故意斷彼命根，方成業道，必匪故思，佛言無犯。三處清淨，判(1)在亡愆〔一〕。設乖斯旨，但招輕過。無殺心故，因乃極成。猶若受餘，喻便彰著。因喻既其明白無過，依宗(2)自顯，三支道理且已皎然〔二〕。況復金口自言，何勞更爲穿鑿。遂使五百(3)之疑，出於作者之筆〔三〕；三豕之謬，傳乎信受之言〔四〕。若其自(4)乞生繭(5)，目驗損蟲，斯則俗士尚不應行，何況情(6)希出離。引斯爲證，深成未可。若有施主淨意持來，即須唱(7)隨喜以受之，用資身而育德，實無過也。

【校記】

(1)判 《麗》本、《大》本作「制」。

(2)依宗 《磧》本「依」原作「衣」，今依《麗》本、《大》本改。

(3)五百 石本、《金》本、《麗》本「百」字作「日」。

(4)自 《磧》本原作「目」，今依石本、《金》本、《思》本、《麗》本、《大》本改。

(5)繭 石本抄作「蕭」。

(6)情 石本作「清」。

(7)唱 《金》本作「唱道」，《麗》本、《大》本作「唱導」。

【注釋】

〔一〕三處清淨判在亡愆 指「三淨」。見前卷一「受齋軌則」章「三淨」條注。

〔二〕三支道理且已皎然 三支道理，指佛教因明學「三支作法」，又稱「三分作法」。由宗、因、喻三支組成推理論式。宗即上文中「依宗」，即辯論雙方共同認許的命題。

〔三〕遂使五百之疑出於作者之筆 五百，此指一般僧人。佛經中常講「五百苾芻僧俱」。五百之疑，意謂使僧人們迷惑不解。高楠認爲應作「五日」。不通。

〔四〕三家之謬傳乎信受之言　《呂氏春秋·察傳》：「有讀史記者曰：『晉師三家涉河。』子夏曰：『非也，是己亥也。夫己與三相近，豕與亥相似。』」

五天法服，任刺任縫，衣縷不問縱横，爲日無過三五。計絹一疋，作得七條五條(1)。內葉三指，外緣一寸。外緣有刺三道，内葉悉皆縫合，充事表儀，亦何假精妙。若著納衣者，意存省事。或拾遺於糞聚，或取棄於屍林〔一〕，隨得隨縫(2)，用袪(3)寒暑耳。而有説云，律中卧具即是三衣。見制野蠶，便生異意。剩謂法衣非絹，遂即覓布殷勤。寧委本文，元來是褥。高世耶乃是蠶名，作絹還受斯號〔二〕。體是貴物，制不聽用。作褥之法，有其兩種。或縫之作袋，貯毛在中。或可用絲織成，即是氍毹之類。其褥樣闊二肘，長四肘，厚薄隨時。自乞乃遮，他施無罪。全不許用(4)，大事(5)嚴科。此諸敷具非三衣也。

【校記】

(1)五條　石本無此二字。

(2)隨縫　石本「隨」字脱。

(3)袪　石本抄作「社」。

（4）全不許用　《麗》本、《大》本作「全不許用者」。

（5）大事　石本「大」字作「太」。

【注釋】

〔一〕屍林　又稱屍陀林。玄應《一切經音義》卷七：「屍陀林，正言屍多婆那，此名寒林。其林幽邃而寒，因以名也。在王舍城側，死人多送其中。今總指棄屍之處。名屍陀林者，取彼名之也。」（同治八年武林張氏刊本，頁8b）屍多婆那，梵文śītavana。

〔二〕高世耶乃是蠶名作絹還受斯號　高世耶，梵文kauśeya，又譯憍奢耶。《大唐西域記》卷二：「憍奢耶者，野蠶絲也。」（校注本，頁176）

又復律云正命，謂是口腹爲先。耕墾須得其宜，種植無違教綱（1）。應法食用，不生其罪，始曰立身，能長其福。依如律教，僧家作田，須共淨人爲其分數。或可共餘人户，咸並六分抽一。僧但給（2）牛與地，諸事皆悉不知。或可分數，量時斟酌。西方諸寺多並如是。或有貪婪不爲分數，自使奴婢，躬檢營農。護戒苾芻不噉其食，意者以其僧自經理，邪命養身，駈使傭人，非瞋不可，壞種墾地，蟲蟻多傷。日食不過一升，誰復能（3）當百罪？是以耿介之士疾（4）其事繁，攜瓶挾鉢，棄之長鶩（5）。獨坐静林之野，懽與鳥鹿爲儔。絶名利之諠囂，修涅槃之寂滅。若爲衆家經求取利，是律所聽。墾土害命，教門不許。損蟲妨業，寧復過此？有罪邪生之十頃(6)，著作則不見爲疎條；無過正行之三衣，還復幾勞於文墨。嗚呼！可爲信者説，難與疑者言，由恐傳法之家尚懷固執耳！

【校記】

(1)教綱　石本「綱」作「細」。

(2)給　《思》本訛作「絡」。

(3)能　《思》本作「此」。

(4)疾　石本誤抄作「失」。

(5)鶩　石本抄作「鶩」。

(6)頃　石本抄作「須」。

初至耽摩立底國[一]，寺院之外有一方地，忽見家人取菜，分爲三份，與僧一份，自取兩歸。未解其故(1)，問大乘燈師(2)[二]曰：「斯何意焉？」答曰：「此寺僧徒，並多戒行，自爲種植，大聖所遮，是以租(3)地與他(4)，分苗而食，方爲正命。省緣自活，無其耕墾溉灌殺生之罪矣。」

【校記】

（1）其故　《金》本作「其意故」。

（2）大乘燈師　《麗》本、《大》本作「大乘燈法師」。

（3）租　石本抄作「祖」。

（4）他　《金》本訛作「地」。

【注釋】

〔一〕初至耽摩立底國　義浄第一次到耽摩立底國是在咸亨四年（六七三）二月八日。見本書卷四「古德不爲」章。又《大唐西域求法高僧傳》卷下：「耽摩立底國即東印度之南界也，去莫訶菩提及那爛陀可六十餘驛。於此創與大乘燈師相見，留住一載，學梵語，習《聲論》。」

〔二〕大乘燈師　大乘燈，梵名莫訶夜那鉢地已波，即梵文Mahāyānapradīpa。愛州人。幼年在杜和羅鉢底國出家，後在長安依唐玄奘受具足戒。約在顯慶年間（六五六—六六一）從海路赴印，先到師子國，過南印度，復到耽摩立底，與義浄相遇，共詣中印度。淹停印度十二年，卒於拘尸那城，終年六十餘歲。事蹟見《大唐西域求法高僧傳》卷上。

又見知事苾芻，晨旦井邊觀水，無蟲得用。一日有命，即須羅濾。又見但是外人取與，下至一莖菜(1)，並須問衆方用。又見寺内不立綱維，但有事來，合衆量許。若緣獨意(2)處斷，隨情損益僧徒，不遵衆望者，此名俱羅鉢底〔一〕，衆共駈之。又見尼入僧寺，白乃方前，僧向尼坊，問而後進。若出寺外，兩人方去。必有緣(3)須至俗舍者，白衆許已，四人共去。又見每月四齋之日〔二〕，合寺大衆，晡後咸集，俱聽寺制，遵而奉行，深生敬仰。

【校記】

（1）一莖菜　石本作「一鐵莖菜」，《麗》本、《大》本作「一莖之菜」。

（2）獨意　石本作「意獨」。

（3）緣　《金》本、《麗》本、《大》本作「緣事」。

【注釋】

〔一〕俱羅鉢底　梵文kulapati。《大唐西域求法高僧傳》卷上：「若一人稱豪，獨用僧物，處斷綱務，不白大衆者，名爲俱攞鉢底，譯爲家主。斯乃佛法之大疣，人神所共怨，雖復於寺有益，而終獲罪彌深，智者必不爲也。」

〔二〕四齋之日　本書卷四「長髮有無」章「恒作四齋」句下原注：「黑月八日，或十四日，或十五日；白月八日，十五日。」

又見有一小師，遣其童子，將米二升送與家人婦女。情涉曲私，有人告衆。喚來對勘，三皆承引。雖無惡事，而自負慚心。即出寺門，棄名長去。師遣餘人，送彼〔1〕衣物。但是衆法共遵，未勞官制。

【校記】

（1）彼　石本「彼」字原脱，傍用淡墨補上。

又見婦人入寺，不進房中，廊下共語，暫時便去。又見寺内有一苾芻，名曷羅户羅蜜呾囉〔1〕〔一〕，于時年可三十，操行不羣，名稱高遠，一日誦《寶積經》〔二〕有七百頌。閑内典之三藏，洞俗言之四明〔三〕，東聖方處〔四〕推爲上首。自從受具，女人曾不面言。母姉設來，出觀而已。當時問曰：「斯非聖教，何爲然乎？」答曰：「我性多染，非此不杜其源。雖復不是聖遮，防邪亦復何爽。」

【校記】

（1）曷羅户羅蜜呾囉　《磧》本「户」字原作「尸」，石本、《金》本、《麗》本、《大》本作「户」，梵文原字應是Rāhulamitra，今據改。

【注釋】

〔一〕曷羅户羅蜜呾囉　梵文Rāhulamitra。或可意譯羅怙友。

〔二〕寶積經　梵文Ratnakuṭasūtra。漢譯本一百二十卷，分四十九會，七十七品。唐菩提流支等譯。爲大乘佛教經典。

〔三〕俗言之四明　四明，四明論，此指四部《吠陀》。《根本説一切有部苾芻尼毗奈耶》卷一義浄原注：「《薜陀》譯爲明智，若解此事，則智無不周，用無不備。應云四明論。總有十萬頌，口相傳授，不合書於紙葉。其中義者，初廣明作業，二盛陳讚頌，三説祭藥（樂？）法式，四治國養身。諸婆羅門，咸多誦習。」（T23/909a）但《大唐西域記》卷二則記載爲壽、祠、平、術四種。參見校注本此條注文（頁188—191）。

〔四〕東聖方處　指東印度。聖方指印度。本書卷三「師資之道」章：「即名西方爲聖方矣。」聖方，梵文Āryadeśa。

又見多聞大德，或可一藏精研，衆給(1)上房，亦(2)與浄人供使。講説尋常，放免僧事。出多乘輿，鞍畜不騎〔一〕。又見客僧創來入寺，於五日内，和衆與其好食，冀令解息，後乃僧常。若是好人，和僧請住，准其夏歲，卧具是資。無(3)學識則一體常僧，具多聞乃准前安置，名挂(4)僧籍，同舊住人矣。又見好心來至，具問因由(5)。如來(6)出家，和僧剃髮，名字不干(7)王籍，衆僧自有部書。後若破戒行非，鳴揵稚(8)而驅遣。爲此衆僧自相檢察，起過難爲萌漸〔二〕。

【校記】

（1）給　《思》本訛作「絡」。

（2）亦　石本作「無」。

（3）無　《麗》本、《大》本作「如無」。

（4）挂　石本抄作「桂」。

（5）因由　石本「由」字原脱，傍用淡墨補上。

（6）如來　石本、《金》本、《麗》本、《大》本作「如求」，《思》本作「和求」。

（7）干　石本抄作「千」，《思》本作「于」，俱誤。

（8）揵稚　《金》本作「揵雉」，《思》本作「犍稚」。

【注釋】

〔一〕出多乘輿鞍畜不騎 《大唐西域記》卷二「印度總述」條：「講宣一部，乃免僧知事；二部，加上房資具；三部，差侍者祗承；四部，給淨人役使；五部，則行乘象輿；六部，又導從周衛。」（校注本，頁193）

〔二〕起過難爲萌漸 《大唐西域求法高僧傳》卷上：「衆僧名字不貫王籍，其有犯者，衆自治罰，爲此僧徒咸相敬懼。」

于時歎曰：昔在神州，自言明律，寧知到此反作迷人。向若不移步西方，何能鑒斯正則！此乃或是寺家衆制，或(1)是别行要心(2)，餘並著在律文，末代住持極要。此皆是耽摩立底跋羅訶寺〔一〕之法式也。其那爛陀寺，法乃更嚴。遂使僧徒數出三千(3)，封邑則村餘二百，並(4)積代君王之所奉施，紹隆不絶〔二〕，非律而誰(5)者哉！亦未見有俗官乃當衙正坐，僧徒(6)爲行側立。欺輕呼唤，不異凡流。送故迎新，幾倦途路。若點檢不到，則走赴公門。求命曹司，無問寒暑。夫出家之人，本爲情希離俗，捨五畏〔三〕之危道，遵八正〔四〕之平衢，豈有反更驅馳，重嬰羅網，欲求簡寂，寧能遂意。可謂全乖解脱，不順蕭然者乎！理須二六杜多〔五〕，十三資具，隨緣濟命，蕩除業習(7)。報師僧父母之鴻澤，酬天龍帝主之深慈。斯則雅順調御之儀，善愜策修之路。因論護命之事，且(8)復言其現(9)行，願諸大德勿嫌煩重耳。

【校記】

(1)或 《金》本作「戒」。

(2)要心 《金》本作「恶要」。

(3)三千 石本作「二千」。

(4)並 《金》本、《麗》本、《大》本作「並是」。

(5)誰 《金》本、《麗》本、《大》本作「論」。

(6)僧徒 《麗》本、《大》本在此後有一「則」字。

(7)業習 《麗》本、《大》本作「舊習」。

(8)且 石本誤抄作「旦」。

(9)現 石本抄作「見」。

【注釋】

〔一〕跋羅訶寺 跋羅訶，高楠還原爲Bharahat或Varahā，存疑。

〔二〕並積代君王之所奉施紹隆不絕 《大唐西域求法高僧傳》卷上：「此(那爛陀)寺內僧

衆有三千五百人，屬寺村莊二百一所，並是積代君王給其人户，永充供養。」但《慈恩傳》所記略有不同：「國王欽重，捨百餘邑，充其供養。邑二百户，日進粳米、酥乳數百石。」又云：「僧徒主客常有萬人。」（T50/237c）一般認爲三千數是比較合理的。見R. C. Majumdar, *The Classical Age, The History and Culture of the Indian People*, Vol. Ⅲ, Bombay, 1954, p. 581。

〔三〕五畏　所謂不活畏、惡名畏、死畏、惡道畏、大衆威德畏。

〔四〕八正　所謂八正道：正見、正思惟、正語、正業、正命、正精進、正念、正定。

〔五〕二六杜多　即十二杜多。見前「十三杜多」條注。

然四部之殊，以著裙表異。一切有部則兩邊向外雙襵，大衆部則右裙(1)蹙在左邊，向内插之，不令其墮(2)。西方婦女著裙(3)，與大衆部無別。上座正量，制亦同斯，但以向外直翻傍插爲異。腰絛之製，亦復不同(4)。尼則准部如僧，全無別體。且如神州祇支〔一〕偏袒覆膊，方裙、褌袴(5)、袍襦，咸乖本制，何但同袖及以連脊。至於披著不稱律儀，服用並皆得罪。頗有著至西方，人皆共笑，懷慙内恥，裂充雜用。此即皆是非法衣服也。若默(6)而不說，知者無由，如欲直言，復恐聞者見怨。是以杼軸於短懷，沉吟於進退。願智者詳(7)察，識衣服之本儀也。

【校記】

（1）裙　《金》本、《麗》本、《大》本作「裾」。

（2）不令其墮　石本抄作「外不合其墮」。

（3）裙　石本抄作「郡」。

（4）不同　《磧》本原作「不殊」，今依石本、《金》本、《麗》本、《大》本改。

（5）禪袴　《麗》本、《大》本「襌」訛作「禪」。

（6）默　石本誤抄作「黠」。

（7）詳　石本作「祥」。

【注釋】

〔一〕祇支　即僧脚崎衣。見前注。本書本卷「尼衣喪制」章原注：「准檢梵文，無覆肩衣名，即是僧脚崎衣，此乃祇支之本號。」

又西方俗侶、官人(1)、貴勝所著衣服，唯有白氎一雙〔一〕。貧賤之流，只有一布。出家法衆，但畜三衣六物，樂盈長者，方用十三資具。東夏不許同袖及連脊衣者，蓋是自習東川，妄談西國耳。

【校記】

（1）官人　《金》本作「宮人」。

【注釋】

〔一〕唯有白氎一雙　義浄譯《根本説一切有部目得迦》卷八原注：「西國畜白氎一雙，此方當絹一匹也。」（T24/447c）

即如贍部洲中及諸邊海，人物衣服可略言之。且(1)從莫訶菩提〔一〕，東至臨邑，有二十餘國，正當驩州南界也。西南至海，北齊羯濕彌羅〔二〕，並南海中有十餘國，及師子洲，並著二敢曼矣。既無腰帶，亦不裁縫，直是闊布兩尋，繞腰下抹。西天之外，大海邊隅，有波剌斯(2)〔三〕及多氏國(3)〔四〕，並著衫袴。躶國〔五〕則迴無衣服，男女咸皆赤體。從羯濕彌羅已去，及速利諸胡、土蕃(4)、突厥，大途相似，不著敢曼，氈裘是務，少有劫貝〔六〕。時存著者，以其寒地，衫袴是常。即此諸國之中，唯波剌斯及躶國、土蕃、突厥，元無佛法〔七〕，餘皆遵奉。而於衫袴之鄉，咸不洗浄。由是五天之地自恃(5)清高也。

【校記】

（1）旦　石本抄作「且」，誤。

（2）波剌斯　《金》本訛作「波賴斯」。

（3）多氏國　《麗》本、《大》本訛作「多底國」。

（4）土蕃　《麗》本、《大》本「土」作「吐」。

（5）恃　《洪》本訛作「待」。

【注釋】

〔一〕莫訶菩提　即大覺寺。見卷一「受齋軌則」章「大覺寺目真隣陀龍」條注。

〔二〕羯濕彌羅　梵文 Kāśmīra。今克什米爾。

〔三〕波剌斯　梵文 Pārasa。即波斯，今多稱伊朗。

〔四〕多氏國　《大唐西域求法高僧傳》卷上義浄原注：「言多氏者，即大食國也。」唐代以此名稱阿拉伯帝國。原字爲波斯語 Tazi 或 Taziks。

〔五〕躶國　又稱裸人國。《大唐西域求法高僧傳》卷下：「從羯荼北行十日餘，至裸人國。（中略）從兹更半月許，望西北行，遂達耽摩立底國。」即今印度洋中安達曼羣島（Andaman Is.）。又或説指今尼科巴羣島（Nicobar Is.）。

〔六〕劫貝　梵文karpāsa，又譯劫貝娑。慧琳《一切經音義》卷二六解釋「劫貝娑花」：「花同柳絮，可以爲棉，詢問梵僧，白氎是也。」（T54/476a）

〔七〕元無佛法　據玄奘所記，當時波剌斯有少數佛教徒。《大唐西域記》卷十一「波剌斯」條：「伽藍二三，僧徒數百，並學小乘教説一切有部法。釋迦佛鉢，並在王宫。」（校注本，頁939）但玄奘和義浄實際上都未到過波剌斯。

然其風流儒雅，禮節逢迎，食噉淳濃，仁義豐贍，其唯東夏，餘莫能加。但以食不護浄，便利不洗，不嚼楊枝，事殊西域。而有現(1)著非法衣服，將爲無過，引彼略教文云，此方不浄，餘方清浄，得行無罪者，斯乃譯者(2)之謬，意不然矣，具如別處。若爾神州苾芻除三衣外，並非聖儀，既其有犯，理難服用者。且如西方煖地，單布自可終年，雪嶺寒鄉，欲遣若爲存濟？身安業進，聖有誠言，苦體勞勤，乃外道教。去取之理，其欲如何？然聖開立播之服〔一〕，通被寒鄉，斯乃足得養身，亦復何成妨(3)道。

【校記】

（1）現　石本抄作「見」，又用淡墨補成「現」。

（2）譯者　石本脱「者」字。

（3）妨　石本抄作「防」。

【注釋】

〔一〕立播之服　下文解釋：「梵云立播者，譯爲裹腹衣。」此字未能還原爲梵文。高楠提出兩個梵文詞：repha和lepa，亦存疑。但據Monier-Williams所編*A Sanskrit-English Dictionary*，repha和lepa没有與衣服有關的任何意思。

梵云立播者，譯爲裹腹衣。其所製儀，略陳形樣，即是去其正背，直取偏袒一邊。不應著袖，唯須一幅，纔穿得手。肩袖不寬，著在左邊，無宜闊大。右邊交帶，勿使風侵。多貯綿絮，事須厚煖。亦有右邊刺合，貫頭紐(1)腋，斯其本制。目驗西方有胡地僧來，多見攜著。那爛陀處不覩斯衣，良由國熱，人咸不用。准斯開意，直爲寒鄉。考(2)其偏袒(3)正背，元(4)是踵斯而作。剩加右畔，失本威儀。非制自爲，定招越法。至如立播抱腹，自免嚴寒，厚帔通披，足遮隆凍。形像之處，禮佛對尊，露膊是恒，掩便獲罪。

【校記】

（1）紐　石本作「紉」。

（2）考 《金》本、《麗》本、《大》本作「老者」。

（3）祖 《磧》本原作「祖」，《洪》本同，其它各本俱作「袒」。今據改。

（4）元 《麗》本、《大》本作「无」。

然則出家省事，冬月居房，炭火隨時，詎勞多服？必有病緣，要須著者，臨時處斷，勿使乖儀。然而東夏寒嚴，劈裂身體，若不煗服，交見羸亡。既爲難緣，理須弘濟。方裙偏袒(1)，形簡俗流。准立播衣(2)，寒冬暫著。知非本制，爲命權開。如車置油，内生慙厚(3)。必其不著，極是佳事。自餘袍袴褌衫之類，咸悉決須遮斷。嚴寒既謝，即是不合擐身，而復更著偏衫，實非開限。斯則去繁得要，仰順聖情。自隨(4)乍可一身，傳授恐爲誤衆。如能改斯故轍，務軌新蹤者，即可謂蟬聯少室〔一〕，駕鷲峰而並峻，櫛比(5)王舍，通帝鄉而共圍。鴻河則合泚於文池〔二〕，細柳乃同暉於覺樹〔三〕。變桑田而騰茂，盡劫石〔四〕而揚輝。誠可嗟矣！誠可務(6)哉！但佛日既沉，教留後季，行之則大師對面，背教則衆過現(7)前。故經云：若能奉戒，則我存無異。或云舊來上德並悉不言，今日後人何事移則？固不然矣。依法匪(8)人，教有弘説。考之律藏，衣食無罪者，方可取也。非知之難(9)，行之爲難。聞若不行，導者寧過。

【校記】

（1）方裙偏袒　石本抄作「方郡偏袖」。

（2）准立播衣　《金》本作「唯唯播衣」。

（3）慙厚　石本抄作「暫厚」。

（4）隨　石本、《金》本、《麗》本、《大》本作「墮」。

（5）比　石本、《金》本、《麗》本、《大》本作「批」，《思》本作「枇」。

（6）務　《金》本、《麗》本、《大》本作「嗟」。

（7）現　石本抄作「見」。

（8）匪　石本抄作「非」，通。

（9）難　石本、《麗》本、《大》本作「艱」。

【注釋】

〔一〕少室　少室山，在今河南登封縣北境内。山北麓有少林寺。

〔二〕鴻河則合泚於文池　鴻河或指黄河。文池即目真隣陀龍王池。見前卷一「受齋軌則」章「大覺寺目真隣陀龍」條注。目真隣陀龍又稱作「文鱗盲龍」。見《法顯傳》（T51/863b）此池所以又稱「文池」。

〔三〕細柳乃同暉於覺樹　唐代有三處細柳：細柳營、細柳原、細柳倉，俱在長安附近。見《元和郡縣圖志》卷一「萬年縣」條及「咸陽縣」條（《叢書集成初編》本，頁4，12）此處代指長安。高楠指爲《山海經》中一海島名，誤。覺樹見前卷一「水有二瓶」章中注。

〔四〕劫石　喻時間無限之長。《大智度論》卷五：「佛譬喻説，四千里石山，有長壽人，百歲過，持細軟衣，一來拂拭，令是大石山盡，劫故未盡。」（T25/100c）此即劫石。劫，梵文kalpa。

重曰：含生之類，衣食是先。斯爲枷鎖，控制生田。奉聖言則出離蕭然⑴，任自意⑵乃罪累相牽。智者須鑒，事在目前。如玉處泥⑶，若水居蓮。八風既離，五怖寧纏〔一〕？衣纔蔽體，食但支懸。專求解脱，不願人天。杜多畢命，拯物窮年。棄九門之虚僞，希十地之圓堅〔二〕。合受施於五百，爲福利於三千〔三〕。

【校記】

⑴出離蕭然　石本、《金》本、《思》本、《麗》本、《大》本作「蕭然出離」。

⑵任自意　石本「自」作「息」。

⑶泥　石本作「涅」。

【注釋】

〔一〕八風既離五怖寧纏　《大乘無生方便門》：「八風者：利、衰、毀、譽、稱、譏、苦、樂。」（T85/1274c）五怖，同「五畏」。見前注。

〔二〕棄九門之虛僞希十地之圓堅　九門，同「九有」。見卷一「序」中注。十地，所謂修菩薩行中要依次達到的十個階段。各種佛經中有種種不同説法，不詳舉。

〔三〕合受施於五百爲福利於三千　五百，指佛弟子。見前注。三千，三千大千世界。

十一　著衣法式

其著法衣(1)及施㡚(2)紐法式，依律陳之，可取五肘之衣，疊作三襵，其肩頭疊處，去緣四五指許，安其方帖，可方五指。周刺四邊，當中以錐穿爲小孔，用安衣㡚。其㡚(3)或條或帛，麁細如衫㡚相似，可長(4)兩指，結作同心，餘者截却。將㡚穿孔，向外牽出，十字反(5)繫，便成兩㡚，内紐(6)其中。其胷前疊處，緣處安紐，亦如衫紐，即其法也。先呈本制，略准大綱，若欲妙體其法，終須對面而授。衣之下畔，㡚紐亦施，隨意倒披(7)，是聖開許。兩頭去角可八指許，各施一㡚一紐。此爲食時所須，反襵胷前，紐使相合，此成要也。

【校記】

（1）法衣　石本、《金》本、《麗》本、《大》本作「三衣」。

（2）𢃇　石本抄作「絇」。下同。

（3）其𢃇　石本原無此二字，傍用淡墨小字補上。

（4）可長　《金》本、《麗》本、《大》本作「長可」。

（5）反　《北》本作「交」。

（6）紐　《金》本訛作「細」。

（7）倒披　石本、《金》本、《麗》本、《大》本作「到披」。

凡在寺内，或時對衆，必無帶紐及籠肩披法。若向外遊行並入俗舍，方須帶紐，餘時但可搭肩而已。屏私執務，隨意反抄。若對尊容，事須齊整，以衣右角寬搭左肩，垂之背後，勿安肘上。若欲帶紐，即須通肩披已，將紐内𢃇，迴向肩後，勿令其脱。以角搭肩，衣便繞頸。雙手下出，一角前垂[1]。阿育王像正當其式。出行執傘，形儀可愛。即是依教齊整著上衣也。其傘可用竹織之，薄如竹簟，一重便得，大小隨情，寬二三尺。頂中複作，擬施其柄。其柄長短量如蓋闊。或可薄拂以漆，或可織葦[2]爲之。或如藤帽之流，夾紙亦成牢矣。神州雖不先行，爲之亦是其要。驟雨則不霑衣服，赫熱則實可招涼。既依律而益身，擎之固亦無損。

【校記】

（1）前垂　《金》本、《麗》本、《大》本作「向前」。

（2）葦　《金》本、《麗》本、《大》本作「䈇」。

斯等所論，要事益多(1)，並神州不行。袈裟(2)角垂，正當象鼻。梵僧縱至，皆亦雷同。良爲絹滑墮肩，遂令正則訛替。後唐三藏來(3)傳搭肩法[一]，然而(4)古德嫌者尚多，黨舊之迷(5)在處皆有。其三衣若安短紐而截長條，則違教之愆現(6)免；著横裙(7)而去腰緣，乃針線之勞交息。所有瓶鉢(8)，各掛兩肩。纔至腋下，不合交絡(9)。其(10)襻不長，但容穿髆而已。若交絡胷前，令人氣急，元非本制，即不可行(11)。鉢帒之儀，如下當辨(12)。北方速利諸人，多行交絡，隨方變改，實非佛制。設有餘衣，長搭肩上。然後通披，覆其衣鉢。若其向寺及詣俗家，要至房舍，安置傘蓋，方始解紐，掛其衣鉢。房前壁上多置象牙[二]，勿使臨時安物無處。餘同(13)第二十六「客舊相遇」章説也。

【校記】

（1）益多—石本、《金》本、《麗》本、《大》本無「益」字。

（2）袈裟—石本作「加沙」。下同。

（3）來—《金》本訛作「未」。

（4）然而—《金》本「而」字脱。

（5）迷—石本誤抄作「述」。

（6）現—石本抄作「見」，復用淡墨改作「現」。

（7）裙—石本抄作「郡」，誤。

（8）鉢—石本作「針」。

（9）絡—石本誤抄作「給」。

（10）其—《思》本作「方」。

（11）行—石本原無此字，傍用淡墨補上。

（12）辨—石本、《金》本、《麗》本、《大》本作「辯」。

（13）餘同—石本作「餘向同」，「向」字衍。

【注釋】

〔一〕唐三藏來傳搭肩法　唐三藏，指唐玄奘。

〔二〕多置象牙　象牙，梵文**nāgadanta**。原意指象牙，但此指牆上掛物的小釘。卷三「客舊相遇」章中譯作「壁牙」。

然其薄絹爲袈裟者，多滑不肯(1)著肩。禮拜之時(2)，遂便落地。任取不墮物爲之，絁(3)紬白(4)氎即其要也。其僧脚崎衣即是覆髆，更加一肘，始合本儀。其披著法，應出右肩，交搭(5)左髆。房中恒著，唯此與裙。出外禮尊，任加餘服。其著裙法式，聊陳大況。即如有部裙製，橫五肘，竪(6)兩肘，絁絹及布，隨有作之。西國並悉單爲，神州任情複作，橫竪隨意(7)。繞身既訖，擡使過臍(8)，右手牽其左邊，上角在内，牽向腰之右邊，左邊上裾取外邊而掩左畔。近右手邊爲右裾，近左手邊爲左裾。兩手二畔，舉使正平，中間矗勑六反(9)。直，即成三襵(10)。後以兩手，各蹙至腰，俱將三疊向後掩之。兩角各擡三指，俱插向脊，使下入腰間，可三指許。斯則縱未繫條，亦乃著身不落。後以腰條長五肘許，鉤取正中，舉向臍下，抹裙上緣，向後雙排交度(11)，前抽傍牽，左右各以一手牢壓兩邊，纏彼兩條，可令三度。有長割却，少則更添。條帶之頭，不合緝緣(12)。斯謂(13)圓整著裙，成薩婆多之部別(一)。鉢履曼荼羅(14)，著泥婆娑(二)，即其真也，譯爲圓整著裙(15)矣。

【校記】

(1)肯　石本原無此字，傍用淡墨補上。

(2)之時　石本原無此二字，後用淡墨補上。

(3)絁　《思》本訛作「絶」。下同。

(4)白　石本抄作「自」。

(5)交搭　石本作「交絡搭」。

(6)竪　石本誤抄作「堅」。

(7)隨意　石本「意」字原脱，傍用淡墨補上。

(8)臍　石本、《金》本作「齊」。下同。

(9)勑六反　石本作「勑又反」，《北》本無此三字。

(10)襵　《磧》本原訛作「攝」，各本俱作「襵」，今據改。

(11)交度　《金》本作「文度」，誤。

(12)緝綵　石本「緝」抄作「緝」，《麗》本作「絹」。

(13)謂　《大》本作「爲」。

（14）曼荼羅 《磧》本「荼」字原作「茶」，今依石本、《金》本、《麗》本、《大》本改。説見前。

（15）裙 石本誤抄作「郡」。

【注釋】

〔一〕薩婆多之部別 薩婆多，梵文Sarvāstivāda。意譯説一切有。此指根本説一切有部。見卷一「序」中注。

〔二〕鉢履曼荼羅著泥婆娑 鉢履曼荼羅，梵文parimaṇḍala。泥婆娑，梵文nivāsa或nivāsana。兩詞相合，parimaṇḍalanivāsa，可以意譯圓整著裙。

其條闊如指面，則靴條韈帶之流。或方或圓，雙亦無損。麻繩之流，律文不許。凡踞坐小床及拈之時，牽裙上裾(1)，下角急抹裙緣，壓於胯下。但掩雙膝，露脛無傷。高須上蓋臍輪，下至踝上四指。斯乃俗舍之儀。若在寺中，半腨(2)亦得。此之劑限(3)，佛自親制，非是人意輒爲高下。寧合故違教旨，自順凡情，所著裙衣長伸(4)拂地？一則損信心之浄施，二乃慢大師之格言。設若殷勤(5)，誰能見用？萬人之内，頗有一二存心(6)。西國裙衣並皆横著。彼方白氎，幅寬二肘，若其半故，貧者難求，即須縫兩頭令相合，割内開以充事。此著衣儀，律文具有其制，但且略陳綱要(7)，細論非面不可。

【校記】

（1）上裾　《磧》本原作「上裙」，今依石本、《金》本、《麗》本、《大》本改。

（2）腨　石本、《金》本、《麗》本、《大》本作「踹」，二字同。

（3）劑限　石本、《金》本、《麗》本、《大》本「劑」作「齊」。

（4）伸　石本、《金》本、《麗》本、《大》本作「申」。

（5）設若殷勤　石本、《金》本、《思》本、《麗》本、《大》本作「設告慇懃」。

（6）頗有一二存心　《磧》本原作「頗一存心」，《金》本作「頗之存心」，今依《麗》本、《大》本改。

（7）略陳綱要　《金》本、《麗》本、《大》本作「略陳大綱要」。

又凡是出家衣服，皆可染作乾陀〔一〕，或爲地黄黄屑，或復荆蘗黄等。此皆宜以赤土、赤石，研汁和之，量色淺深，要而省事。或復單用棗心(1)，或赤土、赤石，或棠梨、土紫。一染至破，亦何事求餘？而桑皴(2)青緑，正是遮條，真紫褐色，西方不著。鞋履之屬，自有成教。長靴線鞋，全爲非法。彩繡文章之物，佛皆制斷，如《皮革事》〔二〕中具説焉(3)。

【校記】

（1）棗心　《金》本、《麗》本、《大》本作「棘心」。

（2）桑皴　石本「皴」字誤抄作「頗」。

（3）焉　石本、《金》本、《思》本、《麗》本、《大》本無此字。

【注釋】

〔一〕皆可染作乾陀　見卷一「受齋軌則」章「即是乾陀之色」條注。

〔二〕皮革事　指《根本説一切有部毗奈耶皮革事》，梵文名Mūlasarvāstivādacarmavastu。義淨漢譯作二卷（T23/1048c—1057b）。

十二　尼衣喪制

東夏諸尼，衣皆涉俗，所有著用，多並乖儀。准如律説，尼有五衣：一僧伽胝(1)、二嗢呾羅僧伽、三安呾婆娑、四僧脚崎、五裙。四衣儀軌與大僧不殊，唯裙片有别處，梵云俱蘇洛迦〔一〕，譯爲篅衣，以其兩頭縫合，形如小篅也。長四肘，寬二肘，上可蓋臍(2)，下至踝上四指。著時入内，擡(3)使過臍，各蹙兩邊，雙排壓於協反(4)。脊。繫條之法，量與僧同。胷腋之間，逈無繫抹。假令少壯，或復衰年，乳高内起(5)，誠在無過，豈得羞人(6)？不窺教檢，漫(7)爲儀飾，著脱招愆，臨終之時，罪如濛雨。萬中有一，時復能改。

【校記】

（1）僧伽胝　《磧》本「胝」原作「知」，石本及上文中俱作「胝」，今據改。

（2）臍　石本、《金》本作「齊」。下同。

（3）擡　《磧》本原作「檯」，今依石本、《金》本、《麗》本、《北》本、《大》本改。

（4）於協反　《北》本無此三字。

（5）内起　《金》本、《麗》本、《大》本作「肉起」。

（6）羞人　《思》本「羞」字訛作「著」。

（7）漫　石本抄作「温」，復用淡墨改作「漫」。

【注釋】

（一）俱蘇洛迦　梵文kusūlaka，原意即「篅」。《説文》：「篅，以判竹。圜以盛穀者。」（《説文解字注》，上海古籍出版社，一九八一年版，頁194a）此裙形似小篅，因此譯作「篅衣」。慧琳《一切經音義》卷八一作「圌衣」，並解釋：「殊緣反。《埤蒼》云：圌，貯穀米。圌，笹也。《古今正字》從口，耑聲。《傳》作篅，非也。笹音徒困反，即女人所著裙也。」

（T54/833c）《根本説一切有部百一羯磨》卷二義浄原注中亦有叙述（T24/461b）。

然其出外及在僧前，並向俗家，受他請(1)食，袈裟繞頸，覆身不合。解其肩紐，不露胷臆，下出手餐。祇支偏袒，衫袴之流，大聖親遮，無宜服用。南海諸國，尼衆別著一衣，雖復制匪西方，共名僧脚崎服。長二肘，寬二肘，兩頭縫合，留一尺許，角頭刺著一寸。舉上穿膞貫頭，拔出(2)右肩，更無腰帶。掩腋蓋乳，下齊過膝。若欲此服，著亦無傷。線則唯費兩條，彌堪掩障形醜。若不樂者，即可還須同大苾芻著僧脚崎服。其寺内房中，俱蘇洛迦(3)及僧脚崎兩事便足。准檢梵本，無覆肩衣名，即是僧脚崎衣，此乃祇支之本號。既不道裙，多是傳譯參差。應捨違法之服，著順教之衣。

【校記】

（1）請　《思》本訛作「清」。

（2）拔出　《金》本「拔」字訛作「狀」。

（3）俱蘇洛迦　石本作「俱籍蘇洽迦」，《思》本作「俱蘓浴迦」，俱有訛誤。

僧脚崎取一幅半，或絹或布，可長四肘五肘，如披五條，反搭肩上，即其儀也。若向餘處，須好覆形。如在屏房，袒膊非事。春夏之節，此可充軀。秋冬之時，任情煖著。擎鉢乞食，足得養身。雖曰女人，有丈夫志。豈容恒營機杼，作諸雜業，廣爲衣服，十重五重。襌誦曾不致心，驅驅鎮惱情志，同俗糚飾，不顧戒經。宜可門徒共相檢察。西國尼衆，斯事全無，並皆乞食資身，居貧守素而已。若爾出家尼衆，利養全稀，所在居寺，多無衆食。若不隨分經營(1)，活命無路，輒違律教，便爽聖心，進退兩途(2)，如何折中？身安道盛，可不詳聞？答：本契出家，情希(3)解脱。絶三株之害種〔一〕，偃四瀑之洪流〔二〕。宜應畢志杜多，除苦樂之邪徑(4)；敦心少欲，務閑寂(5)之真途。奉戒(6)昏旦，斯即道隆。豈念身安，將爲稱理。若能守律，決鍊貞(7)疎，則龍鬼天人自然尊敬(8)，何憂不活，徒事辛苦。至如五衣瓶鉢，足得全軀，一口小房，彌堪養命。簡人事，省門徒，若玉處泥，如蓮在水，雖云下衆，實智等上人矣。

【校記】

（1）經營　石本、《金》本、《麗》本、《大》本作「經求」。

（2）途　石本抄作「従」，傍有一淡墨寫「途」字。

（3）情希　石本作「希情」。

（4）俓　石本作「逕」，《金》本、《麗》本、《北》本、《大》本作「徑」。俓徑同。

（5）閑寂　石本「閑」作「闐」。

（6）戒　石本誤抄作「式」，復用淡墨改作「戒」。

（7）貞　《麗》本、《大》本作「真」。

（8）尊敬　《磧》本原作「遵敬」，今依石本改。

【注釋】

〔一〕絶三株之害種　指貪、嗔、痴。《大乘阿毗達磨雜集論》卷七：「株杌有三，謂貪、嗔、痴。」（T31/725a）

〔二〕偃四瀑之洪流　同上書同卷：「暴流有四，謂欲暴流、有暴流、無明暴流。」（T31/724b）暴、瀑二字同。

又復死喪之際，僧尼漫設禮儀。或復與俗同哀，將爲孝子。或房設靈机(1)，用作供尊(2)。或披黪布而乖恒(3)，或(4)留長髮而異則。或柱哭杖，或寢苫廬(5)。斯等咸非教儀，不行無過。理應爲其亡者淨飾一房，或可隨時，權施蓋幔(6)。讀經念佛(7)，具設香華。冀使亡魂託生善處，方成孝子，始是報恩(8)。豈可泣血三年，將爲賽德(9)，不餐七日，始符酬恩(10)者乎？斯乃重結塵勞，更嬰枷鎖，從闇入闇，不悟緣起之三節〔一〕；從死(11)趣死，詎證圓成之十地歟！

【校記】

（1）房設靈机　石本抄作「靈房設机」。

（2）供尊　《金》本、《麗》本、《大》本作「供養」。

（3）乖恒　石本、《金》本、《麗》本、《大》本此後有一「式」字。

（4）或　石本此字脱。

（5）苦盧　《金》本、《洪》本、《大》本作「苦廬」。

（6）幔　《金》本、《思》本、《麗》本作「慢」。

（7）念佛　石本作「浴像」。

（8）報恩　《思》本「恩」訛作「息」。

（9）賽德　石本「賽」抄作「償」。

（10）恩　石本、《金》本作「惠」。

（11）從死　《大》本「從」作「欲」。

【注釋】

〔一〕緣起之三節　緣起，指十二緣起。見卷一「序」中此條注。三節，指過去、現在、未來三世。

然依佛教，苾芻亡者，觀之(1)決死，當日舁(2)向燒處，尋即以火焚之。當燒之時，親友咸萃(3)，在一邊坐。或結草爲座，或聚土作臺，或置甎石以充坐物。令一(4)能者，誦《無常經》〔二〕半紙一紙，勿令疲久。其經別録附去(5)。然後各念無常，還歸住處。寺外池内，連衣並浴。其無池處，就井洗身。皆用故衣，不損新服。別著乾者，然後歸房。地以牛糞淨塗，餘事並皆如故。衣服之儀，曾無片別。或有收其設利羅〔三〕，爲亡人作塔(6)，名爲俱攞〔三〕。形如小塔，上無輪蓋。然塔有凡聖之別，如律中廣論〔四〕。豈容棄釋父之聖教，逐周公之俗禮，號咷數月，布服三年者哉！曾聞有靈裕法師〔五〕，不爲舉發，不著孝衣，追念先亡，爲修福業。京洛諸師亦有遵斯轍者。或人以爲非孝，寧知更符律旨。

【校記】

（1）之　石本、《金》本、《麗》本、《大》本作「知」。

（2）舁　《磧》本原作「輿」，今依《麗》本、《大》本改。

（3）萃　石本誤抄作「華」。
（4）一　《麗》本此字脱。
（5）附去　《麗》本、《大》本作「附上」。
（6）塔　《思》本作「答」。

【注釋】

〔一〕無常經　又稱《三啓經》。義浄漢譯本一卷。《開元録》卷九記載此經「大足元年九月二十三日於東都大福先寺譯。」（T55/567c）但據下文中所注「其經别録附去」，知義浄在南海時已譯此經，大足元年僅是奏上頒行。《開元録》所記不確。
〔二〕設利羅　梵文śarīra。又譯室利羅或舍利。意爲身骨。
〔三〕俱攞　梵文kūla。此指靈塔。
〔四〕塔有凡聖之别如律中廣論　見《根本説一切有部毗奈耶雜事》卷十八（T24/291c）。
〔五〕靈裕法師　指隋相州演空寺釋靈裕，俗姓趙，定州人。二十歲出家。隋文帝時聲名頗著。大業元年（六〇五）卒，年八十八。事蹟見《續高僧傳》卷九（T50/495b—498a）。

十三　結浄地法

有五種浄地，一起心作，二共印持，三如牛卧，四故廢處，五秉法作。起心作者，初造寺時，定基石已，若一苾芻爲檢校人者(1)，應起如是心，於此一寺，或可一房，爲僧當作浄厨也。共印持者，定寺基時，若但三人者，應一苾芻告餘苾芻言：「諸具壽〔一〕皆可用心(2)印定此處，於此一寺，或可一房，爲僧作浄厨。」第二第三應如是説。言如牛卧者，其寺屋舍猶如牛卧，房門無有定所。縱使元(3)不作法，此處即成其浄。言故廢處者，謂是經久僧捨廢處，如重來者，至舊觸處，便爲浄也。然此不得經宿即須作法也(4)。言秉法作者，謂秉白二羯磨結界(5)也，文如《百一羯磨》中説〔二〕。如前五種作浄法已，佛言令諸苾芻得二種安樂：一在内煮，在外貯，二在外煮，在内貯，並無過也。檢驗四部衆僧，目見當今行事，並復詳觀律旨，大同如此立浄。但未作浄之前，若共飲食同界宿者，咸有煮宿之過。既其加法，雖共界宿，無煮宿之罪，斯其教也。

【校記】

（1）者　《金》本訛作「寺」。

（2）皆可用心　石本倒作「皆用可心」。

（3）元　《金》本訛作「无」。

（4）然此不得經宿即須作法也　《麗》本、《大》本此作大字本文。

（5）界　石本此字脱。

【注釋】

〔一〕具壽　《根本説一切有部毗奈耶雜事》卷十九：「年少苾芻應唤老者爲大德，老唤少者爲具壽。若不爾者得越法罪。」（T24/292c）具壽，梵文āyusmān的意譯。

〔二〕文如百一羯磨中説　《根本説一切有部百一羯磨》，梵文名Mūlasarvāstivādaikaśatakarma。義净漢譯本十卷。結净地法見卷九，義净並有詳注（T24/494c）。

言一寺者，惣唱住處以爲净厨，房房之内，生熟皆貯。如其不聽内宿，豈可遣僧出外而住？一則僧不護宿，二乃貯畜無愆。西國相承，皆惣結一寺爲净厨也。若欲局取一邊，並在開限，不同神州律師見矣。且如未結衣界，離宿招愆。僧若結已，離便無失。净厨亦爾，既其聖許，勿滯凡情。又復護衣之法，界有樹等不同，但護界分，意非防女。净人來入厨内，豈得即是村收？假令身入村坊，持衣元(1)不護女，維那〔一〕持衣檢校，斯亦漫爲傷急矣。

【校記】

〔1〕元　《金》本、《麗》本、《大》本作「无」。

【注釋】

〔一〕維那　見卷四「灌沐尊儀」章義淨原注。

十四　五衆安居

若前安居，謂五月黑月一日〔一〕，後安居則六月黑月一日。唯斯兩日，合作安居。於此中間，文無許處〔二〕。至八月半，是前夏了，至九月半，是後夏了，此時法俗盛興供養。從八月半已後，名歌栗底迦月〔三〕。江南迦提設會〔四〕，正是前夏了時。八月十六日即是張羯絺那衣日，斯其古法〔五〕。又律文云，凡在夏内，有如法緣須受日者，隨有多少緣來，即須准日而受。一宿事至，受其一日。如是至七，皆對别人。更有緣來，律遣重請而去。如過七日，齊八日已去，乃至四十夜。中間羯磨〔六〕，受八日等去，然不得過半夏。在外而宿，爲此但聽四十夜矣。必有病緣及諸難事，須向餘處，雖不受日，不破安居。出家五衆既作安居，下衆有緣，囑授而去。未至夏前，預分房舍，上座(1)取其好者，以次分使至終。

那爛陀寺現(2)行斯法，大衆年年每分房舍。世尊親教，深爲利益。一則除其我執，二乃普護僧房。出家之衆，理宜須作。然江左諸寺，時有分者(3)，斯乃古德相傳，尚行其法。豈容住得一院，將爲己有，不觀合不(4)，遂至盡形。良由上代不行，致使後人失法。若能准教分者，誠有深益(5)。

【校記】

（1）上座　石本、《金》本、《麗》本、《大》本「座」字作「坐」。

（2）現　石本原抄作「見」，又用淡墨改作「現」。

（3）分者　《磧》本原作「分寺」，今依石本、《金》本、《麗》本、《大》本改。

（4）合不　《磧》本原作「合不合」，末「合」字似贅，今依石本、《金》本、《思》本、《麗》本、《大》本删。

（5）深益　石本、《金》本、《思》本、《麗》本、《大》本此後有一「矣」字。

【注釋】

〔一〕五月黑月一日　黑月，又稱黑分。《大唐西域記》卷二「印度總述」條：「月盈至滿，謂之白分；月虧至晦，謂之黑分。」（校注本，頁168）梵文kṛṣṇapakṣa。指十六日至晦日。五月黑月一日即五月十六日。以下六月黑月一日類推。

〔二〕於此中間文無許處　印度古代一年分爲六時，五月十六日至九月十五日爲雨時。《大唐西域記》卷二「印度總述」條：「故印度僧徒，依佛聖教，坐雨安居，或前三月，或後三月。前三月當此從五月十六日至八月十五日，後三月當此從六月十六日至九月十五日。」（校注本，頁169）

〔三〕歌栗底迦月　梵文Kārttikamāsa。《大唐西域記》譯作「迦剌底迦月」。

〔四〕迦提設會　迦提，梵文kaṭhina。即下文中所譯「羯絺那衣」，又譯羯恥那衣，或譯功德衣。

〔五〕斯其古法　見義淨譯《根本説一切有部毗奈耶羯恥那衣事》（T24/97b—99a）。

〔六〕羯磨　梵文karma。此處可意譯爲「辦事」、「作法」。

十五　隨意成規

凡夏罷歲終之時，此日應名隨意〔一〕，即是隨他於三事〔二〕之中任意舉發，説罪除愆之義。舊云自恣者，是義翻也。必須於十四日夜，請一經師，昇高座，誦佛經。于時俗士雲奔，法徒霧集，燃燈續明〔1〕，香華供養。明朝惣出，旋繞村城，各並虔心，禮諸制底。棚車輿像，皷樂張天，幡蓋縈羅，飄揚蔽日，名爲三摩近離〔三〕，譯爲和集。凡大齋日，悉皆如是，即是神州行城法也。禺中(2)始還入寺，日午方爲大齋。過午咸集，各取鮮茅可一把許，手執足蹈，作隨意事。先乃苾芻，後方尼衆，次下三衆〔四〕。若其衆大，恐延(3)時者，應差多人，分受隨意。被他舉罪，則准法説除。當此時也，或俗人行施，或衆僧自爲。所有施物，將至衆前。其五德〔五〕應問上座(4)云：「此物得與衆僧爲隨意物不？」上座等(5)答云：「得。」所有衣服、刀子、針錐之流，受已均分，斯其教也。此日所以奉刀針者，意求聰明利智也。隨意既訖，任各東西，既是坐夏已周，無勞更經一宿。廣如餘處，此不詳言〔六〕。

【校記】

（1）續明　石本作「燭明」。

（2）禺中　石本作「隅中」。

（3）延　《金》本訛作「近」。

（4）上座　石本、《金》本、《麗》本、《大》本作「坐」。下同。

（5）等　《麗》本、《大》本無此字。

言説罪者，意欲陳罪，説己先愆，改往修來，至誠懇責(1)。半月半月，爲褒灑陀(一)，朝朝暮暮(2)，憶所犯罪。褒灑是長養義，陀是淨義。意明長養(3)淨除(4)破戒之過。昔云布薩者，訛略也。初篇若犯，事不可治(二)。第二有違，人須二十(三)。若作輕過，對不同者而除悔之，梵云阿(5)鉢底鉢喇底提舍那(四)。阿鉢底者，罪過也；鉢喇(6)底提舍那即對他説也。説己之非，冀令清淨。自須各依局分，則罪滅可期。若惣相談愆，非律所許。舊云懺悔，非關説罪。何者？懺摩乃是西音(五)，自當忍義，悔乃東夏之字，追悔爲目(7)，悔之與忍，迴不相干(8)。若的依梵本，諸除罪時，應云至心説罪。以斯詳察，翻懺摩爲追悔，似罕由

【注釋】

(一)隨意　梵文pravāraṇa。下文中音譯鉢刺婆拏，有解釋。

(二)三事　所謂身、口、意三事。

(三)三摩近離　梵文sāmagrī。

(四)三衆　五衆中除去苾芻、苾芻尼，即三衆。五衆見卷一「受齋軌則」章此條注。

(五)五德　此指舉行隨意時僧衆所推選負責之僧人。此僧人須具備五種品德，五德不詳舉。

(六)廣如餘處此不詳言　見《根本薩婆多部律攝》卷七（T24/565b—566b）。

來。西國之人，但有觸誤及身錯相觸著，無問大小，大者垂手相向，小者和掌虔恭。或可撫身，或時執膊，口云懺摩，意是請恕，願勿瞋責。律中(9)就他致謝，即説懺摩之言，必若自己陳罪，乃云提舍那〔六〕矣。恐懷後滯，用啓先迷。雖可習俗久成，而事須依本。梵云鉢刺婆刺拏，譯爲隨意，亦是飽足義，亦是隨他人意，舉其所犯。

【校記】

(1)懇責　《磧》本「懇」原作「忄+貌」，今依石本、《金》本、《思》本、《麗》本、《洪》本、《北》本、《大》本改。石本「責」字抄作「讀」。

(2)朝朝暮暮　石本、《大》本作「朝暮朝暮」。

(3)養　石本、《金》本、《麗》本、《大》本訛作「善」。

(4)除　《磧》本原訛作「餘」，今依石本、《金》本、《麗》本、《大》本改。

(5)阿　《金》本、《麗》本、《大》本作「痾」。下同。

(6)喇　《金》本訛作「嚹」。

(7)追悔爲目　《磧》本「目」原作「自」，今依《麗》本、《大》本改。

(8)相干　《思》本「干」字訛作「于」。

(9)律中　《麗》本、《大》本此下衍「云提舍那矣恐懷後滯」共九字。

【注釋】

〔一〕褒灑陀　梵文poṣadha。下文有解釋。

〔二〕初篇若犯事不可治　初篇指戒律中波羅夷（pārājika）。僧人違犯此類戒條，即逐出教門，無可救治。

〔三〕第二有違人須二十　第二指僧殘（saṅghāvaśesa）。僧人違犯此類戒條，須當衆懺悔，懺悔時僧衆不得少於二十。僧衆認可，始得留在僧伽之中。以上參見卷一「序」中「七篇」條注。

〔四〕阿鉢底鉢喇底提舍那　梵文āpattipratideśana。解釋如正文。āpatti意譯「罪過」，pratideśana意譯「對他説」。

〔五〕懺摩乃是西音　懺摩，梵文kṣamā。

〔六〕提舍那　梵文deśana。

十六　匙筯合否

西方食法，唯用右手。必有病故，開聽畜匙。其筯則五天所不聞，四部亦未見，而獨東夏共有。斯事俗徒自是舊法，僧侣隨情用否。筯既不聽不遮，即是當乎略教。用時衆無譏議，東夏即可行焉。若執俗有嗤嫌，西土元不合捉。略教之旨，斯其事焉。

十七　知時而禮

夫禮敬之法，須合其儀。若不順教，則平地顛蹶。故佛言有二種汙觸，不應受禮，亦不禮他。若違教者，拜拜皆招惡作之罪〔一〕。何謂二汙？一是飲食汙，謂若食噉一切諸物，下至吞嚼一片之藥，若不漱口洗手已來，並不合受禮禮他。若飲漿或水，乃至茶蜜等湯及酥糖之類，若未漱口洗手，禮同前犯。二是不淨汙，謂大小行來，身未洗淨及未洗手漱口，或身或衣被，便利不淨，洟唾等汙，未淨已來。若旦起未嚼齒木，禮同前犯。又於大衆聚集齋會之次，合掌即是致敬。故亦不勞全體，禮便違教。或迮鬧處(1)，或不淨地，或途路中，禮亦同犯。斯等諸事，並有律文，但爲日久相承，地居寒國，欲求順教，事亦難爲。莫不引同，多以自慰，詎肯留心於小罪耳。

【校記】

（1）鬧處　《麗》本「鬧」字印作「閙」。

【注釋】

〔一〕惡作之罪　惡作，梵文duṣkṛta。亦是戒律五篇或七篇之一。參見卷一「序」中「七篇」條注。

十八　便利之事

便利之事，略出其儀：下著洗浴之裙，上披僧脚崎服。次取觸瓶，添水令滿，持將上厠，閉户(1)遮身。土須二七塊，在其厠外，於甎石上或小版上而安置之。其甎版量長一肘，闊半肘。其土碎之爲末(2)，列作兩行，一一别聚，更安一塊。復將三丸入於厠内，安在一邊，一將拭體，一用洗身。洗身之法，須將左手，先以水洗，後兼土淨。餘有一丸，麁且一遍，洗其左手。若有籌片，持入亦佳。如其用罷，須擲厠外。必用故紙，可棄厠中。既洗淨了，方以右手牽下其衣。瓶安置(3)一邊，右手撥開傍居(4)，還將右手提瓶而出。或以左臂抱瓶，拳其左手，可用右手關户(5)而去。就彼土處，蹲坐一邊。若須坐物，隨時量處。置瓶左髀之上，可以左臂向下壓之。先取近身一七(6)塊土，别别洗其左手。後用餘七，一一兩手俱淨(7)。其塼木上必須淨洗。餘有一丸，將洗瓶器，次洗臂腨及足，並令清潔，然後隨情而去。此瓶之水不入(8)口脣。重至房中，以浄瓶水漱口。若其事至觸此瓶者，還須洗手漱口，方可執餘器具。斯乃大便之儀，麁説如此。必其省事，咸任自爲。幸有供人，使洗(9)非過。小便則一二之土，可用洗手洗身。此即清浄之先，爲敬根本。或人將爲小事，律教乃有大呵。

【校記】

(1)閉户《金》本、《麗》本「閉」印作「閇」，即「閉」字異體。

(2)末《金》本訛作「未」。

(3)安置《金》本、《麗》本、《大》本無「置」字。

(4)启《金》本、《麗》本、《大》本作「户」。

(5)關户《金》本作「閞户」，《麗》本、《大》本作「閉户」。

(6)七《洪》本訛作「土」。

(7)浄《麗》本、《大》本作「洗」。

(8)不入《麗》本、《大》本作「不合入」。

(9)洗《金》本、《麗》本、《大》本作「澆」。

若不洗浄，不合坐僧床，亦不應禮三寶。此是身子伏外道法〔一〕，佛因惣制苾芻。修之則奉律福生，不作乃違教招罪。斯則東夏不傳，其來尚矣。設令啓示，遂起嫌心，即道大乘虚通，何浄何穢，腹中恒滿，外洗寧益。詎知輕欺教檢，誣罔聖心，受禮禮他，俱招罪過。著衣噉食，天神共嫌。若不洗浄，五天同笑。所至之處，人皆見譏。弘紹之賓，特宜傳教。既而厭俗離塵，捨家趣非家，即須殷勤用釋父之言，何得睚眦於毗尼〔二〕之説？如其不信，幸可依此洗之，五六日間，便知不洗之過。然而寒冬之月，須作煖湯，自外三時，事便隨意。然有筒槽帛拂，非本律文。或有含水將去，亦乖浄法。

【注釋】

〔一〕身子伏外道法　身子，指舍利弗，梵文名Śāriputra。釋迦牟尼的十大弟子之一，稱爲「智慧第一」。此爲意譯，但實因將Śāri與Śarīra或Śarīra相混所致的誤譯。一般意譯爲「鶖鷺子」。高楠譯「身子」爲Kāyaputra，誤。

〔二〕毗尼　即律，梵文vinaya。

凡是僧坊，先須浄治厠處。若自無力，教化爲之。供十方僧，理通凡聖(1)，無多所費。斯其要焉，是浄方業，固非虚矣。理須大槽，可受一兩石，貯土令滿，置在圊邊。大衆必無，私房可畜。若卒無水瓶，許用(2)瓷瓦等鉢，盛水將入，安在一邊，右手澆洗，亦無傷也。江淮地下瓮(3)厠者多，不可於斯即爲洗浄，宜應别作洗處，水流通出爲善。且如汾州抱腹、岱岳靈巖、荆府玉泉、楊州白塔(一)，圊厠之所，頗傳其法。然而安置水土，片有(4)闕如，向使早有人教行，法亦不殊王舍。斯乃先賢之落漠，豈是後進之蒙籠者哉！然其厠内，貯土置瓶並須安穩，勿令闕事。添瓶之罐，著柴爲佳。如畜君持，准前爲矣。銅瓶插(5)蓋而口寬，元來不中洗浄。若其腹邊别(6)爲一孔，頂上以錫錮(7)之，高出尖臺，中安小孔，此(8)亦權當(9)時須也。

【校記】

(1)凡聖《金》本「凡」訛作「元」。

(2)用《金》本訛作「同」。

(3)瓮《金》本、《麗》本、《大》本作「瓮」。

(4)有《洪》本作「亦」。

(5)插《金》本作「極」。

(6)别《金》本、《麗》本、《大》本作「斵」。

(7)錮《麗》本、《大》本作「固」。

（8）此 《金》本無此字。

（9）權當 《麗》本、《大》本作「權用當」。

【注釋】

〔一〕汾州抱腹岱岳靈巖荆府玉泉楊州白塔 汾州，見卷二「受齋軌則」章「并汾之地」條注。抱腹應爲寺名。岱岳靈巖，指泰山山麓靈巖寺，在今山東長清縣東南境内。前已注。荆州玉泉，玉泉寺，在今湖北當陽縣西玉泉山。楊州應作揚州，揚州有白塔寺。

重曰：載勞紙筆，幾致殷勤。順流從諫，冀有其人。大聖既雙林而寂體，羅漢亦五印而灰身。遺餘法教，影響斯晨。行寄捐生（1）之侣，興由棄俗之賓。捨渾渾之煩濁，慕皎皎之清塵。外垢與内惑而俱喪，上結共下縛而同湮。蕭條其跡，爽亮其神。四儀無累〔二〕，三尊是親〔三〕。既不被生人之所笑，豈復怖死王之見瞋。利九居〔三〕而軫念，成三代之芳因。幸希萬一而能改，亦寧辭二紀之艱辛〔四〕！

【校記】

（1）捐生 《思》本作「損生」，誤。

【注釋】

〔一〕四儀無累　四儀，四威儀。指佛教徒在行、住、坐、卧四方面必須遵守的儀則。

〔二〕三尊是親　三尊，佛、法、僧。亦稱三寶。

〔三〕九居　見卷一「序」中注。

〔四〕寧辭二紀之艱辛　二紀，此指二十年，非二十四年。卷一「序」：「住持八紀，弘濟九居。」釋迦牟尼在世八十年，一紀十年。義浄在咸亨二年（六七一）赴印，至《寄歸傳》寫成之天授二年（六九一），亦正好二十年。

南海寄歸内法傳卷第三

三藏沙門義浄撰(1)

十九　受戒軌則

西國出家軌儀，咸悉具有聖制，廣如《百一羯磨》，此但略指方隅。諸有發心欲出家者，隨情所樂，到一師邊，陳其本意。師乃方便問其難事，謂非害父母等。難事既無，許言攝受。既攝受已，或經旬月，令其解息，師乃爲授五種學處〔一〕，名鄔波索迦〔二〕。自此之前，非七衆〔三〕數，此是創入佛法之基也。師次爲辦縵條〔四〕、僧脚崎及下裙等並鉢濾羅，方爲白僧，陳出家事。僧衆許已，爲請阿遮利耶〔五〕。可於屏處，令剃頭人爲除鬚髮。方適寒温，教其洗浴。師乃爲著下裙，方便檢察非黄門〔六〕等。次與上衣，令頂戴受。著法衣已，授與鉢器，是名出家。次於本師〔七〕前，阿遮利耶授與(4)十學處〔八〕，或時闇誦，或可讀文。既受戒已，名室羅末尼羅〔九〕。譯爲求寂，言欲求趣涅槃圓寂之處，舊云沙彌者，言略而音訛。翻作息慈，意准而無據也。威儀節度，請教白事，與進具者體無二准，但於律藏十二(5)無犯。其正學女〔一〇〕，片有差降。

【校記】

(1)三藏沙門義浄撰　《金》本、《麗》本、《大》本「三藏沙門」前有「翻經」二字，《南》本、《北》本前有「唐」字，《思》本無「三藏」二字。

(2)覩　《麗》本、《大》本作「襯」。

(3)《北》本卷首無此十二條目録。

(4)授與　《金》本、《麗》本、《大》本無「與」字。

（5）十二 《麗》本作「十一」。

【注釋】

〔一〕五種學處　學處，梵文Śikṣāpada的意譯。五種學處即五戒。

〔二〕鄔波索迦　梵文upāsaka。《大唐西域記》卷九原注：「唐言近事男。」（校注本，頁706）即男居士。

〔三〕七衆　五衆加上鄔波索迦、鄔波斯迦兩衆，合稱七衆。

〔四〕縵條　指縵條衣。《釋氏要覽》卷上：「梵音鉢吒，唐言縵條，即是一幅氎，量以三衣等，但無田相者是。」（T54/269b）梵文paṭa。

〔五〕阿遮利耶　梵文ācārya，又譯阿闍梨或闍梨等。本書卷三「師資之道」章原注：「譯爲軌範師，是能教弟子法式之義。」

〔六〕黄門　此指生理上非男非女者。

〔七〕本師　此指親教師，又稱鄔波馱耶。梵文upādhyāya。

〔八〕十學處　十戒，沙彌與沙彌尼所受戒條。此不詳舉。

〔九〕室羅末尼羅　梵文śramaṇera。

〔一〇〕正學女　梵文śikṣamāṇā的意譯，或譯「學戒女」、「學法女」，音譯式叉摩那。佛教規定，沙彌尼年滿二十受具足戒，受具足戒前二年，十八至二十歲間別學六法。此時稱爲正學女。

十二者何？一不分別衣，二離衣宿，三觸火(1)，四足食，五害生種，六青草上棄不浄，七輒上高樹，八觸寶，九食殘宿食，十壞地，十一不受食，十二損生苗。斯之十二，兩小非過。其正學女，後五便犯。此下三衆，咸制安居。其六法六隨法如餘處説〔一〕。能如是者，方成應法，是五衆收，堪銷物利。豈有既出家後，師主不授十戒，恐其毁破大戒不成？此則妄負求寂之名，虚抱出家之稱，似(2)懷片利，寧知大損。經云雖未受十戒，墮僧數者，乃是權開一席，豈得執作長時？

【校記】

（1）觸火　《金》本「火」字訛作「袋」。

（2）似　《麗》本、《大》本作「以」。

【注釋】

〔一〕其六法六隨法如餘處説　此見義浄譯《根本薩婆多部律攝》卷十二。六法是：「一者不得獨在道行；二者不得獨渡河水；三者不得觸丈夫身；四者不得與男同宿；五者不得爲媒嫁事；六者不得覆尼重罪。」六隨法是：「一者不捉屬己金銀；二者不得剃隱處毛；三者不得墾掘土地；四者不得斷生草木；五者不得不受而食；六者不得食曾觸食。」（T24/596b）

又神州出家，皆由公度。既蒙落髮，遂乃權依一師。師主本不問其一遮，弟子亦何曾請其十戒？未進具來，恣情造罪。至受具日，令入道場。律儀曾不預教，臨時詎肯調順？住持之道，固不然矣。既不合銷常住，受施負債何疑？理應依教而爲濟脱。凡蒙公度者，皆須預請一師，師乃先問[1]難事。若清净者，爲受五戒。後觀落髮，授縵條衣，令受十戒。法式既閑，年歲又滿，欲受具戒[一]。師乃觀其意志[2]，能奉持者，即可爲辦六物，並爲請餘九人。或入小壇，或居大界，或自然界，俱得秉法。然壇場之内，或用衆家褥席，或可人人自將坐物，略辦香花，不在營費。其受戒者，教令[3]三遍，一一禮僧。或時近前，兩手執足。此二皆是聖教禮敬之儀。亦既禮已，教其乞戒。既三乞已，本師對衆爲受衣鉢。其鉢必須[4]持以巡行，普呈大衆。如合様者，大衆人人咸云好鉢。如不言者，招越法罪。然後依法爲受，其羯磨師執文而讀。或時暗誦，俱是聖開[5]。既受戒已，名鄔波三鉢那〔二〕。鄔波是近，三鉢那是圓，謂涅槃也。令受大戒，即是親近涅槃。舊云具足者，言其汎意。

【校記】

（1）問　《磧》本原訛作「阿」，今依《金》本、《思》本、《麗》本、《南》本、《北》本、《大》本改。

（2）意志　《金》本、《麗》本、《大》本作「志意」。

（3）教令　《金》本「教」字脱。

（4）必須　《金》本、《麗》本、《大》本無「必」字。

（5）聖開　《金》本、《麗》本、《大》本作「聖教」。

【注釋】

〔一〕年歲又滿欲受具戒　年歲，指二十歲。佛教規定，滿二十歲始得受具戒。

〔二〕鄔波三鉢那　梵文 upasampanna。解釋見原注。

然羯磨亦竟，急須量影，記五時〔三〕之別。其量影法，預取一木條，如細箸許，可長一肘，折其一頭四指，令竪如曲尺形，勿使相離，竪箸日中，餘杖布地，令其竪影與卧杖相當，方以四指量其卧影。滿一四指，名一布路沙〔二〕，乃至多布路沙，或一布路沙餘一指半指，或但有一指等。如是加減，可以意測。言布路沙者，譯爲人也。所以四指之影名一人（1）者，即是四指竪杖影長四指之時，此人立在日中，影量與身量相似。其八指遂與身量兩影相似。斯據中人，未必皆尒。自餘長短，義可准之。然須道其食前食後。若天陰及夜，即須准酌而言之。若依神州法者，或可竪尺日中，量影長短，或復記其十二辰數。

【校記】

（1）一人 《磧》本原作「二人」，各本俱作「一人」，今據改。

【注釋】

〔一〕五時 見下段正文。

〔二〕布路沙 梵文puruṣa，意譯人。

言五時者，既而方域異儀，月數離合，自非指事，難以委知。一謂冬時，有四月，從九月十六日至正月十五日。二謂春時，亦有四月，從正月十六日至五月十五日。三謂雨時，但有一月，從五月十六日至六月十五日。四謂終時，唯一日一夜，謂六月十六日晝夜。五是長時，從六月十七日至九月十五日。此乃獨於律教中佛制，如是次第，明有密意也。若依方俗，或作三時、四時、六時，如餘處説〔一〕。凡西方南海出家之人，創相見者，問云大德〔二〕幾夏。答云尒許。若同夏者，問在何時。若時同者，問得幾日。若日同者，問食前後。同在食前，方問其影。影若有殊，大小成異。影若同者，便無大小。坐次則據其先至，知事乃任彼前差。向西方者，必須閑(1)此，不同支那〔三〕記其月日而已。然那爛陀寺多是長時，明相纔出，受其近圓，意取同夏之中多爲最大，即當神州六月十七日。明相纔出，由不得後夏故。此據西方坐夏之法，若如(2)神州舊行，即當五月十七日也。若六月十六日夜將盡而受戒者，則同夏之中最小，由其得後夏故。

【校記】

（1）閑《磧》本原作「問」，今依《金》本、《麗》本、《大》本改。

（2）如《麗》本作「女」，訛。

【注釋】

〔一〕三時四時六時如餘處説　見《大唐西域記》卷二「印度總述」條。一年分三時是：熱時、雨時、寒時。分四時是：春、夏、秋、冬。分六時是：漸熱、盛熱、雨時、茂時、漸寒、盛寒。

（校注本，頁169）

〔二〕大德　梵文bhadanta的意譯。佛教僧人之間表示尊敬的稱呼。見前卷二「結浄地法」章「具壽」條注。

〔三〕支那　梵文Cīna的音譯。即中國。

既受戒已，不行嚫施(1)。若其師有，爲辦少多。或持腰絛，或濾水羅等，奉臨壇者，以表不空之心。次即本師爲指戒本〔一〕，令識罪相，方教誦戒。既其熟已，誦大律藏。日日誦過，旦旦試之。不恒受持(2)，恐損心力。誦律藏了，方學經論。此是西方師資途轍，雖復去聖懸遠，然而此法未虧。爲此(3)二師喻之父母。豈有欲受之時，非常勞倦，亦既得已，戒不關懷，有始無終，可惜之甚(4)。自有一會求受，受已不重參師，不誦戒經，不披律典，虚霑法位(5)，自(6)損損他。若此之流，成滅法者。

【校記】

(1)不行嚫施　《金》本、《思》本「嚫」印作「儭」，《麗》本、《大》本作「不待嚫施」。

(2)持　《思》本訛作「侍」。

(3)此　《磧》本原漫漶作「比」，今據各本改作「此」。

（4）甚《金》本訛作「其」。

（5）法位《金》本、《麗》本、《大》本作「法伍」。

（6）自《思》本訛作「目」。

【注釋】

〔一〕戒本 梵文prātimokṣa。又譯「别解脱」，或音譯「波羅提木叉」。戒律中最重要的部分，規定各種禁戒並叙其緣起。

然西方行法，受近圓已去，名鐸曷攞〔一〕。譯爲小師。滿十夏名悉他薜攞〔二〕，譯爲(1)住位。得離依止而住，又得爲鄔波馱耶〔三〕。凡有書疏往還，題云求寂某乙，小苾芻某乙，住位苾芻某乙。若其(2)學通内外，德行高著者，便云多聞苾芻某乙，不可云僧某乙。僧是僧伽，目乎大衆〔四〕，寧容一己輒道四人，西方無此法也。凡爲親教師者，要須住位滿足十夏。秉羯磨師及屏教者并餘證人，並無定年幾，事須解律清淨，中邊數滿。律云：非鄔波馱耶而唤爲鄔波馱耶，非阿遮利耶唤爲阿遮利耶，或翻此二，及親斥鄔波馱耶名者，皆得惡作之罪。若有人問云：「尒親教師其名何也？」或問：「汝誰弟子？」或可自有事至，須説師名者，皆應言：「我因事至，説鄔波馱耶名，鄔波馱耶名某甲。」西國南海，稱我不是慢詞。設令道汝，亦非輕稱。但(3)欲別其彼此，全無倨傲之心，不並神州將爲鄙惡。若其嫌者，改我爲今，斯乃咸是聖教，宜可行之。不得雷同，無分皂白云尒。

【校記】

(1)譯爲　《金》本「譯」字脱。

(2)其　《金》本、《麗》本、《大》本無此字。

(3)但　《磧》本原訛作「怛」，今依《金》本、《思》本、《麗》本、《南》本、《北》本、《大》本改。

【注釋】

〔一〕鐸曷攞　梵文dahara。

〔二〕悉他薛攞　梵文sthavira。

〔三〕鄔波馱耶　梵文upādhyāya。即上文中稱「本師」，又稱親教師。見本卷「師資之道」章。

〔四〕僧是僧伽，目乎大衆　僧伽，梵文saṅgha，意爲大衆。

凡諸白衣〔一〕，詣苾芻所，若專誦佛典，情希落髮，畢願緇衣，號爲童子〔二〕。或求外典，無心出離，名曰學生〔三〕。斯之二流，並須自食。西國僧寺，多有學生，來就苾芻習學外典，一得駈馳給侍，二乃教發好心。既有自利利他，畜之非損。必是杜多（1）一鉢，理則不勞。若也片有供承，亦成是要。遣給齒木，令其授食，足應時須，不傷悲道也。若飡常住，聖教全遮。必其於衆有勞，准功亦合飡食。或是普通之食，或可施主先心。雖復噉食，故成無罪。夫龍河影没，鷲嶺光收，傳法羅漢，能餘幾在？故論云：大師眼閉，證者隨亡。煩惱增時，應勤莫逸，理當諸德共作護持。若逶隨（2）而縱慢心，欲遣人天，何所歸向。律云：有秉羯磨，我法未滅。若不秉持（3），我法便盡。又云（4）：戒住我住。理非虚説，既有深旨，誠可敬歟！

【校記】

（1）杜多　《金》本「杜」訛作「壯」。

（2）逶隨　《金》本、《麗》本、《大》本「逶」作「委」。逶委同。

（3）秉持　《金》本、《麗》本、《大》本作「秉時」。

（4）又云　《大》本作「又曰」。

【注釋】

〔一〕白衣　世俗人，與緇衣相對。

〔二〕童子　梵文māṇava的意譯。

〔三〕學生　梵文brahmacārin的意譯。

重曰：大師影謝，法將隨亡。邪山峻峙，惠歗隤綱。重明佛日，寔委賢良。若遵小徑，誰弘大方？幸垂(1)通哲，勉力宣揚。冀紹隆之無替，傳永劫而彌芳。彌芳伊何？戒海揚波。此則教將滅而不滅，行欲訛而不訛。符正説於王舍，事無虧於逝多〔一〕。

【校記】

（1）幸垂　《金》本、《思》本、《麗》本、《大》本作「幸惟」。

【注釋】

〔一〕逝多　指逝多林，又稱祇林或祇園。梵文Jetavana。在古印度室羅伐國。傳説釋迦牟尼在世時常住於此。見《大唐西域記》卷六「室羅伐悉底國」條。

二十　洗浴隨時

夫論洗浴之法，西國乃與東夏不同。但以時節調和，稍異餘處。於十二月，花菓恒有。不識冰雪，薄有微霜。雖復多暑，亦非苦熱。熱則身無疿子（1），寒乃足無皴裂。爲此人多洗沐，體尚清浄。每於日日之中，不洗不食。又復所在之處，極饒池水，時人皆以穿池爲福。若行一驛，則望見三二十所。或寬一畝五畝，於其四邊種多羅樹，高四五十尺。池乃皆承雨水，湛若清江。八制底處（一），皆有世尊洗浴之池。其水清美，異於餘者。那爛陁寺有十餘所大池。每至晨時，寺鳴揵稚（2），令僧徒洗浴。人皆自持浴裙，或千或百，俱出寺外，散向諸池，各爲澡浴。

【校記】

（1）疿子　《金》本、《麗》本、《大》本「疿」作「拂」。

（2）揵稚　《金》本、《麗》本、《大》本作「健稚」，《北》本作「揵椎」。

【注釋】

〔一〕八制底處　義浄譯《根本説一切有部百一羯磨》卷九原注：「謂是大師一代行化之處，

總有八所，此則名爲八大制底：一佛本生處，在劫比羅伐窣覩城嵐毗尼林；二成佛處，在摩揭陀法阿蘭若菩提樹下金剛座上；三轉法輪處，在婆羅痆斯仙人墮處施鹿林中；四涅槃處，在拘尸那城娑羅雙樹間；五在王舍城鷲峯山竹林園内；六在廣嚴城獼猴池側高閣堂中；七在室羅伐城逝多林給孤獨園；八從天下處，在平林聚落。」（T24/496b）

其浴裙法，以氈布長五肘，闊肘半，繞身使帀，抽出舊裙，迴兩頭令向前，取左邊上角，以右手牽向腰下，令使近身，併蹙右邊，壓入腰内，此謂著浴裙法。卧時著裙，其法亦尒。欲出池時，抖擻徐出，勿令蟲著。上岸法式，廣如律辨(1)〔一〕。若不向池，寺中洗者，著裙同此，水遣人澆(2)，隨處隨時，可爲障蔽。世尊教爲浴室，或作露地甎池，或作去病藥湯，或令油遍塗體。夜夜油恒揩足，朝朝頭上塗油。明目去風，深爲利益，皆有聖教，不遑具述，廣如律也〔二〕。

【校記】

（1）辨　《金》本、《麗》本、《大》本作「辯」。

（2）水遣人澆　《思》本作「水邊人洗」。

【注釋】

〔一〕上岸法式廣如律辨　見《根本説一切有部毗奈耶雜事》卷五（T24/227a—b）及《根本薩婆多部律攝》卷十二（T24/594c）。

〔二〕廣如律也　見《根本説一切有部毗奈耶雜事》卷三（T24/219b—c）。

又洗浴者並須飢時。浴已方食，有其二益：一則身體清虚，無諸垢穢；二則痰癊消散，能餐飲食。飽食方洗(1)，醫明所諱。故知飢沐飽浴之言，未是(2)通方之論。若著三尺浴衣，褊小形露，或元(3)不著，赤體而浴者，深乖教理也。應用四幅洗裙，遮身可愛。非直奉遵(4)聖教，亦乃不愧人神。餘之可不，智者當悉。夜浴尚不改容，對人寧無掩蔽耳。

【校記】

（1）飽食方洗　《金》本作「飽方洗」，《麗》本、《大》本作「飽方洗浴」。

（2）是　《金》本作「定」。

（3）元　《金》本作「无」。

（4）奉遵　《金》本「奉」字訛作「本」。

二十一　坐具儭身(1)

禮拜敷其坐具，五天所不見行；致敬起爲三禮，四部罔窺其事。凡爲禮者，拜敷(2)法式，如別章所陳。其坐具法，割截爲之，必須複作，制令安葉，度量不暇詳悉。其所須者，但擬眠卧之時，護他氈席。若用他物，新故必須安替。如其己物，故則不須。勿令汙染，虧損信施，非爲禮拜。南海諸僧，人持一布(3)，長三五尺，疊若食巾，禮拜用替膝頭，行時搭在肩上。西國苾芻來見，咸皆莞尒(4)而笑也。

【校記】

（1）儭身　《麗》本、《大》本「儭」作「襯」。

（2）拜敷　《金》本、《麗》本、《大》本「敷」字訛作「數」。

（3）一布　《麗》本、《大》本作「一布巾」。

（4）莞尒　《金》本「莞」字作「莧」。

二十二　卧息方法

西國房迮，居人復多，卧起之後，床皆舉攝。或内置一邊，或移安户外。床闊二肘，長四肘半。褥席同然，輕而不重。然後牛糞乾揩其地，令使清淨，安置坐床及木枯(1)小席等，隨尊卑而坐。如常作業，所有資生之具，並棚上安之，其床前並無以衣遮障之法。其不合者，自不合卧，如其合者，何事遮身？其衆僧卧具，必須安侃，方合受用。坐具意在於此，如其不尒，還招黑背之辜(2)〔一〕。聖有誠言，不可不慎。

【校記】

（1）木枯　《金》本、《大》本作「木枯」。

（2）黑背之辜　《磧》本原作「累背之辜」，今依《金》本、《思》本、《麗》本、《大》本改。説見注。

【注釋】

〔一〕黑背之辜　謂不遵教導，將受「黑背」報應。《根本説一切有部百一羯磨》卷九：「世尊便見一人，脊背皆黑，遂命阿難陀曰：『汝見此人脊背黑不？』阿難陀言：『見』。佛言：

『此人往昔於迦攝波如來正教中出家，遂以隨宜惡物，用襯僧伽卧具。由彼昔時黑業惡報，墮於地獄。又五百生中常招黑背。』（T24/495b）又《根本薩婆多部律攝》卷四：「得惡作罪，招黑背殃。」（T24/545a）

又復南海十島，西國五天，並皆不用木枕⑴支頭⑵，神州獨有斯事。其西方枕囊樣式，其類相似。取帛或布，染色隨情，縫爲直袋，長一肘半，寬半肘。中間貯者，隨處所出。或可填毛，或盛麻縕，或蒲黄柳絮，或木綿荻苕，或耎葉乾苔，或決明麻豆。隨時冷熱，量意高下。斯乃取適安身，實無堅强之患。然爲木枕踈鞕，頂⑶下通風，致使時人多苦頭疾。然則方殊土別，所翫不同，聊述異聞，行否隨好。既而煖物除風，麻豆明目，且能有益，用成無爽。又爲寒鄉凍頂，多得傷寒，冬月鼻流，斯其過也。適一時⑷温頂，便無此患。諺云凍頂温足，未必常可依之矣。

【校記】

（1）木枕　《金》本作「大枕」。

（2）支頭　《金》本「支」字印作「楮」。

（3）頂　《金》本、《麗》本、《大》本作「項」。

（4）一時《金》本、《麗》本、《大》本無「一」字。

又復僧房之内，有安尊像，或於窗上，或故作龕。食坐之時，像前以布幔遮障。朝朝洗沐，每薦香花。午午虔恭，隨餐奉獻。經箱格在一邊，卧時方居别室。南海諸洲，法亦同此，斯乃私房尋常禮敬之軌。其寺家尊像，並悉别有堂殿。豈有像成已後，終身更不洗拭，自非齋次，寧容輒設疎餐。由此言之，同居亦復何損？大師在日，尚許同居。形像倣真，理當無妨。西國相傳，其來久矣。

二十三　經行少病

五天之地，道俗多作經行。直去直來，唯遵一路，隨時適性，勿居閙處。一則痊痾，二能銷食。禺中(1)日昳，即行時也。或可出寺長引，或於廊下徐行。若不爲之，身多病苦，遂令脚腫肚腫，臂疼髆疼。但有痰癊不銷，並是端居所致。必若能行此事，實可資身長道。故鷲山覺樹之下，鹿苑王城之内，及餘聖跡，皆有世尊經行之基耳。闊可二肘，長十四五肘，高二肘餘，壘甎作之，上乃石灰素(2)作蓮華開勢，高可二寸(3)，闊纔一尺，有十四五，表聖足跡。兩頭基上，安小制底，量與人齊。或可内設尊容，爲釋迦立像。若其右繞佛殿，旋遊(4)制底，别爲生福，本欲虔恭經行乃是銷散之儀，意在養身療病。舊云行道，或曰經行，則二事揔包，無分涇渭。遂使調適之事，久闕東川。經云觀樹經行，親在金剛座側〔一〕，但見真迹，未覩圓基耳。

【校記】

（1）禺中 《金》本、《思》本「禺」字作「隅」。

（2）素 《麗》本、《大》本作「塑」。

（3）二寸 《金》本、《麗》本、《大》本作「二肘」。

（4）旋遊 《金》本「遊」字脱。

【注釋】

〔一〕金剛座側 金剛座，梵文Vajrāsana。傳説是釋迦牟尼成道時坐處，在古摩揭陀國，即在今印度比哈爾邦菩提伽耶（Bodh Gaya）。

二十四　禮不相扶

禮拜之軌，須依教爲，進具若分影在前，即合受小者之拜。佛言有二種人合受禮拜，一謂如來，二大己苾芻。斯則金口誠教，何勞輒事謙下。小者見大，緩須伸敬(1)，唱畔睇而禮之(一)。大受小禮，自可端拱而云痾嘮柢(2)(二)。近也反(3)。是呪願彼令無病義耳。如其不道，彼此招愆。隨立隨坐，不改常式。既其合受，無容反敬。斯乃五天僧徒之則也。豈有小欲禮大，先望大起，大受小恭，恐小嫌恨。爲此則悤迫悤迫(4)，尊執卑而不聽稽首；辛苦辛苦，卑求敬而不能至地。若不如此，云乖禮數。嗚呼！虧聖教，取人情，敬受乖儀，誠可深察。延波既久，誰當偃諸！

【校記】

（1）伸敬　《金》本、《麗》本、《大》本「伸」作「申」。

（2）柢　《金》本作「底」，《麗》本作「抵」。

（3）近也反　《思》本、《南》本作「延也反」，《北》本作「延也切」。

（4）悤迫悤迫　《金》本、《麗》本、《大》本作「悤悤迫迫」。

【注釋】

〔一〕唱畔睇而禮之　畔睇，梵文vande。動詞詞根vand，第一人稱，單數，中間語態。意爲我敬禮。

〔二〕痾嘚柢　梵文ārogya。下文注中解釋：「無病。」

二十五　師資之道

夫教授門徒，紹隆之要。若不存念，則法滅可期。事須慇勤，無宜綱漏(1)。律云：每於晨旦，先嚼齒木，次可就師，奉其齒木、澡豆、水巾，敷置坐處，令安隱(2)已。然後禮敬尊儀，旋繞佛殿。却就師處，攝衣一禮，更不重起。合掌三叩，雙膝踞地，低頭合掌問云：「鄔波馱耶存念。」馱字音停駕反(3)，既無正體，借音言之。鄔波是其親近，波字長唤，中有阿字〔一〕。阿馱耶義當教讀，言和尚者非也。西方汎唤博士皆名烏社〔二〕。斯非典語，若依梵本經律之文，皆云鄔波馱耶，譯爲親教師。北方(4)諸國，皆唤和社〔三〕，致令傳譯習彼訛音。或問云：「阿遮利耶存念。」譯爲軌範師，是能教弟子法式之義。先云阿闍梨，訛也。我今請白，不審鄔波馱耶宿夜安不？四大〔四〕平和不？動止輕利，飲食銷不？旦朝(5)之餐可能進不？」斯則廣略隨時也。師(6)乃量身安不，具答其事。

次於隣近比房住(7)能禮其大者(8)，次讀少許經，憶所先受，日新月故，無虧寸陰。待至日小食時，量身輕重，請白方食。何勞未曉覓粥忽忽，不及白本師，無由嚼齒木，不暇觀蟲水，豈容能洗浄。寧知爲一盂之粥，便違四種佛教。訛替之本，皆從此來，願住持之家善應量處。前白事等，此乃是阿離耶提舍(9)〔五〕教授之儀。阿離耶譯爲聖，提捨譯爲方，即名西國爲聖方矣。以其賢聖繼軌，人皆共稱。或云末睇(10)是中，提捨是國，百億之中心，斯其事也，此號人咸委之〔六〕。其北方(11)胡國，獨喚聖方以爲呬度(12)〔七〕。呬音許伭反(13)。全非通俗之名，但是方言，固無别義(14)。西國若聞此名，多皆不識，宜喚西國(15)爲聖方，斯成(16)允當。或有傳云，印度譯之(17)爲月，雖有斯理，未是通稱〔八〕。且如西國名大周(18)爲支那者，直是其名，更無别義。又復須知是(19)五天之地，皆曰婆羅門國〔九〕，北方速利(20)，惣號胡疆。不得雷同，咸爲一喚耳。

【校記】

（1）綱漏　《金》本、《麗》本、《大》本作「網漏」。

（2）安隱　《金》本、《麗》本、《大》本作「安穩」。

（3）停駕反　《北》本作「停駕切」，《金》本、《麗》本、《大》本作「停夜反」。

（4）北方　《金》本作「西方」。

（5）旦朝　《金》本作「旦粥」。

（6）師　《金》本、《麗》本、《大》本此前有一「時」字。

（7）住　《金》本、《思》本、《麗》本、《大》本訛作「任」。

（8）大者　《金》本「者」字脱。

（9）舍　下文中俱作「捨」。

（10）末睇　《磧》本原作「未睇」，梵文原文madhya，「未」字訛。今從《金》本、《北》本及梵音改。

（11）北方　《磧》本「北」字原訛作「比」，今從《金》本、《思》本、《麗》本、《洪》本、《大》本改。

（12）呬度　《金》本、《麗》本、《大》本此二字脱，《思》本「呬」作「四」。

（13）許伭反　《麗》本、《大》本作「許伊反」，《思》本、《南》本作「許愋反」，《北》本作「許咍切」。

（14）別義　《金》本「別」字脱。

（15）西國　《磧》本「國」字原脱，今據《金》本、《麗》本、《大》本補。

（16）成　《麗》本、《大》本作「誠」。

（17）譯之　《磧》本原作「説之」，今依《金》本、《麗》本、《大》本改。

（18）大周　《金》本、《麗》本、《大》本作「大唐」。

（19）是　《金》本、《麗》本、《大》本無此字。

（20）速利　《麗》本、《大》本訛作「連例」。

【注釋】

〔一〕波字長喚中有阿字　鄔波馱耶梵文是upādhyāya。波字長喚，指ā爲長音。中有阿字，指upādhyāya可分解爲upa與adhyāya兩部分，原來的ā音即包括前後兩個a音。upa此處譯作鄔波，adhyāya譯作阿馱耶。

〔二〕西方汎喚博士皆名烏社　下文説明：「斯非典語。」意即烏社爲當時的俗語的譯音。據P. Pelliot意見，此字應爲俗語ujjhāa的譯音。見其Notes on Marco Polo, Paris, 1959, Vol. Ⅰ, pp. 211—214及所引R. Pischel, Grammatik der Prākrit Sprachen, Strassburg, 1900, pp. 116—117。

〔三〕北方諸國皆喚和社　《宋高僧傳》卷三：「經傳嶺北，樓蘭焉耆不解天竺言，且譯爲胡語。如梵云鄔波陀耶，疏勒云鶻社，于闐云和尚。」（T50/723c）Pelliot將「鶻社」的原字構擬爲*'ujjhā，將「和尚」的原字構擬爲*'vājhā。見其上引書同卷頁。但「和社」一名似與「鶻社」、「和尚」還略有差别。

〔四〕四大　地、水、火、風。此指身體。

〔五〕阿離耶提舍　梵文Āryadeśa，意譯「聖方」。

〔六〕此號人咸委之　指稱印度爲「末睇提捨」，梵文Madh-yadeśa，意譯「中國」。《法顯傳》：「從是（摩頭羅）以南，名爲中國。中國寒暑調和，無霜雪。」（T51/859b）

〔七〕呬度　此爲印度西北邊境外中亞地區民族稱呼印度的名稱。或即古波斯語之Hidhu的音譯。

〔八〕雖有斯理未是通稱　此似指玄奘《大唐西域記》卷二所云：「印度者，唐言月。月有多名，斯其一稱。」（校注本，頁161）但玄奘此説，是把印度一名理解爲與之讀音相同的梵文詞indu而有此解釋，實爲一種誤解。義淨的更正是對的。

〔九〕婆羅門國　梵文Brāhmaṇarāṣtra。

凡剃髮披縵條(1)，出家近圓已，律云唯除五事不白，自外一一皆須白師，不白得罪。五事者：一嚼齒木，二飲水，三大便，四小便，五界中四十九尋内制底畔睇〔一〕。且如欲食，白者須就師邊，依禮拜法，而白師云：「鄔波馱耶存念，我今請白洗手洗器，欲爲食事。」師云：「謹慎。」諸餘白事類此。應知師乃量事度時，與其進止。知有多事，便可一時併白。若其解律，五夏得離本師，人間遊行，進求餘業，到處還須依止。十夏既滿，依止方休。大聖殷勤(2)，意在於此。如不解律，依他盡形。設無大者，依小而住，唯除禮拜，餘並爲之。豈得晨朝問安，曾不依律，隨有事至，寧知白言。或有旦暮兩時，請其教誡，雖復權中訓誨，律文意不如是。何則？白者不的其事，答者何所商量。白事之言，故不然也。但爲因循，日久逐省，誰肯勞煩？必能准教奉行，即是住持不絶。若將此以爲輕者，餘更何成重哉？故律文云：寧作屠兒，不授他具戒，捨而不教也〔二〕。

【校記】

（1）縵條 《磧》本「縵」字原作「漫」，今依《金》本、《麗》本、《大》本改。

（2）殷勤 《金》本、《麗》本、《北》本、《大》本作「慇懃」。

【注釋】

〔一〕界中四十九尋内制底畔睇 尋，古制八尺爲一尋。此五事亦見《根本薩婆多部律攝》卷十三（T24/599c—600a）。

〔二〕捨而不教也 《根本薩婆多部律攝》卷十三：「如世尊言，汝諸苾芻，寧作屠兒，爲殺害業，不與出家受近圓已，捨而不問，令我正法速時滅壞。」（T24/600a）

又西國相承，事師之禮，初夜後夜，到其師所。師乃先遣弟子安坐，三藏之中，隨時教授，若事若理，不令空過。察其戒行，勿使虧違。知有所犯，即令治懺。弟子方乃爲師案摩(1)身體，襞疊衣裳，或時掃拭房庭，觀蟲進水，片有所作，咸皆代爲。斯則敬上之禮也。若門徒有病，即皆躬自抱持湯藥所須，憂同赤子。然佛法綱紀，以教誨爲首，如輪王長子，攝養不輕，律有明言，寧容致慢。

【校記】

（1）案摩 《金》本、《麗》本、《大》本「案」作「按」。

上言制底畔睇者，或云制底畔彈那〔一〕。大師世尊既涅槃後，人天並集，以火焚之。衆聚香柴，遂成大積，即名此處以爲質底(1)，是積聚義。據從生理，遂有制底之名〔二〕。又釋一想世尊衆德俱聚於此，二乃積甎土而成之，詳傳字義如是。或名窣睹波〔三〕，義亦同此。舊惣云塔，别道支提，斯皆訛矣。或可俱是，衆共了名，不論其義。西方釋名，略有二種，一有義名，二無義名。有義名者，立名有由，即依名義而釋之也，名體一向相稱。如釋善入之名者，初依德跡，即是依義立名。次云或共了知，即是不論其義，但據世人共喚爲善入，即是無義之名。畔睇者，敬禮也。凡欲出外禮拜尊像，有人問云：「何所之適？」答曰：「我向某處制底畔睇。」

【校記】

（1）質底《北》本作「制底」。

【注釋】

〔一〕制底畔彈那 梵文caityavandana，與制底畔睇意義同。

〔二〕遂有制底之名 質底，梵文citi。制底，梵文caitya。二詞俱從詞根ci所派生，即「積聚義」。

〔三〕窣睹波：梵文stūpa。即塔。

凡禮拜者，意在敬上自卑之儀(1)也。欲致敬時，及有請白，先整法衣，搭左肩上(2)，壓衣左腋，令使著身，即將左手向下，掩攝衣之左畔，右手隨所掩之衣裙(3)。既至下邊，卷衣向腺，兩腺俱掩，勿令身現。背後衣緣，急使近身。掩攝衣裳，莫遣垂地。足跟雙竪，脊須(4)平直。十指布地，方始叩頭。然其腺下逈無衣物，復還合掌，復還叩地(5)，殷勤(6)致敬，如是至三。必也尋常，一禮便罷，中間更無起義。西國見爲三拜，人皆怪之(7)。若恐額上有塵，先須摩手令淨，然後拭之。次當拂去兩膝頭土，整頓衣裳，在一邊坐。或可暫時竚立，尊者即宜賜坐，必有呵責，立亦無傷。斯乃佛在世時，迄乎末代，師弟相傳，于今不絶。如經律云，來至佛所，禮佛雙足，在一邊坐，不云敷坐具禮三拜，在一邊立，斯其教矣。但尊老之處，多座須安，必有人來，准儀而坐。

【校記】

（1）儀　《麗》本、《大》本作「義」。

（2）搭左肩上　《金》本作「搭在肩上」。

（3）衣裙　《金》本、《麗》本、《大》本作「衣裾」。

（4）須　《金》本、《麗》本、《大》本作「項」。

（5）叩地　《金》本、《麗》本、《大》本作「叩頭」。

（6）殷勤　《金》本、《麗》本、《北》本作「慇懃」。

（7）怪之　《大》本作「怪也」。

凡是坐者，皆足蹋地，曾無帖膝之法也。律云應先嗢屈竹迦〔一〕，譯爲蹲居(1)。雙足履地，兩膝皆竪，攝斂衣服，勿令垂地，即是持衣説浄常途軌式。或對別人而説罪，或向大衆而申敬(2)，或被責而請忍，或受具而禮僧，皆同斯也。或可雙膝著地，平身合掌，乃是香臺瞻仰讚歎之容矣。然於床上禮拜，諸國所無。或敷氈席，亦不見有。欲敬反慢，豈成道理？至如床上席上，平懷尚不致恭，況禮尊師大師，此事若爲安可？西國講堂食堂之内，元來不置大床，多設木枯并小床子，聽講食時，用將踞坐，斯其本法矣。神州則大床方坐，其事久之。雖可隨時設儀，而本末之源須識。

【校記】

(1)蹲居　《麗》本、《大》本「居」作「踞」。

(2)申敬　《北》本「申」作「伸」。

【注釋】

〔一〕嗢屈竹迦　梵文utkuṭuka，又譯作嗢倶吒。慧琳《一切經音義》卷三六解釋：「臀不著地。」(T54/547c)

二十六　客舊相遇

昔大師在日，親爲教主，客苾芻至，自唱善來。又復西方寺衆，多爲制法，凡見新來，無論客舊及弟子門人，舊人即須迎前唱莎揭哆〔一〕，譯曰善來。客乃尋聲即云窣莎揭哆〔二〕，譯曰極善來。如不説者，一違寺制，二准律有犯。無問大小，悉皆如此。即爲收取瓶鉢，掛(1)在壁牙〔三〕。隨處安坐，令其憩息。幼向屏處，尊乃房前。卑則敬上，而執搦(2)其腨，後及遍身。尊乃撫下，而頻按其背，不至腰足。齊年之類，事無間然。既解疲勞，方澡手濯足。次就尊所，伸(3)其禮敬。但爲一禮，跪而按足。尊遂(4)乃展其右手，撫彼肩背。若別非經久，手撫不爲。師乃問其安不，弟子隨事見答。然後退在一邊，恭敬而坐，實無立法。

【校記】

（1）掛　《金》本、《麗》本印作「挂」，《大》本訛作「住」。

（2）執搦　《金》本、《思》本、《麗》本、《大》本「執」字作「熟」。

（3）伸　《金》本、《麗》本、《大》本作「申」。

（4）遂　《金》本、《麗》本、《大》本無此字。

【注釋】

〔一〕莎揭哆　梵文 svāgata。

〔二〕窣莎揭哆　梵文 susvāgata。

〔三〕壁牙　即卷二「著衣法式」章「象牙」。

然西方軌則，多坐小枯(1)，復皆露足。東夏既無斯事，執足之禮不行。經説人天來至佛所，頂禮雙足，退坐一面，即其儀矣。然後釋其時候，供給湯飲。酥蜜沙糖，飲噉隨意。或餘八漿〔一〕，並須羅濾，澄清方飲。如兼濁滓，此定不開。杏湯之流，體是稠濁，准依(2)道理，全非飲限。律云：凡漿淨濾，色如黄荻。此謂西國師弟門徒客舊相遇逢迎之禮。豈有冒寒創至，觸熱新來，或遍體汗流，或手足皆凍，放却衣幞，急事和南〔二〕。情狀怱忙，深乖軌式。師乃立之，閑問餘事，誠哉太急(3)，將爲紹隆。言和南者，梵云畔睇，或云畔憚南，譯爲敬禮，但爲採語不真，唤和南矣。不能移舊，且道和南。的取正音，應云畔睇。又道行衆集，禮拜非儀。合掌低頭，口云畔睇。故經云：或復但合掌，乃至小低頭，即是致敬也。南人不審，依希合度，向使改不審爲畔睇，斯乃全同律教矣。

【校記】

（1）枯　《思》本、《大》本作「枯」。

（2）依　《金》本作「衣」。

（3）太急　《金》本、《麗》本、《大》本作「大急」。

【注釋】

〔一〕八漿　義浄譯《根本薩婆多部律攝》卷八：「言更藥者，謂八種漿。」八漿是：一、招者漿（cocapāna）；二、毛者漿（mocapāna）；三、孤洛迦漿（kolakapāna）；四、阿說他子漿（aśvatthapāna）；五、烏曇跋羅漿（udumbarapāna）；六、鉢魯灑漿（parūsapāna）；七、蔑栗墜漿（mṛdhvikapāna）；八、渴樹羅漿（kharjūrapāna）。（T24/569c）《根本說一切有部百一羯磨》卷五同（T24/478a）。

〔二〕和南　義浄下文解釋即同畔睇或畔憚那，畔憚那即畔彈那。義浄又解釋，因採語不真，而有此名。可能是西域古語的轉譯。

二十七　先體病源

前云量身輕重，方餐小食者，即是觀四大之强弱也。若其輕利，便可如常所食。必有異處，則須視其起由。既得病源，然後將息。若覺輕健，飢火内然，至小食時，方始餐噉。凡是平旦，名痰癊時，宿食餘津積在胸膈，尚未疎散，食便成咎。譬乎火飲起而投薪，薪乃尋從火化，若也火未著而安草，草遂存而不然。夫小食者，是聖別開。若粥若飯，量身乃食。必也因粥能資道，即唯此而非餘。若其要餅(1)方長身，旦食餅(2)而無損。凡有食噉，令身不安者，是與身爲病緣也，不要頭痛卧床，方云是疾。若餘藥不療，醫人爲處，須非時食，佛言密處與之。如異此流，固非開限。

【校記】

（1）餅　《金》本、《麗》本印作「餅」。

（2）餅　《麗》本、《大》本作「飯」，《金》本作「餘」。

然西方五明論〔一〕中，其醫明曰(1)：先當察聲色，然後行八醫，如不解斯妙，求順反成違。言八醫者，一論所有諸瘡，二論針刺首疾，三論身患，四論鬼瘴，五論惡揭陀藥〔二〕，六論童子病，七論長年方(2)，八論足身力〔三〕。言瘡事兼内外。首疾但目(3)在頭。齊咽已下，名爲身患。鬼瘴謂是邪魅。惡揭陀遍治諸毒。童子始從胎内至年十六。長年則延身久存。足力乃身體强健。斯之八術，先爲八部，近日有人略爲一夾〔四〕。五天之地，咸悉遵修，但令解者無不食禄。由是西國大貴醫人，兼重商客，爲無殺害，自益濟他。於此醫明，已用功學，由非正業，遂乃棄之。

【校記】

（1）曰　《磧》本原印作「日」，今依《思》本、《大》本改。

（2）長年方　《金》本作「長年病方」。

（3）目　《南》本、《北》本作「自」。

【注釋】

〔一〕五明論　梵文pañcavidyā。《大唐西域記》卷二「印度總述」條：「一曰聲明（śabdavidyā），釋詁訓字，詮目流别；二工巧明（śilpasthānavidyā），伎術機關，陰陽歷數；三醫方明（cikitsāvidyā），禁呪閑邪，藥石針艾；四曰因明（hetuvidyā），考定正邪，研覈真僞；五曰内明（adhyātmavidyā），究暢五乘，因果妙理。」（校注本，頁186）

〔二〕惡揭陀藥　惡揭陀，梵文agada的音譯，意爲藥，尤指「遍治諸毒」的藥。

〔三〕八論足身力　「八醫」是印度古代醫學的傳統分類法。《金七十論》卷上譯作「八分醫方」（T54/1245b）。

〔四〕近日有人略爲一夾　斯之八術，先爲八部，此指印度古代醫學的根本經典Āyurveda的八個分支（aṣṭāṅga）。但原書早已不存，其基本内容保存在較晚的古典著作如Carakasaṃhitā、Suśrutasaṃhitā等之中。近日有人略爲一夾，高楠認爲此或即指Suśruta。但據Hoernle等的意見，此指Vāgbhaṭa的Aṣṭāṅgasaṃgraha。後一種説法較有道理。Hoernle等並依據義浄此段記載，把Vāgbhaṭa確定爲六世紀末或七世紀時人。見S. Dasgupta, *A History of Indian Philosophy*, Cambridge, 1932, Vol. Ⅱ, p. 433。

又復須知西方藥味與東夏不同，互有互無，事非一槩。且如人參、茯苓、當歸、遠志(1)、烏頭(2)、附子、麻黄、細辛，若斯之流，神州上藥。察問西國，咸不見有。西方則多足訶黎勒〔一〕，北道則時有鬱金香〔二〕，西邊乃阿魏〔三〕豐饒，南海則少出龍腦〔四〕。三種豆蔻〔五〕，皆在杜和羅〔六〕。兩色丁香〔七〕，咸生堀淪國(3)〔八〕。唯斯色類，是同所須(4)，自餘藥物，不足收採。

【校記】

（1）遠志　《磧》本原訛作「遠忘」，今依《金》本、《思》本、《麗》本、《洪》本、《北》本、《大》本改。

（2）烏頭　《南》本「烏」字訛作「鳴」。

（3）堀淪國　《金》本、《麗》本、《大》本「淪」字作「倫」。

（4）是同所須　《金》本、《麗》本、《大》本作「是唐所須」，《思》本作「是周所須」。

【注釋】

〔一〕訶黎勒　梵文harītakī。《翻譯名義集》卷三：「訶梨勒，新云訶梨怛雞，此云天主持來。此果爲藥，功用至多，無所不入。」（T54/1103a）又稱訶子或藏青果。學名Terminalia chebula。參見李時珍《本草綱目》卷三十五，人民衛生出版社，一九八二年版，頁2027—2029。

〔二〕鬱金香　此非今日一般所指鬱金香花。《翻譯名義集》卷三：「茶矩磨，此云鬱金。《周禮·春官》：鬱人采取以鬯酒。《説文》云：鬱金草之華，遠方所貢芳物，鬱人合而釀之，以降神也，宗廟用之。」（T54/1105a）茶矩磨，梵文kuṅkuma。學名Crocus sativus。即藏紅花。見《本草綱目》卷十四，同上，頁895—896b。

〔三〕阿魏　《酉陽雜俎》前集卷十八：「阿魏，出伽闍那國，即北天竺也。伽闍那呼爲形虞。亦出波斯國，波斯國呼爲阿虞截。樹長八九丈，皮色青黄，三月生葉，葉似鼠耳，無花實。斷其枝，汁出如飴，久乃堅凝，名阿魏。」（中華書局，一九八一年版，頁178）但實爲草本。形虞，梵文hiṅgu。學名Ferula asafoetida。李時珍認爲有草、木兩種。見《本草綱目》卷三十四，同上，頁1969—1972。

〔四〕龍腦　《大唐西域記》卷十：「（秣剌耶山）羯布羅香樹，松身異葉，花菓斯別。初採既濕，尚未有香。木乾之後，循理而析，其中有香，狀若雲母，色如冰雪，此所謂龍腦香也。」（校注本，頁859）羯布羅，梵文karpūra。秣剌耶山在南印度秣羅矩吒國。參見《本草綱目》卷三十四，同上，頁1965—1968。

〔五〕三種豆蔻　草豆蔻、肉豆蔻、白豆蔻。見《本草綱目》卷十四，同上，頁865—868、876—877。

〔六〕杜和羅　即卷一「序」中「杜和鉢底國」。

〔七〕兩色丁香　所謂「母丁香」和「公丁香」。見《本草綱目》卷三十四，同上，頁1940—1944。

〔八〕堀淪國　即卷一「序」中「掘倫」。

凡四大之身有病生者，咸從多食而起，或由勞力而發。或夜餐(1)未洩，平旦便餐。或旦食不消，午時還食。因茲發動，遂成霍亂。呃氣則連宵不息，鼓脹即終旬莫止。然後乃求多錢之腎氣〔一〕，覓貴價之秦膠〔二〕。富者此事可爲，貧人分(2)隨朝露，病既成矣，斯何救焉。縱使盧醫(3)〔三〕旦至，進丸散而無因，扁鵲(4)昏來，遺湯膏而寧濟。火燒針刺，與木石而不殊，震足頭搖(5)，媿(6)僵仆而何別。斯乃良由不體病本，不解調將，可謂止流不塞其源，伐樹不除其本，枝條(7)彌蔓，求絶無因。致使學經論者，仰三藏而永歎；習靜慮者，想八定而長嗟〔四〕。俗士乃務明經之輩〔五〕，則絶轡於金馬之門〔六〕；求進士之流，遂息步於石渠之署(8)〔七〕。妨修道業，可不大歟！廢失榮寵，誠非小事。聊爲叙之，勿嫌繁重。冀令未損多藥，宿痼可除，不造醫門，而新痾遂殄。四大調暢，百病不生，自利利人，豈非益也。然而食毒死生，蓋是由其往業，現緣避就，非不須爲者哉。

【校記】

(1)夜餐　《麗》本、《大》本作「夜食」。

(2)分　《金》本、《麗》本、《大》本作「命」。

(3)盧醫　《麗》本、《大》本作「盧威」。

(4)扁鵲　《金》本、《麗》本、《大》本「扁」字印作「鶣」。

（5）頭摇　《麗》本、《大》本作「摇頭」。

（6）媿　《金》本、《麗》本、《大》本作「混」。

（7）枝條　《金》本、《麗》本、《大》本訛作「波條」。

（8）署　《金》本作「暑」，《洪》本作「者」。

【注釋】

〔一〕多錢之腎氣　腎氣，指腎氣丸，一名「金匱腎氣丸」。見《金匱要略》。

〔二〕貴價之秦膠　秦膠，疑指大秦國所出一種藥膠。

〔三〕盧醫　即下文中扁鵲。戰國時名醫，姓秦名越人。曾受禁方於長桑君，遂以醫名天下。《史記》卷一〇五有傳（9/2785—2794）。《正義》解釋：「又家於盧國，因命之曰盧醫。」（9/2785）盧國地在今山東長清縣西南。

〔四〕想八定而長嗟　八定，所謂八種禪定。不詳舉。

〔五〕俗士乃務明經之輩　明經，唐代以科舉取士，設明經科，與進士科並列，主要考試經義。見《新唐書》卷四四《選舉志》上（4/1159）。

〔六〕金馬之門　金馬，漢代長安宫門名。《史記》卷一二六《滑稽列傳》：「金馬門者，宦署門也。門傍有銅馬，故謂之曰金馬門。」（10/3205）

〔七〕石渠之署　石渠，石渠閣，漢代長安未央宮内藏書閣。《三輔黄圖》卷六：「石渠閣，蕭何造。其下礲石爲渠，以導水，若今御溝，因爲閣名，所藏入關所得秦之圖籍。至於成帝，又於此藏秘書焉。」又注云：「《三輔故事》曰：石渠閣在未央宫殿北，藏秘書之所。」（經訓堂叢書本）

二十八　進藥方法

夫四大違和，生靈共有，八節交競〔一〕，發動無恒。凡是病生(1)，即須將息。故世尊親説《醫方經》〔二〕曰：四大不調者，一窶嚕，二燮跛，三畢哆，四婆哆〔三〕。初則地大增，令身沉重。二則水大積，涕唾乖常。三則火大盛，頭胸壯熱。四則風大動，氣息擊衝。即當神州沉重、痰癊、熱黄、氣發之異名也。若依俗論，病乃有其三種，謂風、熱、癊，重則與癊體同，不别彰其地大。凡候病源，旦朝自察，若覺四候乖舛，即以絶粒爲先，縱令大渴，勿進漿水，斯其極禁。或一日二日，或四朝五朝，以差爲期，義無膠柱。若疑腹有宿食，叉刺臍胸(2)，宜須恣飲熟湯，指剔喉中，變吐令盡，更飲更決，以盡爲度。或飲冷水，理亦無傷。或乾薑湯，斯其妙也。其日必須斷食，明朝方始進餐。如若不能，臨時斟酌。必其壯熱，特諱水澆。若沉重戰冷，近火爲妙。其江嶺已南熱瘴之地，不可依斯。熱發水淋，是土宜也。

【校記】

（1）病生 《金》本、《麗》本、《大》本作「痾生」。

（2）臍胸 《金》本、《麗》本、《大》本「臍」作「齊」。

【注釋】

〔一〕八節交競 八節：立春、春分、立夏、夏至、立秋、秋分、立冬、季至。

〔二〕醫方經 此經今不存，似亦未譯成漢文。

〔三〕窶嚕燮跛畢哆婆哆 窶嚕，梵文guru，意即沉重，此特指食積胃中，消化不滯，有沉重之感。燮跛，梵文kapha，古代印度醫學理論中所謂人體中三種體液之一，約類痰液或淋巴液，此指涕唾增多。畢哆，梵文pitta，亦爲人體中三種體液之一，約類膽汁，此指熱黃之症像。婆哆，梵文vāta，三種體液之一，亦稱作vāyu，意爲風，此特指人體内産生並循環不已的一種風，約與中醫之氣相似，此指風動之症像。依印度古代醫學理論，kapha、pitta、vāyu或vāta存在於人體之内，如果互相平衡，維持一定的「自量」（svamāna），人體正常無病，反之則疾病生起。義浄下文中逐一還有解釋。

如其風急，塗以膏油，可用布團，火炙而熨。折傷之處，斯亦爲善。熟油塗之，日驗(1)交益。若覺痰癊關胸，口中唾數，鼻流清水，糟糝咽閇(2)，尸(3)滿槍喉，語聲不轉，飲食亡味，動歷一旬(4)，如此之流，絶食便差。不勞灸頂(5)，無假捩咽。斯乃不御湯藥而能蠲疾，即醫明之大規矣。意者以其宿食若除，壯熱便息。流津既竭，痰癊便瘳。内静氣消，即狂風自殄。將此調停，萬無一失。既不勞其診脈，詎假問乎陰陽。各各自是醫王，人人悉成祇域[一]。至如鸞法師[二]調氣蠲疾，隱默者乃行；思禪師[三]坐内抽邪，非流俗所識。訪名醫於東洛，則貧匱絶其津；求上藥於西郊，則惸獨亡其路。所論絶食，省而且妙，備通窮富，豈非要乎。

【校記】

（1）日驗　《思》本、《麗》本、《大》本作「目驗」。

（2）糟糝咽閇　《金》本作「氣積咽開」，《思》本作「糟糝咽開」，《麗》本、《大》本作「氣積咽關」，《北》本作「糟糝咽閉」。

（3）尸　《金》本、《麗》本、《大》本作「户」。

（4）一旬　《金》本「一」字脱。

（5）灸頂　《金》本、《麗》本、《大》本作「炙頂」。

【注釋】

〔一〕祇域　梵文Jīvaka，又譯「耆婆」。印度古代傳説中的名醫，與釋迦牟尼同時，被稱爲「醫王」。

〔二〕鸞法師　曇鸞，北朝時僧人。雁門（今山西代縣）人，出家後遇印度僧人菩提流支，專修「浄土」。曾著《調氣論》等。卒於東魏興和四年（五四二），年六十七。《續高僧傳》卷六有傳。調氣蠲疾事亦見本傳（T50/470a—c）。

〔三〕思禪師　慧思，南北朝時僧人。武津（今河南上蔡縣東）人，俗姓李。其弟子智顗創天台宗，遂尊其爲天台宗三祖。卒於陳太建九年（五七七），年六十四。《續高僧傳》卷十七有傳（T50/562c—564a）。

又如癰痤暴起，熱血忽衝，手足煩疼，天行時氣，或刀箭傷體，或墜墮損躬，傷寒霍亂之徒，半日暴瀉之類，頭痛心痛，眼疼齒疼，片有病起，咸須斷食。又三等丸(1)能療衆病，復非難得。取訶黎勒皮、乾薑、沙糖，三事等分，擣前二令碎，以水片許，和沙糖融之，併擣爲丸，旦服十丸許，以知爲度(2)，諸無所忌。若患痢者，不過三兩服即差。能破胘氣，除風消食，爲益處廣，故此言之。若無沙糖者，餳蜜(3)亦得。又訶黎勒若能每日嚼一顆咽汁，亦終身無病。

【校記】

（1）三等丸　《磧》本「丸」字原訛作「九」，各本俱作「丸」，今據改。

（2）以知爲度　《麗》本、《大》本「知」字脱，《北》本作「以和爲度」。

（3）餳蜜　《金》本、《思》本、《麗》本、《大》本作「飴蜜」。

此等醫明傳乎帝釋〔一〕，五明一數，五天共遵。其中要者，絶食爲最。舊人傳云：若其七日斷食不差，後乃方可求觀世音〔二〕。神州多並不閑，將爲別是齋戒，遂不肯行學，良由(1)傳者不悟醫道也。其有服丹石及長病并腹塊之類，或可依斯。恐有丹石(2)之人，忍飢非所宜也。又飛丹則諸國皆無，服石神州(3)獨有。然而水精白石(4)有出火者，若服之則身體爆裂。時人不別，枉死者無窮。由此言之，深須體識。虵蝎等毒，全非此療。而絶食之時，大忌遊行及以作務。其長行之人，縱令斷食，隨路無損。如其差已，後須將息。宜可食新煑飯，飲熟菉豆湯，投以香和，任飲多少。若覺有冷，投椒薑蓽撥(5)。若知是風，著胡荾(6)荆芥。醫方論曰：諸辛悉皆動風，唯乾薑非也，加之亦佳。准絶食日而作調息，諱飲冷水，餘如藥禁。如其噉粥，恐痰癊還增。必是風勞，食亦無損。若患熱者，即熟煎苦參湯，飲之爲善，茗亦佳也。自離故國，向二十餘年，但以此療身，頗無他疾。

【校記】

（1）由　《磧》本原訛作「田」，各本俱作「由」，今據改。

（2）丹石　《北》本在此前多一「用」字。

（3）神州　《麗》本、《大》本在此前有一「則」字。

（4）白石　《金》本「白」字作「日」。

（5）華撥　《麗》本、《大》本「撥」字作「茇」。撥茇同。

（6）胡荽　《北》本、《大》本「荽」字作「葱」。

【注釋】

〔一〕帝釋　梵文Śakra，即帝釋天。佛教護法神。

〔二〕觀世音　梵文Avalokiteśvara。正譯應作觀自在。佛教菩薩。

且如神州藥石根莖之類，數乃四百有餘，多並色味精奇，香氣芬郁，可以蠲疾，可以王神。針灸之醫，診脈之術，贍部洲中無以加也。長年之藥，唯東夏焉。良以連崗(1)雪巘，接嶺香山，異物奇珍，咸萃於彼(2)，故體人像物，號曰神州。五天之內，誰不加尚？四海之中，孰(3)不欽奉？云文殊師利現居其國[一]。所到之處，若聞是提婆弗呾攞[二]僧，莫不大生禮敬。提婆是天，弗呾攞是子，云是支那天子所居處來也。考其藥石，實爲奇妙，將息病由，頗有疎闕，故粗陳大況，以備時須。

【校記】

(1)崗 《大》本印作「岡」。

(2)咸萃於彼 《金》本、《麗》本、《大》本「彼」字作「此」。

(3)孰 《磧》本原印作「熟」，今依《金》本、《思》本、《麗》本、《南》本、《北》本、《大》本改。

【注釋】

〔一〕文殊師利現居其國 文殊師利，梵文Mañjuśrī。又譯曼殊室利。本書卷四「西方學法」章原注：「西方讚云：曼殊室利現在并州。」指在今山西五臺山。

〔二〕提婆弗呾攞 梵文Devaputra，意譯天子。

若絶食不損者，後乃隨方處療。苦參湯偏除熱病，酥油蜜(1)特遣風痾。其西天羅荼國(2)，凡有病者，絶食或經半月，或經一月，要待病可，然後方食。中天極多七日，南海二三日矣。斯由風土差互，四大不同，致令多少，不爲一槩，未委神州宜斷食不。然而七日不食，人命多殞者，由其無病持故。若病在身，多日亦不死矣。曾見有病，絶粒三旬，後時還差，則何須見怪絶食日多？豈容但見病發，不察病起所由，壯熱火然，還將熱粥食飲(3)。帶病强食，深是可畏。萬有一差，終亦不堪教俗。醫方明内，極是諱焉。又由東夏時人，魚菜多並生食，此乃西國咸悉不飡。凡是菜茹，皆須爛煑，加阿魏、酥油及諸香和，然後方噉。葅虀之類，人皆不食。時復憶故，噉之遂使臍(4)中結痛。損腹肚(5)，闇眼目，長疾病，益虚踈，其斯之謂。智者思察，用行捨藏，聞而不行，豈醫咎也？行則身安道備，自他之益俱成；捨則體損智微，彼我之功皆失也。

【校記】

（1）酥油蜜　《金》本作「酥油蜜將」，《麗》本、《大》本作「酥油蜜漿」。

（2）羅荼國　《磧》本「荼」字原作「茶」，今依《麗》本、《大》本改。説同前。《金》本訛作「羅菩國」。

（3）食飲　《金》本、《思》本、《麗》本、《大》本作「令飲」。

（4）臍　《金》本、《麗》本、《大》本印作「齊」。

（5）肚　《金》本、《麗》本、《大》本作「膓」。

二十九　除其弊藥

自有方處，鄙俗久行，病發即服大便小便，疾起便用猪糞猫糞。或瓨盛瓮貯，號曰「龍湯」。雖加美名，穢惡斯極。且如葱蒜許服，尚自遣在邊房。七日潔身(1)，洗浴而進。身若未浄，不入衆中，不合遶塔，不應禮拜。以其臭穢，非病不聽。四依陳棄之言，即是陳故(2)所棄之藥〔一〕，意在省事，僅可資身。上價自在開中(3)，噉服實成非損。梵云晡堤木底鞞殺社(4)〔二〕，晡堤是陳，木底是棄，鞞殺社譯之爲藥。即是陳棄藥也。律開大便小便，乃是犢糞牛尿。西國極刑之儔，糞塗其體，驅擯野外，不處人流。除糞去穢之徒，行便擊杖自異。若誤衝著，即連衣遍洗〔三〕。大師既緣時御物，譏醜先防，豈遣服斯，而獨乖時望？不然之由，具如律内。用此惠人，誠爲可鄙。勿令(5)流俗習以爲常。外國若聞，誠損風化。又復大有香藥，何不服之？己所不愛，寧堪施物？

【校記】

（1）潔身　《麗》本、《大》本作「浄身」。

（2）故　《金》本無「故」字。

（3）開中　《磧》本原作「關中」，今依《金》本、《麗》本、《大》本改。

（4）哺堤木底鞞殺社　《金》本、《麗》本、《大》本「社」字訛作「杜」。梵文原字pūtimuktibh-aiṣajya，「社」字不誤。

（5）勿令　《磧》本「令」字原作「今」，今依《金》本、《麗》本、《洪》本、《北》本、《大》本改。

【注釋】

〔一〕四依陳棄之言即是陳故所棄之藥　見前卷二「衣食所須」章「四依四作」條注。

〔二〕哺堤木底鞞殺社　梵文pūtimuktibhaiṣajya。義浄下文有解釋。

〔三〕即連衣遍洗　《法顯傳》：「旃荼羅名爲惡人，與人別居。若入城市則擊木以自異。人則識而避之，不相搪揬。」（T51/859b）旃荼羅即此類人，爲古代印度社會中最低級的種姓之一。

然而除虵蠍毒，自有硫黄、雄黄、雌黄之石。片子隨身，誠非難得。若遭熱瘴，即有甘草、恒山〔一〕、苦參之湯。貯畜少多，理便易獲。薑椒蓽撥(1)，旦咽而風冷全祛(2)；石蜜沙糖，夜餐而飢渴俱息。不畜湯藥之直，臨事定有闕如。違教不行，罪愆寧免？錢財漫用，急處便閑。若不曲題，誰能直悟？嗚呼！不肯施佳藥，遂(3)省用龍湯，雖復小利在心，寧知大虧聖教。正量部中說其陳棄，既其部別，不可依斯(4)。《了論》〔二〕雖復見文，元非有部所學。

【校記】

（1）蓽撥　《麗》本、《大》本「撥」字作「茇」。二字同。

（2）祛　《思》本訛作「法」。

（3）遂　《磧》本原作「逐」，今依《麗》本、《大》本改。

（4）依斯　《金》本、《麗》本、《大》本作「同斯」。

【注釋】

〔一〕恒山　即中藥常山。名出《吴普本草》。《本草綱目》卷十七：「時珍曰：恒亦常也。恒山乃北岳名，在今定州。常山乃郡名，亦今真定。豈此藥始産于此得名歟？」（同前，頁1150）高楠據飲光說，解釋爲一種野茶，誤。

〔二〕了論　指《律二十二明了論》，弗陀多羅多造，陳真諦漢譯，一卷。爲正量部律論。

三十　旋右觀時

言旋右者，梵云鉢喇特崎拏〔一〕。鉢喇字緣乃有多義，此中意趣，事表旋行。特崎拏即是其右，惣明尊便之目。故時人名右手爲特崎拏手，意是從其右邊爲尊爲便，方合旋繞之儀矣。或特欱拏，目其施義，與此不同，如前已述。西國五天，皆名東方爲前方〔二〕，南爲右方〔三〕，亦不可依斯以論左右。諸經應云旋右三帀，若云佛邊行道者非也。經云右繞三帀者，正順其儀。或云繞百千帀，不云右者，略也。然右繞左繞，稍難詳定。爲向右手邊爲右繞，爲向左手邊爲右繞(1)耶？曾見東夏有學士云，右手向内圓之名爲右繞，左手向内圓之名爲左繞(2)，理可向其左邊而轉，右繞之事方成。斯乃出自胸臆，非關正理，遂令迷俗莫辯司方，大德鴻英亦雷同取惑。以理商度，如何折中？但可依其梵本，並須杜塞人情。向右邊爲右繞，向左邊爲左繞，斯爲聖制，勿致疑惑。

【校記】

(1)右繞　《金》本、《麗》本、《大》本作「左繞」。

（2）左繞　《磧》本原作「右繞」，《金》本、《思》本、《麗》本、《北》本、《大》本作「左繞」，今承上語，應以「左繞」爲是。從後者改。

【注釋】

〔一〕鉢喇特崎拏　梵文pradakṣiṇa。下文中有解釋。

〔二〕東方爲前方　東方，梵文pūrva，亦作前方解。

〔三〕南爲右方　南方，梵文dakṣiṇa，亦作右方解。

又復時非時者，且如《時經》所説〔一〕，自應别是會機。然四部律文，皆以午時爲正，若影過線許，即曰非時。若欲(1)護罪，取正方者，宜須夜揆北辰，直望南極，定其邪正，的辨隅中(2)。又宜於要處安小土臺，圓闊一尺，高五寸，中插細杖。或時石上豎丁，如竹箸許，可高四指，取其正午之影，晝以爲記，影過晝處，便不合食。西方在處多悉有之，名爲薜攞斫羯攞〔三〕，彈舌道之。譯爲時輪矣。揆影之法，看其杖影，極短之時即正中也。

【校記】

（1）若欲　《磧》本原作「若欲欲」，衍一「欲」字。今依《金》本、《麗》本、《北》本、《大》本删。

（2）的辨隅中　《麗》本、《北》本、《大》本作「的辯禺中」。

【注釋】

〔一〕且如時經所説　《時經》，應指《佛説時非時經》，漢譯一卷，西晉若羅嚴譯。

〔二〕薜攞斫羯攞　梵文 velācakra。

然贍部洲中，影多不定，隨其方處，量有參差。即如洛州無影，與餘不同〔一〕。又如室利佛逝國，至八月中以圭測影，不縮不盈，日中人立，並皆無影。春中亦尒，一年再度，日過頭上。若日南行，則北畔影長二尺三尺。日向北邊，南影同尒。神州則南溟北朔更復不同，北户向日，是其恒矣。又海東日午，關西未中。准理既然，事難執一。是故律云遣取當處日中以爲定矣。夫出家之人，要依聖教，口腹之事，無日不須，揆影而飡，理應存念。此其落漠，餘何護焉？是以弘紹之英，無怪繁重。行海尚持圭去，在地寧得逶隨？故西國相傳云：觀水觀時，是曰（1）律師矣。

【校記】

（1）曰　《北》本訛作「日」。

【注釋】

〔一〕洛州與影與餘不同　義浄此處説誤。依字面講，洛州應指洛陽，但洛陽地處北緯三十四度至三十五度之間，一年中任何時候都不可能無影。這一錯誤或與以爲洛陽爲天下之中的看法有關。高楠把此處洛州解釋爲中印度，雖然可以調合義浄説法中的矛盾，但從來没有人以洛州一名指中印度。

又復西國大寺皆有漏水，並是積代君王之所奉施，並給漏子，爲衆警時。下以銅盆盛水，上乃銅椀浮内。其椀薄妙，可受二升。孔在下穿，水便上涌，細若針許，量時准宜。椀水既盡，沉即⑴打鼓。始從平旦，一椀沉，打鼓一下；兩椀沉⑵，兩下；三椀，三下；四椀，四下。然後吹螺兩聲，更别打一下，名爲一時也，即日東隅矣。更過四椀，同前打四。更復鳴螺，别打兩下，名兩時，即正午矣。若聞兩打，則僧徒不食。若見食者，寺法即便驅擯。過午兩時⑶，法亦同尒。夜有四時，與晝相似。惣論一日一夜，成八時也。若初夜盡時，其知事人則於寺上閣鳴鼓以警衆。此是那爛陁寺漏法。又日將没時及天曉時，皆於門前打鼓一通。斯等雜任，皆是浄人及户人所作。日没之後，乃至天光，大衆全無鳴揵椎⑷法。凡打揵椎，不使浄人，皆維那〔二〕自打。揵椎有四五之别，廣如餘處。

【校記】

〔1〕沉即　《磧》本原作「沉即便」，今依《金》本、《麗》本、《大》本删「便」字。

〔2〕兩椀沉　《金》本、《麗》本、《大》本無「沉」字。

〔3〕過午兩時　《金》本、《麗》本、《大》本作「過午後兩時」。

〔4〕犍椎　前作「揵稚」。《金》本、《麗》本、《大》本作「健稚」，下同。

【注釋】

〔一〕維那　又稱「授事」。見卷四「灌沐尊儀」章中義浄原注。

其莫訶菩提及俱尸那寺〔一〕，漏乃稍别，從旦至中，椀沉十六。若南海骨崙國〔二〕，則銅釜盛水，穿孔下流，水盡之時，即便打鼓。一盡一打，四椎至中，齊暮還然。夜同斯八，惣成十六。亦是國王所施。由斯漏故，縱使重雲闇晝，長無惑午之辰；密雨連宵，終罕疑更之夜。若能奏請置之，深是僧家要事。其漏器法，然須先取晝夜停時，旦至午時，八椀沉没。如其减八，鑚孔令大，調停節數，還須巧匠。若日夜漸短，即可增其半抄。若日夜漸長，復須〔1〕减其半酌，然以消息爲度。維那若房設小盃，准理亦應無過。然而東夏五更，西方四節，調御之教，但列三時，謂分一夜爲三分也。初分後分，念誦思惟，處中一時，繫心而睡。無病乖此，便招違教之愆，敬而奉行，卒有自他之利矣。

【校記】

（1）復須　《金》本、《麗》本、《大》本無「須」字。

【注釋】

〔一〕莫訶菩提及俱尸那寺　莫訶菩提即大覺寺，梵文Mahābodhivihāra，在古印度摩揭陀國。釋迦牟尼成道處。俱尸那寺在俱尸那城。俱尸那，梵文Kuśīnāra或Kuśīnagara。釋迦牟尼在此地涅槃。城故址在今印度北方邦Gorakhpur東三十五英里處的Kāsiā。

〔二〕南海骨崙國　即前所稱「崑崙國」。

南海寄歸内法傳卷第四

三藏沙門義浄撰(1)

三十一 灌沐尊儀

詳夫修敬之本，無越三尊，契想之因，寧過四諦。然而諦理幽邃，事隔麁心，灌洗聖儀，實爲通濟。大師雖滅，形像尚存。翹心如在，理應遵敬。或可香華每設，能生清浄之心。或可灌沐恒爲，足蕩昏沉之業。以斯摽念，無表之益自收；勸獎餘人，有作之功兼利。冀希福者宜存意焉。

【校記】

（1）三藏沙門義浄撰　《磧》本「義浄」二字原倒，《南》本亦倒，今依各本改。又「三藏沙門」前《金》本、《麗》本、《大》本有「翻經」二字，《南》本、《北》本有「唐」字，《思》本無「三藏」二字。

（2）西方學法　《磧》本原作「西方學儀」，今依正文改。

（3）亡則僧現　《磧》本原作「亡財僧現」，今依正文改。

（4）燒身不合　《磧》本原作「佛遮燒己」，卷一及以下正文作「燒身不合」，今據改。

（5）《北》本卷首無此十條目録。

但西國諸寺，灌沐尊儀，每於禺中(1)之時，授事便鳴揵稚(2)。授事者，梵云羯磨陁那(二)。陁那是授，羯磨是事，意道以衆雜事指授於人。舊云維那者非也。維是周語(3)，意道綱維。那是梵音，略去羯磨陁字也(4)。寺庭張施寳蓋，殿側羅列香瓶。取金銀銅石之像，置以銅金石木盤(5)内。令諸妓女，奏其音樂。塗以磨香，灌以香水，取旃檀沉水香木之輩，於礁石上，以水磨使成泥，用塗像身，方持水灌。以淨白氎而揩拭之。然後安置殿中，布諸花彩。此乃寺衆之儀，令羯磨陁那作矣。然於房房之内，自浴尊儀，日日皆爲，要心無闕。但是草木之花，咸將奉獻，無論冬夏，芬馥恒然。市肆之間，賣者亦衆。且如東夏，蓮華石竹，則夏秋散彩，金荆桃杏，乃春日敷榮。木槿石榴，隨時代發，朱櫻李柰(6)，逐節揚葩。園觀蜀葵之流，山莊香草之類，必須持來布列，無宜遥指樹園。冬景片時，或容闕乏，剪諸繒綵，坌以名香，設在尊前，斯實佳也。

【校記】

(1)禺中　《金》本「中」字漫漶，「禺」作「隅」。

(2)揵稚　《金》本、《麗》本、《大》本作「健稚」，《思》本、《洪》本作「楗稚」，《北》本作「揵椎」。

(3)周語　《金》本、《麗》本、《大》本作「唐語」。

(4)也　《金》本、《麗》本、《大》本無此字。

(5)石木盤　《金》本、《麗》本、《大》本作「木石槃」。

(6)李柰　《金》本、《麗》本、《大》本作「素柰」。

【注釋】

〔一〕羯磨陁那 梵文karmadāna。解釋見下文。

至於銅像，無問小大，須細灰甎末，揩拭光明，清水灌之，澄華若鏡。大者月半月盡，合衆共爲。小者隨己所能，每須洗沐。斯則所費雖少，而福利尤多。其浴像之水，舉以(1)兩指，瀝自頂上，斯謂吉祥之水，冀求勝利。奉獻殘花，不合持齅。棄水(2)棄花，不應履踐，可於浄處而傾置之。豈容白首終年，尊像曾不揩沐，紅花遍野，本自無心奉薦，而逐省(3)嬾作。遥指池園，即休畏苦。惰爲開堂，普敬便罷。此則師資絶緒，遂使致敬無由。造泥制底及拓模泥像，或印絹紙，隨處供養，或積爲聚，以甎裹之，即成佛塔，或置空野，任其銷散。西方法俗，莫不以此爲業。

【校記】

（1）舉以 《麗》本、《大》本作「即舉以」。

（2）棄水 《磧》本原無此二字。此據《金》本、《麗》本、《大》本補。

（3）逐省 《麗》本、《大》本作「遂省」。

又復凡造形像及以制底，金、銀、銅、鐵、泥、漆、甎、石，或聚沙雪。當作之時，中安二種舍利〔一〕，一謂大師身骨，二謂緣起法頌。其頌曰：「諸法從緣起，如來説是因，彼法因緣盡，是大沙門説。」要安此二，福乃弘多。由是經中廣爲譬喻，歎其利益，不可思議。若人造像如穬麥，制底如小棗，上置輪相，竿若細針，殊因類七海〔二〕而無窮，勝報遍四生而莫盡。其間委細，具在別經〔三〕，幸(1)諸法師等，時可務哉。洗敬尊容，生生值佛之業；花香致設，代代富樂之因。自作教人，得福無量。曾見有處四月八日〔四〕，或道或俗，持像路邊，灌洗(2)隨宜，不知揩拭，風飃日曝，未稱其儀矣。

【校記】

(1)幸　《磧》本原作「辛」，各本皆作「幸」，今據改。

(2)灌洗　《金》本、《麗》本、《大》本作「灌濯」。

【注釋】

〔一〕舍利　同卷二「尼衣喪制」章「設利羅」。

〔二〕七海　佛教傳説世界以須彌山（Sumeru）爲中心，共有九山八海。八海中七爲内海，一爲外海。見《俱舍論》卷十一（T29/57a）。

〔三〕其間委細具在別經　如唐地婆訶羅譯《佛説造塔功德經》及唐提雲般若譯《佛説大乘造像功德經》等。

〔四〕四月八日　依中國佛教傳統，四月八日爲釋迦牟尼誕生日，此日僧俗共同舉行浴佛活動。

三十二　讚詠之禮

神州之地，自古相傳，但知禮佛題名，多不稱揚讚德。何者？聞名但聽其名，罔識智之高下，讚嘆具陳其德，故(1)乃體德之弘深。即如西方制底畔睇，及常途禮敬，每於晡後，或昏黃(2)時，大衆出門，繞塔三帀，香花具設，並悉蹲踞。令其能者作哀雅聲，明徹雄朗，讚大師德。或十頌，或二十頌。次第還入寺中，至常集處。既其坐定，令一經師，昇師子座〔一〕，讀誦少經。其師子座(3)在上座頭，量處度宜(4)，亦不高大。所誦之經多誦《三啓》〔二〕，乃是尊者馬鳴〔三〕之所集置。初可十頌許，取經意而讚歎三尊。次述正經，是佛親説。讚誦(5)既了，更陳十餘頌論，迴向發願，節段三開，故云三啓。經了之時，大衆皆云蘇婆師多〔四〕。蘇即是妙，婆師多是語，意欲讚經是微妙語。或云娑度(6)〔五〕，義曰(7)善哉。經師方下，上座先起，禮師子座。修敬既訖，次禮聖僧座，還居本處。第二上座，准前禮二處已，次禮上座，方居自位而坐。第三上座，准次同然，迄乎衆末。若其衆大，過三五人，餘皆同時(8)，望衆起禮，隨情而去。斯法乃是東聖方耽摩立底國僧徒軌式。

【校記】

(1)故　《磧》本原作「名」，今依《金》本、《麗》本、《大》本及文意改。

(2)昬黄　《金》本、《麗》本、《大》本作「曛黄」。

(3)其師子座　《磧》本「其」字原訛作「具」，今依《金》本、《麗》本、《大》本改。

(4)量處度宜　《磧》本「度」字原作「其」，今依《金》本、《麗》本、《大》本改。

(5)讚誦　《金》本、《麗》本、《大》本作「讀誦」。

(6)娑度　《磧》本原作「婆度」，《麗》本、《大》本作「娑婆度」，梵文原字sādhu，應以「娑度」爲是。

(7)義曰　《金》本、《麗》本、《大》本作「義目」。

(8)同時　《金》本、《麗》本、《洪》本、《南》本、《北》本、《大》本作「一時」。

【注釋】

〔一〕師子座　梵文siṃhāsana的意譯。

〔二〕《三啓》　《三啓經》，即《佛説無常經》，義浄漢譯一卷。

〔三〕尊者馬鳴　馬鳴，梵文Aśvaghoṣa。古印度著名佛教僧人，活動時間約在公元一、二世紀間。主要著作有《佛所行讚》等。

〔四〕蘇婆師多　梵文subhāṣita，譯爲「妙語」。

〔五〕娑度　梵文sādhu。

至如那爛陁寺，人衆殷繁，僧徒數出三千(1)〔一〕，造次難爲翔集(2)。寺有八院，房有三百(3)〔二〕，但可隨時當處，自爲禮誦。然此寺法，差一能唱導師，每至晡西，巡行禮讚。浄人童子持雜香華，引前而去。院院悉過，殿殿皆禮。每禮拜時，高聲讚歎，三頌五頌，響皆遍徹。迄乎日暮，方始言周。此唱導師，恒受寺家別料供養。或復獨對香臺，則隻坐而心讚。或翔臨於梵宇(4)，則衆跪而高闡。然後十指布地，叩頭三禮，斯乃西方承藉禮敬之儀。而老病之流，任居小座，其讚佛者而舊已有，但爲行之稍別，不與梵同。且如禮佛之時，云歎佛相好者，即合直聲長讚，或十頌二十頌，斯即(5)其法也。又如來等偈(6)，元是讚佛，良以音韻稍長，意義難顯。或可因齋靜夜，大衆悽然，令一能者，誦《一百五十讚》及《四百讚》〔三〕，並餘別讚，斯成佳也。

【校記】

(1)三千　《磧》本原作「五千」，今依《金》本、《麗》本、《大》本改。説見注。

(2)翔集　《金》本、《麗》本、《大》本作「詳集」。

(3)三百　《磧》本原作「五百」，各本俱作「三百」，今據改。

(4)翔臨於梵宇　《金》本、《麗》本、《大》本作「詳臨梵宇」。

(5)即　《金》本、《麗》本、《大》本無此字。

(6)偈　《金》本、《麗》本、《大》本作「唄」。

【注釋】

〔一〕僧徒數出三千　《大唐西域求法高僧傳》卷上記那爛陁寺：「此寺内僧衆有三千五百人。」本書卷二「衣食所須」章説法亦同。

〔二〕寺有八院房有三百　《大唐西域求法高僧傳》卷上：「如斯等類，乃有八寺。」一院即一寺。《慈恩傳》卷三：「庭序別開，中分八院。」（T50/236b）今考古發掘結果同。八座寺院遺址編號分別爲1、4、6、7、8、9、10、11。詳拙稿《大唐西域求法高僧傳校注》此條注。

〔三〕一百五十讚及四百讚　《一百五十讚》即《一百五十讚佛頌》，梵文Śatapañcāśatka。義淨漢譯本一卷。梵本亦存，已校勘出版。見Shackleton Bailey, *The Śatapañcāśatka of Mātṛceṭa*, Cambridge, 1951。《四百讚》，梵文Catuḥśataka。無漢譯。有藏譯，藏譯本梵名Varṇanārhavarṇana。見M. Winternitz, *History of Indian Literature*, Delhi, 1977, Vol. II, p. 272。梵本僅有殘卷發現。

然而西國禮敬，盛傳讚歎，但有才人，莫不於所敬之尊而爲稱説。且如尊者摩咥丁結反(1)。里(2)制吒〔一〕者，乃西方宏才碩德，秀冠羣英之人也。傳云昔佛在時，佛因親領徒衆，人間遊行。時有鸎鳥，見佛相好，儼若金山，乃於林内，發和雅音，如似讚咏。佛乃顧諸弟子曰：「此鳥見我歡喜，不覺哀鳴。緣斯福故，我没代後，獲得人身，名摩咥里制吒，廣爲稱歎，讚我實德也。」摩咥里是母，制吒是兒也。其人初依外道出家，事大自在天〔二〕，既是所尊，具伸(3)讚咏。後乃見所記名，翻心奉佛，染衣出俗，廣興讚歎。悔前非之已往，遵勝轍於將來。自悲不遇大師，但逢遺像。遂抽盛藻，仰符授記，讚佛功德。初造《四百讚》，次造《一百五十讚》，惣陳六度〔三〕，明佛世尊所有勝德。斯可謂文情婉麗，共天蘤而齊芳；理致清高，與地岳而争峻。西方造讚頌者，莫不咸同祖習。無著、世親菩薩〔四〕悉皆仰止(4)。故五天之地，初出家者，亦即誦得五戒十戒，即須先教誦斯二讚，無問大乘小乘，咸同遵此。有六意焉：一能知佛德之深遠，二體制文之次第，三令舌根清淨，四得胸藏開通，五則處衆不惶，六乃長命無病。誦得此已，方學餘經。

【校記】

（1）丁結反　《北》本作「丁結切」。

（2）里　《北》本作「哩」。

（3）具伸　《金》本、《麗》本、《大》本「伸」作「申」。

（4）仰止　《金》本、《思》本、《麗》本、《大》本作「仰趾」。

【注釋】

〔一〕尊者摩咥里制吒　摩咥里制吒，梵文Mātṛceṭa。佛教僧人，與迦膩色迦（Kaniṣka）王及馬鳴同時，或稍長於馬鳴。

〔二〕大自在天　梵文Maheśvara。婆羅門教主神之一。又稱濕婆（Śiva）。

〔三〕六度　度，梵文pāramitā。六度是：施（dāna）、戒（śila）、忍（kṣānti）、精進（vīrya）、定（dhyāna或samādhi）、慧（prajñā）。

〔四〕無著世親菩薩　無著，梵文Asaṅga。世親，梵文Vasubandhu。兩人是兄弟，約公元四、五世紀時人。兄弟共創立大乘佛教瑜伽行派，爲著名佛教論師。

然而斯美未傳東夏。造釋之家，故亦多矣。爲和之者，誠非一算。陳那菩薩〔一〕親自爲和，每於頌初，各加其一，名爲《雜讚》，頌有三百(1)。又鹿苑名僧號釋迦提婆〔二〕，復於陳那頌前各加一頌，名《糅雜讚》，惣有四百五十頌。但有制作之流，皆以爲龜鏡矣。

【校記】

（1）三百　《金》本訛作「三行」。

【注釋】

〔一〕陳那菩薩　陳那，梵文Dignāga。南印度人，活動時間約在公元五世紀後期至六世紀初期。他是大乘瑜伽行派的著名論師，創佛教新因明學。本書卷四「長髮有無」章：「因明著功，鏡徹陳那之八論。」義浄譯有陳那著作五種。

〔二〕釋迦提婆　梵文Śākyadeva。

又龍樹菩薩以詩代書，名爲《蘇頡里離佉》〔一〕，譯爲《密友書》，寄與舊檀越〔二〕南方大國王號娑多婆漢那，名市演得迦(1)〔三〕，可謂文藻秀發，慰誨勤勤，的指中途，親逾骨肉。就中旨趣，寔有多意。先令敬信三尊，供養父母(2)，持戒捨惡，擇人乃交，於諸財色，修不浄觀，檢校家室，正念無常。廣述餓鬼傍生，盛道人天地獄。火燃頭上，無暇拂除。緣起運心，專求解脱。勸行三慧，明聖道之八支〔四〕；令學四真，證圓凝之兩得〔五〕。如觀自在〔六〕，不簡怨親；因(3)阿彌陁〔七〕，恒居浄土。斯即化生之術，要無以加。五天創學之流，皆先誦此書讚。歸心繫仰之類，靡不研味終身，若神州法侶誦《觀音》、《遺教》〔八〕，俗徒讀《千文》、《孝經》矣。莫不欽翫，用爲師範。

【校記】

（1）市演得迦　《金》本、《麗》本、《大》本作「市寅得迦」。

（2）供養父母　《金》本、《麗》本、《大》本作「孝養父母」。

（3）因　《金》本、《麗》本、《大》本作「同」。

【注釋】

〔一〕蘇頡里離佉　梵文Suhṛllekha。漢譯有三種：一、《龍樹菩薩爲禪陀王説法要偈》，一卷，劉宋求那跋摩譯；二、《勸發諸王要偈》，一卷，劉宋僧伽跋摩譯；三、《龍樹菩薩勸誡王頌》，一卷，義浄譯。藏譯 bshes pavi spring yig，譯者 Sarvajñādeva。

〔二〕檀越　即施主。見卷一「受齋軌則」章中義浄原注的解釋。

〔三〕南方大國王號娑多婆漢那名市演得迦　娑多婆漢那，梵文 Sātavāhana。此指南憍薩羅國（Dakṣiṇa-Kosala）的一位國王。玄奘《大唐西域記》卷十譯名作「娑多婆訶」（Sātavāha），又意譯作「引正」（校注本，頁824）。近人考證，多以爲指約公元二世紀後期 Sātavāhana 王朝的國王 Gautamīputra Satakarṇi。見 S. Dietz, Der Autor des Suhṛllekha, Proceedings of the Csoma de Korös Symposium, Velm/Wien, Sept. 13th—19th, 1981; R. C. Majumdar, *The Classical Age, The History and Culture of the Indian People*, Vol. Ⅲ, Bombay, 1954, p. 218。市演得迦，高楠擬還原爲 Jetaka，但目前没有其它傍證。

〔四〕勸行三慧明聖道之八支　《成實論》卷十六：「三慧：聞慧、思慧、修慧。」（T32/366c）八支，指八正道。

〔五〕令學四真證圓凝之兩得　四真，指四諦。

〔六〕觀自在　即觀世音，梵文 Avalokiteśvara 的意譯。

〔七〕阿彌陁　梵文 Amitābha 或 Amitāyus，意譯「無量光」或「無量壽」。

〔八〕觀音遺教　《觀音》，《觀世音經》，指《法華經》中《觀世音菩薩普門品》。《遺教》，《遺教經》，指《佛垂般涅槃略説教誡經》，後秦鳩摩羅什漢譯，一卷。

其社得迦摩羅（1）〔一〕亦同此類，社得迦者，本生也。摩羅者，即是（2）貫焉。集取菩薩昔生難行之事，貫之一處（3）。若譯可成十餘軸。取本生事，而爲詩讚，欲令順俗妍美，讀者歡愛，教攝羣生耳。時戒日王〔二〕極好文筆，乃下勑（4）曰：「諸君但有好詩讚者，明日旦朝，咸將示朕。」及其揔集，得五百夾。展而閱之，多是社得迦摩羅矣。方知讚咏之中，斯爲美極。南海諸島（5）有十餘國，無問法俗，咸皆（6）諷誦。如前詩讚，而東夏未曾譯出。

【校記】

（1）社得迦摩羅　《磧》本「社」字原作「杜」，今依《金》本、《麗》本、《大》本改。梵文原字Jātakamālā，應以「社」字爲是。

（2）即是　《金》本、《麗》本、《大》本無「是」字。

（3）一處　《麗》本、《大》本此後有一「也」字。

（4）勑　《金》本、《麗》本、《大》本作「令」。

（5）島　《磧》本原訛作「鳥」，今依《金》本、《思》本、《麗》本、《南》本、《北》本、《大》本改。

（6）咸皆　《磧》本原無「咸」字，今依《金》本、《麗》本、《大》本改。

【注釋】

〔一〕社得迦摩羅　梵文Jātakamālā。下文原注有解釋。梵本今存一種，編著者爲Āryaśūra，由H. Kern校勘，收入*Harvard Oriental Series*, Vol. I, Harvard, 1943。另有兩種殘本。見M. Hahn, *Haribhaṭṭa and Gopadatta: Two Authors in the Succession of Āryaśūra, On the Rediscovery of Parts of their Jātakamālās*, Tokyo, 1977。中國趙宋時紹德等漢譯《菩薩本生鬘論》十六卷亦屬此類著作。

〔二〕戒日王　戒日，梵文Śīlāditya的意譯，音譯尸羅阿迭多。公元七世紀時印度羯若鞠闍（Kanyākubja）國國王。又名曷利沙伐彈那（Harṣavardhana）。在位時間六〇六年至六四七年，與玄奘同時，略早於義浄。他曾征服北印度，成爲當時的霸主。又支持佛教，與玄奘友善，並與中國通使。愛好文學，有劇作及詩篇。爲印度古代最有名的國王之一。參見D. Devahuti, *Harsa: A Political Study*, Oxford, 1970。

又戒日王取乘雲菩薩以身代龍之事，緝爲歌咏，奏諧弦管，令人作樂，舞之蹈之，流布於代〔二〕。又東印度月官大士作毗輸安呾囉(1)太子歌詞，人皆舞詠(2)，遍五天矣，舊云蘇達拏太子者是也〔二〕。又尊者馬鳴亦造歌詞及《莊嚴論》〔三〕，并作《佛本行詩》〔四〕，大本若譯有十餘卷，意述如來始自王宮，終乎雙樹，一代佛法，並輯爲詩。五天南海，無不諷誦。意明字少，而攝義能多，復令誦者(3)心悦忘倦，又復纂持聖教，能生福利。其《一百五十讚》及龍樹菩薩書，並别録寄歸，樂讚詠者，時當誦習。

【校記】

(1)毗輸安呾囉　《磧》本原作「毗踰安呾囉」，今依《金》本、《麗》本、《大》本改。梵文原字Viśvāntara，應以「毗輸安呾囉」爲是。

(2)人皆舞詠　《磧》本原作「又皆無詠」，有訛誤。《思》本、《洪》本、《北》本作「人皆無詠」，《金》本、《麗》本、《大》本作「人皆舞詠」，今據改。

(3)誦者　《金》本、《麗》本、《大》本作「讀者」。

【注釋】

〔一〕流布於代　此指戒日王所作劇本Nāgānanda，漢譯名《龍喜記》。乘雲，梵文Jīmūtavāhana的意譯，劇中主角名。

〔二〕舊云蘇達拏太子者是也　月官，梵文Candragomin的意譯。大乘僧人，也是梵文文法家。與義浄同時。有著作多種，多保存在藏文譯本中。毗輸安呾囉太子即蘇達拏太子。蘇達拏，梵文Sudāna，意譯「善施」。佛經中講蘇達拏太子極好布施。見《太子須大拏經》、《六度集經》卷二、《根本説一切有部毗奈耶破僧事》卷十六等。蘇達拏的故事流傳很廣，被採入詩歌、歌舞甚至壁畫中。

〔三〕莊嚴論　指《大莊嚴論經》，梵文名Sūtrālaṅkāraśāstra。漢譯本十五卷，原題馬鳴著，十六國時後秦鳩摩羅什譯。近代在新疆吐魯番發現的一個梵文殘卷，内容與此書相似，題名Kalpanāmaṇḍitikā與Kalpanālaṅkṛtikā，作者不是馬鳴，而是Kumāralāta。或以爲此即《大莊嚴論經》的真正作者及原本。見H. Lüders，Bruchstncke der Kalpanāmaṇḍitikā des Kumāralāta，Leipzig，1926。

〔四〕佛本行詩　此指馬鳴著《佛所行讚》，梵文名Buddhacarita。漢譯本五卷，舊題北凉曇無讖譯，或説失譯。梵文原本存前半部分，最早由E. B. Cowell刊行，Oxford，1893。其後又有新的刊本及各種西文譯本，如E. H. Johnston的刊本及英譯本：*Buddhacarita, Sanskrit īext*, Panjab University Oriental Publications, Calcutla, 1935; translation, ibid., 1936, 1937; 以及F. Weller, *Zwei Zentralasiatische Fragmente des Buddhacarita* (*Sanskrit*), *Abhandlungen der Sächsischen Akademie der Wissenschaften zu Leipzig*, Phil.-hist. kl., 1953。

三十三　尊敬乖式

夫禮敬之儀，教有明則。自可六時策念，四體翹勤，端居一房，乞食爲業。順杜多(1)之行，修知足之道。但著三衣，不畜盈長。無生致想，有累全袪。豈得輒異僧儀，别行軌式，披出家服，不同常類，而在鄽肆(2)之中，禮諸流俗(3)。檢尋律教，全遮此事。佛言有二種應禮，所謂三寶及大己苾芻。又有賫持尊像在大道中，塵坌聖容，以求財利。或有鉤身刺瞼(4)，斷節穿肌，詐託好心，本希活命。如斯之色，西國全無。宜勸導人(5)，勿復行此。

【校記】

（1）杜多　《金》本、《麗》本、《大》本作「頭陁」。

（2）鄽肆　《金》本「鄽」字作「纒」。

（3）流俗　《麗》本、《大》本作「俗流」。

（4）刺瞼　《磧》本原作「自刺瞼」，《金》本、《麗》本、《大》本無「自」字，「自」字似贅，删。又《麗》本、《大》本「瞼」作「臉」。

（5）宜勸導人　《金》本、《麗》本、《大》本作「勸導諸人」。

三十四 西方學法

夫大聖一音，則貫三千而惣攝。或隨機五道〔一〕，乃彰七九而弘濟〔二〕。七九者，即是聲明中七轉九例也，如下略明耳。時有意言法藏，天帝領無説之經。或復順語談詮，支那悟本聲之字。致使投緣發惠，各稱虚心，准(1)義除煩，並凝圓寂。至於勝義諦理〔三〕，逈絶名言，覆俗道中〔四〕，非無文句。覆俗諦者，舊云世俗諦，義不盡也，意道(2)俗事覆他真理。色本非瓶，妄爲瓶解。聲無歌曲，漫作歌心。又復識相生時，體無分别。無明所蔽，妄起衆形。不了自心，謂境(3)居外。蛇繩並謬，正智斯淪。由此蓋真，名爲覆俗也。此據覆即是俗，名爲覆俗。或可但云真諦覆諦。然則古來譯者，梵軌罕談。近日傳經，但云初七〔五〕，非不知也，無益不論。今望惣習梵文，無勞翻譯之重。爲此聊題節段，粗述初基者歟。然而骨崙速利，尚能惣讀(4)梵經，豈况天府神州而不談其本説？故西方讚云：曼殊室利現在并州(5)〔六〕，人皆有福，理應欽讚。其文既廣，此不繁録。

【校記】

（1）准 《磧》本原作「唯」，今依《金》本、《麗》本、《大》本改。

（2）意道 《磧》本「意」原訛作「竟」，各本皆作「意」，今據改。

（3）境 《磧》本原作「鏡」，今依《金》本、《思》本、《麗》本、《大》本改。

（4）惣讀　《磧》本「讀」字原作「讃」，今依《金》本、《麗》本、《大》本改。

（5）并州　《洪》本「并」字訛作「井」。

【注釋】

〔一〕五道　同五趣：天、人、畜生、餓鬼、地獄。

〔二〕彰七九而弘濟　七九，下文原注中解釋：「即是聲明中七轉九例也。」七指梵文中名詞、代詞及形容詞的七種格位變化（nominal declensions），又稱「七轉聲」。九指梵文動詞的九種變化形式（verbal conjugations），下文中又稱爲「二九韻」。

〔三〕勝義諦理　勝義諦，梵文paramārthasatya。下文中有解釋。

〔四〕覆俗道中　指覆俗諦，梵文saṃvṛtisatya。下文中亦有解釋。

〔五〕初七　即上文中所講七轉聲。

〔六〕曼殊室利現在并州　曼殊室利，前卷三「進藥方法」章作「文殊師利」。并州，唐代州治太原，今山西太原。州境内有五臺山，佛教傳説文殊師利菩薩住此。J. Brough認爲，曼殊室利來自梵文原名Mañjuśrī，文殊師利則源自印度西北俗語。見其I-ching on the Sanskrit Grammarians, BSOAS, XXXVI, 2, 1973, p.252。

夫(1)聲明者，梵云攝拖苾馱〔一〕。停夜反。攝拖是聲，苾馱是明，即五明論之一明也〔二〕。五天俗書，惣名毗何羯喇拏〔三〕。大數有五，同神州之五經也。舊云毗伽羅論，音訛也(2)。

【校記】

（1）夫《磧》本原訛作「天」，各本皆作「夫」，今據改。

（2）音訛也《磧》本原無「也」字，今依《金》本、《麗》本、《大》本補。

【注釋】

〔一〕攝拖苾馱　梵文 śabdavidyā。

〔二〕即五明論之一明也　見前卷三「先體病源」章「五明論」條注。

〔三〕毗何羯喇拏　梵文 vyākaraṇa。或意譯「記論」。

一則創學《悉談章》，亦云《悉地羅窣堵》〔一〕。斯乃小學標章之稱，但以(1)成就吉祥爲目，本有四十九字，共相乘轉，成一十八章，惣有一萬餘字，合三百餘頌〔二〕。凡言一頌，乃有四句，一句八字，惣成三十二言〔三〕。更有小頌大頌，不可具述〔四〕。六歲童子學之，六月方了。斯乃相傳是大自在天之所説也。

【校記】

（1）但以　《金》本、《麗》本、《大》本作「倶以」。

【注釋】

〔一〕創學悉談章亦名悉地羅窣堵　悉談，梵文siddha的音譯。又譯「悉曇」，意譯「成就」。此指梵文的字母，所謂悉談字。《悉談章》以此爲名，爲古代學習梵文的初級教材。《悉地羅窣堵》，梵文Siddhirastu。高楠以爲此書或指Śivasūtra，即Pāṇinisūtra卷首所列字母表。J. Brough指出其誤，以爲義浄此處講到「本有四十九字」，而Śivasūtra則只有四十三字。Brough的意見是對的。義浄下文講此書「成一十八章，惣有一萬餘字，合三百餘頌」，亦與全文僅十四句的Śivasūtra不同。但Brough認爲此即《慈恩傳》卷三所記「字體三百頌」（T50/239a）的看法亦誤。《慈恩傳》中「字體」與「字緣」相對，是指詞干（word-stem），不是字母（akṣara，syllabary），即此處所謂「字」或「言」。見J. Brough上引文，p. 249。《大唐西域記》卷二「印度總述」條：「開蒙誘進，先導十二章。」（校注本，頁185）大約指同一類書，但分章節不同。又日本種智院大學密教學會編《梵字大鑑》亦收有一種《悉曇十八章》，見原書，昭和五十八年（一九八三）出版，頁247—394。關於悉談字，可參見H. van Gulik，Siddham，Nagpur，1956。

〔二〕合三百餘頌　四十九字，此指梵文有四十九個字母。《大唐西域記》卷二講「四十七言」（校注本，頁182），不包括送氣音ḥ和鼻化音ṃ，此處則一併包括在内。頌，此指śloka體，下文有解釋。

〔三〕惣成三十二言　此指梵文頌體詩每頌四個音步（pāda），每個音步八個音節，全頌共三十二個音節。即śloka體。

〔四〕更有大頌小頌不可具述　指梵文其它的頌體詩音節數或多於此，或少於此。

二謂《蘇呾囉》〔一〕，即是一切聲明之根本經也，譯爲略詮意明。略詮要義，有一千頌，是古博學鴻儒波尼你〔二〕所造也，爲大自在天之所加被，面現三目，時人方信〔三〕。八歲童子，八月誦了。

【注釋】

〔一〕蘇呾囉　梵文sūtra，意譯「經」。此指古代印度最著名的梵文文法書Pāṇinisūtra（《波尼你經》），又稱Aṣṭādhyāyī（《八章書》）。近代有O. Böhtlingk的校刊本（一八四〇）及德文譯本（一八八七）；S. C. Vasu的英譯本（一八九一——一八九八）；Louis Renou的法譯本（一九五四）。參見G. Cardona, Pāṇini: A Survey of Research, Mouton, Ha-gue, 1976, pp. 142—143, 275—276。

〔二〕波尼你　梵文Pāṇini。《大唐西域記》卷二譯作「波你尼」，《慈恩傳》卷三譯作「波膩尼」。古印度最著名的梵文文法家，公元前四世紀時人。據《大唐西域記》，生在古健馱羅國娑羅覩羅（Śalātura）邑。生平除一些神話傳説外，多不能考。參見G. Cardona上引書，pp. 260—278。

〔三〕面現三目時人方信　印度神話講大自在天（濕婆）有三目。此處講波尼你爲大自在天所加被，面現三目，其它文獻中似未見有此傳説。J. Brough因此認爲這是義浄的誤解。但是一、其它文獻中没有的傳説，七世紀時未必不可能有；二、Brough和高楠一樣，把「時人」理解爲Indians today，即義浄當時人，是錯誤的，此指傳説發生時人。又波尼你得大神濕婆啓示而造文法的傳説亦見十一、十二世紀時成書的Kathāsaritsāgara第四「潮」，第二十至二十五頌。

三謂《馱覩章》〔一〕，有一千頌，專明字元〔二〕，功如上經矣。

【注釋】

〔一〕馱覩章　馱覩，梵文dhātu，舊譯「界」。《馱覩章》指梵文文法著作Dhātupāṭha，又譯《界讀》。界即詞根。此書討論動詞詞根的變化，一般把它作爲Pāṇinisūtra的附録之一。原書舉出詞根1943個或再多一個。參見G. Cardona上引書，pp. 144，161—164。

〔二〕字元　指動詞詞根，又譯「字界」，即dhātu。波尼你文法體系認爲動詞詞根是一切詞彙産生的根本。

四謂《三棄攞章》，是荒梗之義，意比田夫創開疇畎，應云《三荒章》〔一〕。一名《頞瑟吒馱覩》〔二〕，一千頌。二名《文荼》(1)〔三〕，一千頌。三名《鄔拏地》〔四〕，一千頌。《馱覩》者，則意明七例〔五〕，曉十羅聲〔六〕，述二九之韻〔七〕。言七例者，一切聲上皆悉有之，一一聲中，各分三節，謂一言二言多言，惣成二十一言也〔八〕。如喚男子，一人名補嚕灑，兩人名補嚕稍(2)，三人名補嚕沙，此中聲有呼噏重輕之別〔九〕。於七例外，更有呼名聲(3)，便成八例〔一〇〕。初句既三，餘皆准此，恐繁不録，名蘇盤多聲〔一一〕。惣有三八二十四聲。十羅聲者，有十種羅字，顯一聲時，便明三世之異〔一二〕。二九(4)韻者，明上中下尊卑彼此之別，言有十八不同，名丁岸哆聲也〔一三〕。《文荼》則合成字體〔一四〕。且如樹之一目(5)，梵云苾力叉(6)，便引二十餘句經文，共相雜糅，方成一事之號也〔一五〕。《鄔拏地》則大同斯例，而以廣略不等爲異。此三荒章，十歲童子三年勤學，方解其義。

【校記】

(1)文荼　《磧》本「荼」字原作「茶」，今依《金》本、《麗》本、《大》本改。説同前。下同。又《金》本「文」字訛作「父」。

(2)補嚕稍　《金》本、《麗》本、《大》本「稍」字作「箱」。

(3)呼名聲　《金》本、《麗》本、《大》本作「呼召聲」。

(4)二九　《麗》本訛作「一九」。

(5)目　《金》本訛作「日」。

(6)苾力叉　《思》本「叉」字訛作「義」。

【注釋】

〔一〕三荒章　棄攞，梵文khila。義淨此處謂「是荒梗之義」。梵文原字亦可轉義爲「附録」、「補充」，此處應用此轉義。《三荒章》意思是三種附録。

〔二〕頞瑟吒馱覩　此書梵文原名可還原爲Aṣṭadhātu。《慈恩傳》卷三也提到同名的一種文法著作：「又有《八界論》八百頌，此中略合字之緣體。」（T50/239a）但二者除頌數不同外，義浄下文中叙述前者的内容，包括名詞的變格、動詞的人稱、時態及語態等，也與《慈恩傳》所説「略合字之緣體」不同。此外，這一書名僅見於《寄歸傳》與《慈恩傳》，因此進一步瞭解原書頗難。J. Brough因爲義浄上段中所舉《馱覩章》即Dhātupāṭha實際上就是Pāṇinisūtra的第一種附録，認爲義浄此處是把Aṣṭadhātu與Dhātupāṭha混淆了起來，第一種khila應是Dhātupāṭha，而Aṣṭadhātu則是七世紀時所使用的Aṣṭādhyāyī的另一個名字。見上引Brough文，pp. 250—251。但義浄上段中既已舉出《蘇呾囉》，即Aṣṭādhyāyī，何以又重復列舉，而且列入《三棄攞章》之内？義浄（甚至包括玄奘）似不應無知如此。仍疑此書是另一專門的文法著作。

〔三〕文荼　梵文Muṇḍa。《慈恩傳》卷三也提到這部書：「又有字緣兩種，一名《間擇迦》，三千頌，一名《温那地》，二千五百頌。此别辯字緣字體。」（T50/239a）J. Brough正確地指出《間擇迦》應作《聞擇迦》，即梵文Muṇḍaka，認爲此即Pāṇinisūtra的另一種附録Gaṇapāṭha。亦見其上引文。Gaṇapāṭha可譯名爲《羣讀》。參見G. Cardona上引書，pp。144，164—167。

〔四〕鄔拏地　梵文Uṇādi。《慈恩傳》卷三譯作《温那地》，記載有二千五百頌。見上條注中引文。Uṇādi意即「以uṇ爲首的」。梵文書名又稱Uṇādisūtra。現存的本子共五節，七百多條，討論構詞法中後綴的變化。也是Pāṇinisūtra的一種附録。參見G. Cardona上引書，pp.170—174。

〔五〕七例　即上文中「七轉」。有體（prathamā）、業（karman）、具（karaṇa）、爲（sampradāna）、從（apādāna）、屬（ṣaṣṭhī）、依（adhikaraṇa）七格。呼格（āmantrita）常與體格形式相同，此處略去。若加上呼格，則稱爲「八例」或「八轉聲」。

〔六〕十羅聲　指梵文動詞的十種變化。依波尼你文法，動詞變化分爲十式，每一式有一個代號，都以l起頭，因此稱爲「十羅聲」。十羅聲是：laṭ（現在式）、laṅ（未完成過去式）、liṭ（完成式）、liṅ（祈求式與願望式）、luṭ（第一將來式）、luṅ（不定過去式）、lṛṭ（第二將來式）、lṛṅ（假定式）、leṭ（虛擬式）、loṭ（命令式）。

〔七〕二九之韻　指梵文中十八個不同的動詞詞尾。梵文動詞變化分parasmaipada（主動）和ātmanepada（中間）兩種語態，每種語態分第一、第二、第三種人稱，每一人稱又分單、雙、複數，合計共十八個詞尾。又稱「十八轉聲」。但實際上梵文中動詞詞尾不止十八個。

〔八〕惣成二十一言也　一言、二言、多言，指名詞變格中的單數、雙數、複數。七種格共二十一種變化。

〔九〕此中聲有呼噏重輕之別　男子，梵文puruṣa。補嚕灑，梵文puruṣaḥ，此舉陽性單數體格爲例。補嚕稍，梵文puruṣau，此舉陽性雙數體格。補嚕沙，梵文puruṣāḥ，此舉陽性複數體格。

〔一〇〕更有呼名聲便成八例　呼名聲即呼格（āmantrita）。

〔一一〕蘇盤多聲　蘇盤多，梵文subanta，意爲「以sup爲結尾的」。波尼你文法中以此指名詞格的變化，即上文中「八例」。八格三數，共有二十四種，即下文原注中「三八二十四聲」。《慈恩傳》卷三譯作「蘇漫多聲」。

〔一二〕便明三世之異　十種羅字即十羅聲。三世，過去、現在、將來。此指十羅聲的變化與動詞的時態有關。

〔一三〕名丁岸哆聲也　丁岸哆，梵文tiṅanta，意爲「以tiṅ結尾的」。波尼你文法中專門的術語，指動詞詞尾的變化。此處舉出「十八不同」。見前「二九之韻」條注。《慈恩傳》卷三譯作「底彥多聲」。上中下，此應爲波尼你文法中uttama、madhyama、prathama三個詞的直譯，即動詞變化中的第一、第二、第三人稱（Pāṇinisūtra 1.4.105—108）。但prathama一詞意爲「第一」，很難譯作「下」，這可能是義淨行文時的一種誤解。又高楠以爲，此處「彼此」可能是指梵文動詞變化中parasmaipada和ātmanepada兩種語態。J. Brough對此表示異議。高楠並對義淨此處講到「尊卑」感到十分奇怪。實際上，「尊卑」似應指語言表達中常以第三人稱代替第二人稱以表示對對方的尊敬，以第三人稱代替第一人稱以表示謙恭。「彼此」亦即「你我」，表示人稱的區別。二者還是講動詞在不同人稱的變化。

〔一四〕文荼則合成字體　字體，指詞干（prakṛti），與字緣相對。但義淨下文中所舉例子却出於Uṇādi。義淨對Muṇḍa即Gaṇapāṭha與Uṇādi在内容上的分别似乎不是很清楚。

〔一五〕方成一事之號也　苾力叉，梵文vṛkṣa。根據波尼你文法，vṛkṣa一詞來自動詞詞根vraśc（意爲「砍」）。從vraśc變爲vṛkṣa及舉出vṛkṣa的各種變化，所使用的波尼你文法的規則需要二十多條甚至更多，即「引二十餘句經文」。此處第一條即見Uṇādi 3.62、3.66。J. Brough上引文中已舉出構詞時所需用的最主要的規則十餘條，原文，pp. 254—255。

五謂《苾栗底蘇呾羅》〔一〕，即是前《蘇呾羅》釋也。乃(1)上古作釋，其類寔多，於中妙者，有十八千頌。演其經本，詳談衆義。盡寰中之規矩，極人天之軌則。十五童子，五歲方解。神州之人，若向西方求學問者，要須知此，方可習餘，如其不然，空自勞矣。斯等諸書，並須暗誦。此據上人爲准，中下之流，以意可測。翹勤晝夜，不遑寧寢。同孔父之三絶〔二〕，等歲釋(2)之百遍。牛毛千數，麟角唯一。比功與神州明上經(3)相似。此是學士闍耶昳底所造〔三〕。其人乃器量弘深，文彩秀發，一聞便領，詎假再談。敬重三尊，多營福業。没代于今，向三十載矣。

【校記】

（1）乃　《金》本、《麗》本、《大》本無此字。

（2）歲釋　《金》本、《麗》本、《大》本作「歲精」。

（3）明上經　《金》本、《麗》本、《大》本作「上明經」。

【注釋】

〔一〕苾栗底蘇呾羅　梵文Vṛttisūtra。高楠認爲此指七世紀時的梵文文法著作Kāśikāvṛtti，一般又稱爲Kāśikā。但H. Oldenberg認爲義淨此處是把Kāśikā與另一部大約在公元前三世紀成書的修訂和補充Pāṇinisūtra的文法著作Vārttika混淆了起來。見其爲高楠《寄歸傳》英譯本所作書評，載Deutsche Literaturzeitung，1897，530—532。J. Brough意見同，認爲義淨本意是要介紹Vārttika，但犯了兩個錯誤：一是Vārttika不能被稱作Vṛttisūtra；二是Vārttika的作者不是闍耶昳底（見下文）。闍耶昳底只是Kāśikā的作者之一。見其上引文，pp. 255—257。

〔二〕同孔父之三絶　孔子晚年讀《易》，「韋編三絶」。見《史記》卷四七《孔子世家》（6/1937）。

〔三〕此是學士闍耶昳底所造　闍耶昳底，梵文Jayāditya。Jayāditya與Vāmana同是Kāśikā的作者。依義淨下文「没代于今，向三十載矣」，Jayāditya是七世紀時人。參見G. Cardona上引書，pp. 278—280。但J. Brough懷疑這一記載的可靠性，見其上引文，p. 256。此外，義淨此段叙述本身也存在一些問題。見前注及下文及其注。

閑斯釋已，方學緝綴書表，製造詩篇，致想因明〔一〕，虔誠《俱舍》〔二〕。尋《理門論》，比量善成〔三〕；習《本生貫》〔四〕，清才秀發。然後函丈傳授，經三二年，多在那爛陁寺中天也，或居跋臘毗國〔五〕西天也。斯兩處者，事等金馬石渠〔六〕、龍門闕里〔七〕，英彦雲聚，商搉是非。若賢明歎善，遐邇稱儁，方始自忖鋒鍔，投刃王庭，獻策呈才，希望利用。坐談論之處，已則重席表奇〔八〕；登破斥之場，他乃結舌稱愧。響震五山〔九〕，聲流四域。然後受封邑，策榮班(1)，賞素高門，更修餘業矣。

【校記】

(1)策榮班　《磧》本原脱「榮」字，今依《金》本、《麗》本、《大》本補。

【注釋】

〔一〕因明　梵文hetuvidyā。印度古代邏輯學，五明之一。

〔二〕俱舍　指《俱舍論》，梵文Abhidharmakośaśāstra。世親著，漢譯有南北朝真諦譯本二十二卷及唐玄奘譯本三十卷。

〔三〕尋理門論比量善成　《理門論》，指《因明正理門論》，梵文Nyāyamukha。陳那著。有義浄漢譯本一卷。另有玄奘漢譯本一卷，譯名《因明正理門論本》。義浄譯本除卷首三百餘字外，其餘與玄奘譯本幾乎完全一樣，顯然是借用了玄奘的譯文。比量，梵文anumānapramāṇa，因明用語。

〔四〕本生貫　梵文Jātakamālā。即前「讚咏之禮」章中「社得迦摩羅」。

〔五〕跋臘毗國　跋臘毗，梵文Valabhī。《大唐西域記》卷十一譯作「伐臘毗」，有專條（校注本，頁911）。舊地在今印度Kathiawar半島上，都城遺址在今Wala。七世紀時是西印度佛教流行的主要地區之一。

〔六〕金馬石渠　見卷三「先體病源」章中「金馬之門」及「石渠之署」條注。

〔七〕龍門闕里　龍門，太史公司馬遷出生處。《史記》卷七十《太史公自序》：「遷生龍門。」（10/3293）在漢夏陽縣（今陝西韓城）。闕里，春秋時孔子住地，在今山東曲阜城内闕里街。孔子曾在此講學。此處以此二地名比喻人文薈萃之地。

〔八〕重席表奇　《大唐西域求法高僧傳》卷下：「談論之鋭，固當重席之美。」《梵語千字文》：「文參疊席，聽過閲肆。」疊席即重席。「後序」中解釋：「論壇制勝者之疊墮負者之席。」（T54/1196c）《後漢書》卷七九上《戴憑傳》：「正旦朝賀，百僚畢會，帝令羣臣能説經者更相難詰。義有不通，輒奪其席以益通者。憑遂重坐五十餘席。」（9/2554）

〔九〕響震五山　古摩揭陀國王舍城周圍五山環繞。《法顯傳》：「出城（指王舍新城）南四里，南向入谷，至五山裏。五山周圍，狀若城郭，即是蓱沙王舊城。」（T51/862c）

復有《苾栗底蘇呾羅》議釋名《朱你》，有二十四千頌，是學士鉢顛社攞所造〔一〕。斯乃重顯前經〔二〕，擘肌分理(1)，詳明後釋〔三〕，剖析(2)毫芒。明經學此，三歲方了，功與《春秋》《周易》相似。

【校記】

（1）擘肌分理　《磧》本「擘」字原訛作「臂」，今依《金》本、《麗》本、《大》本改。

（2）剖析　《金》本、《麗》本、《大》本「析」字訛作「折」。

【注釋】

〔一〕是學士鉢顛社攞所造《朱你》，梵文Cūrṇi。此指約在公元前二世紀成書的梵文文法著作Vyākaraṇamahābhāṣya，一般多稱Mahābhāṣya。鉢顛社攞，梵文Patañjali，Mahābhāṣya的作者。他又被稱作Cūrṇikṛt或Cūrṇikāra，意爲「Cūrṇi的作者」。參見G. Cardona上引書，pp. 260—270。

〔二〕重顯前經：前經，指前面所舉《蘇呾囉》，即Pāṇinisūtra。Mahābhāṣya内容是疏解Pāṇinisūtra。參見G. Cardona上引書，pp. 243—260、276—278。

〔三〕詳明後釋：依上下文，後釋應指上文中所舉《苾栗底蘇呾羅》。但義浄整個叙述因此就自相矛盾。如果《苾栗底蘇呾羅》是指闍耶昳底所著Kāśikāvṛtti，Patañjali的年代遠早於闍耶昳底，他根本不可能去解釋後者的著作。在Patañjali之前，只有Kātyāyana所著Vārttika是解釋補充Pāṇinisūtra的著作，原書早佚，正好保存在Mahābhāṣya里。因此只能設想，義浄前面舉出《苾栗底蘇呾羅》，本意是指Vārttika。見前注。高楠和Max Müller都没注意到這里的問題。

次有《伐擻呵利論》(1)，是前《朱你》議釋，即大學士伐擻呵利(2)所造〔一〕，有二十五千頌。斯則盛談人事聲明之要，廣叙諸家興廢之由，深明唯識〔二〕，善論因喻〔三〕。此學士乃響震(3)五天，德流八極，徹信三寶，諦想二空。希勝法而出家，戀纏染而便俗。斯之往復，數有七焉。自非深信因果，誰能若此勤著？自嗟詩曰：「由染便歸俗，離貪還服緇，如何兩種事，弄我若嬰兒！」即是護法師(4)〔四〕之同時人也。每於寺內，有心歸俗，被煩惱逼，確爾不移，即令學生輿向寺外。時人問其故，答曰：「凡是福地，本擬戒行所居。我既内有邪心，即是虧乎正教。十方僧地，無處投足。」爲清信士，身著白衣，方入寺中，宣揚正法。捨化已來，經四十年矣。

【校記】

(1)伐摋呵利論　《大》本「摋」作「致」。

(2)伐摋呵利　《磧》本「摋」原作「致」，《金》本、《麗》本作「㮹」，《北》本、《大》本作「摋」，今依上文統一改「摋」。

(3)震　《金》本、《麗》本、《大》本作「振」。

(4)護法師　《磧》本原作「諸法師」，上文中並無所指。《金》本、《麗》本、《大》本作「護法師」，即指護法。今據改。

【注釋】

〔一〕大學士伐摋呵利所造　伐摋呵利，梵文Bhartṛhari。《伐摋呵利論》，高楠還原作Bhartṛhari-śāstra，但據寫本題記，應作Bhartṛhari-ṭīkā。此書又稱Mahābhāṣya-ṭīkā或Mahābhāṣya-dīpikā。現存唯一的寫本殘卷已校刊出版一部份。見V. Swaminathan（ed.），Mahābhāṣyaṭīkā by Bhartṛhari, I, Banaras, 1965。又依義浄下文記載，伐揬呵利爲六至七世紀時人。但有的學者認爲，伐揬呵利的時代可能要早於此兩世紀，與陳那同時或更早。見J. Brough上引文，p. 259; H. Nakamura, Tibetan Citations of Bhartṛhari's Verses and the Problem of his Date, Studies in Indology and Buddhology, presented in honour of Professor S. Yamaguchi, Kyoto, 1955, pp. 122—136; G. Cardona上引書，pp. 298—299。

〔二〕唯識　梵文vijñaptimātratā。此指大乘唯識宗即瑜伽行派的學説。高楠還原作vidyāmatra，英譯sole knowledge，不確。

〔三〕因喻　因緣和譬喻。《法華經》卷一：「種種因緣，種種譬喻。」（T9/5c）

〔四〕護法師　護法，梵文Dharmapāla。約公元六世紀時人，生在南印度達羅毗荼國建志補羅城（Kāñcīpura）。曾主持那爛陀寺，又著《成唯識寶生論》等。弟子中有戒賢等。《大唐西域記》卷五、卷八、卷九、卷十都有關於他的記載。

次有《薄迦枳也反論》〔一〕，頌有七百，釋有七千，亦是伐揬呵利所造，叙聖教量及比量義〔二〕。次有《萆拏》〔三〕，頌有三千，釋有十四千。頌乃伐揬呵利所造，釋則護法論師所製。可謂窮天地之奧秘，極人理之精華矣。若人學至於此，方曰善解聲明，與九經百家〔四〕相似。

【注釋】

〔一〕薄迦論　薄伽，梵文Vākya。《薄迦論》即Vākyapadīya。文法著作。義浄下文講「頌有七百」，J. Brough認爲此數大致與Vākyapadīya的第一、第二kāṇḍa兩部份頌數之和相等。見其上引文，p. 260。又參見G. Cardona上引書，pp. 295—297。

〔二〕聖教量及比量義　聖教量，梵文āgamapramāṇa。比量見前注。俱爲因明用語。

〔三〕革筝　J. Brough引Rangaswamy Iyengar與SubramaniaIyer的説法，認爲此應指文法著作Prakīrnaka，即上舉Vākyapadīya的第三部份。J. Brough還構擬出一個俗語詞*piṇṇa作爲「革筝」一名的來源。見上引文，p. 260。高楠未能指出此爲何書，但引G. Bühler的意見，認爲「革筝」原字或爲beḍā或veḍā。此説比較缺乏根據。

〔四〕九經百家　唐代以科舉取士，設明經科，考試「三禮」（《周禮》、《儀禮》、《禮記》）、「三傳」（《左傳》、《公羊傳》、《穀梁傳》）及《周易》、《尚書》、《詩經》共九部書，合稱「九經」。見《新唐書》卷四四《選舉志》上（4/1160）。百家，諸子百家。

斯等諸書，法俗悉皆通學。如其不學，不得多聞之稱。若出家人，則遍學毗奈耶(1)，具討經及論。挫外道若中原之逐鹿，解傍詰同沸鼎之銷凌。遂使響流贍部之中，受敬人天之上。助佛揚化，廣導羣有。此則弈代挺生，若一若二。取喻同乎日月，表況譬之龍象。斯乃遠則龍猛、提婆、馬鳴之類[一]，中則世親、無著、僧賢、清辯(2)之徒[二]，近則陳那、護法、法稱、戒賢及師子月、安惠、德惠、惠護、德光、勝光之輩[三]。斯等大師無不具前内外衆德，各並少欲知足，誠無與比。俗流外道之内，實(3)此類而難得。廣如《西方十德傳》(4)[四]中具述(5)。法稱則重顯因明，德光乃再弘律藏，德惠乃定門澄想，惠護則廣辨(6)正邪。方驗鯨海巨深，名珍現彩，香峯高峻，上藥呈奇。是知佛法含弘，何所不納。莫不應響成篇，寧煩十四之足[五]；無勞百遍，兩卷一聞便領。有外道造六百頌，來難護法，法師對衆一聞，文義俱領[六]。

【校記】

(1) 毗奈耶　《磧》本原訛作「毗荼耶」，今依《金》本、《麗》本、《大》本改。梵文原字 vinaya。

(2) 清辯　《金》本、《麗》本印作「清詟」，《大》本作「清哲」。

(3) 實　《磧》本原作「中」，今依《金》本、《麗》本、《大》本改。

(4) 西方十德傳　《南》本「十」字訛作「寸」。

（5）具述 《磧》本「述」字原訛作「迷」，《洪》本同。各本皆作「具述」，今據改。

（6）廣辨 《金》本、《麗》本、《大》本「辨」作「辯」。

【注釋】

〔一〕龍猛提婆馬鳴之類 龍猛，即龍樹。見卷一「朝嚼齒木」章中注。提婆，梵文Deva，又稱Āryadeva，約三世紀時人。龍樹弟子，大乘佛教中觀派的創立者之一。著有《中論》、《四百論》等。馬鳴，見前「讚咏之禮」章中注。

〔二〕世親無著僧賢清辯之徒 世親、無著，見前「讚咏之禮」章中注。僧賢，梵文Saṅghabhadra。清辯，梵文Bhāvaviveka。僧賢爲大乘瑜伽行派僧人，下文「論有則妙體僧賢」。清辯爲五至六世紀間人，爲大乘中觀派論師。《大唐西域記》卷十有記載。著有《大乘掌珍論》等。

〔三〕勝光之輩 所舉共十人。陳那、護法見前注。法稱，梵文Dharmakīrti。戒賢，梵文Śīlabhadra。師子月，梵文Siṃhacandra。安惠，梵文Sthiramati。德惠，梵文Guṇamati。惠護，梵文Prajñāgupta。德光，梵文Guṇaprabha。勝光，梵文Jinaprabha。以上多爲六至七世紀間大乘僧人。其中法稱善因明，有因明著作甚多。戒賢是玄奘在那爛陀時的老師。安惠亦曾向玄奘傳授因明。護法、安惠、德惠都是瑜伽行派的著名論師，先後住那爛陀寺。德光善律藏，有律疏方面的著作，初信大乘，後改習小乘。勝光爲義淨同時人，在那爛陀寺，善中觀學説。中國求法僧玄照曾師事於他。見《大唐西域求法高僧傳》卷上。

〔四〕西方十德傳　此書不存，似亦爲義淨的著作。從上下文看，其内容應爲上面所舉十位僧人的傳記。

〔五〕寧煩十四之足　謂才思敏捷。曹植作七步詩，兩足爲一步，七步共十四足。見《世説新語·文學》。

〔六〕法師對衆一聞文義俱領　此故事詳見《大唐西域記》卷五「憍賞彌國」條，只是外道「作僞邪書千頌」略異（校注本，頁472—473）。

又五天之地，皆以婆羅門爲貴勝，凡有座席，並不與餘三姓同行。自外雜類，故宜遠矣〔一〕。所尊典誥，有四《薜陁書》，可十萬頌。《薜陁》是明解義〔二〕，先云《圍陁》者訛也。咸悉口相傳授，而不書之於紙葉。每有聰明婆羅門，誦斯十萬，即如西方相承，有學聰明法。一謂覆審生智(1)，二則字母安神。旬月之間，思若泉湧，一聞便領，無假再談。親覩其人，固非虚耳。於東印度，有一大士，名曰月官(2)〔三〕，是大才雄菩薩人也。淨到之日，其人尚存。或問之曰：「毒境與毒藥，爲害誰爲重[3]？」應聲答曰：「毒藥與毒境，相去實成遥。毒藥飡方害，毒境念便燒。」

【校記】

（1）覆審生智　《磧》本原作「生覆審智」，今依《金》本、《麗》本、《大》本改。

（2）名曰月官　《磧》本原作「名日月官」，今依《金》本、《麗》本改。

（3）誰爲重　《金》本、《麗》本、《大》本「爲」字脱。

【注釋】

〔一〕自外雜類故宜遠矣　《大唐西域記》卷二「印度總述」條：「若夫族姓殊者，有四流焉：一曰婆羅門（Brāhmaṇa），浄行也，守道居貞，潔白其操；二曰刹帝利（Kṣatriya），王種也，奕世君臨，仁恕爲志；三曰吠奢（Vaiśya），商賈也，貿遷有無，逐利遠近；四曰戍陀羅（Śūdra），農人也，肆力疇壠，勤身稼穡。凡兹四姓，清濁殊流，婚娶通親，飛伏異路，内外宗枝，姻媾不雜。」（校注本，頁197）

〔二〕薜陁是明解義：《薜陁》，梵文Veda，今多譯《吠陀》。四《薜陁書》即四部《吠陀》，或稱「四明」。見卷二「衣食所須」章「俗言之四明」條注。Veda一名，來自動詞詞根vid，意爲「明解」。

〔三〕月官　見前「讚咏之禮」章中注。

又復騰蘭乃震芳聲(1)於東洛〔一〕，真諦(2)則駕逸響(3)於南溟〔二〕。大德羅什，致德匠於他土〔三〕；法師玄奘，演(4)師功於自邦〔四〕。然今古諸師，並光傳佛日。有空齊致，習三藏以爲師；定慧雙修，指七覺(5)〔五〕而爲匠。其西方現在，則羝羅荼寺(6)有智月法師〔六〕，那爛陁中則寶師子大德〔七〕。東方即有地婆羯囉蜜呾囉(7)〔八〕，南裒有呾他揭多揭婆(8)〔九〕，南海佛誓國(9)則有釋迦雞栗底〔一〇〕。今現在佛誓國，歷五天而廣學矣。斯並比秀前賢，追蹤往哲。曉因明論，則思擬陳那；味瑜伽宗，實罄懷無著。談空則巧符龍猛，論有則妙體僧賢。此諸法師，淨並親狎筵机(10)，飡受微言。慶新知於未聞，温舊解於曾得。想傳燈之一望，實喜朝聞；冀蕩塵之(11)百疑，則(12)分隨昬滅。尚乃拾(13)遺珠於鷲嶺，時得其真；擇散寶於龍河，頗逢其妙。仰蒙三寶之遠被，賴皇澤之遐霑，遂得旋踵東歸，鼓帆南海，從耽摩立底國，已達室利佛誓，停住已經四年，留連未及歸國矣〔一一〕。

【校記】

(1)芳聲　《磧》本「聲」字原脱，今據《麗》本、《大》本補。

(2)真諦　《磧》本原作「真帝」，今依《麗》本、《大》本改。帝諦二字通，通行多作「諦」。

（3）逸響　《磧》本原無「逸」字，今依《麗》本、《大》本補。

（4）演　《金》本、《麗》本、《大》本作「濬」。

（5）七覺　《洪》本「七」字訛作「匕」。

（6）瓶羅荼寺　《磧》本「荼」字原作「茶」，今依《金》本、《麗》本、《大》本改。説同前。

（7）地婆羯囉蜜呾囉　《磧》本原在此後衍一「蜜」字，今依《金》本、《麗》本、《大》本删。梵文原字Divākaramitra。

（8）呾他揭多揭婆　《金》本、《麗》本、《大》本作「呾他揭多揭娑」，誤。梵文原字應爲Tathāgatagarbha。

（9）佛誓國　《麗》本、《大》本作「佛逝國」。

（10）筵机　《金》本、《麗》本「机」字作「几」，二字通。

（11）之　《金》本、《麗》本、《大》本作「於」。

（12）則　《麗》本、《大》本無此字。

（13）拾　《磧》本原訛作「捨」，今依《麗》本、《大》本改。

【注釋】

〔一〕騰蘭乃震芳聲於東洛　騰蘭，攝摩騰與竺法蘭。攝摩騰，梵文Kāśyapamātaṅga。竺法蘭，梵文Dharmarakṣa。據《高僧傳》卷一，二人俱爲中印度僧人，漢明帝永平十年（六七）應邀來到洛陽，翻譯佛經，是爲中國譯經之始。但此説記載較晚，有人以爲不可信。東洛即洛陽。

〔二〕真諦則駕逸響於南溟　真諦，梵文Paramārtha。印度僧人。南朝梁中大同元年（五四六）經海路至南海（今廣州），後至建康（今南京）。在中國譯經甚多，經論紀傳共六十四部二百七十八卷，爲中國佛教史上最著名的譯經家之一。卒於陳太建元年（五六九），年七十一。《續高僧傳》卷一有傳（T50/429c—431a）。

〔三〕大德羅什致德匠於他土　鳩摩羅什，梵文Kumārajīva。後秦時僧人，生於西域龜兹國（今新疆庫車）。後秦弘始三年（四〇一）至長安。一生譯經甚多，譯文亦佳，爲歷史上最著名的譯家之一。卒於弘始十一年（四〇九）。《高僧傳》卷二有傳（T50/330a—333a）。

〔四〕法師玄奘演師功於自邦　指玄奘在印度從戒賢學習《瑜伽師地論》，回國後創中國佛教法相宗一事。

〔五〕七覺　梵文saptabodhyaṅga。即七覺支，此不詳舉。見《俱舍論》卷二五（T29/133a）。

〔六〕羝羅荼寺有智月法師　羝羅荼寺即《大唐西域記》卷八所記「鞮羅擇迦伽藍」，《慈恩傳》卷三作「低羅磔迦寺」、「低羅擇迦寺」，梵文原名Telāḍhaka。在古摩揭陁國。A. Cunningham考定在今那爛陁所在的Barāgaon西北十七英里處，Phalgu河岸東岸的Tillāra。已爲考古發掘所證實。見其*The Ancient Geography of India*, Delhi, 1979, p. 385。智月，梵文Jñānacandra。據《大唐西域記》卷九，智月原在那爛陁寺，「智月則風鑒明敏」。與玄奘，亦與義浄同時。

〔七〕寶師子大德　寶師子，梵文Ratnasiṃha。善大乘瑜伽行派學説。中國求法僧玄照曾在那爛陁從其學《瑜伽十七地》。見《大唐西域求法高僧傳》卷上。

〔八〕地婆羯囉蜜呾囉　梵文Divākaramitra。

〔九〕呾他揭多揭婆　梵文Tathāgatagarbha。

〔一〇〕南海佛誓國則有釋迦雞栗底　佛誓，室利佛誓，或作室利佛逝、尸利佛逝。梵文Śrīvijaya。舊地在今印度尼西亞蘇門答臘島上巨港（Palembang）。見卷一「序」中有關南海諸洲條注。釋迦雞栗底，梵文Śākyakīrti。以上後三人，僅知爲義浄同時代僧人。義浄並譯有《手杖論》一卷，題釋迦稱造，釋迦稱即釋迦雞栗底。餘莫能考。

〔一一〕留連未及歸國矣　義浄從印度返回，到達室利佛誓，時在垂拱三年（六八七），至此時《寄歸傳》寫成，在天授二年（六九一），其間正好四年。

三十五　長髮有無

長髮受具，五天所無。律藏不見有文，徇古(1)元無此事。但形同俗相，難爲護罪。既不能持，受復(2)何益？必有浄心，須求剃髮。染衣潔念，解脱爲懷。五戒十戒，奉而不虧。圓具圓心，遵修律藏。瑜伽畢學，體窮無著之八支：一、《二十唯識論》；二、《三十唯識論》；三、《攝大乘論》；四、《對法論》；五、《辨中邊論》(3)；六、《緣起論》；七、《大莊嚴論》；八、《成業論》。此中雖有世親所造，然而功歸無著也〔一〕。因明著功，鏡徹陳那之八論。一、《觀三世論》；二、《觀惣相論》(4)；三、《觀境論》；四、《因門論》；五、《似因門論》；六、《理門論》；七(5)、《取事施設論》；八、《集量論》〔二〕。習阿毗達磨，則遍窺六足〔三〕；學阿笈摩經，乃全探四部〔四〕。然後降邪伏外，摧揚正理。廣化羣物，弘誘忘疲。運想二空，澄懷八道。敬修四定，善護七篇。以此送終，斯爲上也。

【校記】

（1）徇古　《金》本、《麗》本、《大》本「徇」印作「侚」。

（2）復　《金》本、《麗》本、《大》本作「亦」。

（3）辨中邊論　《金》本、《麗》本、《大》本「辨」字作「辯」。

（4）觀惣相論　《磧》本「相」字原訛作「祖」，《金》本作「想」，其餘各本皆作「相」，今據改。

（5）七　《磧》本原訛作「大」，各本皆作「七」，今據改。

【注釋】

〔一〕無著之八支　一、《二十唯識論》，又稱《唯識二十論》，梵文Viṃśatikavijñāptimātratāsiddhiḥ。世親著，玄奘漢譯一卷。異譯本有北魏菩提流支譯《唯識論》一卷，南朝陳真諦譯《大乘唯識論》一卷。二、《三十唯識論》，又稱《唯識三十論》或《唯識三十論頌》，梵文Triṃśikavijñāptimātratāsiddhiḥ。世親著，玄奘漢譯一卷。三、《攝大乘論》，梵文Mahāyānasaṃparigrahaśāstra。無著著，漢譯有北魏佛陀扇多譯二卷本，陳真諦譯三卷本，唐玄奘譯三卷本。四、《對法論》，指《大乘阿毗達磨集論》，梵文Mahāyānābhidharmasamuccaya。無著著，玄奘漢譯七卷。五、《辨中邊論》，梵文Madhyāntavibhāgaśāstra。世親著，玄奘漢譯三卷。異譯本有陳真諦譯《中邊分別論》二卷。六、《緣起論》，此論今不存。高楠英譯文中列出南條編號1227即《緣生論》，1314即《大乘緣生論》，1211即《十二因緣論》，意謂與此論同。但三書雖書名與《緣起論》相近，前二書同本異譯，著者爲鬱楞迦，後一書著者爲浄意，均非無著或世親。高楠此説恐誤。七、《大乘莊嚴經論》，梵文Mahāyānasūtrālaṅkāra。無著著，唐波羅頗蜜多羅漢譯十三卷。八、《成業論》，即《大乘成業論》，梵文Karmasiddhi（prakaraṇa）。世親著，玄奘漢譯一卷。異譯本有東魏毗目智仙譯《業成就論》一卷。

〔二〕陳那之八論　一、《觀三世論》，梵文Traikālyaparīkṣā。無漢譯。今存藏譯，譯名dus gsum brtag pa zhes bya ba，譯者Śāntākaragupta與tshul khrims。二、《觀惣相論》，即《觀惣相論頌》，梵文Sāmānya(lakṣaṇa)parīkṣā。義浄漢譯一卷。三、《觀境論》，高楠以爲或指南條編號1173即《觀所緣緣論》，玄奘漢譯一卷。四、《因門論》與五、《似因門論》兩書俱不存。六、《理門論》，即《因明正理門論》。見前注。七、《取事施設論》，即《取因假設論》，梵文Upādāyaprajñāpti prakaraṇa。義浄漢譯一卷。八、《集量論》，梵文Pramāṇasamuccaya。義浄漢譯四卷，但譯本開元年間即已亡佚。現存藏譯。近年法尊法師從藏譯轉譯成漢譯。見《世界宗教研究》一九八一年，第2期；《集量論略解》，中國社會科學出版社，一九八二年版。

〔三〕習阿毗達磨則遍窺六足　阿毗達磨，梵文abhidharma，此指佛教文獻中的論，尤指説一切有部的六部論書，所謂「六足」。一、《阿毗達磨集異門足論》，梵文Abhidharmasaṅgīti-paryāyapādaśāstra。傳爲舍利弗著，玄奘漢譯二十卷。二、《阿毗達磨法蘊足論》，梵文Abhidharmaskandhapādaśāstra。傳爲大目犍連著，玄奘漢譯十二卷。三、《阿毗達磨識身足論》，梵文Abhidharmavijñānakāyapādaśāstra。提婆設摩著，玄奘漢譯十六卷。四、《阿毗達磨品類足論》，梵文Abhidharmaprakaraṇapādaśāstra。世友著，玄奘漢譯十八卷。五、《阿毗達磨界身足論》，梵文Abhidharmadhātukāyapādaśāstra。世友著，玄奘漢譯三卷。六、《施設足論》，梵文Prajñāptipādaśāstra。傳爲大迦多衍那著，後有趙宋法護漢譯三卷。

〔四〕學阿笈摩經乃全探四部　阿笈摩經即《阿含經》，梵文Āgamasūtra。此指北傳四部《阿含經》。一、《長阿含經》，梵文Dīrghāgamasūtra。後秦佛陀耶舍與竺佛念漢譯，二十二卷。二、《中阿含經》，梵文Madhyamāgamasūtra。東晉僧伽提婆漢譯，六十卷。三、《雜阿含經》，梵文Saṃyuktāgamasūtra。南朝宋求那跋陀羅漢譯，五十卷。四、《增一阿含經》，梵文Ekottarāgamasūtra。東晉瞿曇僧伽提婆漢譯，五十一卷。

如其不尒，雖處居家，不染私室，端然(1)一體，以希出離。隨乞丐(2)以供公上，著麁服而遮羞恥。守持八戒，一不殺生，二不偷盜，三(3)不婬泆，四不妄語，五不飲酒，六不作樂、冠華、塗香，七不坐高廣大床，八不非時食。盡形壽以要心；歸敬三尊，契涅槃而近想(4)。斯其次也。必其現處樊籠(5)，養育妻息，恭心敬上，慈懷念下，受持五戒，恒作四齋，黑月八日，或十四日，或十五日(6)，白月八日、十五日〔一〕，此日(7)要須受其八戒，方稱聖修。若無前七，而唯第八，獲福因甚少(8)焉。意在防餘七過，不但餓腹而已。忠恕在人，克勤於己，作無罪事，以奉官輸，斯亦佳也。無罪謂是興易，由其不損衆生。西國時俗，皆以商人爲貴，不重農夫，由其耕墾多傷物命。又養蠶屠殺，深是苦因，每一年中，損害巨億。行之自久(9)，不以爲非。未來生中，受苦無極。不爲此業，名爲無罪也。至如俗徒蠢蠢，不識三歸〔三〕，盡壽遑遑，寧持一戒。不解涅槃是圓寂(10)，豈悟生死是輪迴。鎮爲罪業，斯其下也。

【校記】

(1)端然《磧》本原倒作「然端」，今依《金》本、《麗》本、《大》本改。

(2)乞丐《磧》本「丐」字原印作「丏」，《麗》本、《大》本此字作「匄」，即「丐」，今據改。

《金》本訛作「自」。

(3)三《麗》本訛作「二」。

(4)近想《金》本、《麗》本、《大》本作「延想」。

(5)樊籠《磧》本「籠」字原作「龍」，各本除《洪》本外皆作「籠」，今據改。

(6)或十五日《磧》本原訛作「或十十五」，今依《金》本、《思》本、《麗》本、《大》本改。

(7)此日《金》本、《麗》本、《大》本無此二字。

(8)福因甚少《金》本「因甚」二字訛作「周其」，《麗》本、《大》本作「固其」。

(9)行之自久《磧》本「之」字原作「述」，今依《金》本、《麗》本、《大》本改。《洪》本「自」字訛作「目」。

（10）圓寂　《金》本、《麗》本、《大》本作「寂滅」。

【注釋】

〔一〕白月八日十五日　黑月，又稱「黑分」，梵文kṛṣṇapakṣa。白月，又稱「白分」，梵文śukla-pakṣa。印度古代曆法分一月爲黑白兩部份。《大唐西域記》卷二「印度總述」條：「月盈至滿，謂之白分；月虧至晦，謂之黑分。黑分或十四日、十五日，月有大小故也。黑前白後，合爲一月。」（校注本，頁168）黑分相當於中國陰歷的十六日至晦日，白分則相當於朔日至十五日。

〔二〕三歸　所謂三歸依。歸依佛，歸依法，歸依僧。

三十六　亡則僧現（1）

凡有欲分亡苾芻物，律具廣文，此備時須，但略疏出。先問負債、囑授及看病人，依法商量，勿令乖理。餘殘之物，准事應知。嗢柁南（2）〔一〕曰：田宅店卧具，銅鐵及諸皮，剃刀等瓶衣，諸竿並雜畜，飲食及諸藥，床座並券契，三寶金銀等，成未成不同。如是等諸物，可分不可分。隨應簡别知，是世尊所説。

【校記】

（1）亡則僧現　《金》本、《思》本、《麗》本、《洪》本、《大》本作「亡財僧現」，《北》本作「亡則物現」。

（2）嗢柁南　《金》本、《麗》本、《大》本「柁」作「拕」。

【注釋】

〔一〕嗢柁南　梵文udāna。此指攝頌。以下文字多同勝友集《根本薩婆多部律攝》卷七（T24/567c—588a）。

言隨應者，所謂田宅、邸店、卧具、氈褥、諸銅鐵器，並不應分。於中鐵鉢、小鉢及小銅椀、户鑰、針錐、剃刀、刀子、鐵杓（1）、火爐及斧鑿等，並盛此諸袋，若瓦器，謂鉢、小鉢、浄觸君持及貯油物，並盛水器，此並應分，餘不合分。其木器、竹器，及皮卧物、翦髮之具，奴婢、飲食、穀豆，及田宅（2）等，皆入四方僧。若可移轉物，應貯衆庫，令四方僧共用。若田宅、村園、屋宇，不可移者，應入四方僧。若有所餘一切衣被，無問法衣、浴衣（3），若染、不染，及皮油瓶、鞋履之屬，並現前應分。元（4）云同袖不分，白衣入重者，蓋是以意斟酌也。

【校記】

（1）鐵杓　《金》本「鐵」字作「截」。

（2）田宅　《磧》本「宅」字原作「字」，各本皆作「宅」，今據改。

（3）浴衣　《金》本、《麗》本、《大》本作「俗衣」。

（4）元　《金》本、《麗》本、《大》本作「先」。

大竿可爲瞻部光像處懸幡之竿。言瞻部光像（1）者，即如律中所出緣起，元（2）爲世尊不處衆時，衆無威肅，致使給園長者〔一〕請世尊曰：願作瞻部光像（3），衆首置之。大師許作（4）。細者可作錫杖，行與苾芻。言錫杖者，梵云喫棄羅〔二〕，即是鳴聲之義。古人譯爲錫者，意取錫錫（5）作聲，鳴仗錫仗（6），任情稱就（7）。目驗西方所持錫仗，頭上唯有一股鐵棬（8），可容三二寸，安其錞管（9），長四五指。其竿用木，麁細隨時，高與眉齊（10）。下安鐵纂，可二寸許。其鐶或圓或匾（11），屈合中間（12），可容大指，或六或八，穿安股上，銅鐵任情。元（13）斯制意，爲乞食（14）時防其牛犬。何用辛苦，擎奉勞心。而復通身惣鐵，頭上（15）安四股，重滯將持，非常冷澁，非本制（16）也。

【校記】

（1）瞻部光像　《磧》本「贍」字原作「瞻」，今依《金》本、《思》本、《麗》本、《大》本及上文改。

（2）元　《磧》本原作「無」，今依《金》本、《麗》本、《大》本改。

（3）贍部光像　《麗》本、《大》本「贍」字作「瞻」。

（4）大師許作　《磧》本原作「本師作也」，今依《金》本、《麗》本、《大》本改。

（5）錫錫　《磧》本原僅一「錫」字，今據《金》本、《麗》本、《大》本補爲「錫錫」。

（6）錫仗　《磧》本「仗」字原脱，今據《金》本、《麗》本、《大》本補。

（7）稱就　《金》本、《思》本、《麗》本、《大》本作「稱説」。

（8）棬　《金》本、《麗》本、《大》本作「捲」。

（9）錞管　《金》本作「鐶管」，《麗》本、《大》本作「錞管」。

（10）高與眉齊　《麗》本、《大》本作「高與肩齊」。

（11）匾　《金》本作「遍」，《麗》本、《大》本作「偏」。

（12）屈合中間　《金》本、《麗》本、《大》本作「屈各合中間」。

（13）元　《金》本作「旡」，《麗》本、《大》本作「原」，《洪》本作「九」。

（14）乞食　《洪》本「食」字訛作「令」。

（15）頭上　《金》本、《麗》本、《大》本無「上」字。

（16）本制　《洪》本作「衣制」，訛。

四足之内，若是象、馬、駝、騾、驢乘，當與國王家。牛羊入四方僧，不應分也。若甲鎧之類，亦入國王家。雜兵刃等，可打作針錐、刀子及錫仗頭，行與現前僧伽。縱不普遍，從大者行。罟網之屬，應用羅窓。若上彩色，又黄朱碧青緑等物，應入佛堂，擬供像用。白土赤土及下青色，現前應分。若酒欲酸，可埋於地，待成醋已，僧應食之。若現是酒，應可傾棄，不合酤賣。佛言：「汝諸苾芻，若有依我出家，不得將酒與他，及以自飲，乃至不合茅尖滴酒(1)，瀝置口中。若將酒及糟起麵並糟羹之類，食者咸招越法之罪。」律有成制，不須致疑。靈巖道場〔二〕常以麩漿起麵，避其酒過，先人誠有意焉(2)。

【注釋】

〔一〕給園長者　指給孤獨長者，梵文名Anāthapiṇḍika。釋迦牟尼在世時舍衛城富商，曾爲佛建園林一座，稱爲「給孤獨園」，或稱祇園（Jetavana）。即前卷三「受戒軌則」章中「逝多（林）」。

〔二〕喫棄羅　梵文khakkhara。

【校記】

（1）滴酒　《金》本、《麗》本、《大》本「滴」字印作「渧」。二字同。

（2）《金》本、《麗》本、《大》本自「靈巖道場」至「先人誠有意焉」一句共二十字作小字注。

【注釋】

〔一〕靈巖道場　即靈巖寺。見卷一「食坐小牀」章「靈巖四禪」條注。

諸有雜藥之屬，應安浄庫，以供病者，隨意通用。諸有珍寶珠玉，分爲二份，一份入法，一份入僧。法物可書佛經，并料理師子座。入僧者現前應分。若寶等所成牀榻之屬，應須出賣，現前應分。木所成者，入四方僧伽。所有經典章疏，皆不應分，當納經藏，四方僧共讀。其外書賣之，現前應分。所有券契之物，若能早索得者，即可分之。如未得者（1），券當貯庫，後時索得，充四方僧用。若諸金銀及成未成器，貝齒諸錢，並分爲三份，一佛陁，二達摩〔一〕，三僧伽。佛物應修理佛堂及髮爪窣覩波所有破壞。法物寫佛經，料理師子座。衆物現前應分，六物當與看病人。自餘雜碎之物，准此應知，具如大律。

【校記】

（1）如未得者　《金》本、《麗》本、《大》本作「如不能者」。

【注釋】

〔一〕達摩 梵文dharma，意譯「法」。此指佛法。

三十七 受用僧衣(1)

現今西方所有諸寺，苾芻衣服多出常住僧。或是田園之餘，或是樹果之利。年年分與，以充衣直。問曰：「亡人(2)所有穀食，尚遺入僧，況復衆家豆粟，別人何合分用？」答：「施主本捨村莊，元爲濟給僧衆，豈容但與其食，而令露體住乎？」又復詳審，當事並有功勞，家人尚自與衣，曹主何宜不合。以其道理，供食之餘，充衣非損。斯乃西國衆僧大途議論，然其律典時含出没耳。

【校記】

（1）受用僧衣 《磧》本原作「受用僧物」，今依全書「序」中總目及本卷卷首目録及下文内容改。

（2）亡人 《洪》本「亡」字訛作「立」。

又西國諸寺，别置供服之莊。神州道場，自有給衣之所。亦得食通道俗，此據施主元心(1)。設令餐噉，理亦非過。凡是布施僧家田宅，乃至雜物，並通衆僧衣食者，此則誠無疑慮之患。若元心(2)作無盡無障之意者，雖施僧家，情乃普通一切，但食用者，咸無過也，並由施主先心所期耳。但神州之地，别人不得僧衣。爲此孜孜，實成妨業。設使應供存命，非是不勞心力。若其常住，有食兼著僧衣，即可端拱不出寺門，亦是深成省事。況乎糞掃三衣，巡家乞食，蘭若依樹，正命自居〔一〕。定慧内融，極想木叉(3)之路〔二〕；慈悲外發，標心普濟之津。以此送終，斯爲上矣。

【校記】

(1)元心　《金》本、《麗》本、《大》本作「無心」，訛。

(2)元心　《麗》本作「无心」，《大》本作「無心」。

(3)木叉　《金》本「木」字漫漶作「不」。

【注釋】

〔一〕蘭若依樹正命自居　蘭若，梵文 āraṇya，意爲樹林。此句指所謂「杜多行」。見卷二「衣食所須」章「十三杜多」條注。

〔二〕木叉之路　木叉，梵文mokṣa的音譯，意爲解脱。

然則常住之物，用作衣被床褥之流，並雜資具，平分受用，不屬别人。掌愛(1)護持，事過己物。有大者至，輟小而與。斯乃聖教，佛自明言。如法用之，誠無罪咎。足得資軀，免追求之費。寧容寺家巨富，穀麥爛倉，奴婢滿坊，錢財委庫，不知受用，相共抱貧。可否之宜，智者時鏡。或有寺家不立衆食，僧物分以私餐。遮他常住十方，邪命但存一己(2)。斯乃自行非法，苦報誰(3)代當來。

【校記】

（1）掌愛　《金》本作「掌受」。

（2）一己　《磧》本「己」字原作「已」，今依《金》本、《思》本、《南》本改。

（3）誰　《磧》本原作「護」，今依《金》本、《麗》本、《南》本、《北》本、《大》本改。

三十八　燒身不合

諸出家衆内，頗有(1)一途。初學之流，情存猛利。未閑聖典，取信先人。將燒指作精勤，用然肌爲大福。隨情即作，斷在自心。然經中所明，事存通俗，已身尚勸供養，何況諸餘外財？是故經中但言若人發心，不道出家之衆。意者出家之人，局乎律藏，戒中無犯，方得通經。於戒有違，未見其可。縱使香臺草茂，豈損一莖；曠野獨飢，寧餐半粒。然衆生喜見〔一〕，斯乃俗流，燒臂供養，誠其宜矣。可以菩薩捨男捨女〔二〕，遂遣苾芻求男女以捨之；大士捐目捐身〔三〕，即令乞士將身目(2)而行施。仙預斷命〔四〕，豈律者所爲；慈力捨身〔五〕，非僧徒應作。比聞少年之輩，勇猛發心，意謂燒身便登正覺，遂相踵習，輕棄其軀。何則？十劫百劫，難得人身，千生萬生，雖人罕智。稀聞七覺，不遇三尊。今既託體勝場，投心妙法，纔持一頌，棄眇(3)肌而尚輕；暫想無常，捨塵供而寧重。理應堅修戒品，酬惠四恩〔六〕，固想定門，冀拔三有。小愆大懼，若越深海之護浮囊；行慧堅防，等履薄冰而策奔駿。然後憑善友力，臨終助不心驚；正念翹懷，當來願見慈氏〔七〕。若希小果，即八聖可求〔八〕；如學大因，則三祇斯克(4)〔九〕。始忽忽自斷軀命，實亦未聞其理。自殺(5)之罪，事亞初篇矣〔一〇〕。檢尋律藏，不見遺爲。滅愛(6)親説要方，斷惑豈由燒己？房中打勢，佛障不听。池内存生，尊自稱善。破重戒而隨自意，金口遮而不從。以此歸心，誠非聖教。必有行菩薩行，不受律儀，亡己濟生，固在言外耳。

【校記】

（1）頗有 《磧》本「頗」字原作「顧」，今依《金》本、《麗》本、《大》本改。

（2）目 《磧》本原訛作「自」，各本皆作「目」，今據改。

（3）眇 《金》本、《麗》本、《大》本作「沙」。

（4）三祇斯克 《金》本、《麗》本、《大》本「克」字脱。

（5）自殺 《金》本「殺」字訛作「然」。

（6）滅愛 《磧》本「愛」字原作「受」，今依《金》本、《麗》本、《大》本改。

【注釋】

〔一〕衆生喜見 菩薩名，梵文Sarvasattvapriyadarśana的意譯。衆生喜見菩薩曾燒身供養佛。見《法華經》卷六（T9/53a—b），Saddharmapuṇḍarīkasūtra, XXⅡ, Bhaiṣjyarājapūrvayoga。

〔二〕菩薩捨男捨女 此指蘇達拏（Sudāna）太子故事。蘇達拏太子極好施捨，所有財産施捨淨盡，最後竟將自己的兒女也施捨與人。見《根本説一切有部毗奈耶破僧事》卷十六、《六度集經》卷二、《太子須大拏經》、Jātakamālā，Ⅸ等。參見前「讚咏之禮」章。

〔三〕大士捐目捐身 此不詳何指。高楠謂指尸毗王以身代鴿飼鷹事，似不確。

〔四〕仙預斷命　指仙預王斷婆羅門命根故事。見《北》本《大般涅槃經》卷十二（T12/434c）。高楠謂指慈力王捨身事，不確，對原文理解亦誤。

〔五〕慈力捨身　慈力，梵文Maitrībala的意譯。慈力王捨身故事見《賢愚經》卷二（T4/360b—c）、Jātakamālā，VIII等。

〔六〕四恩　《大乘本生心地觀經》：「世界之恩有四種：一父母恩，二衆生恩，三國主恩，四三寶恩。」（T3/297a）

〔七〕慈氏　梵文Maitreya的意譯。即彌勒菩薩。

〔八〕八聖可求　八聖，八聖道，即八正道。見卷二「衣食所須」章「八正」條注。

〔九〕三祇斯克　三祇，三阿僧祇劫。見卷一「受齋軌則」章「三大」條注。

〔一〇〕事亞初篇矣　初篇，見卷二「隨意成規」章「初篇若犯」條注。事亞初篇，指次於波羅夷的過失。

三十九　傍人獲罪

凡燒身之類，各表中誠。或三人兩人，同心結契，誘諸初學，詳爲勸死。在前亡者，自獲偷蘭〔一〕。末後〔1〕命終，定招夷罪〔二〕。不肯持禁，而存欲得，破戒求死，固守專心，曾不窺教。儻有(2)傍人勸作，即犯針穴之言〔三〕。若道何不投火(3)，便招折石(4)之過〔四〕。嗚呼！此事誠可慎哉！俗云：殺身不如報德，滅名不如立節。然而投體餓虎(5)，是菩薩之濟苦〔五〕；割身代鴿，非沙門之所爲〔六〕。以此同科，實非其況。聊准三藏，略陳可不。進退之宜，智者詳察。然恒河之内，日殺幾人〔七〕；伽耶山邊，自殞非一〔八〕。或餓而不食，或上樹投身。斯等迷途，世尊判爲外道。復有自刑斷勢，深乖律典。設有將爲非者，恐罪不敢相諫，若其緣斯致命，便誤一生大事。佛因斯理，制而不許。上人通識，自不肯爲。古德相傳，述之如後。

【校記】

(1)末後　《洪》本「末」字訛作「未」。

(2)儻有　《北》本「有」字作「自」。

(3)投火　《金》本、《麗》本、《大》本作「授火」。

(4)折石　《磧》本「折」字原作「析」，今依《金》本、《麗》本、《大》本改「折」。

(5)餓虎　《磧》本「虎」字原作「彪」，今依《金》本、《麗》本、《大》本改「虎」。

【注釋】

〔一〕自獲偷蘭　偷蘭，即偷蘭遮。見卷一「序」中「七篇」條注。

〔二〕定招夷罪　夷罪，指波羅夷。同上見卷一「序」中「七篇」條注。

〔三〕針穴之言　謂誘人自溺，如在浮囊上以針穿穴。見卷一「受齋軌則」章「浮囊不洩」條注。同章：「護囊穿之小隙，慎針穴之大非。」

〔四〕折石之過　如石破折，不可復合。所謂波羅夷四喻之一。

〔五〕投體餓虎是菩薩之濟苦　此指摩訶薩埵王子以身飼虎的傳説。見《賢愚經》卷一、《六度集經》卷一、《菩薩本生鬘論》卷一、Jātakamālā，I等。

〔六〕割身代鴿非沙門之所爲　指尸毗王以身代鴿飼鷹的故事。見《賢愚經》卷一、《六度集經》卷一、《菩薩本生鬘論》卷一、《智度論》卷四及Fausböll，Jātaka，No. 499等。

〔七〕恒河之内日殺幾人　《大唐西域記》卷五「鉢邏耶迦國」條記恒河與閻牟那河合流處：「大施場東合流口，日數百人自溺而死。彼俗以爲欲求生天，當於此處絶粒自沈，沐浴中流，罪垢消滅。」（校注本，頁464）

〔八〕伽耶山邊自殞非一　伽耶山，梵文Gayāśira。在印度古摩揭國伽耶城即今比哈爾邦Gaya西南。今名Brahmayoni。見《大唐西域記》卷八（校注本，頁663）。

四十　古德不爲

且如淨親教師，則善遇法師也，軌範師則慧習禪師(1)也。年過七歲，幸得親侍。斯二師者，並太山金輿谷聖人朗禪師所造神通寺之大德也〔一〕，俗緣在乎德貝二州(2)矣〔二〕。二德以爲山居獨善，寡利生之路，乃共詣平林，俯枕(3)清澗，於土窟寺式修淨居，即齊州城西四十里許〔三〕。營無盡藏食，供養無礙(4)。所受檀施，咸隨喜捨。可謂四弘誓願〔四〕，共乾坤(5)而罔極；四攝廣濟〔五〕，等塵沙而不窮。敬修寺宇，盛興福業。略敘法師之七德焉。

【校記】

（1）慧習禪師　《麗》本、《大》本作「慧智禪師」。

（2）德貝二州　《磧》本原作「德皃具二州」，《北》本作「德貌具二州」，今依《金》本、《麗》本、《大》本改「德貝二州」。

（3）俯枕　《磧》本原作「俯虎」，今依《金》本、《麗》本、《大》本改「俯枕」。

（4）無礙　《金》本、《麗》本「礙」字作「㝵」。

（5）乾坤　《麗》本「坤」字印作「巛」。

【注釋】

〔一〕太山金輿谷聖人朗禪師所造神通寺之大德也　朗禪師即竺僧朗。東晉時僧人，本京兆人。前秦皇始元年（三五一）卜居泰山，於泰山西北建精舍數十餘區，此所謂神通寺。即今山東長清靈巖寺前身。僧朗事蹟見《高僧傳》卷五（T50/354b）。道宣《集神州三寶感通録》卷中以僧朗爲冀人，姓李（T52/414a）。僧朗名重一時，今《廣弘明集》卷二十八收有當時南北諸帝與僧朗書六通（T52/322a—c）。

〔二〕俗緣在乎德貝二州矣　謂原籍在德州、貝州。德州，唐時轄境約相當於今山東德州市及陵縣、平原一帶。貝州，唐時轄境約相當於今河北清河、山東臨清、武城、夏津等縣地。

〔三〕齊州城西四十里許　齊州，唐時治所在歷城，即今山東濟南市。轄境更稍寬。此土窟寺疑在山茌縣，即今長清縣境内。詳本書《前言》第一章「義浄生平考述」。

〔四〕四弘誓願　所謂一、衆生無邊誓願渡；二、煩惱無數誓願斷；三、法門無盡誓願知；四、無上菩提誓願證。見《往生要集》卷上（T84/48c）。

〔五〕四攝廣濟　四攝，所謂四攝事或四攝法：布施、愛語、利行、同事。見《雜阿含經》卷二六（T2/185a）。

一法師之博聞也。乃正窺三藏，傍睇百家，兩學俱兼，六藝通備〔一〕。天文地理之術，陰陽曆筭之奇，但有經心，則妙貫神府。洋洋慧海，竟瀉流而罔竭；粲粲文囿，鎮敷榮而弗萎。所制文藻及《一切經音》，並諸字書，頗傳於世。每自言曰：「我若不識，則非是字。」

【注釋】

〔一〕兩學俱兼六藝通備　兩學，内學、外學。六藝，此指六經：《禮》、《樂》、《詩》、《書》、《易》、《春秋》。

二法師之多能也。巧篆籀，善鍾張〔一〕。聽絲桐若子期之驗山水〔二〕，運巧斧(1)等匠石之去飛泥〔三〕。哲人不器，斯之謂也。

【校記】

（1）巧斧　《金》本、《麗》本、《大》本作「斤斧」。

【注釋】

〔一〕善鍾張　鍾，鍾繇，三國魏人，精隸、楷。張，張芝，東漢人，善章草，創今草。此以鍾張代指書法。

〔二〕聽絲桐若子期之驗山水　子期，鍾子期。傳説伯牙奏曲，子期知其意在高山流水。見《列子·湯問》。

〔三〕運巧斧等匠石之去飛泥　《莊子·徐無鬼》：「郢人堊慢其鼻端，若蠅翼，使匠石斲之。匠石運斤成風，聽而斲之，盡堊而鼻不傷。郢人立不失容。」（《諸子集成》本《莊子集解》，頁159）。此喻善遇多能而技藝精湛。

三法師之聰慧也。讀《涅槃經》，一日便遍。初誦斯典，四月部終。研味幽宗，妙探玄旨。教小童則誘之以半字，誠無按劍之疑；授大機則瀉之於完器，實有捧珍之益。昔因(1)隋季(2)道銷，法師乃梗還楊府〔一〕。諸僧見説，咸云魯漢，體多質朴(3)。遂令法師讀《涅槃經》，遣二小師將看(4)隨句。法師于時(5)慷慨喉吻，激揚音旨。旦至日角，三帙已終。時人莫不慶讃請休，嗟歎希有。此乃衆所共知，非私讃也。

【校記】

（1）因　《磧》本原作「音」，《南》本、《北》本作「者」，《金》本、《思》本、《麗》本、《大》本作「因」，今據改。

（2）隋季　《金》本、《麗》本、《大》本「隋」字訛作「隨」。

（3）質朴　《金》本、《麗》本、《大》本訛作「貢卦」。

（4）將看　《金》本、《麗》本、《大》本作「將箸」。

（5）于時　《洪》本「于」字訛作「子」。

【注釋】

〔一〕揚府　「楊」字應作「揚」。揚府即揚州，今江蘇揚州市。唐代曾於此置大都督府。見《舊唐書》卷四十《地理志》三（5/1571）。

四法師之度量也。但有市易，隨索隨酬，無論高下，曾不減價。設有計直到還，亦不更受。時人以爲雅量超羣也。

五法師之仁愛也。重義輕財，遵菩薩行。有人從乞，咸不逆言。日施三文，是常所願(1)。又曾於隆冬之月，客僧道安冒雪遠行，腨足皆破，停村數日，潰爛膿流。村人車載，送至寺所。法師新造一帔，纔始擐體，出門忽見，不覺以帔掩其膿血。傍人止之曰：「宜覓故物，莫污新者。」法師曰：「交濟嚴苦，何暇求餘。」時人見聞，莫不深讚。雖復事非過大，而能者故(2)亦尠矣。

【校記】

（1）是常所願　《金》本、《麗》本、《大》本作「是所常願」。

（2）故　《金》本、《麗》本、《大》本作「固」。

六法師之策厲(1)也。讀八部《般若》〔一〕，各並百遍。轉一切經時(2)，屢訖終如(3)。修淨方業，日夜翹勤。瑩佛僧地，希生不動。大分塗跣，恐損衆生。運想標心，曾無懈替。掃灑香臺，類安養之蓮開九品；莊嚴經室，若鷲嶺之天雨四花。其有見者，無不讚歎功德。躬自忘倦，畢命爲期。又轉讀之餘，念阿彌陁佛，四儀無闕〔三〕，寸影非空，計小豆粒可盈兩載。弘濟之端，固非一品。

【校記】

（1）策厲　《金》本、《麗》本、《大》本「厲」作「勵」，二字通。

（2）轉一切經時　《金》本、《麗》本、《大》本作「並轉一切經」。

（3）屢訖終如　《金》本、《麗》本、《大》本「如」字作「始」。

【注釋】

〔一〕八部般若　舊説《般若經》有十萬頌、二萬五千頌、一萬八千頌、八千頌、四千頌、二千五百頌、六百頌、三百頌八種，稱爲八部《般若》。但實際種類則不止此數。《般若經》，梵文 Prajñāpāramitāsūtra 或 Prajñāpāramitopadeśa。

〔二〕四儀無闕　四儀，見卷二「便利之事」章「四儀無累」條注。

七法師之知命也。法師將終，先一年内，所有文章雜史書[1]等，積爲大聚，裂作紙泥，寺造金剛兩軀，以充其用。門人進而諫曰：「尊必須紙，敢以空紙換之。」師曰：「耽著斯文，久來誤我，豈於今日而誤他哉！譬乎令餐鴆毒，指往險途[2]，其未可也。廢正業，習傍功，聖開上品，耽成大過。己所不欲，勿施他矣。」門徒稱善而退。其《説文》及字書之流，幸蒙曲賜，乃垂誨曰：「汝略披經史，文字薄識，宜可欽情勝典，勿著斯累。」將欲終時，先告門人曰：「吾三數日定當去矣，然於終際，必抱掃箒而亡。我之餘骸[3]，當遺廣澤。」後於晨朝，俯臨清澗，蕭條白楊之下，彷徉[4]緑篠之側，孑然[5]獨坐，執箒而終。門人慧力禪師侵明就謁，怪聲寂爾，乃將手親附，但見熱氣衝頭，足手俱冷，遂便大哭，四遠咸集。于時法侶悲啼，若金河之流血灑地〔一〕；俗徒號慟，等玉嶺之摧碎明珠。傷道樹之早凋，歎法舟之遽没。殯(6)於寺之西園，春秋六十三矣。身亡之後，緣身資具但有三衣及故鞋履二量(7)，並隨宜卧具而已。

【校記】

（1）史書　《麗》本、《大》本作「書史」。

（2）指往險途　《金》本、《麗》本、《大》本作「指徑嶮途」。

（3）餘骸　《金》本作「餘體」。

（4）彷徉　《金》本、《麗》本、《大》本作「彷徨」。

（5）孑然　《磧》本原作「了然」，今依《金》本、《麗》本、《大》本改「孑然」。

（6）殯　《金》本、《麗》本、《大》本作「窆」。

（7）量　《麗》本、《大》本作「兩」。

【注釋】

〔一〕若金河之流血灑地　金河，指有金河。梵文Hiraṇyavatī。爲釋迦牟尼涅槃處河名。見卷一「序」中「熙連後唱」條注。此處僅用作比喻。

法師亡日，净年十二矣。大象既去，無所依投。遂棄外書，欽情内典。十四得霑緇侶，十八擬向西天。至三十七，方遂所願。净來日就墓辭禮，于時已霜林半拱，宿草填塋。神道雖疎，展如在之敬；周環企望，述遠涉之心。冀福利於幽靈，報慈顔之厚德矣。

禪師則專意律儀，澄心定澈。晝夜勤六時而不倦，旦夕引四輩〔一〕而忘疲。可謂處亂非諠，閙而逾静(1)。道俗咸委，非曲親也。誦《法華經》〔二〕六十餘載，每日一周，計二万餘遍。縱經隋季(2)版蕩，逐命波遷，然此契心曾無有廢。現得六根清善，四大平和，六十年中了無他疾。每俯潤誦經，便有靈禽萃止；堂隅轉讀，則感鳴雞就聽。善緣情，體音律，尤精草隸，唱導無盡。雖不存心外典，而天縱其然，所造《六度頌》及發願文並書於土窟寺燈臺矣。乃虔心潔净，寫《法華經》，極銓名手。盡其上施，含香吐氣，清净洗浴，忽於經上爰感舍利。經成乃帖以金字，共銀鉤而合彩；盛之寶函，與玉軸而交映。駕幸太山，天皇知委，請將入内供養〔三〕。斯二師者，即是繼踵先聖朗禪師之後也。

【校記】

（1）閙而逾静　《磧》本「閙」字原脱，今依《金》本、《麗》本、《大》本補。

（2）隋季　《金》本「隋」字作「隨」。

【注釋】

〔一〕四輩　即四衆：苾芻、苾芻尼、鄔波索迦、鄔波斯迦。

〔二〕法華經　《妙法蓮華經》，梵文Saddharmapuṇḍarīkasūtra。漢譯有三種：後秦鳩摩羅什譯七卷本；西晉竺法護譯《正法華經》十卷本；隋闍那崛多共達磨笈多譯《添品妙法蓮華經》七卷本。

〔三〕請將入内供養　太山即泰山。此應是高宗麟德二年（六六五）十二月至泰山封禪時事。見《資治通鑑》卷二〇一（14/6436）。高宗一朝，封禪泰山僅此一次。

朗禪師乃現生二秦之時〔一〕，揚聲五衆之表。分身受供，身流供者之門；隨事導機，事愜機情之願。但爲化超物外，故以神通而命寺焉。神德難思，廣如別傳所載〔二〕。當是時也，君王稽首，僚庶虔心。初欲造寺，創入則見虎叫北川，將出復聞馬鳴南谷。天井汲水而不滅，天倉去米而隨平。雖神蹟久湮(1)，而餘風未殄。及親教二師并餘住持大德明德禪師等，並可謂善閑律意，妙體經心。燒指焚肌，曾無此教。門徒訓匠，判不許爲(2)。並是親承，固非傳説。

【校記】

（1）湮　《磧》本原作「漂」，今依《金》本、《麗》本、《大》本改。

（2）判不許爲　《麗》本、《大》本作「制不許爲」。

【注釋】

〔一〕二秦之時　指前秦、後秦。

〔二〕廣如別傳所載　指《高僧傳》卷五所載《竺僧朗傳》（T50/354b）。

又復詳觀往哲，側聽前規，自白馬停轡之初，青象挂鞍之後，騰蘭啓曜〔一〕，作神州之日月；會顯垂則〔二〕，爲天府(1)之津梁。安遠則虎踞於江漢之南〔三〕，休厲(2)乃鷹揚於河濟之北〔四〕。法徒紹繼，慧潋猶清，俗士讚稱，芳塵靡歇。曾未聞遺行燒指，亦不見令使焚身。規鏡目前，智者詳悉。

【校記】

（1）天府　《思》本「府」字訛作「俯」。

（2）休厲　《金》本、《麗》本、《大》本「厲」字作「勵」。

【注釋】

〔一〕騰蘭啓曜　騰蘭，攝摩騰與竺法蘭。見前「西方學法」章中注。傳説攝摩騰與竺法蘭初至中國，用白馬馱來佛經及佛像。漢明帝因此在洛陽建白馬寺，寺今猶在。舊説是爲中國譯經之始。

〔二〕會顯垂則　會指康僧會，三國吴僧人。其先康居人，世居天竺，其父因商賈移於交趾。少年時出家。吴赤烏十年（二四七）到建業（今南京）。曾編譯《六度集經》等。晉太康元年（二八〇）卒。《高僧傳》卷一有傳（T50/325a—326b）。顯指法顯。法顯在東晉隆安三年（三九〇）發自長安，取陸路到印度，後從海路返國，於義熙八年（四一二）回到中國。

〔三〕安遠則虎踞於江漢之南　安指道安，遠指慧遠。二人俱爲東晉時名僧。道安常山扶柳（今河北冀縣）人，俗姓衛，十二歲出家。其著作甚多，爲一代宗師。卒於晉太元十年（三八五），年七十二。《高僧傳》卷五有傳（T50/351c—354a）。慧遠雁門樓煩（今山西寧武附近）人，俗姓賈，出家後爲道安弟子。東晉太元六年（三八一）入廬山，住東林寺，名重一時。卒於晉義熙十二年（四一六），年八十三。《高僧傳》卷六有傳（T50/357c—361b）。

〔四〕休厲乃鷹揚於河濟之北　休指慧休，厲指法厲。慧休，姓樂氏，瀛州（治所在今河北河間縣）人，十六歲出家。唐永徽五年（六五四）道宣爲其作傳時年已九十八。事見《續高僧傳》卷十五（T50/544b—545a）。法厲亦作法礪，姓李，趙州（今河北趙縣）人。爲律宗三派之一的相部宗創始人。卒於貞觀九年（六三五），年六十七。《續高僧傳》卷二二有傳（T50/615c）。二人俱爲隋唐間名僧，曾合撰《四分律疏》十卷、《羯磨疏》三卷。

又禪師每於閑夜，見悲齠丱，曲伸(1)進誘。或調(2)言於黃葉，令蠲憶母之憂。或喻説於烏禽，希懷報養之德：「汝可務紹隆三寶，令使不絶，莫縱心(3)百氏，而虛棄一生。」既而童年十歲，但領(4)其言，而未閑深旨。每至五更，就室叅請。禪師必將慈手賜撫搦摩(5)，實如慈母之育赤子。或餐甘膳，多輟味見貽。但有取求，無違所請。法師乃恩厲(6)父嚴，禪師則慈伸母愛。天性之重，誠無以加。

【校記】

（1）伸　《金》本、《麗》本、《大》本作「申」。二字同。下同。

（2）調　《磧》本原作「謂」，《金》本、《思》本、《麗》本、《南》本、《北》本、《大》本作「調」，今據改。

（3）縱心　《麗》本、《大》本作「縱心於」。

（4）領　《磧》本原訛作「須」，各本皆作「領」，今據改。

（5）賜撫搦摩　《金》本、《麗》本、《大》本作「賜撫弱肩」。

（6）恩厲　《金》本、《麗》本、《大》本「厲」字作「勵」，《洪》本「恩」字訛作「思」。

及至年滿進具，還以禪師爲和尚(1)。既受戒已，忽於清夜行道之際，燒香垂涕而伸(2)誨曰：「大聖久已涅槃，法教訛替，人多樂受，少有持者。汝但堅心重禁，莫犯初篇。餘有罪愆，設令犯者，吾當代汝入地獄受之。燒指燒身，不應爲也。」進奉旨日，幸蒙慈悲，賜以聖戒，隨力竭志，敢有虧違，雖於小罪，有懷大懼。於是五稔之間，精求律典。厲律師(3)之文疏，頗議幽深〔一〕；宣律師之鈔述，竊談中旨〔二〕。既識持犯，師乃令講一遍，方聽大經。乞食一飡，長坐不卧。雖山寺村遥(4)，亦未曾有廢。每想大師慈訓，不覺流淚(5)何從。方驗菩薩之恩濟苦類，投炎熾之大火；長者之悲念窮子，窺迮隘之小門，故非是謬。每親承足下，不行遠聽，便賜告曰：「我目下且有餘人給侍，勿廢聽讀，而空住於此。」乃杖錫東魏，頗沉心於《對法》、《攝論》〔三〕；負笈西京，方閲想於《俱舍》、《唯識》〔四〕。

【校記】

（1）和尚　《金》本、《麗》本、《大》本作「和上」。尚上二字此處通。

（2）伸　《金》本、《麗》本、《大》本作「申」。

（3）厲律師　《金》本、《麗》本、《大》本「厲」字作「礪」。

（4）村遥　《磧》本「村」字原作「特」，今依《金》本、《麗》本、《大》本改「村」。

（5）淚　《金》本印作「淚」。

【注釋】

〔一〕厲律師之文疏頗議幽深　厲律師即法厲。見前注。

〔二〕宣律師之鈔述竊談中旨　宣律師即道宣。唐代名僧，俗姓錢，潤州丹徒（今屬江蘇）人，一説長城（治所在今浙江長興）人。十五歲出家。隋大業中從智首受戒，專究律學。亦曾參加玄奘譯場。一生著述極多。唐乾封二年（六六七）卒，年七十二。《宋高僧傳》卷十四有傳（T50/790b）。宣律師鈔述指道宣所著《四分律删繁補闕行事鈔》三卷（或分十二卷）、《四分律拾毗尼義鈔》三卷（或分六卷）、《四分比丘尼鈔》三卷（或分六卷）、《四分律比丘含注戒本》三卷、《四分律删補隨機羯磨》二卷，合稱五大部，爲中國佛教律宗的重要著作。

〔三〕杖錫東魏，頗沉心於對法攝論　東魏，指今河南一帶。《對法》即《對法論》，《攝論》即《攝大乘論》。見前「長髮有無」章中注。

〔四〕負笈西京方閲想於俱舍唯識　西京指長安。《俱舍》即《俱舍論》，《唯識》指《二十唯識論》或《三十唯識論》。俱見前注。

來日從京重歸故里，親請大師曰：「尊既年老，情希遠遊，追覽未聞，冀有弘益，未敢自決。」師乃流誨曰：「尒爲大緣，時不可再。激於義理，豈懷私戀？吾脱存也，見尒傳燈。宜即可行，勿事留顧。觀禮聖蹤，我實隨喜。紹隆事重，尒無問然。」既奉慈聽，難違上命。遂以咸亨二年十一月，附舶廣州，舉帆南海，緣歷諸國，震錫(1)西天。至咸亨四年二月八日，方達耽摩立底國，即東印度之海口(2)也。停至五月，逐伴西征，至那爛陁及金剛座。遂乃周禮聖蹤，旋之佛誓耳。可謂大善知識，能全梵行，調御誠教，斯豈爽歟！大師乃應物挺生，爲代模範，親自提獎，以至成人。若海槎(3)之遇將一日(4)，即生津(5)之幸會二師也。

【校記】

（1）震錫　《金》本、《麗》本、《大》本「震」字作「振」。

（2）東印度之海口　《磧》本原作「東印度海之口」，今依《金》本、《麗》本、《大》本改。

（3）海槎　《金》本、《麗》本、《大》本「槎」字作「查」。

（4）日　《金》本、《思》本、《麗》本、《大》本作「目」。

（5）生津　《磧》本原作「生律」，今依《金》本、《麗》本、《大》本改「生津」。

夫（1）以小善小惠，尚播美於絃歌，況大智大恩，而不傳於文讚云尒：令哉父母，曠劫相持。粵我齠齓，攜就明師。童年尚小，輟愛抽悲。學而時習，杖德箴規。儔朋（2）兩曜，比德雙儀。礪我惠鍔，長我法肌。提攜鞠育，親誨忘疲。中宵廢寢，日旰停飢。上德不德，遠而莫知。埋光岱嶺，蘊德齊涯。洋洋慧海，鬱鬱禪枝。文藻（3）粲粲，定彩曦曦。磨而不磷，涅而不緇〔一〕。坐遷表異，雞聽彰奇。年在弱歲，一留一遺。所有福業，並用薰資（4）。酬恩死別，報德生離。願在在遭會而延慶，代代奉訓以成褫（5）。積義利乎同岳，委浄定也如池。冀龍華之初會，聽慈氏之玄漪〔二〕。遍四生而運想，滿三大之長祇〔三〕。

【校記】

（1）夫　《磧》本原訛作「天」，《洪》本同，其餘各本皆作「夫」，今據改。

（2）儔朋　《金》本、《思》本、《麗》本、《北》本「朋」字作「明」，《大》本作「命」。

（3）文藻　《磧》本原作「支藻」，今依《金》本、《思》本、《麗》本、《大》本改「文藻」。

（4）薰資　《金》本作「重資」。

（5）褫　《金》本印作「椃」，《麗》本印作「褫」。《大》本誤作「褫」。

【注釋】

〔一〕磨而不磷涅而不緇　《論語·陽貨》：「不曰堅乎，磨而不磷；不曰白乎，涅而不緇。」孔注：「磷，薄也。涅可以染皁。言至堅者磨之而不薄，至白者染之於涅而不黑。喻君子雖在濁亂，濁亂不能污。」（《諸子集成》本，1/372）

〔二〕冀龍華之初會聽慈氏之玄漪　慈氏，見前「燒身不合」章中注。佛教傳説，彌勒佛（慈氏）將在華林園龍華樹下成道，三度説法，度盡一切衆生，此謂龍華三會或龍華總會。見《彌勒下生經》等。

〔三〕三大之長祇　見卷一「受齋軌則」章「三大」條注。

恐聞者以爲憑虛，聊疎法師之所製。大師曾因二月十五日〔一〕，法俗咸詣南山朗公聖蹟之所，觀天井天倉(1)之異，禮靈龕靈廟之奇。不遠千里，盛興供養。于時齊王下文學，悉萃於此。俱懷筆海，並擅文峯。各競囊錐，咸矜櫝玉(2)。欲詠朗公之廟像，共推法師以爲先作。師乃不讓當仁，江池先溢。援翰寫壁(3)，曾不停毫，走筆(4)成篇，了無加點。詩曰：「上聖先茂列(5)，英猷暢溟海。空谷自棲遲，榮命虚相待。萬古山川曠，千年人代改。真識了無生，徒見丹青在。」諸文士既覩法師之製，俱懷内恧之心，或閣筆於松枝，或投硯於巖曲，僉曰：「西施顯貌，嫫母何顔？」才子如林，竟無一和耳。所餘文章，具如別集。

【校記】

（1）天井天倉　《金》本、《麗》本、《大》本作「天倉天井」。

（2）櫝玉　《麗》本「櫝」字作「匵」，《大》本作「匵」。

（3）寫壁　《磧》本「壁」字原作「璧」，今依《金》本、《麗》本、《洪》本、《大》本改「壁」。

（4）走筆　《金》本作「之筆」。

（5）上聖先茂列　《金》本、《麗》本、《大》本作「上聖光茂烈」。

【注釋】

〔一〕二月十五日　中國佛教傳統，以此日爲釋迦牟尼涅槃日。

義浄敬白大周諸大德：或曾聽受虛筵，或諮論(1)法義，或相知弱冠，或通懷中年，咸悉大者和南(2)，小者千萬。所列四十條論要略事，凡此所録，並是西方師資現行，著在聖言，非是私意。夫命等逝川，朝不謀夕，恐難面叙，致此先呈(3)。有暇時尋，幸昭遠意(4)。斯依薩婆多，非餘部矣。重曰：敬陳令則，恢乎大猷。咸依聖教，豈曰情求？恐難面謁，寄此先酬。幸願繫轅不棄(5)，芻蕘見收。追蹤百代，播美千秋。實望齊(6)鷲峯於少室，並王舍於神州！

【校記】

(1)諮論　《磧》本「諮」字原印作「諮」，今依《金》本、《思》本、《麗》本、《洪》本、《北》本、《大》本改「諮」。

(2)和南　《磧》本原作「和尚」，今依《金》本、《麗》本、《南》本、《北》本、《大》本改「和南」。

(3)先呈　《金》本、《麗》本、《大》本「呈」字作「陳」。

(4)幸昭遠意　《磧》本「昭」字原作「招」，今依《金》本、《麗》本、《大》本改「昭」。

(5)繫轅不棄　《金》本、《麗》本、《大》本「繫」字作「擊」。

(6)齊　《磧》本原作「聲」，今依《金》本、《麗》本、《大》本改「齊」。

附　録

一　《南海寄歸内法傳》佚文輯考

《南海寄歸内法傳》是唐初著名求法僧義浄的一部重要著作。唐武后天授二年（六九一）義浄在印度遊學十餘年後，從印度東歸，停留在南海室利佛逝國（故地在今印尼蘇門答臘島巴領旁一帶），最後撰成《南海寄歸内法傳》和《大唐西域求法高僧傳》兩部書。是年五月十五日，義浄遣僧人大津歸唐（當時武后實際已改國號爲周），「望請天恩於西方造寺」，二書並「新譯雜經論十卷」一併帶回。書名中的「南海寄歸」四字，就是由此而來。

《南海寄歸内法傳》（以下簡稱《寄歸傳》）一書被送回國後，大概没有多久，在佛教界就頗流行。我們今天所見到的三種最早的古抄本，一種發現于敦煌藏經洞，現藏於法國巴黎，另兩種現存於日本，據鑒定都是八世紀時的抄本，可見其一時流傳的情形。它和《大唐西域求法高僧傳》等書一起，在義浄在世時，或最遲在他去世時，就「並敕編入一切經目」(1)。以後歷代傳抄翻刻，大多都在藏經中。

對於學者們今天研究古代中西文化交流和交通，以及印度、東南亞及中國佛教的歷史，《南海寄歸内法傳》一書的重要性自不待言。原書總四十章，分爲四卷，内容十分豐富，涉及的方面其實不衹限於佛教(「内法」)。它不同於同時代的玄奘向皇帝正式呈交的地理志型的《大唐西域記》，而好像是義浄根據他自己在求法時寫下的筆記整理出來的一份專題考察報告。因此，從上個世紀末以來，他受到西方和日本的東方學家、佛教史學者極大的重視，是自然的事。

《南海寄歸内法傳》的書首，有一篇義浄自己寫的「序」。從序中所列的篇目看，現存本《南海寄歸内法傳》的整體内容是完整的。在義浄之後，唐宋時代以及其後中國和日本僧人的一些著作，就常徵引《寄歸傳》一書。徵引的内容，大多在現存的《寄歸傳》中可以找到，但也有一些找不到。這使人懷疑《寄歸傳》寫成後，在一段時間内傳抄的文字可能比現存本稍多一些。出現這種情形，似乎不用奇怪。雖然唐末五代時已出現雕版印刷的佛經，但在北宋初年第一次開版雕印全部大藏經以前，絶大多數佛教文獻都還是抄寫流傳。各種寫本在抄寫中文字上發生歧異是很容易發生的事情。而我們今天見到的幾段《寄歸傳》佚文在内容上又稍微有些特殊。可惜現存的可以判定爲唐代寫本的《寄歸傳》的幾個抄本都是殘本，不能從這幾個殘本上與有關的佚文相對校。

下面將在其他佛教文獻中所見到的可能是《寄歸傳》的佚文録出。抄引《寄歸傳》最多，而抄引的内容又大多不見於今本《寄歸傳》的，是日本僧人安然的《悉曇藏》一書。安然所引，又不全出自義浄原書，有一些出自安然所見到的唐代其他中國僧人的著作。安然《悉曇藏》卷一「梵文本源」引《道暹記》：

《道暹記》云：今據義浄三藏《寄歸傳》云，阿等十六皆是聲韻，向餘字上配之，凡一字便有十六之别。迦等五五，野等八字，更有藍、乞叉，末後二字不入其數，總有三十三字，皆有十六之别。然今當今時俗，始教童蒙，多以不道。頡里（小字注：一字）、蹊梨（小字注：一字）、里（小字注：一字）、離（小字注：一字）四字，所以但有十二之殊。若爲十六者，亦成無過，以其四韻用處不多，是以義皆不存。(2)

道暹是唐代天台僧人，曾撰有《涅槃經疏私記》九卷，《道暹記》即指此。原書在中國久佚，但在日本還找得到。安然所引這一段見於《涅槃經疏私記》卷四，文字小異：

……而經説十四音者，前十二中後助音，非是正音，故除此二。然今依義浄三藏《寄歸傳》云，惡、屙、益、伊、屋、烏、頡里（小字注：是一字）、蹊梨（小字注：是一字）、里、離、翳、藹、汙、奥、庵、阿，右十六字皆是聲韻，向餘字上配之，凡一一字，凡有十六之別。□□□猶若四聲於一字上即有平上去入四番之異。其□□□□。(3)

原刻本文字已略有殘缺，但内容與安然在《悉曇藏》書中所引是一致的。

安然的書，提到《寄歸傳》處頗多，抄引的不一定是《寄歸傳》的原文，但與《寄歸傳》有關，《悉曇藏》卷二「悉曇韻紐」：

（《道暹記》）又云：今依義浄三藏《寄歸傳》云，是其《涅槃》云十四音者，不言末後二字，以與初字字形無別也。其頡里蹊梨四字，成西方二字，更加里離，始成四字。爲此古人有魯流盧樓之失，深成譯者之過。其《文字品》自非對校，終無解理。(4)

同卷的另一處：

然今依義浄三藏《寄歸傳》云：惡、痾、益、伊、屋、烏、頡里（小字注：是一字）、蹊梨（小字注：是一字）、里、離、醫、藹、污、奥、菴、阿，右十六字，皆是聲韻，向餘字上配之，凡一一字，便有十六之別。猶若四聲，於一字上即有平、上、去、入四番之異。其《涅槃》云十四音者，不言末後二字，以與初字形無別也。其頡里、蹊梨四字，成西方二字，更加里、離，始成四字，爲此古人有魯流盧樓之失，深成譯者之過。其《文字品》自非對校，終無解理。脚、佉、伽、嚧、俄、者、捙、社、縒、喏、吒、詫、荼、秺、拏、哆、他、柂、但、娜、跛、叵、婆、嘫、摩，右五五二十五字，名便繕明。此之一名，目因多義：一未成文義，二成文義，三男女根義，四齏醬義，五氣味義等。然其大意，總是第三轉聲，能簡别義。此二十五字未將上韻來配時，但是半字，不堪呼召。野、囉、攞、婆、捨、灑、娑、訶、藍、叉（小字注：末後二字不入其數），右脚等二十五字，并下八字，總有三十三字，名初章，皆須上聲讀之，不可著其字，而爲平去入也。且如將十六韻聲配三十三時，初一脚字，成十六之别。然當今時俗，始教童蒙，多不道。頡里（小字注：一字）、蹊梨（小字注：一字）、里（小字注：一字）、離（小字注：一字）四字，所以但有十二之殊，若爲十六者，亦成無過，以其四韻用處不多，是以人皆不存。十二聲者，謂是脚、迦（小字注：上短下長）、枳、雞（小字注：姜移反。上短下長）、矩、俱（小字注：上短下長）、雞、計（小字注：上長下短）、孤、告（小字注：上長下短）、甘、箇（小字注：兩聲俱短。用力出氣，呼佉字等十二聲並宜效此）。此十二字，皆可兩兩相隨唤之，仍須二字之中看子注而取長短也。餘三十二字皆可效斯。總有三十三箇十二，名第二章了。悉談總有十八章，但學書得一章，識字略足，漸學餘也。

（小字注：文）(5)

同卷還有一處：

義浄《南海傳》云，若爲十六，亦成無過。(6)

《南海傳》即《南海寄歸内法傳》。這一段，前面實際上已引過。「十六」指梵文的十六母音。

《悉曇藏》卷三「章藻具闕」：

若據義浄，或爲十六韻音，可以加書。始教童蒙，多不用故，或可略去。(7)

同卷又一處：

義浄《南海寄歸傳》云，阿等十六，皆是聲韻。迦等三十三，藍、叉二字，不入字數，總有三十三字，以爲初章。或以十六，或以十二，呼餘三十三字，總有三十三箇十二，名第二章。悉曇總有十八章。(8)

《悉曇藏》卷五「字母翻音」列出梵文的字母表，又列出梵文字母的各種譯字，其中有一整段抄引《寄歸傳》。原書中抄成的梵文字母是唐代流行的所謂的悉曇體，爲了方便，這裏改抄爲拉丁體。

義浄《寄歸傳》云：

a 惡、ā 痾、i 益、ī 伊、u 屋、ū 烏

ṛ 頡里（小字注：是一字）、ṝ 蹊梨（小字注：是一字）、ḷ 里、ḹ 離

e 醫、ai 藹、o 污、au 奧

aṃ 菴、aḥ 阿

ka 脚、kha 佉、ga 伽、gha 虘、ṅ 我

ca 者、cha 捙、ja 社、jha 縒、ñ 喏

ṭa 吒、ṭha 詫、ḍa 荼、ḍha 秅、ṇa 拏

ta 哆、tha 他、da 拖、dha 但、na 娜

pa 跛、pha 叵、ba 婆、bha [口+梵]、ma 麽

ya 野、ra 囉、la 攞、va 婆

śa 捨、ṣa 灑、sa 娑、ha 訶

llaṃ 藍、kṣa 叉（小字注：末後二字不入其數）。

惡等十六，皆是聲韻，向餘字上配之，凡一一字，便有十六之別，猶若四聲於一字上有平、上、去、入四番之異。脚等二十五字并下八字，總有三十三字，名初章，皆須上聲讀之，不可看其字而爲平去入也。

又云：十二聲者，謂是ka脚、kā迦（小字注：上短下長）；ki枳、kī雞（小字注：姜移反，上短下長）；ku矩、kū俱（小字注：上短下長）；ke雞、kai計（小字注：上長下短）；ko孤、kau告（小字注：上長下短）；kaṃ甘、kaḥ箇（小字注：兩聲俱短，箇字用力出氣，呼佉等十二聲并效此）。此十二字，皆可兩兩相隨呼之，仍須二字之中看字註而取短長也（小字注：抄）。(9)

以下接着引《字紀》一書補充説明：

《字紀》云，義浄云十二韻字，上之三對上短下長；下之三對上長下短。（小字注：文），合五十一字，取四十九字也。(10)

《字紀》同《字記》，指唐代中國僧人智廣所撰《悉曇字記》。其書現存，所引字句一模一樣。智廣也是在列舉了梵文的十二個母音後補充説：

義浄三藏云，上之三對上短下長；下之三對上長下短。(11)

《悉曇藏》卷七「字義解釋」又引一段，但與前僅有詳略之分：

《道暹記》云：《義浄傳》云：惡、病（今按，病字抄誤，應作痾）乃至菴、阿，在十六字，皆是聲韻。脚、佉乃至梵、摩，在五五二十五字，名便缮明。此之一名，梵目因多義：一未成文義，二成文義，三男女根義，四虀醬義，五氣味義。然其大意，總是

第三轉聲，能簡别義。此二十五字，未將上韻來配時，但是半字，不堪呼見。(12)

《義浄傳》應該就是指義浄的《南海寄歸内法傳》。

安然還著有《悉曇十二例》一書，其中也引到義浄的《寄歸傳》，文字仍大同小異。如第二例「十六轉韻有無例」：

義浄三藏傳云，阿等十六韻字，用呼迦等三十三字母（小字注：除叉），都有三十三個十六之三十三個十六之轉。是名初章，合十八章。當今時俗，教童蒙多以不道。紀里（小字注：二合）、紇梨（小字注：二合）、哩（小字注：一字）、利（小字注：一字）四字。縱爲十六，亦成無過。(13)

第三例「十二轉韻短長例」也有一段，文字與《悉曇字記》所引完全一樣，這裏就不抄引了。

總起來講，以上抄引的可能是出自《寄歸傳》的文字，分量已經不少，但有兩個問題仍需要加以考慮：第一，它們是否真是出於《寄歸傳》？第二，如果出於《寄歸傳》，應該是出於其中的哪一部分？對第一個問題，答案應該是肯定的。安然是日本天台僧人，他著《悉曇藏》一書，在日本元慶四年（八八〇），相當於中國唐僖宗廣明元年。道暹和智廣的年代則更早一些，應該是在憲宗元和以前。他們見到的《寄歸傳》，屬於較早的傳本。引文中悉曇十八章和梵音四十九言的説法，也與今本《寄歸傳》中的内容相一致。不過，安然、道暹以及智廣在引用字句時，出於當時引書的習慣，常常根據需要而對原文加以剪裁，而極少逐字逐句照抄。這是當時的通例。關於第二個問題，從今天見到的這些佚文的内容看，再對照《寄歸傳》的四十分章，基本可以認爲，這些佚文出自卷四的「三十四西方學法」章，就在「創學悉談章」一段之内。原文未必是正文，最大的可能是義浄在正文中附寫的一條長注。因爲義浄撰文時常常這樣做，他的書中，不乏類似的例子。可能就是因爲這個緣故，再加上其中有關梵文字母部分用悉曇字寫出，與正文不同，無論抄寫或者刻印都不大方便，所以後來便從書中脱佚了出來。只是賴有當時或其後的作者在不同場合下引用到這段文字，其内容才爲我們今天所知曉。

《寄歸傳》的這些可能存在過的佚文，雖然不能説是準確的原文，但還是能爲我們今天作研究提供一些很有用的材料。隨便舉兩個例子。一是義浄所舉梵文字母表中字母的數目，是「四十九字」。這與唐玄奘《大唐西域記》卷二中講的「四十七言」就不同，又與《大般涅槃經》中的「五十字母」不一樣，其中牽涉到的許多問題，與古代中國僧人和學者對梵文知識的瞭解以及所謂「悉曇學」有關，都是值得作一些探究的(14)。再有，義浄在其中所列出的梵文字母的譯字，對今天研究古音也有用。最簡單的例子是ba和va

兩個唇音，義浄都用「婆」字來對譯。正規的梵文中兩個音自然有區别，但漢譯卻用同一個字，是否説明當時ba和va已經不分？至於用譯字來檢查譯籍，復原梵字，甚至推求古音，也可以利用這類的對譯字表。詳細的研究看來還有不少可作，只是尚有待於各個方面的專門家(15)。

（原載《清華漢學研究》第一輯，清華大學出版社，一九九四年，略有修訂）

【注釋】

(1)《貞元録》卷十三，《大正藏》第五十五卷，第871頁下。

(2)《大正藏》第八十四卷，第373頁上。

(3)《大藏新纂續經藏》，第三十七卷，第200頁下。

(4)《大正藏》第八十四卷，第379頁上。

(5)《大正藏》第八十四卷，第379頁下至380頁上。

(6)《大正藏》第八十四卷，第381頁上。

(7)《大正藏》第八十四卷，第387頁上。

(8)《大正藏》第八十四卷，第391頁上至中。

(9)《大正藏》第八十四卷，第408頁中。

（10）《大正藏》第八十四卷，第408頁中。

（11）《大正藏》第五十四卷，第1187頁下。

（12）《大正藏》第八十四卷，第432頁下。

（13）《大正藏》第八十四卷，第462頁中。

（14）參見季羡林先生：《玄奘〈大唐西域記〉中「四十七言」問題》，《文史知識》，一九九一年，第一期。

（15）利用義浄翻譯的佛典研究古漢語的讀音，已見一例。美國學者W.South Coblin（柯蔚南）撰有一文：A Survey of Yijing's Transcrptional Corpus，《語言研究》，一九九一年，第一期，頁68至92。不過Coblin使用材料的範圍還太小，對有關義浄個人生平的材料的理解也有些錯誤。

二　玄奘的梵音「四十七言」和義浄的「四十九字」

印度梵文方面的知識，隨佛教傳入中國而逐漸被中國人所知曉。但是，在很長一段時間内，中國的僧人或者學者，從佛教的經典中，或從西域或者南海來華的外國僧人那兒，或者中國求法僧自己到了印度，他們得到的有關梵文的知識不完全一樣。梵文的字音，即字母究竟有多少個，就是一例。關於梵音的字數，在中國先後就有四十二、四十六、四十七、四十九、五十、五十一、五十二等數種説法。這些説法中，最值得注意的是四十二、四十七、四十九和五十這四種説法。唐代的玄奘法師，在歷代求法僧中是最著名的一位，又是大翻譯家，他傳的是「四十七言」説。由玄奘法師撰寫，僧人辯機筆録的《大唐西域記》，是一部世界名著，其中卷二「印度總述」部分中有「文字」一條：

詳其文字，梵天所制。原始垂則，四十七言。遇物合成，隨事轉用。流演枝派，其源浸廣。因地隨人，微有改變。語其大較，未異本源。而中印度特爲詳正，辭調和雅，與天同音。氣韻清亮，爲人軌則。鄰境異國，習謬成訓。競趨澆俗，莫守淳風。（1）

比玄奘時間稍晚的僧人義浄法師，同樣是唐代一位很有名的求法僧，同時也是大翻譯家，他傳的是「四十九字」説。義浄撰寫有《南海寄歸内法傳》一書，書中卷四有「西方學法」一章，其中則講：

一則創學《悉談章》，亦云《悉地羅窣堵》。斯乃小學標章之稱，但以成就吉祥爲目，本有四十九字，共相乘轉，成一十八章，總有一萬餘字，合三百餘頌。凡言一頌，乃有四句，一句八字，總成三十二言。更有小頌大頌，不可具述。六歲童子學之，六月方了。斯乃相傳是大自在天之所説也。（2）

「本有四十九字」，就是説有四十九個字母。「字」即是「言」，義浄的「字」和玄奘的「言」，兩個詞兒是通用的。

玄奘的「四十七言」，具體是指梵文的哪四十七個字母呢？乍看起來，問題很簡單，因爲現在通行的梵文教科書一開首大多都列有一張字母表，其中母音十三或十四個，輔音三十三個，再加一個鼻化音和一個送氣音。如果母音按十四個算，加上輔音，不計算鼻化音和送氣音，總數正好四十七個。中華書局一九八五年出版的《大唐西域記校注》一書，我們參加編撰工作的幾位，對這一段文字，當時都作的是這樣的理解，因此在注中就簡單地抄上了一個字母表。幾年以後，主編季羨林先生在讀書中有了新的不同的看法，於是他在一九九一年第一期《文史知識》上發表了一篇不是太長的文章，《玄奘〈大唐西域記〉中的「四十七言」問題》，説明他的意見。(3)具體地講，季羨林先生根據日本平安時代的一位僧人安然所編撰的《悉曇藏》一書中的一段記載，認爲，玄奘講到的四十七言中，不包括四個流音ṛ、ṝ、ḷ、ḹ，但應該包括一個鼻化音和一個送氣音，同時在最末尾再加上「藍」llaṃ和「乞叉」kṣa兩個字。不過，安然其實並没有提出新的解釋，他只是抄引了中國唐代山陰的一位僧人智廣所撰寫的《悉曇字紀》中的一段文字。智廣的説法，他自己説得很清楚，「四十七言」一句，來自《大唐西域記》，而具體的解釋，則得自於從南印度來的僧人般

若菩提。《悉曇字紀》一書現存。因此，這種解釋應該説是有來歷的，而且來自印度。(4)

那麼義浄的「四十九字」又是哪四十九字呢？現在我們見到的《南海寄歸内法傳》「西方學法」章的這段文字，並没有詳細的説明。但是，同樣也是在安然的《悉曇藏》卷二「悉曇韻紐」一節裏，有一段文字，對此作了詳細的解釋。這段文字是這樣的：

然今依義浄三藏《寄歸傳》云：惡、痾、益、伊、屋、烏、頡里（小字注：是一字）、蹊梨（小字注：是一字）、里、離、醫、藹、污、奥、菴、阿，右十六字，皆是聲韻，向餘字上配之，凡一一字，便有十六之別。猶若四聲，於一字上即有平、上、去、入四番之異。其《涅槃》云十四音者，不言末後二字，以與初字形無別也。其頡里、蹊梨四字，成西方二字，更加里、離，始成四字，爲此古人有魯流盧樓之失，深成譯者之過。其《文字品》自非對校，終無解理。脚、佉、伽、嚧、俄、者、捙、社、縒、喏、吒、詫、荼、秺、拏、哆、他、柁、但、娜、跛、叵、婆、嘫、摩，右五五二十五字，名便繕明。此之一名，目因多義：一未成文義，二成文義，三男女根義，四齎醬義，五氣味義等。然其大意，總是第三轉聲，能簡別義。此二十五字未將上韻來配時，但是半字，不堪呼召。野、囉、攞、婆、捨、灑、娑、訶、藍、叉（小字注：末後二字不入其數），右脚等二十五字，并下八字，總有三十三字，名初章，皆須上聲讀之，不可著其字，而爲平去入也。且如將十六韻聲配三十三時，初一腳字，成十六之別。然當今時俗，始教童蒙，多不道頡里（小字注：一字）、蹊梨（小字注：一字）、里（小字注：一字）、離（小字注：一字）四字，所以但有十二之殊，若爲十六者，亦成無過，以其四韻用處不多，是以人皆不存。十二聲者，謂是脚、迦（小字注：上短下長）、枳、雞（小字注：上短下長）、矩、俱（小字注：上短下長）、雞、計（小字注：上長下短）、孤、告（小字注：上長下短）、甘、箇（小字注：兩聲俱短。用力出氣，呼佉字等十二聲並宜效此）。此十二字，皆可兩兩相隨喚之，仍須二字之中看子注而取長短也。餘三十二字皆可效斯。總有三十三箇十二，名第二章了。悉談總有十八章，但學書得一章，識字略足，漸學餘也。（小字注：文）[5]

這一段文字，是否就完全是義浄原書的原文，不是很肯定，但如果説基本内容出自義浄的書，應該不會錯[6]。依此解釋，義浄的悉談章的「四十九字」「聲韻」，即母音有十六個，「便繕明」，即輔音有三十三個，二者加在一起，一共四十九個，即四十九字。與上面《悉曇字紀》中解釋《大唐西域記》「四十七言」的那一段話的説法比較，母音中不僅包括鼻化音、送氣音，而且把四個流音也都包括了進來，但最末的兩個音，llam和kṣa，雖然提到了，但不計算在内。

安然書的卷五，有「字母翻音」一節，還列出了一個「翻音」的字母表，安然説，這也是出於義浄的《南海寄歸内法傳》，雖然現在見到的《南海寄歸内法傳》中並没有這段文字。安然書中抄寫的梵文字母是唐代流行的所謂的悉曇體，爲了方便，我把悉曇字母改抄爲拉丁字母：

義浄《寄歸傳》云：

a 惡、ā 痾、i 益、ī 伊、u 屋、ū 烏

ṛ 頡里（小字注：是一字）、ṝ 蹊梨（小字注：是一字）、ḷ 里、ḹ 離

e 翳、ai 藹、o 污、au 奥

aṃ 菴、aḥ 阿

ka 脚、kha 佉、ga 伽、gha 嘘、ṅa 我

ca 者、cha 捭、ja 社、jha 縒、ña 喏

ṭa 吒、ṭha 詫、ḍa 荼、ḍha 秅、ṇà 拏

ta 哆、tha 他、da 拖、dha 但、na 娜

pa 跛、pha 叵、ba 婆、bha ⿰口梵、ma 麽

ya 野、ra 囉、la 攞、va 婆

śa 捨、ṣa 灑、sa 娑、ha 訶

llaṃ 藍、kṣa 叉（小字注：末後二字不入其數）。

惡等十六，皆是聲韻，向餘字上配之，凡一一字，便有十六之别，猶若四聲於一字上有平、上、去、入四番之異。脚等二十五字并下八字，總有三十三字，名初章，皆須上聲讀之，不可看其字而爲平去入也。

又云：十二聲者，謂是 ka 脚、kā 迦（小字注：上短下長）；ki 枳、kī 雞（小字注：姜移反，上短下長）；ku 矩、kū 俱（小字注：上短下長）；ke 雞、kai 計（小字注：上長下短）；ko 孤、kau 告（小字注：上長下短）；kaṃ 甘、kaḥ 箇（小字注：兩聲俱短，箇字用力出氣，呼佉等十二聲并效此）。此十二字，皆可兩兩相隨呼之，仍須二字之中看字註而取短長也（小字注：抄）。（7）

這個字母表很清楚，四十九字，母音十六個，輔音三十三個，内容與上面一致。爲了更清楚，我這裏也照季羨林先生上引文中的辦法，再列出義淨所説的四十九字：

母音十六個

a ā i ī u ū ṛ ṝ ḷ ḹ e ai o au aṃ aḥ

輔音三十三個

喉音　k kh g gh ṅ

顎音　c ch j jh ñ

舌(頂)音　ṭ ṭh ḍ ḍh ṇ

齒音　t th d dh n

唇音　p ph b bh m

遍口音(超聲)　y r l v ś ṣ s h

把義净的字母表與現在一般通行的梵文教科書的字母表對比，就可以發現，兩者正相同。通行的梵文教科書，去掉「末後二字」，母音輔音包括鼻化音和送氣音一共四十九個(8)。

如果再把義净的「四十九字」與玄奘的「四十七言」比較，不同之處除了鼻化音和送氣音以及最末的「藍」字和「叉」字外，最主要的差别，是如何安置四個流音，或者换句話説，是要不要把流音包括進來。梵音的字數，有種種不同説法，原因大多都在這兒。這一點，季先生的文章裏，已經作了説明(9)。四流音在佛教語言和文獻史上的地位以及變化，是一個很複雜，同時也很有意思的問題。這裏也不例外地涉及到了(10)。需要指出的是，在各種各樣的説法中，義净的「四十九字」説，排列的字音字母，現在看來，大概要算是最合乎規範的一種。

問題討論到末了，也許有人會問：研究梵文的字母有「四十七言」還是「四十九字」，究竟有什麽意義呢？我的回答是：當然有意義。中國古代，與印度有着近兩千年的有文字記載的交往的歷史。在漢文的文獻——不管是佛教文獻，還是非佛教文獻——之中，保存了極其豐富的與印度有關的資料。其中一些資料，在印度方面看來，尤其寶貴，甚至可以説絶無僅有。從另一方面講，中印之間，文化上相互交流，相互學習，都有很多值得研究的内容。梵文字音的數目問題，在古代曾經是與印度梵文有關的「悉曇學」的一部分。梵文的字母表和字母之間的拼合規則，也就是所謂的「悉曇章」，曾經對中國中古時期音韻學理論和方法都産生過相當大的影響。我們現在在敦煌寫卷中見到的唐末五代時僧人守温列出的三十字母，以及等韻學中的種種理論，都與此有關(11)。而更早的例子也有不少(12)。

至於「四十二」和「五十」這兩種説法，本來也是應該談到的，但牽涉到更多方面的問題，只能希望以後有機會時再作討論。

(原載《周紹良先生欣開九秩慶壽文集》，北京：中華書局，一九九七年)

【注釋】

（1）《大唐西域記校注》，北京：中華書局，一九八五，頁182。

（2）《南海寄歸内法傳校注》，北京：中華書局，一九九五，頁189。

（3）這篇文章，在一九九五年《大唐西域記校注》第三次重印時，附印在書後。

（4）《悉曇字紀》書名又作《悉曇字記》。智廣自述，他在五臺山遇見般若菩提，「因從受焉」。見《大正藏》卷五十四，頁1186上。有人認爲，這位般若菩提，就是《貞元新定釋教目録》卷十七講到的印度僧人般若三藏。般若三藏北印度迦畢試國人，曾至南印度學持明藏，其後從海道來華，唐建中二年（七八一）至廣州。貞元六年（七九〇）又曾奉使北印度。貞元十年（七九四）三月，般若瞻禮五臺山，住至秋天，次年四月始返長安。智廣就是在這時候與般若相遇的。《大正藏》卷五十五，頁891下至894下。看來智廣是根據從般若學來的理論來解釋玄奘的説法。

（5）《大正藏》卷八十四，頁379下至380上。

（6）參見拙稿《〈南海寄歸内法傳〉佚文輯考》，載《清華漢學研究》第一輯，北京，一九九四，頁167—175。

（7）《大正藏》第八十四卷，第408頁中。

（8）見W. D. Whitney: *Sanskrit Grammar*, reprint, Delhi, 1994, pp. 2-3. 以及M. MonierWilliams: *A Sanskrit-English Dictionary*, Reprint, Oxford, 1979 書前的梵文字母表。

（9）見前引季羡林先生文。更可以參見季先生的另外兩篇文章：《梵語佛典及漢譯佛典中四流音（ṛ ṝ ḷ ḹ）問題》和《所謂中天音旨》，二文俱收入《季羡林佛教學術論文集》，臺北，一九九五。

（10）除上引季羡林先生的文章以外，還可參見饒宗頤先生《梵語Ṛ、Ṝ、Ḷ、Ḹ四流音及其對漢文學之影響》等文，前後收入饒宗頤《中印文化關係史論集·語文篇》，香港中文大學中國文化研究所、三聯書店，一九九〇，以及《梵學集》，上海：上海古籍出版社，一九九三。也可參見拙稿《鳩摩羅什〈通韻〉考疑暨敦煌寫本S.1344號相關問題》，載《中國文化》第7期，三聯書店，一九九二。

（11）古代中國的學者，例如宋代的鄭樵、清代的錢大昕等，對此都早有所認識，但他們的認識在一些細節上，尤其當這些細節涉及到印度和西域語言知識本身時，不是很明瞭，常常還有一些誤解。例子可見鄭樵《通志》卷三十六《七音略》「序」及錢大昕《十駕齋養新録》卷五「字母」、「西域四十七字」等條。《康熙字典》前載《字母切韻要法》，其中「切字樣法」乾脆就講：「夫等韻者，梵語悉曇，此云字母，乃是一切文字之母，所謂迦、佉，乃至劣、蓺是也。梵語毗佉囉，此云切韻，是一切文字之根本……」直接把二者連在一起，雖然這樣做其實並不完全合適。

（12）最早的例子可能是劉宋時代的謝靈運。參見拙稿《謝靈運〈十四音訓敘〉輯考》，載《國學研究》第三卷，北京：北京大學出版社，一九九五。

三　評王邦維《南海寄歸内法傳校注》

（德國）Max Deeg（寧梵夫）

對於研究西元第一個千年之中的印度與東南亞的佛教史來説，中國佛教求法僧們的著作，無疑是重要的資料之一。這些求法僧中最有名的是法顯——他的年代最早，可以追溯到西元四世紀末、五世紀初——以及兩位唐代的僧人玄奘和義浄，前者因爲留下了他所旅行過的佛教地區的詳細記載——《大唐西域記》，後者則因爲在他的《南海寄歸内法傳》（以下簡稱爲《寄歸傳》）中詳細地描述了在印度以及「大印度」的不同佛教國家中的佛教僧團。

東西方的學者們在翻譯、研究這些史料上作了很多努力。只有義浄的《寄歸傳》——與其《大唐西域求法高僧傳》相比較而言——自高楠順次郎所作的早期的英譯本之後，還没有被重譯過或被傾注以仔細的研究。（1）高楠順次郎是在著名的印度學家Max MÜLLER門下學習梵文的首批日本人之一，Max MÜLLER本人對這個英譯本曾給予了熱情的歡迎(2)。

中國的佛教學者最近在這方面研究中作出了他們的貢獻：章巽(3)和季羡林等(4)已經出版了《法顯傳》和《大唐西域記》的校注本；現在，在能閱讀中文的西方學者們手邊，又有了王邦維教授的研究成果以及他的苦心之作(5)。由此使三位最著名的中國求法僧的著作的校注本得以全部完成。

王邦維的工作分爲兩部分：第一部分是關於義淨及其著作有關的幾個問題的研究。王在陳述了義淨的生平（第2至21頁）與譯著（第21至40頁）之後，回顧了義淨對中國文化和佛教文化的貢獻（第40至45頁）。接著在《研究之一》這一章中，他就大乘、小乘與當時印度佛教部派之間的關係問題進行了討論，而後又用了數頁的篇幅去探討佛陀的反對者，也是其堂弟的提婆達多（Devadatta，見下）所引發的教派分裂。在隨後一章《研究之二》中，他描述了義淨時代印度佛教寺院和僧團的構成與狀況，以及寺院的經濟、宗教和教育活動。最後，他提出一個問題：義淨在他的著作中，以（正統的）印度僧團作爲對照（第178頁以下），在什麽地方，如何地批評了中國的僧團，尤其是律宗，就好象是在他們的眼前放置了一面鏡子——所謂人類文化學著作中常見的「主題反照」——順便應該説一下，這一主題也與最早的求法僧法顯有關，法顯也撰寫有一部記載他的旅程和印度僧團狀況的行記(6)。

對於專題論文的第一部分,我只想就前面提到的附論《提婆達多派問題》(第132頁以下)補充一些意見。對於瞭解和研究所謂的「提婆達多派」,王邦維教授一個非常重要的貢獻是,他發現了《根本説一切有部律》羯磨文譯本中的一段引文以及義浄的注(7)。《根本説一切有部律》是義浄從印度帶回並自己翻譯的一部非常重要的經典。這條短注爲當時是否存在一個可以上溯至提婆達多的宗教團體這一有争議的問題提供了新的思路。義浄對羯磨文中一條戒律的注釋表明,甚至在那爛陀寺也有提婆達多的信徒,他們所遵循的戒律與普通的佛教徒僅有細微的差别。作爲書評,爲了使我的意見簡要一些,我想對有關的資料提出以下的解釋,這樣也許可以回答王教授提出的問題(8)。這與著名佛教學者們所持的通行的觀點形成審慎的對照,這些佛教學者們認爲,佛教的僧團從一開始,就一直存在一個提婆達多派(9)。除了王所討論的這個羯磨文文本以外,我們只有另外兩份關於提婆達多派的歷史資料——這裏不包括對於佛教文獻中關於提婆達多的傳説和故事的形成問題的討論。在法顯和玄奘的著作中有兩處短的記載。法顯報告説,在中印度有提婆達多派的僧衆供養過去三佛,而不供養釋迦牟尼佛。玄奘只提到了在羯羅拏蘇剌那國(西孟加拉)的三座僧伽藍,居住有提婆達多派信徒,他們不食乳略(10)。根據這三份材料時間和資訊上前後次序，我想提出這樣的推測：在某個不確定的時期，於是出現這樣一個宗教團體，他們在形式上依照佛教僧團而發展，但在某些方面則與由提婆達多所挑起的教派分裂中所講到的以及各種戒律中所看到的不一樣(11)。情況似乎是，那個最初多少顯得結構有些鬆散的團體（法顯所看到的），後來越來越變得制度化，信徒們在數量上也有限，形式上則與一般的佛教僧團相適應。他們發展到頂點，幾乎被那爛陀寺的僧團作爲常衆而接受(12)。

該書的第二部分是一個在各種版本基礎上完成的校勘本，校記中列出了不同版本所有的異文。在這一領域最主要的成功之一——這不僅僅限於當代中國學術界——是從漢文佛經的《大正藏》本中「解放」了出來，而《大正藏》本身則主要依靠的是韓國的《高麗藏》的文字(13)。即使是這樣，由於事實上没有一部完整的經過校勘過的藏經，參考中國佛教文獻幾乎是不可避免——王本人也承認這一點——那麼，《大正藏》的使用者就應該意識到這個版本的缺點以及對其作校勘的必要(14)。尤其是大藏經中的單本文獻的版本，應該使用所有可能得到的刻印本與寫本；王能夠利用敦煌寫本的《寄歸傳》就是這種學術作風的又一出色例證。

就與原文文獻有關的印度的、西藏文的，或者是漢文方面的材料而言，王教授作了廣泛的注解和提供了衆多有用的，互見性的參考資料。舉例來説，作者作爲一位印度學家的特質，可以從他在《西方學法》一章裏關於梵文文法討論的注釋中見到(15)。

一般地講來，對義浄的《寄歸傳》的研究，必須遵循王教授在他的書中所指示的路徑：必須應用一切有關於印度佛教徒日常生活和宗教生活的文獻資料，以顯示《寄歸傳》中描寫的細節的詳實記載與歷史的真實——當然或多或少經過重建——有多大程度是一致的(16)。爲了儘量接近這一目標，在某些情形下，比如在《洗浴隨時》這一章中（第166頁以下），如果再參考考古學的研究，就會有助於支持文獻上的證據(17)。還有，在其他情形中，例如在談到僧人以及僧伽的財産時，可以利用碑銘方面的材料(18)。

本書有一個很可喜的細節，即無論是字母轉寫、西方人名或者印度辭彙及引文，差錯和印刷錯誤都非常少(19)。前者要歸功於作者的學術作風，後者則顯然要歸因於精心的校閲。以使用日本的《大正藏》爲主的西方學者同樣會感謝這個校勘本，因爲它在引用的中國佛教文獻時，給出了它們在《大正藏》中的卷、頁與欄。再有的一個優點是，近年來中國的作者和古籍和佛教研究書籍的出版者們在校勘和引用古籍時放棄了使用那些令人惱火的簡體字，王的這本書就是如此。簡體字增加了這種工作的困難。簡體字也使那些以研究古典文獻爲主的西方學者和日本學者們感覺到困難，而甚至連中國古籍也用簡體字印刷時，他們自然覺得困惑(20)。

對於這一類的書來説，還有很重要的一點，即不僅僅應該有以羅馬化拼音排序的包括轉寫資料的一個索引——實際上這已經有了——而且還應該增加由歷史語音學專家們構擬的漢字的古唐音(21)。

總而言之，王邦維的這本書是對佛教歷史學研究的一個貢獻，它將會激勵更多的致力於佛教領域的西方學者去努力學習中文，以便能夠分享近年來在中國研究中國佛教的優秀的學術成果。

（原文爲英文，載《唐研究》第五卷，北京大學出版社，一九九九年，第479—486頁。鄭國棟、楊嵋翻譯。譯文載《書品》二〇〇〇年第四期，中華書局，第46—51頁）

【注釋】

（1）《大唐西域求法高僧傳》，王邦維在一九八八年也出版了此書的校注本，與《寄歸傳》在同一套叢書中。該書有一種英譯本：Latika LAHIRI, *Chinese Monks in In-dia:Biography of Eminent Monks Who Went to the Western World in Search of the Law during the Great Tang Dynasty*，德里，一九八六年出版，《佛教傳統叢書》（Buddhist Traditions），第3卷，以及伊藤丈翻譯的現代日語譯本，收入近年出版的《現代語訳一切經》叢書的第

一　中文專名索引

說明：本索引收入《南海寄歸内法傳》原書中的專名及少數詞語。所有條目按首字音序排列。條目後數字表示該條專名出現在本書中的頁碼。

C

D

E

F

G

H

L

M

N

P

Q

R

S

T

W

X

Y

Z

二　專名譯名對照

説明：本對照將《南海寄歸内法傳》原書中經還原後的外文專名（絶大多數爲梵文，亦有少數其它外文）編入，並同時列出原書中所使用的中文譯名。爲方便一般讀者，所有外文專名均按拉丁字母順序排列。

A

Abhidharmakośaśāstra　俱舍（論）

ācarya　阿遮利耶，軌範師，阿闍梨

agada　惡揭陀藥

Āgamausūtra　阿笈摩經

Ājñāta　了教

akṣara　字母

Ānanda　歡喜

Amitābha　阿彌陁

Anāthapiṇḍika　給園長者

Aniruddha　無滅

Antarvāsa　安呾婆娑，内衣

Anumoda　阿奴謨柂，隨喜

āpattipratideśana　阿鉢底鉢喇底提舍那

ārogya　痾嚕柢

Āryadeśa　阿離耶提舍，聖方

Āryadeva　提婆

Āryamahāsāṃghikanikāya　聖大衆部

Āryamūlasarvāstivādanikāya　聖根本説一切有部

Āryasaṃmitiyanikāya　聖正量部

Āryasthaviranikāya　聖上座部

Asaṅga　無著

Aśoka　阿輸迦王

Aṣṭadhātu　馱覩，頞瑟吒馱覩

Aśvaghoṣa　馬鳴

Avalokiteśvara 觀世音，觀自在

B

Bandhana-mahāvihāra 般彈那寺
Baros 婆魯師洲
Bhartṛhari-ṭīkā 伐㩉呵利論
Bhāvaviveka 清辯
Biṃbisāra 頻毗娑羅王
Bnam 跋南國，扶南
Bodhidruma 覺樹

C

caitya 制底
caityavandana 制底畔彈那
caityavande 制底畔睇
Campā 臨邑（國），占波
Candragomin 月官
Catuḥśataka 四百讚
Cīna 支那
citi 質底
civāra 支伐囉，三衣
Cūrṇi 朱你，朱利

D

dahara 鐸曷攞，小師
dakṣināgāthā 特欹拏伽他
dakṣinīya 特欹尼野
dānagāthā 陁那伽他
dānapati 陁那鉢底，檀越，施主
dantakāṣṭha 憚哆家瑟詑，齒木
deśana 提舍那
Devaputra 提婆弗呾攞，天子
Dharmagupta 法護（部）
Dharmakīrti 法稱
Dharmapāla 護法
Dharmarakṣa 蘭（竺法蘭）
dhātu 字元
Dhātupāṭha 馱覩章
Dignāga 陳那
Divākaramitra 地婆羯囉蜜呾囉
Dvārapatī 杜和鉢底國，杜和羅

G

gandhakuṭī 香臺

Gaṅgā 恒河

gāthā 伽他

Gayāśira 伽耶山

Gṛdhrakūṭa 鷲嶺,鷲山

Guṇamati 德惠

Guṇaprabha 德光

guru 窶嚕

H

Harītakī 訶黎勒

Hāritī 呵利底母,鬼子母

hetuvidyā 因明

Hīnayāna 小乘

Hindu 呬度

Hiraṇyavatī 熙連

J

Jambudvīpa 贍部(洲)

Jātakamālā 社得迦摩羅,本生貫

Jayāditya 闍耶昳底

Jetavana 逝多

Jīmūtavāhana 乘雲菩薩

Jinaprabha 勝光

Jīvaka 祇域

Jñānacandra 智月

K

kambala 敢曼

kanthā 乾陁

kapha 燮跛

Kapilavastu 父城

karmadāna 維那

karpāsa 劫貝

Kārttikamāsa 歌栗底迦月

kaṣāya 加沙,袈裟

Kāśmīra 羯濕彌羅

Kāśyapamātaṅga 騰(攝摩騰)

Kāsyapīya 迦攝卑(部)

kaṭhina 羯絺那衣,迦提

kauśeya 高世耶

khakkhara 喫棄羅

Khila 三荒章,三棄攞章

Khotan 于闐

kṣamā 懺摩

Kukkuṭeśvara 俱俱吒醫説

羅，雞貴
kūla　俱攞
kulapati　俱羅鉢底
Kumārajīva　羅什（鳩摩羅什）
kuṇḍika　君持
Kuśīnāra　俱尸那
kusūlaka　俱蘇洛迦，篅衣

L

Langhasuka　郎迦戍國

M

Mādhyamika　中觀
Madhyāntavibhāgaśāstra
　辨中邊論
Magadha　摩揭陁（國）
Mahābodhisaṅghārāma
　莫訶菩提，大覺寺
Mahādeva　大天
Mahākāla　莫訶歌羅，大黑神
Mahāparinirvāṇasūtra
　涅槃經
Mahāsāṃghikanikāya
　（摩訶）僧祇（部），大衆（部）
Mahāyāna　大乘，大教
Mahāyānābhidharmasamuccaya
　對法論
Mahāyānasaṃparigrahaśāstra
　攝大乘論
Mahāyānasutrālaṅkāraṭīkā
　大莊嚴論
Maheśvara　大自在天
Mahīśasaka　化地（部）
Maitreya　慈氏（菩薩）
Maitrībala　慈力（王）
Malāyu　末羅遊（洲）
māṇava　童子
Mañjuśrī　文殊師利，曼殊室利
Mātṛceta　摩咥里制吒
Mṛgadāva　鹿園，鹿苑
Mucilinda　目真隣陁（龍），
　文池
Mūlasarvāstivādacarmavastu
　皮革事
Mūlasarvāstivādaikaśatakarma
　百一羯磨
Mūlasarvāstivādanikāya
　（根本説一切）有部

Muṇḍa　文荼

N

Nāgārjuna　龍樹，龍猛

Nālandā　那爛陁（寺）

niṣīdana　尼師但那，坐卧具

Nyāyamukha　理門論

P

pañcabhojanīya　半者蒲膳尼，五噉食

pañcakhādanīya　半者珂但尼，五嚼食

pañcavidyā　五明論

Pāṇini　波尼你

Pāṇinisūtra　蘇呾囉

Paramārtha　真諦（陳真諦）

Pārasa　波剌斯

parimaṇḍalanivāsana　鉢履曼荼羅泥婆娑，圓整著裙

parisrāvaṇa　鉢里薩囉伐拏，濾水羅

Patañjali　鉢顛社攞

pātra　波呾囉，鉢

pitta　畢哆

poṣadha　褒灑陀

pradakṣiṇa　鉢喇特崎拏，旋右

Prajñāgupta　惠護

Prajñāpāramitāsūtra　般若(經)

Prajñāptihetusaṅgrahaśāstra　取事施設論

Prakīrnaka　革拏

prakṛti　字體

pravāraṇa　鉢刺婆刺拏，隨意

Pramāṇasamuccaya　集量論

Prasenajit　勝光王

pulapādatra　富羅

puruṣa　補嚕灑，布路沙

pūtimuktibhaiṣajya　晡堤木底鞞殺社，陳棄藥

R

Rāhulamitra　曷羅户羅蜜呾囉

Rājagṛha　王舍（城），王城

Ratnakuṭasūtra　寶積經

Ratnasiṃha　寶師子

S

śabdavidyā　攝拖苾馱，聲明

Saddharmapuṇḍarīkasūtra　法華經

sādhu　娑度，善哉

Śakra　帝釋

Śākyadeva　釋迦提婆

Śākyakīrti　釋迦雞栗底

Sākyamuni　釋迦

sāmagrī　三摩近離，和集

Saṃmitiyanikāya　正量（部）

saṃpragata　三鉢羅佉哆，善至

Saṅgha　僧伽，大衆

Saṅghabhadra　僧賢

saṅghāṭī　僧伽胝，復衣

saṅkakṣikā　祇支，僧脚崎，掩腋衣

Saṅkhya　僧佉

Śāriputra　身子

śarīrā　設利羅

Sarvalakṣaṇadhyānaśāstrakārikā　觀惣相論

Sarvasattvapriyadarśana　衆生喜見

Sarvāstivādanikāya　一切有部，有部，薩婆多

Śatapañcāśatka　一百五十讚

Sātavāhana　娑多婆漢那

Siddhirastu　悉地羅窣堵，悉談章

śikṣamāṇā　正學女

Śilāditya　戒日王

Śilabhadra　戒賢

Siṃhacandra　師子月

Siṃhadvīpa　師子洲

Sindhu　信度

śitavana　尸林

śramaṇera　室羅末尼羅，沙彌

Śrīkṣetra　室利察呾羅國

Śrīvijaya　尸利佛逝國

sthavira　悉他薛攞，住位

Sthaviranikāya　上座（部）

Sthiramati　安惠

stūpa　窣睹波

subanta　蘇盤多聲

Subhadra　妙賢

subhāṣita　蘇婆師多，微妙語

Sudāna 蘇達拏太子

Suhṛllekha 蘇頡里離佉，密友書

Sūlika 速利國

suṣvāgata 窣莎揭哆，極善來

Sūtrālaṅkāraśāstra 莊嚴論

svāgata 莎揭哆，善來

T

Tāmralipti 耽摩立底國

Tathāgatagarbha 呾他揭多揭婆

Tazi 多氏國

Telāḍhaka 羝羅荼寺

tiṅanta 丁岸多聲

Traikālyaparīkṣa 觀三世論

Tukhāra 覩貨羅

Turk 突厥

U

udāna 嗢柁南

Udyāna 烏長那國

Uṇādi 鄔拏地

upādhyāya 鄔波馱耶，親教師

upasaṃpanna 鄔波三鉢那，受大戒

upāsaka 鄔波索迦

upāsikā 鄔波斯迦

utkuṭuka 嗢屈竹迦，蹲居

uttarāsaṅga 嗢呾囉僧伽，上衣

V

Vaiśālī 薜舍

Vaiśeṣika 薜世

Vajrāsana 金剛座

Vākya 薄迦論

Valabhī 跋臘毗國

vandana 畔憚南，敬禮，和南

vande 畔睇

Vasubandhu 世親

vāta 婆哆

Veda 圍陁，薜陁（書）

velācakra 薜攞斫羯攞，時輪

Vijñāptimātrasiddhiviṃśakakārikā 二十唯識論

Vijñāptimatrasiddhitriṃśakakarikā 三十唯識論

vinaya 毗尼

Viśvāntara　毗輸安呾囉太子

Vṛttisūtra　苾栗底蘇呾羅

Vyākaraṇa　毗何羯喇拏，
毗伽羅論

Y

yakṣa　藥叉

Yogācāra　瑜伽

四川外國語學院的譚代龍先生，也發表過文章，對書中的斷句提出過一些很好的意見，這次重印，也吸收了進來。對此我也應該表示感謝。

本書最初是我一九八七年在北京大學完成的博士論文，論文的指導老師是季羨林先生。季先生現在醫院，他知道書能夠重印，十分高興。

我很高興，在二十多年前所做的工作，到現在仍然還有一定的價值，書還能重印。我跟中華書局交往已經二十多年，是老朋友了。我曾經應約爲一九九六年第七期《文史知識》寫過一篇文章，題目是《我怎樣作〈南海寄歸内法傳校注〉》，其中講到撰寫和出版這本書的一些細節。我至今最不能忘記的是已經退休的中華書局的編輯謝方先生，在書的出版過程中，作爲責任編輯，他出力最大。我從他那裏學習到的東西，不祇是編書出書，更多的是他的學術品位和認真樸實的人品。對謝方先生，我要再次表示感謝，當然，應該感謝的還有這本書新的責任編輯孫文穎和中華書局現在的領導。

王邦維

二〇〇九年五月十日於北京大學東方文學研究中心

二〇〇九年重印後記

本書書稿完成於一九八七年，一九九五年由中華書局出版，二〇〇〇年重印。這次重印，在不影響版面的前提下，對以前校對中没有發現的錯誤做了一些改正，同時收入了兩篇我在十多年前寫的與《南海寄歸内法傳》直接有關的兩篇文章和一篇書評。書評的作者Max Deeg（寧梵夫）是一位德國教授。書評用英文寫成，由北京大學當時的研究生鄭國棟與楊嵋翻譯爲中文，爲此我要感謝他們。

我同時要感謝的還有日本東方學會的加藤榮司和京都大學的船山徹先生，他們都曾經認真地向我提出過在文字方面修訂的建議。尤其是加藤榮司先生，我們至今未曾謀面，他在打聽到我的地址後，前後給我寫過十多封信，内容都與《南海寄歸内法傳》有關。二〇〇四年，加藤先生與另一位日本學者宮林昭彦一起在東京出版了《現代語譯南海寄歸内法傳》，其中很多地方引用到我的這本《南海寄歸内法傳校注》。日本學者到今天仍然對《南海寄歸内法傳》的研究保持興趣，是件使人高興的事。

（21）高本漢（Bemhard KARLGREN）的構擬現在雖有争議（《修訂漢文典》*Gramma-ta Seriaca Recensa*，斯德哥爾摩，一九五七年出版；《漢語及漢日語分析詞典》*Ana-lytic Dictionary of Chinese and Sino-Japanese*，巴黎，一九二三年出版），但仍被很多人接受。不過，人們或許更可以使用蒲立本（Edwin G.PULLEYBLANK）所作的構擬（《中古漢語語音構擬詞典》*Lexion of Reconstructed Pronunciation in Early Middle Chinese, Late Middle Chinese,and Early Mandarin*，温哥華，一九九一年出版），以及藤堂明保所作的構擬（藤堂明保《漢和大字典》，東京，一九七八年出版，或《漢字語原辭典》，東京，一九六五年出版），以及李方桂的構擬（李方桂《上古音研究》，《清華學報》，第9號，一九七一年出版，第1—60頁，由G.L.MATTOS譯爲英文：Fang-Kuei Li: Studies on Archaic Chinese，載《華裔學志》*Monumenta Serica*，第31號，一九七四—一九七五年出版，第219—287頁），或者是周法高的構擬（周法高主編《漢字古今音匯》，香港，一九七四年出版）。與義浄的書直接相關—但王教授顯然無法見到的—是近年由W.South COBLIN（柯蔚南）所撰寫的一篇論文A Survey of Yijing's Transcriptional Corpus（《義浄梵漢對音探討》），載《語言研究》第20期，一九九一年出版，第68—92頁。

（17）參看von HINÜBER關於錫杖（khakkhara）的討論，《語言的發展與文化史，一篇關於佛教寺院的物質文化的論文》（Sprachentwicklung und Kulturgeschichte.Ein Beitrag zur materiellen Kultur des buddhistischen Klosterwesens），Stuttgart 1992，《美因茲科學與文學院集刊》（*Abhandlungen der Mainzer Akademic der Wissenschaften und Literatur*），1992年卷，第6號，美因茲，一九九二年出版，第35頁以下。這也可以用於義浄對此事的議論（王書第267頁以下）。

（18）例如在Gregory SCHOPEN的文章中既使用律藏也使用銘文方面的材料；參看SCHOPEN《舍利、石頭以及佛教僧人：印度寺院佛教考古、銘文以及文獻論文集》（*Bones, Stones,and Buddhist Monks,Collected Papers on the Archaeology,Epigraphy, and Texts of Monastic Buddhism in India*），檀香山，一九九七年出版。

（19）例如，第215頁，注（99）：Śāntideva（另拼爲Śantideva），Śiksṣamuccaya，但在216頁，注（100）：Śāntideva，Śikṣāmuccaya；第18頁：śramaṇera而不是śrāmaṇera，stupa而不是stūpa；第20頁：Viśāntara而不是Viśvāntara。

（20）不幸的是，這種習慣依然在繼續。見郭鵬，《佛國記注譯》，長春，一九九五年版。打一個不很貼切的比方：設想用現代德語的正字法出版一本中世紀高地德語文本，但是又要保持著所有古代的句法、形態學和辭彙的特徵！

虛構與歷史》(The Saigha of Devadatta: Fiction and History of a Heresy in the Buddhist Tradition),載《國際佛教學大學院大學研究紀要》(*Journal of the International College of Advanced Buddhist Studies*),第2號,一九九九年出版,第183—218頁。

(13)一個「解放」的例子是《法顯傳索引》,京都,一九九四年出版,(東洋大學文獻索引サンター叢刊,京都大學人文科學研究所),它根據的是章巽校勘的《法顯傳校注》,上海,一九八五年出版。對於出版這一類文獻,一個好的,但是費用高昂的解決辦法是在同時有一個影印本,如桑山正進,《慧超往五天竺國傳研究》(京都大學人文科學研究所報告),京都,一九九二年出版。還有長澤和俊,《法顯傳譯注解說》,北宋本·南宋本·高麗大藏經本·石山寺本比較研究,東京,一九九六年出版。

(14)參看第189頁。

(15)第232頁以下。

(16)對於《寄歸傳》來說,雖然《根本說一切有部律》無疑是最重要的,但若是參考除此以外其他的律本,則可以使一些注釋更完整;例如《客舊相遇》一章注釋中可以引用《威儀法》(Abhisamācārikā),Jinānanda校勘,巴特那,一九六九年出版。參考前引湯山明書,第41頁以及《比丘尼律》(Bhikṣuṇī-Vinaya),Gustav ROTH校勘,巴特那,一九七〇年出版,第44頁以下。王書第184頁:āgantuka客,nevāsika舊。

繫？以及怎樣重現從佛陀直到義净在印度的那個時代之間的歷史？最後一個問題似乎表明王教授承認，從佛教的最早時期延續到西元八世紀，提婆達多派的傳承可能一直未曾中斷。

（9）例如LAMOTTE和BAREAU。

（10）對於這一段的解釋，王教授持一種通行的觀點，認爲這個團體應位於Śrāvastī（拘薩羅國），對此我不同意。這條有關提婆達多派的簡短資料，是由對此前的九十六種外道的一般性討論所引發的，而後者大體上是與中印度相聯繫的。所以，提婆達多派或許也是位處中印度的，至少不局限於Śrāvastī，也不僅是Śrāvastī所特有的。

（11）參見André BAREAU的書中對於這些傳説的討論，《提婆達多的行徑：依據各種律藏中關於教派分裂的章節》（Les agissements de Devadatta selon les chapitres relatifs au schisme dans les divers vinayapi ṭ aka），載《法國遠東學院院刊》（*Bulletin de l'École française d'Extrême Orient*），第78卷（一九九一年出版），第87—132頁，又載《古代經藏與律藏中佛陀傳記之研究》，第三，（*Recherches sur la biographie du Buddha dans les Sūtrapiṭaka et les Vinayapiṭaka anciens. Ⅲ.Articles complémentaires*），巴黎，1995年出版。第221—266頁。

（12）對於該問題的一個更詳細的意見請見M.DEEG《提婆達多派僧團：佛教傳承中異端的

一卷，東京，一九九三年出版。

（2）Max MÜLLER在爲高楠順次郎的*A Record of the Buddhist Religion as Practised in India and the Malay Archipelago*（*AD 671-695*），倫敦，一八九六年版（印度重印版，德里，一九八二年，一九六六年），書中所寫序言的第9頁中寫道：「我特別急切地等待著義浄著作的譯本；早在一八八〇年我就表達了這樣的希望：應該很快地把這位偉大的中國旅行家的印度行記譯爲英文，以使我們得以接觸到。」

（3）章巽，《法顯傳校注》，上海，一九八五年出版。

（4）季羨林等，《大唐西域記校注》，北京，一九八五年出版。

（5）據王邦維講（第191頁），該書是以他在北京大學季羨林教授指導下完成的博士學位論文爲基礎而完成的。

（6）見本人即將發表的對《高僧傳》的研究，將刊載於《東方宗教研究》（*Studies in Oriental Religions*），威士巴登，Harrassowitz。

（7）原本和譯本參看湯山明，《律藏》（*Vinaya-Texte*，威士巴登，一九七九年出版），《佛教梵語文獻概覽》（*Systematische Übersicht über die buddhistische Sanskrit-Literatur*, ed. Heinz BECHERT），第一分，第17頁以下。

（8）第139頁。在提婆達多派與佛教發展的主流之間，尤其與大乘佛教之間，是否有什麽聯